世界強国への道　I

JN158573

フリッツ=フィッシャー

世界強国への道 I

——ドイツの挑戦, 1914—1918年——

村瀬興雄監訳

岩波書店

GRIFF NACH DER WELTMACHT
——DIE KRIEGSZIELPOLITIK
DES KAISERLICHEN DEUTSCHLAND
1914/1918

von Fritz Fischer

1961 im Droste Verlag, Düsseldorf.
© 1961 und 1967 Droste Verlag und
Druckerei GmbH, Düsseldorf.

This book is published in Japan by
arrangement with Droste Verlag,
Düsseldorf.

日本版への序文

本書の中心をなす研究上の洞察とテーゼとを、著者は一九五九年に「ヒストーリッシェ・ツァイトシュリフト（歴史学雑誌）」に論文として発表したが、この論文をめぐって、著者とハンス＝ヘルツフェルトとが、同雑誌上で批判し合ったことが、科学的論争のはじめとなった。〔Fritz Fischer, Deutsche Kriegsziele, Revolutionierung und Separatfrieden im Osten 1914–1918, in: Historische Zeitschrift, Bd. 188, 1959, H. 2. がフィッシャーの初めの論文で、つぎにヘルツフェルトの批判とフィッシャーの反駁とが同時にのせられた。Hans Herzfeld, Zur deutschen Politik im ersten Weltkrieg, in: H. Z., Bd. 191, 1960, H. 1. F. Fischer, Kontinuität des Irrtums, ebenda.〕

その後、一九六一年末に本書が出版されて、ドイツ新聞紙上に異常な評判をまきおこした。そしてドイツ歴史家の「ギルド」、すなわちドイツの大学の教授たちの大部分の側からは、憤激した批判がひき起こされた。ほとんど一〇年間にわたって、本書をめぐる論争は、ドイツ歴史科学の“cause célèbre”（「センセーショナルな事件」）の一つとなったが、その際には深刻な政治的動機が、同時に働いていた。新聞が本書を驚嘆の念をもって、部分的には驚愕の念をもって、しかし尊敬と承認の念をもってとりあげたのに反して、圧倒的に保守的な立場をとる歴史家のギルドは、本書に対してはげしい反感を示した。その際に、彼らの批判はとくに第一章、すなわち「世界政策」時代のドイツ帝国を扱った章と、それから第二章、すなわち、一九一四年の七月の危機——戦争の勃発

——を扱った章とに、集中した。本書の本来のテーマであるドイツの戦争目的は、これに反して、彼らの批判においては後景に退いていた。いったいなにが起こったというのであろうか？　明らかに、国民的意識の上のタブーが本書によって傷つけられたのである。

第三帝国が崩壊していらいの一五年間というものは、アドルフ＝ヒトラーと第二次世界大戦とが歴史的関心の中で重要視されてきたが、(わずかの例外を別とすれば)第一次世界大戦については、ほとんど注意が払われなかった。アドルフ＝ヒトラーの人物、彼の党と国家とを取り扱うに際しては、この男と、ドイツと世界にとって破滅的だったこの男の活動とを、孤立化し、それをドイツ史の「不慮の災害」、などのような運命とみなす態度が、意識的にも無意識的にもとられてきた。やむを得ない場合にも、彼の出現はヴェルサイユ条約という「屈辱の講和」に対する憎悪心、および一九二九年から三三年にかけての世界経済恐慌の結果にもとづくものだ、と説明された。(ゆえに)ヒトラー以前(および以後)のドイツ史は「正常だ」ということになるのである。かかる見解は以下のような歴史像を基礎としてはじめて可能となる。その歴史像とは、第一次世界大戦中とその後の二〇年間、ドイツの歴史家たちが——ドイツ政府機関の支持を得て——政治的効果をあげることを重要目的として、または正しい知識に背いて、建設した歴史像であって、それは次のように要約することができよう。すなわち、経済的に繁栄し、大望をいだいていたドイツ帝国は、嫉妬心をもつ隣国であるフランス・イギリス・ロシアなどの協商国によって世紀の交り目いらい「包囲」され、一九一四年七月には(これらの国々から)不意打ちをくらった。ゆえにドイツは正当な防衛戦争を行なったのであり、その戦争目的は(たとえドイツがなんらかの戦争目的をもっていたとしても)、完全に防衛的な性格をもっていた、というのである。しかしドイツ「だけが無罪だ」というこのテーゼは、あまりに野暮だと考えられるようになったので、人びとは——とくに一九四五年いらい一九六〇年代までは――次のようなテーゼで、すなわちロイド－ジョージの「われわれはみんな、戦争にずるずるとはまりこんだ」という言葉にもっともよく現われているテーゼで満足することとした(一九六一年になっても、K＝D＝エールトマンはゲープハルト編「ドイツ史ハンドブック」〔訳註1〕第四巻の中で、このロイド－ジョージの言葉を引用して賛成している)。

もしもこのテーゼが正しいとするならば――このテーゼはドイツの大学とドイツの小中学校教科書においては完全に支配的な教理であった――たしかに第一次世界大戦と第二次世界大戦との間に、深刻な相違があることを認めなければならないこととなる。すなわち一方の側にはドイツが戦争に引張りこまれた一九一四年七月と、ドイツが必死になって敵軍に抵抗した一九一四―一八年とがあり、他方の側には、ヒトラー(彼に対する批判に逆らおうとする者はドイツにはいない)が完全に意識的に戦争をひき起した一九三九年九月と、彼が広汎な征服目的を追求した一九三九―四五年がある、というわけである。一九一四年におけるドイツの無罪と一九一四―一八年の防衛戦という見解は、「背後からの一突き伝説」――ドイツの崩壊をもたらしたのは、国内の敵である左翼諸政党であって、ドイツの敵国ではないという説――だの、ヴェルサイユ条約の「不正」という主張だのと結びつけられて、ヒトラーへの道と、第二次世界大戦への道とを心理的に切り開いたのである。

以上のような伝統の上に立つ歴史家たちは、本書の主張を国民的な裏切りと受けとった。なぜならば本書は、従来知られていた史料の新解釈と、いまやっと閲読できるようになった広汎な新しい史料の解明とによって、一九一四年の戦争勃発に際して、ドイツが決定的な推進者となったことを確証したからである。とにかく、ドイツの伝統的な見解よりも、ドイツがはるかに重要な開戦の推進者だったことを指摘したからである。また第一次大戦の全期間を通じてドイツがもはや防禦的だなどとは称し得ない戦争目的を追求したこと、その戦争目的は、ヨーロッパ諸国家間の勢力均衡という体制を完全に瓦解させる性格のものであり、ヨーロッパにおける覇者としてのドイツの地位を建設し、同時に海外への膨脹のための基礎をつくりあげ、両者を結びつけることによってドイツ帝国に世界強国としての地位——大英帝国、アメリカ合衆国、ロシア帝国と同等の地位——を与えることを、目的としていたこと、を本書は指摘したからである。

　以上の諸事実を本書が指摘したために、多くの者は、著者を「ねぐら荒らし」として非難するようになった。または、ゲールハルト＝リッターとともに、著者は現在のドイツ青年の「国防意志」をだいなしにしてしまう、といって非難した。第一次世界大戦と第二次世界大戦とにおけるドイツの戦争目的の類似性は、見誤りようもないので、若干の者は、この不愉快な真実を、ゆがめられた誇張によってごまかそうとした。彼らは、著者が宰相ベートマン－ホルヴェークを一九一四年のヒトラーに仕立ててしまった(たとえばミヒャエル＝フロイント)〔2〕、またはベートマンを際限のない征服目的をもつ「征服欲の野獣」に仕立てた(たとえばゴーロ＝マン)〔3〕、といって非難した。二つの大戦の間には、類似性と比較可能性とがあると共に、目的設定上の全き相違があることは、私の叙述が示している。ともかく第一次世界大戦の際には、東ヨーロッパへの勢力拡張、ロシアの分割という戦争目的はあったが、しかし、絶滅政策や東ヨーロッパ諸民族をヘロットの存在に押し下げるという非人間的－野蛮な傾向はなかった。かかる野蛮な傾向はナチス－ドイツだけがもっていたのである。

　私の研究が示した不愉快な結論を、ぞんざいに歪曲して傷つけようとするもう一つの企ては、私が「文書異常《アクテン・フェテ》崇拝症《ィシスムス》」にかかっている、という珍妙な非難である。一〇年ものながい間、ドイツの歴史家たちは、アメリカ・イギリスと、ソ連とで、戦利品として押収していたドイツ文書の返還を要求してきた。これらの文書を利用しなければ、ドイツ最近世史を書くことができないからというわけである。いまや文書は返還され、はじめて十分に利用できることとなった。ところがこれらの文書の陳述する内容が彼らにとって不利なので、人びとは心理主義に避難して、個人的な事件や伝記的な事件を、政府諸機関の文書が陳述する内容よりも重要視しようとした。

一九四五年以前には非常に軽蔑され、もっともマイナスな評価をうけていた宰相ベートマン＝ホルヴェークの評価が、一八〇度転回して、彼が善良で中庸を得た政治家に仕立てあげられ、邪悪で過激なルーデンドルフ将軍とは正反対な対称をなす人物だと賛美された。ハンス＝ヘルツフェルトの議論がすなわちこれで、彼は一九一九年いらい、この宰相に対するもっとも決定的な批判者だったのであるが。ゲールハルト＝リッターは、一九一四年七月危機についての私の解釈を、「新しい戦争責任テーゼ？」という論文〔4〕の中で、もっとも鋭く攻撃して、その中で、ドイツはただ大きな戦争を避けたいばかりに、しりごみし動揺しているオーストリアをせき立ててセルビアと戦争させたのだ、そして戦争責任はロシアにある、という古い命題をむしかえした。リッターはドイツが具体的な戦争目的をもっていたことを否定して、ドイツ帝国は一九一四年以前には、「ただ」(注意！)イギリスとの同権を欲しただけだ、と主張しただけでなく、また世界大戦を扱った彼の著書「国政と戦争指導」〔5〕の最後の二巻〔第三巻・第四巻〕で私に対して論争を仕掛け、ベートマン＝ホルヴェークを国家理性、思慮および道徳の代表者として描がき、その反対にルーデンドルフを、後年のヒトラー(！)と同様に軍国主義へと堕落した戦争指導者として描がいた。――リッター、ヘルツフェルト〔6〕、エンゲル〔7〕、デヒーオ〔8〕、フィーチュ(最近のベートマン＝ホルヴェーク伝に関する限り)〔Eberhard v. Vietsch, Bethmann Hollweg, Staatsmann zwischen Macht und Ethos, Boppard am Rhein 1969〕などは、しかしながら、軍部、右翼諸政党、工業界、全ドイツ派が最強の、というよりも全く圧倒的な勢力をドイツの政治生活上で所有していたこと、それゆえに政界の穏健な代表者である宰相ベートマン＝ホルヴェークと彼のわずかな仲間とは、政界で孤立してしまっていた、ということを承認せざるを得なかった――こうしてこれらの歴史家たちは、私の描いた歴史像を、じつに彼らの側から確証したのである。

論争の頂点は一九六四年のベルリン・ドイツ歴史家大会で現われた。その大会でゲールハルト＝リッターはE＝ツェヒリーンとE＝ヘルツレに援助されて、彼の立場をくり返した。一方私は、私の以前の協働者であるI＝ガイスとH＝ベーメに援助されてドイツ帝国主義の内政‐社会的構成要素を、私の著書からの結論として、より尖鋭な形で明らかにする機会をもった。*[*]

＊ ガイスは一九一四年七月危機について報告したが、この問題については、彼は関係諸国家のすべての重要文書を二巻の書物にまとめて出版していた。[9] ベーメはブレスト‐リトフスク条約を、帝国主義的な経済利害を目的とする平和条約の一例として報告した。

＊＊ 私は著書の核心を六カ条のテーゼにまとめたが、その内容は、続いてハンブルク大学近世史研究叢書第一冊として公刊した〔Fritz Fischer, Weltmacht oder Niedergang, Deutschland im ersten Weltkrieg, Frankfurt am Main 1965〕――私に鋭い攻撃が加えられたことに対して興奮した結果、尖鋭な反撃を加えてしまった若干の個所は、この小冊子の第二版で削除した。

このベルリン大会では、アカデミーの若者たち(学生、博士論文準備生、助手)が、リッターの感情的に興奮した議論よりも、私や私の弟子たちの議論から、より深い感銘を受けたことが明らかとなった。学界の風潮が変化しはじめた。――討論は一九六五年のヴィーン第一二回国際歴史学大会で続行されたが、この大会にはリッター自身は出席せず、「第一次世界大戦の政治問題 Problèmes politiques de la 1ère guerre mondiale」というテーマの主要報告を文書で提出した。[10] この報告書はその攻撃性と一面的な点とで、リッターがこれまでこの問題を論じたすべての論文をしのいでいた。リッターが当時公表した論文(私に反対するパンフレット)も、同様に一面的な小冊子であり、かつ問題を解明する上からではなしに、プロイセン‐ドイツ的な保守的歴史学派の最後の代表者としての、彼の政治的-歴史記述的立場を洞察する上で重要な小冊子である。この小冊子はドイツ連邦政治教育中央局によって、すなわちボン政府の公式な政府機関によって、すべての歴史教官と学生に対して、無料で配布された。〔11〕ヴィーンおよびザルツブルク大学教授フリッツ゠フェルナーその他は、リッターの方法論とそのドイツ帝国と自己との同一化に対して批判的な態度をとった。〔12〕

ゲールハルト゠リッターにとっては宰相ベートマン-ホルヴェークの性格が大切であった。彼のヴィーン大会に寄せた報告書のタイトルからも見られるように、伝記的な関心が彼の研究の中心をなしていたのである。私はそれとは反対に、大会に対する私の対抗報告が示しているように、*そして西ヨーロッパと東ヨーロッパの歴史叙述の立場と一致して、政治-機構的な、社会-経済的な、そして宗教-精神的な諸前提条件を重要視しており、ドイツ帝国の政策を規定する諸勢力を重要視した。

* Actes du Comité International des Sciences Historiques, Bd. V (Verlag Ferdinand Berger & Söhne, 1967) に印刷された、私のヴィーン歴史学大会によせた対抗報告、七二一頁以下を参照。

私は次のように論じた。ベートマン-ホルヴェークが何を欲していたか、という問題は、彼が何をすることができたか、とくに何をせねばならなかったか、という問題ほど重要ではない。ベートマン-ホルヴェークの対角線政策は、帝国主義的、軍国主義的、保守的および国民自由党的ドイツの諸勢力の影響をうけて多くの場合決定されたのであり、民主-社会主義的勢力の影響をうけて決定されることは遙かに少なかった。……リッターは彼の叙述の中心を、単独講和と敵味方相互了解の平和に対するベートマンの努力においている。しかもリッターは、マルヌにおける「急変」――マルヌにおけるドイツの敗戦と彼は言うべきだったのである――が起こった後になって、はじめて、ベートマン-ホルヴェークがこの(平和という)目的を思いついたのだ、ということを認めざるを得なかったのである、と。私はまたリッターに反対して次のように主張した。モルトケの後継者である参謀総長ファルケンハインが、一九一四年一一月に「軍隊は瓦解した組織体になってしまった」ということを認知した後になってはじめて、ベートマン-ホルヴェークは、三つの敵国のうちの一国と単独講和を結ぶというファルケンハインの要求をとりあげた。……リッターによれば、「消耗戦争」を遂行して、それから「敵味方相互了解の平和」と結ぶというのが、ベートマン-ホルヴェークの本来の、高度に倫理的な目的であった、ということである。しかし実際はそうではなくて、ドイツのプランは、まさに電撃戦と電撃的勝利にあったのである、と。

ヴィーン大会ではハンブルク大学における私の同僚であり、ライバルであるE=ツェヒリーンは、一つのテーゼを展開して、ドイツの状態が絶望的であったことを明示し、なんとか私に対して勝をしめようとした。すなわち彼によればベートマン-ホルヴェークは、はじめからイギリスの戦争参加を計算に入れており、しかもドイツ帝国の「行動の自由性」を将来においても確保しようとして、戦争の危険をあえて冒した。一方においてそのような態度をとりながら、この同じベートマン-ホルヴェークが他方においては、イギリスが全力をあげて戦闘行動に参加するとは考えていなかった。それどころかイギリスが本気で参戦した結果として、ドイツははじめて「覇権のための戦争」を行なわざるをえなくなったのだ。したがってドイツの意図は本来そんなところにはなかったのだ、とツェヒリーンは主張した。[13] これは世界大戦の主要な責任はイギリスにある(ベートマン-ホルヴェークが一九一四年一二月に公言した)という古いテーゼの新版である。

論争はなお数年にわたって続き、ラジオ、テレビ、新聞紙上でも行なわれた。その際に、本書第三版のために新しく仕上げた七月危機に関する章を有名な週刊紙である「シュピーゲル」に私が公表することができたことは、歴史家ギルドの私に対する悪意をとくに強めた。しかししだいに論争の客観化がはじまった。すでにヴィーン大会でも、K＝D＝エールトマンは、リッターの立場を代表しながらも、リッターのテーゼを再びのべただけでなく、フィッシャーとツェヒリーンの主要なテーゼをも客観的にのべようと努力した。以前のリッターの弟子は、ながく発表を抑留されていた博士論文を公表したが、それは第一次世界大戦におけるドイツの政策についての私の見解を強化する内容であった。すなわちK＝H＝ヤンセンはドイツ王侯諸邦国の戦争目的政策を「権力と盲目化」[14]というタイトルで公表し、K＝シュヴァーベは第一次世界大戦中のドイツ大学教授についての博士論文を公表したのである。私の著書が発行されるちょっと前に、すでに第一次世界大戦下におけるポーランド人に対するドイツの政策について、ヴェルナー＝コンツェの本が出版されていたが[16]、同書はドイツ、オーストリアなど中欧列強によって創造された(ポーランド)王国の、ドイツ指導下の「中央ヨーロッパ」への依存を強調していたものの、いわゆる「国境帯状地帯プラン」のもつ併合企図をほとんど完全に見逃していた。イマーヌエル＝ガイスは、彼のハンブルク大学における博士論文で[*]、「ポーランド国境帯状地帯」を論じたが、彼は新発見のアルヒーフ史料(帝国各省とプロイセン各省の)に立脚して、この問題についてのドイツの併合企図を強調したために、激しい論争がまき起こされた。なぜならば、この国境帯状地帯からのユダヤ人とポーランド人の追放プランが、その当時考慮されていたことはヒトラー時代の諸計画のさき取りであるかのように見えたからである。

* I. Geiss, Der polnische Grenzstreifen 1914–18, Lübeck-Hamburg 1960.

バルト沿岸諸州(ロシア領)に対するドイツの政策に関する研究は、西ドイツ側からも東ドイツ側からも現われたし、ベルギー問題についても研究が現われた。ヴィンフリート＝バウムガルトによる一九一七年から一八年にかけてのドイツのウクライナ政策に関する研究[17]においては、悪しきルーデンドルフとよきキュールマンの対立という、個人的な対照方法が再び現われたが、私の門下生であるペーター＝ボロフスキは、ドイツのウクライナ政策を、なによりもまず、この地域に対するドイツの長期経済政策という基本的な観点から追求した。[18]

私の著書の最初の二章をめぐる科学的な論争は、私自身と私の一連の門下生とをして、ヴィルヘルム期のドイツの内治外交政策に関する探究へと向かわせた。たとえば、クラウス＝ヴェルネケが、世界政策上の目的設定の先導者としての新聞について、ペーター＝クリスティアン＝ヴィットはドイツ帝国財政の改革問題とそれをめぐる社会的な紛糾について、ディルク＝シュテークマンは一八九七―一九一八年の政策に対する企業家階級の態度と彼らが与えた影響とについての研究を発表した。[19]

このようにして形成された「フィッシャー学派」に助けられて、第一の著書が発行されてからほとんど一〇年たって、一九六九年末に私は第二の著書を刊行することができた。この著書の表題は「妄想にもとづく戦争」[20]で、一九一一年から一四年にかけてのドイツの政策を扱った。すなわち、アガディールの危機から戦争勃発までの時期である。しかも経済的、社会的、内政的な分野での推進勢力を、軍事的および外交的諸勢力と並んで、とくに重点的に取り扱った。本書の中では、大戦前から戦争中にかけて、ドイツの目的には連続性が存在したこと、しかも一九〇五年、一九〇八年、一九一一年いらい、ドイツの目的設定は、海外に対する要求から後退して、じつにヨーロッパ大陸における西方と東方に対する要求へと転換していたことが明らかにされただけでなく、さらにまた、遅くとも一九一二年一二月いらい、フランスとロシアに対する戦争が「不可避」であるという結論が固まっていたが、戦争の際には、イギリスをできるだけ中立化し、とにかくしばらくの間はなんとか中立化しておくべきだ、と考えられていたことが立証された。

この書物もまたふたたび新聞紙上と学界とで、非常な注目をうけ、部分的には激烈な討論をひき起こしはしたが、論争は一九六一年以後におけると同じような激情によっては行なわれなかった。その理由は、一部分は一九六七年にゲールハルト＝リッターが死去したことにもよっていたが、とくに私の第一の著作〔本書〕の中心的テーゼが、その間にドイツ歴史学界に、なかんずく比較的若い世代に受け容れられていたことによっていた。このことはヨーロッパ史ハンドブック第六巻中におけるシーダーの（全ヨーロッパに関する）叙述の中や、K＝E＝ボルンの（ドイツに関する）叙述の中にすら影響を現わしており、学校の教科書の中においてすら、例のごとき遅滞の後にではあるが、影響を現わしていた。[21]

こうしている間に、「フィッシャー論争」はすでにすっかり歴史的事実となってしまったので、これについての多くの叙述が現われるようになった。もっとも早い叙述は、エルンスト＝W＝グラーフ＝リュナルが一九六四年、ウルシュタイン叢書「われわれは論争する」の第一二巻として編集し出版した書物の序文である。この書物には六つの論文ないしは批評（その中に私の一九五九年と一九六〇年の論文も含まれていた）が収録されていたが、とにかくリュナルは当時においてもすでに六〇編の批評文をこの小冊子の付録に列挙しており、私の著書の全世界に及ぼした影響をうかがわせていた。そうこうしているうちに、本書に対する批評はドイツの内外でじつに三〇〇以上になったのである。（本書の翻訳もアメリカ版、イギリス版、イタリア版およびフランス版が出版された。）[22]

二つの学問的な論文集が第一次世界大戦についての新しい問題点を取り扱っている。一九六六年にはロンドンで発行される「現代史雑誌 Journal of Contemporary History」の第三冊〔第一巻第三冊〕が関係論文集であり、それは一九六七年にドイツ（ミュンヒェン）で独立の書物として「一九一四年の戦争勃発」という表題のもとに公刊された。同書の中では、なかんずくシーダーの弟子の一人であるヴォルフガング＝J＝モムゼンが一九一四―一八年のドイツ戦争目的政策についての論争の状況について、イマーヌエル＝ガイスが戦争責任問題について（「タブーの終り Das Ende Tabu」のタイトルで）論じ、クラウス＝エプシュタイン（一九六七年に事故のために[23]

瀕死の重傷をおったアメリカの若い歴史家）はゲールハルト＝リッターに対して非常に批判的な立場から論争した。

出版社キーペンホイヤー＝ウント＝ヴィッチュの新学術文庫の中の一冊としてヴォルフガング＝シーダー（ヒストーリッシェ・ツァイトシュリフト編集者テーオドール＝シーダーの息子）は一九六九年に「第一次世界大戦、原因・発生・戦争目的」という論文集を公刊したが〔24〕、その中にはフィッシャー、ツェヒリーン、ゲールハルト＝リッター、ガイスなどのほかに、若干のドイツ人でない歴史家、たとえばピエール＝ルヌヴァーンの論文が収録されており、ルヌヴァーンは「一九一四―一八年のフランス政府の戦争目的」を扱った。この書物の編集者は注意深い、客観的立場に立とうとつとめた序文を書いたが、このことは、提出された問題を、感情を交えずに取り扱うことが、いまや可能になったことを示していた。

一九六八年にはクイーンスランド大学出版部からジョーン＝A＝モウジスが「ドイツ帝国の戦争目的・フリッツ＝フィッシャー教授と彼に対する批判（John A. Moses, The War Aims of Imperial Germany: Professor Fritz Fischer and his Critics）」＊を出版してフィッシャー批判者と鋭い論争を行なったのである。

＊ Univ. of Queensland Papers. Dep. of Gov. and Hist., Vol. I, No. 4, 1968, p. 214–260. 本論文は単行本としても発行されている。

日本ではイマーヌエル＝ガイスが雑誌「思想」〔五〇三、五〇四〕上に、一九六六年にこの論争についての研究を発表し、その内容は増補されて一九七一年はじめに週刊雑誌「パルラメント」の付録に収録されたが、後には単行本としても発行されるはずである。ここでガイスは科学的・方法論的な問題や結論と並んで、なによりもまず政治的な紛糾とそれが及ぼした結果とを問題にしたのであった。

アメリカに住んでいる有名な著作家であるゲオルク＝W＝ハルガルテンは、一九一四年前のヨーロッパ諸列強の「帝国主義」に関する二巻本の著者であるが、彼はその博学な、鋭い、批判的な新しい研究書の中で、私の著書の主要な批判者若干人とくにハンス＝ロートフェルス、ゲールハルト＝リッターおよびハンス＝ヘルツフェルト（エルヴィーン＝ヘルツレと並んで）とに対して論争を行った。〔George W. F. Hallgarten, Deutschlands Selbstschau nach 50. Jahren: Fritz Fischer, sein Gegner und Vorläufer, in: ders., Das Schicksal des Imperialismus im 20. Jahrhundert, Frankfurt a/M. 1969.〕その際に彼は、これらの学者の立場が、一九一四年から一九四五年にいたる時期と、一九四五年以後とで、相違していることを強調した。このことは、ハルガルテンが戦争勃発の問題について（帝国主義についてのマルクス主義的理論の結論として）私よりもさらに強力に、すべての大国の責任を、すなわちこれらの大国の経済的諸条件、とくに国際的軍需工業の利益にもとづく責任と、その膨脹政策とに由来する責任を問題としているが故に、非常に注目すべきである。

その他の点では、ハルガルテンは、多くのドイツ人批判者が、私の著書のうちの大戦前と戦争勃発の叙述にばかり批判を限定している偏狭さとは対照的に、私の著書の特別な長所として、また経済的帝国主義の目的設定と方法に関する宝庫として、私の著書の中の対トルコ政策、東南ヨーロッパと東ヨーロッパ政策に関する諸章、とくにブレスト＝リトフスクとブカレストの平和締結に関する諸章を賞賛した。すなわち、一九三三年以後、および第二次世界大戦中のドイツの政策と、疑う余地なく関連している所のドイツ帝国の政策の、まさにその行動に関する部分についての叙述を賞賛したのである。

同じことが、エール大学教授ハヨ＝ホルボーンによる本書アメリカ版への価値の高い序文についてもいえよう（彼は一九六九年に死去した。なおイギリス版はオクスフォード大学教授ジェームス＝ジョルの序文をそえて発行された)。私自身の発言をはるかに越えて(というのは、私はこの問題について別の著作を準備しているので)、ホルボーンは第一次世界大戦と第二次世界大戦とを連ねる線をきわめてはっきりとひいている(たとえ第一次大戦の目的が第二次大戦へと受け継がれる際に、その性格が残虐化したことを彼が見逃していないにしても)。彼はそうすることによって、一九一四—一八年から一九三九—四五年にいたる期間と、これにさきだつ政治的・精神的発展との間におけるもはや疑う余地のない連続性を理解して強調する、という歴史的意識の深刻な変化(とくにドイツにおける、またドイツ自身に関する意識の変化)を力説したのであった。

本書のフランス訳(一九七〇年パリで出版)の序文において、ソルボンヌ大学教授ジャック＝ドローズは、フィッシャー論争をドイツを中心として概観して、つぎのように総括した。「フリッツ＝フィッシャーの最大の功績は、ドイツ人が、自分の過去をほめたたえ、それを好都合な姿につくりあげていた、その勝手気ままな歴史像を破壊したことであり、かかる歴史像の徹底的な修正をドイツ人に強要したことである。このように、ドイツ人の間では不人気な、しかし必要な課題をとりあげる勇気をもっていたが故に、彼はドイツ史における歴史的大事件となった書物を書きあげたのである。」彼はつづけて言う「本書がドイツ人の政治意識を深刻に動揺させたこと、彼が多数のタブーにショックを与えたこと、彼が新しい小径を、すなわち歴史研究が断乎としてその上を歩まねばならない新しい小径をきり開いたこと、は確実である。……ドイツ知識人の多くが頑固に守りぬこうとする傾向のあった概念は、ヒトラーという人物が例外現象であり、ドイツ史の本質に反する事件であったという、非常に単純な概念であったが、フィッシャーはかかる概念をひっくり返すことに貢献した。ベートマン－ホルヴェークがヒトラーの先駆者でなかったことは確実であるが、フィッシャーもまた決してそんなことを述べたりはしなかった。しかしドイツの歴史家が数十年の長きにわたって、ドイツの戦争目的について世論をだまそうと努力しなかったならば、また彼ら歴史家が、ドイツの覇権政策から遠ざかっていたならば、すなわちヴィルヘルムの帝国主義がいだいていた熱望から遠ざかっていたならば、ヒトラーの成功がこれほどまでに容易にはならなかったことであろう」。

本書がドイツの歴史-政治的意識の「清浄化」を、ドローズの指摘するほどはっきりとなしとげたかどうかは、今日のドイツ人よりも外国人の方がよりよく判断できることであろうし、また後世の方がよりよく判断してくれることであろう。とにかく歴史科学の内部においても、また公衆の意識においても、深刻な変化が起こっていることは確実である。そしてこのことがドイツ人の迷夢を打破し、自覚をうながすことに役立つであろうことは確実である。とくに(このことは)ドイツ人が第二次世界大戦からいろいろな結論を引き出すことをさらに容易にすることであろう。

このように考えるならば、本書は日本の歴史科学のうち、ヨーロッパ史の研究にとって意義があるだけでなく、さらに過去百年にわたって自国の運命がドイツとかくも多くの点で比較可能な国家の、政治的意識にとってもまた、意義があることであろう。(一九七〇年一〇月一九日)

〔1〕 Bruno Gebhardt, Handbuch der deutschen Geschichte, 8. Aufl., Bd. 4: Die Zeit der Weltkriege von K. D. Erdmann, 2. Aufl., Stuttgart 1961.

〔2〕 Michael Freund, Bethmann Hollweg, der Hitler des Jahres 1914? in: Frankfurter Allgemeine Zeitung, 28 März 1964.

〔3〕 Golo Mann, Der Griff nach der Weltmacht, in: Neue Züricher Zeitung, 28 April 1962. (abgedruckt in: Ernst W. Graf Lynar, Deutsche Kriegsziele 1914–1918, Frankfurt a/M. 1964)

〔4〕 Gerhard Ritter, Eine neue Kriegsschuldthese? H. Z., Bd. 194, 1964. (abgedruckt in: Lynar, a. a. O.)

[5] Ders., Staatskunst und Kriegshandwerk, 4 Bde., München 1954–1968.

[6] Hans Herzfeld, Zur deutschen Politik im ersten Weltkrieg, in: H. Z., Bd. 191, 1960. (abgedruckt in: Lynar, a. a. O.)

[7] Josef Engel, Literaturbericht, in: Geschichte in Wissenschaft und Unterricht, Jg. 14, August 1963.

[8] Ludwig Dehio, Deutschlands Griff nach der Weltmacht? in: Der Monat, H. 161, Februar 1962.

[9] Imanuel Geiss, Julikrise und Kriegsausbruch 1914, 2 Bde., Hannover 1963–1964. (Kurzausgabe: Juli 1914, München 1965)

[10] Vgl. G. Ritter, Die politische Rolle Bethomann Hollwegs während des Ersten Weltkrieges, in: Comité International des Sciences Historiques, XIIe Congrès International des Sciences Historiques, Vienne, 29 Aout–5 Septembre 1965, Rapports IV, Wien 1965.

[11] Ders., Der Erste Weltkrieg, Studien zum deutschen Geschichtsbild, Bonn 1964.

[12] Fritz Fellner, Zur Kontroverse über Fritz Fischers Buch »Griff nach der Weltmacht«, in: Mitteilungen des Instituts für österreichische Geschichtsforschung, Bd. 72, 1964.

[13] Egmont Zechlin, Deutschland zwischen Kabinettskrieg und Wirtschaftskrieg, in: H. Z., Bd. 199, 1964.

Ders., Probleme des Kriegskalküls und der Kriegsbeendigung im Ersten Weltkrieg, in: Geschichte in Wissenschaft und Unterricht, Jg. 16, 1965.

Ders., Notive und Taktik der Reichsleitung 1914, in: Der Monat, H. 209, Februar 1966.

[14] Karl-Heinz Janßen, Macht und Verblendung, Kriegszielpolitik der deutschen Bundesstaaten 1914–1918, Göttingen 1963.

[15] Klaus Schwabe, Zur politischen Haltung der deutschen Professoren im Ersten Weltkrieg, in: H. Z., Bd. 193, 1961.

[16] Werner Conze, Polnische Nation und deutsche Politik im Ersten Weltkrieg, Köln/Graz 1958.

〔17〕 Winfried Baumgart, Deutsche Ostpolitik 1918, Wien/München 1966.

〔18〕 Peter Borowsky, Deutsche Ukrainepolitik 1918 unter besonderer Berücksichtigung der Wirtschaftsfragen, Lübeck 1970.

〔19〕 Klaus-Dieter Wernecke, Der Wille zur Weltgeltung, Außenpolitik und Öffentlichkeit in Deutschland am Vorabend des Ersten Weltkriegs, Düsseldorf 1969.

Peter-Christian Witt, Die Finanzpolitik des Deutschen Reiches 1903–1913, Lübeck/Hamburg 1969.

Dirk Stegmann, Sammlungspolitik 1897–1918, Köln 1970.

〔20〕 Fritz Fischer, Krieg der Illusionen, Die deutsche Politik von 1911 bis 1914, Düsseldorf 1969.

〔21〕 Theodor Schieder, Europa im Zeitalter der Nationalstaaten und europäische Weltpolitik bis zum Ersten Weltkrieg, in: Handbuch der europäischen Geschichte, Bd. 6, Stuttgart 1968.

Karl Erich Born, Deutschland als Kaiserreich (1871–1918), in: ebenda.

〔22〕 Ernst W. Graf von Lynar (Hrsg.), Deutsche Kriegsziele 1914–1918, Darmstadt 1964.

〔23〕 1914, Journal of Contemporary History, Vol. 1, No. 3, 1966.

Kriegsausbruch 1914, Deutsche Ausgabe des »J. C. H.«, München 1967.

〔24〕 Erster Weltkrieg, Ursachen, Entstehung und Kriegsziele, Hrsg. von Wolfgang Schieder, Köln/Berlin 1969.

要約版序文

本書の第一版は、一九六一年一〇月に出版された。そしてドイツの歴史科学と国際的な歴史科学の内部だけでなく、さらにドイツと外国の双方において、政治‐歴史的な問題に関心をもつ広汎な公衆のなかで、本書を中心とする論争を起こした。この論争は今日になってもなお終っていないが、討論は次の諸点にとくに集中した。

一、「世界政策」時代のドイツの政策と、第一次世界大戦中の帝政ドイツの戦争目的との間に、関連のあることを私がはっきりと示したこと。

二、一九一四年七月におけるドイツの政策についての私の新解釈。ここで私は第一次世界大戦の勃発に際してドイツが演じた役割は、ドイツの伝統的な見解が主張するよりも、もっと大きいことを強調した。

三、私は戦争中におけるドイツの政策の連続性を強調し、かつその政策を戦争目的政策として特徴づけたこと。しかもそれを、戦争目的を大規模に断念するところの原則的平和政策としては特徴づけなかったこと。

ドイツ帝国政府指導部は、(一九一四年)九月のマルヌ敗戦の後に、そして一九一四年一一月のフランドル敗戦の後に、その戦争目的を一時的に「温和化」したが、そのことは、ドイツの勝利計画が挫折した後には、戦況が決定的に違ってしまっていたことを顧慮にいれるならば、今日ドイツの歴史叙述が行なっているほど高く評価することはできない。帝政ドイツは決して防衛戦争を行なったのではない。一九一四年七月には、意識的にロシアおよびフランスとの衝突を起こるままに放任していたのであり、既成の戦争目的の達成を、自己の政策の必要欠くべからざる要求とみなしていたのである。戦争目的を形成するに際しては、外国に対しても自国民に対しても、「奇襲」という作りごと(ドイツ帝国政府指導部によって一九一四年七月に組織的に作りあげられた)が以下のような形で、すなわち「安全と保障」という言葉が、帝国宰相ベートマン-ホルヴェークが一九一四年八月から九月にかけて、この言葉をつくり出した際にみられるように、防衛的な性格を強調する形で、利用されたのである。とくにドイツ歴史科学は、ドイツ帝国政府指導部によるこの「奇襲テーゼ」を無批判に採用したので、第一次世界大戦中のドイツの戦争目的に関する決定的な問題点の設定を行なうことができなかった。

私の著書は、外交的または伝記的な考察方法を圧倒的に重視するドイツ式歴史観から抜け出して、社会的、経済的、制度的な観点を重視し、あわせて観念的な伝統を重視しようと心掛けている。経済的および社会的要素を加えて考察すれば、従来の見解を補充することができるだけでなく、さらに歴史的な現実を根本的に新しく解釈しなおすことが可能になってくる。帝政ドイツにおいてこれらの経済的、社会的および精神的諸勢力がもっていた重要性とこれらの勢力が志向する進路とは、第一次世界大戦中にはつねに確固としてきまっており、左翼の側で形成されつつあった反対勢力よりもこれらの勢力の方が優勢であったし、若干の個々人や政府首脳者の側が遅ればせながら試みた軌道修正の努力よりも、ずっと強力であった。

以上のような考察方法をとれば、第一次世界大戦中のドイツの政策が、十九世紀および二十世紀初頭のドイツ史に深く根ざしていることが明らかになるだけでなく、さらにまた、ここで考察された時代をこえて、次のことを、すなわち、帝政ドイツの思想的および覇権的な諸要求がその後のドイツ史の中で、なるほど誇張された形をとりかつ非人間的方法におちいったにせよ、一九四五年にいたるまで有力な要素として活動しつづけていたことを、明らかにすることであろう。

この問題について、さらに広汎な公衆に、独自な判断をしてもらえるようにと考えて、私の著書の要約版をここに出版する。本要約版のテキストは、本書第三版を基礎としたが、それを完全に新しく改訂し、基本的見解を見通しやすくすることに努力を集中し、かつ本書に対する具体的な批判を考慮して内容を再検討した。新しく追加したのは、軍事的諸事件、戦争目的政策および一九一四―一九一八年の一般的な政治史に関する、もっとも重要な年月日を記録した対照年表である。

本要約版については、私の門下生であるハンス－ユルゲン＝ヴィンツスとペーター－クリスティアン＝ヴィットの協力を感謝する。

一九六七年春　ハンブルクにて

フリッツ＝フィッシャー

凡　例

1　本書は Fritz Fischer, Griff nach der Weltmacht——die Kriegszielpolitik des kaiserlichen Deutschland 1914/18, Sonderausgabe, Düsseldorf 1967. の前半(二六八頁まで)の完訳で、これは一九六一年に第一版が刊行された原本の分量を三割以上短縮しながら、しかも多くの加筆修正を加えた原本の改訂要約版である。訳出に際しては英訳 Fritz Fischer, Germany's Aims in the First World War, with an Introduction by James Joll, London 1967. を参照した。英訳は要約版よりやや長いが、やはり短縮版である。

2　訳出に際しては、以下に示されたような分担によって訳し、その訳文を村瀬が通読して、訳語、訳文、註の形式などを統一した。したがって、各訳者の適切で正確な訳語・訳文が、ただ意味のとりやすいだけの平凡な訳に変えられた個所も多い。その責任は村瀬にある。

3　原著では固有名詞はドイツ流に表記されているが、訳出に際しては原則として各国語の発音を重んじた。しかしアジア、アフリカなどの固有名詞は多く通称に従った。またヨーロッパ内の固有名詞でも通称が普及している地名などは通称に従った。

4　一般読者のために〔　〕内に割註を入れた。割註はすべて訳者が追加したものである。また(　)は原文のままであるが、若干の個所では訳文を平明にするために訳者がつけ加えた。

5　＝は称号、個人の姓と名をつなぐ際に(例　アルフレート＝フォン＝ティルピッツ)。

ーは個人が二つの姓をもっている際、および結びついた固有名詞に(例　ベートマンーホルヴェーク、オーストリアーハンガリー)。
・は固有名詞を重ねる際に(例　ベルリン・ビザンティン・バグダッド)使用した。

7　この要約版には地図も写真もない。しかし読者の便宜を考えて、原書元本の地図を入れた(英訳本には地図の外に写真も入っている)。

9　註は、さらに専門的な研究を志す人の便宜を考えて、書名、文書名、などの指示は原語のままとし、訳文を読む際に必要と思われる説明などのみを註の中から訳出した。註の中の略符号、文書館名などの正式名称は凡例の次にかかげた。なお原文では註がすべて各頁下段におかれているが、訳書では各章末尾にあつめた。

10　本書全巻の訳者分担は左の如くである。

日本版への序文・要約版序文	村瀬興雄
第一章	西川正雄
第二章	下村由一
第三、四、五、六章	吉田輝夫
第七章	三宅　立
第八章	村瀬興雄
第九、一〇章	下村由一
第一一、一二、一三、一四章	富永幸生
第一五、一六、一七章	鹿毛達雄

第一八、一九章　栗原　優

第二〇章　黒川　康

第二一、二二、二三章　木村靖二

11　文中「世界強国《ヴェルト・マハト》」とあるのは、広大な本国領土とともに広大な植民地をもつ、アメリカ合衆国、大英帝国、帝政ロシアなどのような国を指す言葉で、「大国《グロース・マハト》」とは帝政ドイツなど、領土の広さが前三者に及ばない強国を指している。

また原文中 völkisch は国粋主義的と訳して、ルビをそえた。このドイツ語は民族的という意味のほかに、極右派による人種論的民族主義、またゲルマン民族内部の平等主義(民族共同体的な)の意味があるので、場所によっては人種論的民族主義とも訳出した。Prinz はすべて公と訳した。この称号は Herzog と Fürst の家族に対して用いられるので、便宜上ヘルツォークもフュルストも共に公と訳した。

なお、フィッシャーの日本版への序文には執筆の日付がない。便宜上、彼が航空便を出した日のスタンプの日付を示した。

本訳書下巻部分も、各担当者による訳出を終っているので、遠からず出版される予定である。

註で使用されている略語解

AA	Auswärtiges Amt
adh.	adhibendum (Anhang)
B. D.	British Documents on the Origins of War 1898–1914.
BH	Bethmann Hollweg
Bl.	Blatt
DAZ	Deutsche Allgemeine Zeitung
DD	Die deutschen Dokumente zum Kriegsausbruch
DF	Documents Diplomatiques Français
Diss.	Dissertation
DZA	Deutsches Zentralarchiv
Fn.	Fußnote
geh.	geheim
Gen.	Generalia
Gr. Hq.	Großes Hauptquartier
GStA	Geheimes Staatsarchiv
HA	Handelspolitische Abteilung
HZ	Historische Zeitschrift
k. u. k.	Kaiserlich und Königlich (Österreich-Ungarn)
NAZ	Norddeutsche Allgemeine Zeitung
o. D.	ohne Datum
OHL	Oberste Heeresleitung
o. J.	ohne Jahr
ÖU	Österreich-Uugarns Außenpolitik, von der Bosnischen Krise 1908 bis zum Kriegsausbruch 1914
PA	Politisches Archiv (Wien)
	Politische Abteilung (Auswärtiges Amt)
P. U. A.	Parlamentarischer Untersuchungsausschuß
RdI	Reichsamt des Innern

凡　例

Rep.	Repertorium
RK	Reichskanzlei
Rk	Reichskanzler
RKA	Reichskolonialamt
RWA	Reichswirtschaftsamt
S. M.	Seine Majestät (der deutsche Kaiser)
StS	Staatssekretär
Tel.	Telegramm
Tit.	Titel
UStS	Unterstaatssekretär
Wk	Weltkrieg

本書中で未刊行文書を利用した文書館一覧表

Deutsches Zentralarchiv Potsdam(以前の Deutsches Reichsarchiv)

Deutsches Zentralarchiv II Merseburg(以前の Preußisches Geheimes Staatsarchiv)

Österreichisches Staatsarchiv, Abt. Haus-, Hof- und Staatsarchiv Wien

Auswärtiges Amt Bonn

Bundesarchiv Koblenz

Bayerisches Hauptstaatsarchiv, Abt. Geheimes Staatsarchiv München

Hauptstaatsarchiv Stuttgart

Generallandesarchiv Karlsruhe

目次

序論

第一章　ドイツ帝国主義

――大国政策から世界強国政策へ――

一八七一年のドイツ帝国は、ビスマルクの創造物であるが、プロイセン軍事官憲国家と、商工業によって強化された自由主義ブルジョワジーの有力層との結合体であった。この新国家建設は、一七八九年から今日現在に及ぶ国民国家運動の歴史の一齣には相違ないが、その歴史の中で世界史的意義をもった特別の位置を占めている。それと言うのも、ドイツ人が、民主主義と同盟して古い勢力と対抗しつつ下から自分の力で国家を創るということをせずに、民主主義を防止しながら古い勢力の手から国家を「有難く頂戴した」(H＝ハインペル)唯一の国民だったからである。新帝国においては、次のような要素、すなわちプロイセン国家・プロイセン王室の権勢と名望・かの三級選挙制〔財産資格による不平等・間接・公開の選挙制〕にもとづくプロイセン邦国議会(下院)・圧倒的に封建的なプロイセン上院、あるいはまた、官僚制・学校・大学・プロテスタント国教会、そして何よりも、君主に直属の軍隊があり、こうした要素が、民主的自由主義や後には民主的社会主義という擡頭しつつあった分子に対する保守勢力の優越を保障していた。

一八六七―七六年におけるビスマルクの国民自由党〔資本家階級の利害を代表した政党〕との期限付の一致協力の後、保護関税法と社会主義者鎮圧法と共に、経済政策と内政上の大転換がやって来た。古くからの農業貴族が新しい工業貴族と同盟を結んで、自由主義の中の反対派と社会民主党とに対抗するようになったのである。文化闘争〔一八七一―七八年。ビスマルクのカトリック教会に対する政治闘争〕の終熄の後では、右翼の三政党つまりドイツ保守党〔プロイセン―ユンカーを中心とする政党〕・自由保守党〔プロイセン以外の地主・大資本家を中心とする〕・国民自由党と中央党〔南独を中心とするカトリックの政党〕とが、「政治協定《カルテル》」といった正式の連合こそ結ばなかったものの、新ドイツの経済・社会・政治における決定的な勢力を代表した。ただし、彼らが影響力を獲得したのは、それ以前もその頃も、帝国議会を通じてのことではなかった。この権力集中は、一八九〇年いらい連年の経済的上昇と、帝国の対外的栄光および勢力増大と相俟って、ドイツ国内で強力な吸引力を発揮し、そのため、ヴィルヘルム時代の末期には、もとの二つの反対党、左派自由派〔一九一〇年に進歩人民党に統合された自由主義左派を指す便宜的名称〕と社会民主党ですら、既成秩序の中に相当深く入り込んでしまっていたのであった。一九一四年八月四日〔社会民主党議員団が帝国議会で戦争公債に賛成票を投じた日〕が、そして一九一八年一一月九日〔社会民主党のF＝エーベルトが首相になった日。彼はドイツ革命の急進化を阻止しようとした〕でさえ、そのことを示したのである。

ビスマルクからヴィルヘルム二世へ

ドイツ国民運動の中にあった自由主義的性格は、一八七八年以来、王朝‐軍事的要素に比してすっかり後退してしまった。ドイツ帝国の創立ですら、民衆の意識では、ほとんど完全に三つの「勝利に輝く戦争」〔一八六四年のデンマルク戦争、一八六六年の普墺戦争、一八七〇―七一年の普仏戦争〕の結果に他ならなかった。国の祭日、すなわちフランスに対する勝利の象徴としてのセダン記念日と皇帝誕生日(ヴィルヘルム二世は一八五九年一月二七日の誕生)とが、帝国のこうした自己理解のほどを生き生きと表現していた。

軍事的要因と並んでもう一つの要因が新ドイツ国民の独特な意識を決定していた。民主主義と社会主義の防止という要因である。それによって七〇年代には、昔からの、しかし新たに活気づけられた「王位と祭壇」というスローガンのもとに、小市民層が動員されるに至った。彼ら小市民層は、経済変動によって最大の打撃を蒙った人びとであり、今や何よりも国家の援助を受けて、圧倒的な競争相手として生まれつつある大企業に対抗し得るようになりたいと思っていたのである。だが同時に、国民の広汎な層のこの精神状況は、はじめは宗教的に、のちには人種理論的に根拠づけられた反ユダヤ主義と結びついていた。それによって全く新しいナショナリズムが創り出され、その結果、九〇年代以降、王朝国家としてのプロイセン－ドイツの枠を越え出た民族《フエルキッシュ》－人種思想が理念・理想とされることになったのである。

この世代は、後期ビスマルク時代に大人になったのだが、若き皇帝が一八九六年に行なった或る式辞の中で「ドイツに陽の当たる場所を」という目標をもった計画としていち早く世間に知らせた、あの「世界政策」の確固たる信奉者であった。皇帝の政治的意図の中心をなしていたのは、艦隊の建設である。この手段によってはじめて、イギリスと並ぶ世界強国にのし上がり、同時に世界列強から同等の存在として認められる可能性が開けると思えたのだった。この艦隊が、経済力と結びついて、ドイツ国民が植民地世界の現状を修正し得る為の基礎を成すはずであった。それと言うのも、ドイツ国民は、世界分割にやって来るのが遅すぎたからであり、彼ら自身の意見によれば、全く不十分な配慮しか受けていなかったからである。七〇年代から、アフリカとアジアで、新たな領土分割が進行しており、植民地帝国の拡大をもたらしていたが、ドイツの分割参加は、その構造転換の進捗に伴い熱心の度を強める一方であった。しかも、日清戦争(一八九四－九五年)、米西戦争(一八九八年)、ブール戦争(一八九九—一九〇二年)によって、世界強国という地位の前提としての海軍力の重要性が反論の余地なく明らかにされたように見えた。かくして、ドイツの要求の表明としての強力な海軍の創設という目的は、産業界と新手の大衆宣伝とに操縦されて、ドイツの国論となるに至ったのである。

そして、まさしく海軍法案をめぐる議論の中で、ドイツの指導的な知識人世界を代表する大学教授たちによって、この新しい時代におけるドイツ民族の自覚が形成された。ドイツの最高学府の錚々たる代表者たち、ほんの一例をあげれば、グスタフ＝シュモラー(1)、ハンス＝デルブリュク、マクス＝ゼーリング、ディートリヒ＝シェーファー、マクス＝レンツ、オットー＝ヒンツェ、エーリヒ＝マルクス、アルフレート＝ヘットナー、フリードリヒ＝ラッツェルといった人びとの一致した判断によれば、国家間の(アダム＝スミス流の)表面上平和な競争の時代は完全に過ぎ去り、大国をヨーロッパの国家体制の境界内に留めておくことも同様に過去のものになったのであった。

シュモラーは、経済学者・行政官僚・外交官の育成者として一世を風靡した人物だが、彼が経済に関して論証すれば、同じことを歴史家が力関係とドイツの文化遺産について主張した。彼らに言わせれば、国民国家の世界国家への拡張を運命づけたものは、単に「経済的利害」に留まらず、何よりも「強国を目ざす努力」の存在であった。彼らは——例えばハンス＝デルブリュク(2)が言明したように——ドイツが「世界的使命」を授けられていると見なしていた。それと言うのも、ドイツは「人類の本質とその天命によって文化民族に割り当てられたあの世界支配に対する当然の分け前」を陸海軍の力で保障されているからであった。アングロサクソン世界——イギリスと北アメリカ——による「文化の独占」とロシア－モスクワ世界に対抗すべくドイツの教授たちが与えた指示は、ドイツの文化的・政治的特性をあくまで主張し、それによって同時に、諸民族の多様性と個性ならびに(彼らの考えではヨーロッパ国家体制に取ってかわるべき）新しい世界国家体制における均衡を保障せよ、というものであった。

このドイツの要求は、――例えばパウル＝ロールバハやルードルフ＝チェレーンが表明したように――ドイツの基盤が地政学的に言って狭隘だという意識をもたらし、戦争直前の時期には中欧思想《ミッテルオイローパ・イデー》の復活を見るに至った。そしてそれは、アメリカの高率保護関税に対し、政治的な組織の前段階として利益連合を結成して対抗しようという動きにも表われていた。(3) はじめのうちは、「中欧経済協会」の会議はドイツとオーストリア－ハンガリーに限られていたが、フランス、オランダ、ベルギー、スイス、そして（ハンガリーが危惧していたにも拘わらず）ルーマニアにおける同様の目標をもった団体や動きを含んだものにする計画は最初からあり、実行に移されもした。こうした動きは、ドイツ側では、重工業・加工工業（鉱山業、重工業以外の製造工業の総称）から大銀行・海運業・農業に至るドイツ産業の全主要部門が参加したことによって、格別に重きをなしていた。ビュック、レトガー（ドイツ工業家中央連盟〔重工業分野の組織。一八七六年創立〕）やシュトレーゼマン（工業家同盟〔軽・加工工業分野の組織。一八九五年創立〕ザクセン連盟の法律顧問）以外にもダルムシュタット銀行取締役にしてドイツ銀行家会議議長のヤーコプ＝リーサーのような重鎮がいて、中欧経済協会に重みを与えていた。こうした運動の目的は、ドイツの政策全体の枠の中で見れば、――ドイツ第二の銀行である割引銀行《ディスコント・ゲゼルシャフト》の代表取締役マクス＝シンケルが表明したように――、「必要」と認めた「ヨーロッパにおけるもっと広い基盤」をドイツのために獲得し、それによって「ドイツの世界政策の国民経済的基礎を築こうとする」ことにあったのである。

経済的膨脹と世界強国の主張

世界強国になる使命を与えられているという主張の根拠には、上昇・成長の過程にある「若い」国民だという意識があった。それと言うのも、ドイツの人口は一八七一年の約四一〇〇万から一九一五年には約六八〇〇万に増加したのに対し、例えばフランスでは、地理的な居住面積がドイツより広いのに、人口増加が停滞気味で、一九一五年にようやく四〇〇〇万に達する有様だったからである。その上、ドイツでは人口の三分の一以上が一五歳以下であり、そのためドイツ人は人口の躍動力を意識するようになり、生活圏を求め販売市場・工業活動を求める声を更にいっそう大きくさせた。流出移民の数が多い(例えば一八八一—九〇年に一三〇万)にもかかわらず、寿命の延長および乳児死亡率の低下と相俟って人口増加は一九一〇年には八〇万人を越え、例えばフランスにおけるよりも遙かに高い率を示した(八・九‰対三・四‰)。ドイツの工業化の進展と共に流出移民の流れは国内移住に向きを変えて衰え、オーストリア・ポーランド・イタリアその他のヨーロッパ諸国からの移民流入が始まった。そのことが、さなきだに顕著な、ドイツの高度に工業化された輸出国への発展を促進し、そのため、この人口を養う基盤として原料・販売市場の創出がますます焦眉の課題となった。

賃金と物価の体系が不変で安定しており、さまざまの危機をのり越えては経済的繁栄が進む中で、ドイツは強度の資本不足にもかかわらず国民所得の上昇(一八九六年—二一五億、一九一二年—四〇〇億)を達成したが(4)、そのことは実質収入、貯蓄銀行の預金そして投資の増大に明瞭に現われていた。

あらゆる階層の財産が増加し、通貨の安定と相俟って、安定感を生み、殆ど経済法則とも思える膨脹の中で何者にも妨げられない上昇が今後も続くであろうという確信を強めていた。事実、当時の人びとはドイツの経済発展の証明としていつも誇らしげに輸出入の額を示したものである。

	一八八七年	一九一二年	増加
輸入	三一億マルク	一〇〇億マルク	二四三・八%
輸出	三一億マルク	八九億マルク	一八五・四%

右の数字から支払勘定だったことは明らかであり、そのため、受取勘定の回復がドイツ経済政策の重要な課題となっていた。この二五年間にドイツの輸入が二四三%増加したことに比べれば他の国は問題にならない。イギリスが達成したのは一〇八・七%、アメリカ合衆国は一三六・九%、フランスは九五%でしかなかった。これに反し、この四半世紀におけるアメリカ合衆国の輸出の伸びは二〇八・六%で、ドイツの一八五・四%より上であった。だが全体として見るならば、ドイツの貿易活動の強化(一三四億=二一四・七%)はずば抜けており、それにアメリカ合衆国(一七三・三%)、イギリス(一一三・一%)、フランス(九八・一%)が続いていたのである。

ドイツの世界貿易政策にとって重要な事情がもう一つあった。たしかに一九一三年にもヨーロッパ諸国との交易がなお断然第一位を占めてはいたが、一八八〇年から一九一二年の間にドイツ貿易に変化が生じ、深刻な様相を加えるに至っていたのである。すなわち、一八八〇年には、ドイツの輸出の八〇%はイギリス・フランス・東南ヨーロッパに向けられ、ドイツの輸入の七七%もヨーロッパ諸国から来ていたが、一九一三年までに、ヨーロッパが輸出入に占める割合は三分の一ほど減少してしまったのだった。そして、海外世界、熱帯地方、なかんずく南アメリカ市場が、ドイツの原料供給者としてますます前面に登場してきていた。

世界中に進出したドイツの企業家たちは、「新重商主義」と名づけるのが最もふさわしい中央政府の政策によって強力に支援された。内政・外政上、企業家の経済活動の促進が国家の原則となっていたのである。すでに国家自身が、郵便・電報・鉄道事業の国有化によって変形し、自らがドイツの経済過程に重要な位置を占めていたが、社会立法・保護関税立法の継続・輸出奨励金によって、国家はドイツの経済的躍進の重要な基本条件を創り出し、同時にその経済的躍進がドイツ帝国の構造転換の原因をなしていた。ドイツ貨幣市場の主要清算機関としてライヒスバンクが設立されたことによって、この資本不足の国が私的な信用機関と協力して世界大戦に至るまで非常に豊かな資力を自由にすることが可能になり、その結果、ドイツは大規模な政治的効果のある取引きを思い切って行なうことができた。

この躍進の基盤をなしたのは、相互に密接に関連し合った大規模な鉄鋼業・鉱業の拡張であった。石炭産出・鉄鋼生産は、ルール地方・ロートリンゲン・上シュレージエンに集中していたが、その七〇年代以降の発展は他の大陸諸国とは比較にならぬほど目覚ましかった。一八七〇―七一年の戦争でフランスから得た償金五〇億マルク、大規模な軍需注文、そして何よりも、ドイツおよびヨーロッパにおける取引業務の着実な拡大に触発されて、ドイツ帝国は一八七〇年から一九一四年までの期間にその石炭産出を八倍にふやしたが、これに対しイギリスの増産は二倍に過ぎなかった。同時にドイツの企業家たちは、大陸市場を大々的に開発することに成功した。一八七九年の関税障壁に守られて、鉱業の輸出はフランス・ベルギー・オランダ・スイス・イタリア・オーストリアーハンガリーに地歩を占めることができたのである。ドイツの石炭産出の伸びは、アメリカだけには及ばなかったが――例えば一九一二年以前の二五年間にアメリカは三三六・六%の増産を達成したが、ドイツのそれは二一八・一%(イギリスは一七二・六%)だった――、それと結びついて同時に鉄鋼生産が石炭を更に上まわる著しい増強を示していた。銑鉄生産は四〇〇万トン(一八八七年)から一五五〇万トンに上昇し、この三八七%という増加に匹敵するのはわずかにアメリカの場合(三六八・五%)だけであった。イギリスはと言えば、これがドイツの意識にとっては決定的だったのだが、鉄生産を七六〇万トンから一〇〇〇万トンへとわずか三〇・六%しか上げることができなかった。世界に匹敵するもののなかったのが、ドイツの鋼生産の発展である。トマスの新製鋼法やジーメンス・マルタンの新発見に基づいて、鋼生産は九〇万トン(一八八六年)から一三六〇万トンへと一三三五%の増加を示したのだ。だが同時に、ドイツの原料供給に対する依存度は高まる一方であった(一八七二年における輸入五七〇万マルクに対し一九一〇年には一億六一三〇万マルク)。

こうした重工業の躍進には新しい工業、化学・電気・光学工業のすべてが加わっていた。化学工業は、タール加工化学の新処理法に基づいて、ほんの数十年の間にヨーロッパの化学製造業における枢要な地位を獲得しており、その一九一三年における約一億二五〇〇万マルク相当の輸出はドイツの貿易差額の中で大きな割合を占めるものだった。一五万人の従業員は、バイアー・ヘーヒスト・ルートヴィヒハーフェンといった大会社間の予備協定を経てすでに一九〇四年以来カルテルを結んでいた(一九一六年には合併してイー=ゲー=ファルベンになった〔同社の正式設立は一九二五年〕)少数の巨大経営に集中しており、こうした化学工業は高度に集中された工業経営形態の象徴であった。同様に電気工業も少数の手中にあり、大銀行と特に密接に結びついていた。特許を受けた発明で装備されて、電気工業は、早くも一九一〇年に輸出量一億二〇〇〇万マルク以上、従業員数一〇万七〇〇〇人以上に達していた。これに続く光学工業も、輸出量こそ六〇〇〇万マルク(一九一二年)で水をあけられていたものの、その生産の占める割合を価値におきかえてみればほとんど遜色がなかった。

集中運動をそれほど行なわなかった唯一の工業部門として、一八七〇年以降の四〇年間独自の地位を保っていた繊維工業も、不変の成長ぶりを示していた。従業員数にほとんど変化がないのに、生産実績は一八七八年の三万七五〇〇トンから一九〇五年の三七万トンへと一〇倍になった。

しかし、重工業と電気工業のこの躍進も、同時に、営業の活潑化に伴うドイツの取引業務の拡張が先行していなければ不可能だったであろう。その拡張は、何よりも大銀行の集中に端的に示されていた。一八七〇年には、私的な銀行経営者がドイツの資本市場をまだ完全に支配していたが、一九一三年にはドイツの信用機関の構造がすでに根本的に変化してしまっていたのである。すなわち、信用機関を決定的に左右していたのは、四つの「D銀行」〔以下の四銀行の名はすべてDで始まる〕——ドイツ銀行・割引銀行《ディスコント・ゲゼルシャフト》・ドレスデン銀行・商工業銀行（通称ダルムシュタット銀行）であった。そして、これらの信用機関は、それぞれドイツの基幹産業と監査役会の地位を通じて結合し合い、第一次世界大戦前夜にはドイツの全信用銀行の自己資本の六五％を支配する巨大銀行として、ドイツ経済における最も進んだ集中の実例をなしていたのである(5)。

吸収や子会社設立その他を基礎にして、こうした株式会社銀行は、昔からの私的な銀行業家族、例えばブライヒレーダー・ロートシルト・レーヴィ・シュテルン・ヴァールブルクなどとも手を結んで、外国業務に乗り出した。例えばドイツ銀行は、アナトリア鉄道〔一八九三年に利権獲得〕の建設、ゴットハルト鉄道の建設、南北アメリカにおける取引き・発行業務の引受けに関与した。また、大銀行は主要な取引所と世界貿易の中心的な市場に地歩を占める力をもっていた。外国支店、例えばローマ一般銀行《バンカ・ジェネラーラ・ロマーナ》・ブラジル銀行・ドイツ－東アフリカ銀行・ドイツ－アジア銀行などの設立によって大銀行が融資に成功したものとして、西南アフリカのオターヴィ採鉱・鉄道会社、小アジアのバグダッド鉄道、中国の山東鉄道・鉱業会社、ニューギニア会社、ルーマニア・メソポタミアにおける石油企業、天津－浦口鉄道、ベネズエラ鉄道などがある。銀行が連合して有力な銀行団を形成し、それが発行者となって、ドイツとその諸邦ならびにオーストリア＝ハンガリー・トルコ・ロシア・フィンランド・ノルウェー・スウェーデン・イタリア・スイス・アルゼンチン・ブラジル・中国の多額の公債が発行された。

船貨の動きがますます活潑になっていく中でイギリスの艦隊に依存しないようにする、あるいは、ドイツの資本網を経由するドイツ商品をイギリスの中間支配なしに外国市場に送達できるようにするために、ドイツは自分の商船隊を持つ必要があった。その建設に相伴って、ブレーメン・ハンブルクといった大洋向け港湾の拡張が行なわれた。ここでもまた大経営への傾向が顕著であって、ハーパク〔ハンブルク＝アメリカ郵船株式会社〕および北ドイツ＝ロイドという、数年の間に成長を遂げた海運会社の両雄が、競争力あるドイツ商船隊を初めて出現させたのだった。商船隊は、最初の活力を移出民業務から得たが、それが衰退してからは、定期的な旅客・貨物航路に関心を向け変えた。この商船隊が銀行と密接に結びついて建設されるに際しては、急速に成長したドイツの造船工業が大きく関与しており、それが今度は海軍艦隊の建設の前提条件となっていたのである。

一八七九年に導入された関税の保護のもとで、カルテル結合による内外の競争の排除が可能になった。新しいカルテル組織の指導者たちは、今や大部分が株式会社の「被雇傭者」で、新しい型の企業家層を形成し、草創の世代のように自らが製作所の所有者にして管理者という存在ではもはやなかった。

例えばフーゴ＝シュティンネスとかアウグスト＝テュッセンのような人物は、クルップ・シュトゥム・レヒリングといった旧世代に比べて、人間としても無慈悲で、取引所の資本操作上のあらゆる術策に長けており、縦断的な集中による大規模な支店経営体を築きあげた。重工業におけると同様、銀行界でも商業においても、枢要の地位についた経済指導者たちの大部分に特徴的だったのは、こと更に「愛国的な《ファーターレンディッシュ》」態度である。世論を指導し、政府に対する影響力を増大させつつあったこの新しい階層こそ、新しいドイツの特徴を示していた。彼らの影響力は、ドイツの政治に新重商主義の原則が貫徹していくに従い、ますます大きなものになっていった。

このドイツ企業家層の特色は、くり返し主張されてきたように、彼らが中央政局の政治的利害や目的設定から完全に離れたところにいたのでは決してなく、政治的な意見・意志形成に積極的に介入し得る力をもっていたことにある。帝国議会の、いやそれ以上にプロイセン下院の政党議員、(6)保守党・自由保守党・国民自由党・中央党の議員の表を通覧すれば、農業・工業・商業などの利害と結びついた代表者が高い比率を示し、経済と政治がほとんど一体化していることを物語っているように思われる(何しろ、例えば圧力団体の代表者たちは、その大部分が同時に――多くのばあい国民自由党の――議員だったのだ)。

政治と経済の関係は今世紀初頭の時期に密接になる一方であり、しかも、指導的な工業家・銀行家・団体役員の基本的な政治観が、教養ある市民層・高級官僚・陸軍・海軍のそれと一致していくに従って、両者の関係が密接になるのであった。だが、ドイツ企業家層のこうした「国民化」は、ややもすれば政治危機の過度の高まりをもたらしがちであった。

経済的な思考と心情的要素と世界強国を目ざす努力との相互作用は、ヴィルヘルム二世とフォン＝ティルピッツ提督の海軍政策が、とくに海軍協会(7)の宣伝活動によって広範な支持を得たことに表われていた。海軍協会は、そもそもはドイツ工業家中央連盟が海軍軍拡がとくに将来にわたって確実な註文源となることを見越して純粋に産業上の見地から設立した(一八九八年)ものだが、のちには国の指導による宣伝の最初の大規模な事例をなすに至った。協会は、プロイセンの州では州知事を、諸邦国では君主を世話役にもち、高級官僚・中級官吏(教員など)から、郡長や教育評議員を経て末端の村々に至るまで会員を擁し、その末端から今度は大政党に働きかける、という具合で、少なくとも一九〇八年までは一種の「国立協会」だった。そして、その中で産業と行政が同じ国民的目標に熱中していたのである。宣伝活動の大物カイム将軍[8]が、ティルピッツの設定した目標を越えて政府に対する行き過ぎた反対を行ない解任されても（一九〇八年）、協会の性格には何の断絶も生じなかった。協会がそれ以後、国家の監督下に、つまり帝国海軍省の下に置かれるようになっただけのことである。だが、カイム将軍はリッツマン将軍と共に、一九一二年に誕生した「国防協会」の創立者・宣伝責任者となった。そしてこの協会は、長いこと等閑視されてきた陸軍を増強して海軍建設に追いつかしめよと要求し、やがて勢力の広さにおいて海軍協会を凌駕したのであった。

海軍協会が国民の支持を獲得したところの海軍とは、ドイツの貿易を保護し、イギリスに強要して平等・「同盟資格」（対等の立場に立って交渉できるだけの資格）・「友好関係」の実現を否応なしに承認させ、まさにそのことによってドイツの世界強国としての主張の象徴たるべきものであった。しかし、その海軍と言えども、その背後にドイツの経済力がなければ、また、海外における対等の立場の承認とヨーロッパにおける指導的地位とを求める広汎な経済界の圧力がなければ、その存在自体考えられぬものであった。

ドイツ経済の生産量が増大するに従い、ドイツの原料市場の基盤の制約がますますはっきりと目につくようになり、ドイツが世界市場に手を拡げるに従ってその狭さがますます自覚されるようになった。鉱坑の買い占め、利権の獲得、割込み・値崩し、そして外国経営体の販売市場の破壊といった手段によって、ドイツは西ヨーロッパにおいてロンウィーブリエの褐鉄鉱地帯ならびにノルマンディの鉱山地帯に進出し、そこに地歩を占めることに成功した。ザクセンでは、ドイツ工業はボヘミアに向かって手を伸ばし、オーストリアーハンガリーの主要な工業中心地を中部ドイツのそれと結びつけた。同時に、ドイツの商業活動が、まだ農業経済に適合していた二重王国（一八六七年以降、ハプスブルク帝国はオーストリアとハンガリーの同君連合の形を取ったので二重王国とも呼ばれる」に、こうして浸透したことは、同王国の経済が資本関係において一歩一歩明らかにドイツに依存していく作用をもたらした。だがオーストリア＝ハンガリー自体は東南ヨーロッパへの橋渡しに過ぎず、バルカンでは――オーストリア＝ハンガリーの参謀総長コンラートの命名に従えば――ドイツ資本による「商業化」が、オーストリア＝ハンガリー・フランス・イギリス・ベルギーといった競争相手に比べて、その範囲を拡げる一方だったのである。中でもルーマニアのステアウア＝ロミーナ〔ルーマニアの星の意〕の場合、割引銀行を中心とするドイツの大銀行は、もっぱらヨーロッパ大陸で使用する石油のために、ドイツ資本の圧倒的な融資による石油生産会社の設立に成功したのだった。この会社は、フランス・ベルギー・オランダ・ロシア・オーストリア＝ハンガリー・ドイツを含み込むはずの買手組織と結びついて、圧倒的な勢力をもつ石油コンツェルンであるロイヤル＝ダッチ＝シェルおよびスタンダード＝オイルに対抗する存在になるものと考えられていた。ドイツの産業は、国家によって支持された大銀行の計画に従って、アナトリア鉄道やバグダッド鉄道の建設に従事したことから、トルコにおいてもおのずと契約関係を深めていくことになった。東ヨーロッパ自体では、とくに上シュレージエンの産業が進出し、大陸の販売市場に頼らざるを得ない彼らは、東・東南ヨーロッパを自分のために開拓した。その目標は、ポーランドの炭坑・鉱山を北はラドムに至るまで支配下に置こうとするにあった。同様に、重工業も、ドイツに鋼鉄精錬所が一つもなかったので、必要に迫られてクリヴォーイ＝ローク、チャトゥーラ〔マンガン坑〕といったウクライナやカフカースの原料地帯に進出したのだった。

一九〇〇年以後になると、経済の発展に駆り立てられた強烈なドイツの自己主張と、政府が政治的に達成した成果との間に、絶えず深まりゆく裂け目の存在していることが明瞭になっていった。

世界政策の外交

すでにビスマルク時代に、彼の入念な同盟体系にもかかわらず、ドイツの外政上の自己孤立が始まっていた。すなわち、一八七九年に、問題の多い構造をもつオーストリア＝ハンガリー二重王国を同盟相手に選び取ったことが、孤立の方向への第一歩だった。とくに、八〇年代においてすらドイツは他の三列強――イギリス・ロシア・フランス――のどの一国とも関係をもっと密接にすることに成功しなかったのだから、なおさらのことであった。ただし、ディズレーリとソールズベリ〔いずれも保守党の指導者。十九世紀後半に、相ついで国政を担当〕のイギリスとの間には、植民地政策にもかかわらず、オリエント協定による紳士的共存が成り立っていた。ゴルチャコーフ〔一八五六―八二年、外相〕とギールス〔一八八二―九五年、外相〕のロシアとの間には、ドイツは一八九〇年まで有効な条約を結んではいたが、経済政策上、疎遠になる一方だったので、その結びつきはまことに弱いものだった。事態のこうした進展に拍車をかけたのが九〇年代の「新航路」であって、この時期にロシア〔一八九四年の露仏軍事同盟〕およびイギリスとの関係が相ついで疎遠になったのである。

「世界政策」を目ざすドイツは、ビューロ〔一九〇〇―〇九年の帝国宰相〕が外相に、ティルピッツが海相になった一八九七年からというもの、いよいよ孤立の道を歩むことになった。

ドイツが歩を進めるや否や、極東や太平洋で〔一八九七年の膠洲湾租借、一八九八年のフィリピン進出の意図、それより先のサモア諸島の一部獲得〕、イギリス・ロシア・日本・アメリカ合衆国との間に激しい摩擦が生じた。同じ頃、更に激しい軋轢が、ドイツのオリエント政策とロシア・イギリスとの間に生じるに至った。ヴィルヘルム二世がオリエントを訪問し、一八九八年一一月、ダマスクスで演説を行ない、三億人のイスラム教徒の守護者ぶったことは、臣下に多数のイスラム教徒を有するイギリス帝国・ロシア帝国に対する挑戦と受けとられるにきまっていた。同様に、バグダッド鉄道建設事業(一八九九年に利権更新)もイギリスとロシアの不信の念をかきたてるばかりだった。その不信の念は、ドイツがインド航路の石炭補給・交易根拠地をアーデン・イエーメン・ペルシア南岸に築こうと努めたことによって、ますます高められた。ドイツが、メソポタミアにおける石油試掘・灌漑施設の利権を得ようと骨折ったことも、イギリスの利害区域への突入を意味した。オリエントにおけるドイツのこうした経済活動は、イギリスやロシアの利害にとってさなきだに脅威だったが、ドイツが同時に、トルコ陸軍の再編をはかってフォン＝デア＝ゴルツ将軍を派遣し(一八八六―九五年、一九〇九―一三年)、ついには一九一三―一四年の危機的情勢の折にリーマン＝フォン＝ザンデルス使節団を送って、オスマン帝国の安定化を企てるに及んで、ますます脅威に映ったのであった。

オリエント政策・東アジア政策と並んで、東・南西アフリカにおいても、ドイツの利害(海運・鉄道・港湾・鉱山)は、九〇年代におけるブール共和国の場合がとくにそうであるように、イギリスと摩擦を惹き起こした(一八九六年のクリューガー電報事件)。こうして地球上の到るところに係わりをもったために、ドイツは既成の大国と衝突することになったが、それに加えてドイツ戦闘艦隊の建設要求がドイツとイギリスとの間に直接の対立をもち込んだ。ドイツの艦隊建設(第一次艦隊法―一八九八年、第二次―一九〇〇年)は、それと交錯して行なわれていた英独同盟の打診(一八九八―一九〇一年)において、この同盟問題に対するドイツの硬直した態度と相俟って、一九〇一年以降イギリスが最終的に別の同盟の相手の方へと踏み切る結果をもたらしたのである。(ドイツは、英露の対立を克服され得ぬものととらえていたので、ロシアとイギリスの間を縫って政策を展開できると信じていたのだ。）イギリスの直接の反応は、一九〇二年の日英同盟による日本の確保・フランスへの接近（一九〇三年）と英仏協商（一九〇四年）による和解となって現われた。

ドイツの際立った孤立は、「包　囲《アインクライズング》」という当時の概念より、「自　閉《アウスクライズング》」という言葉で言い表わすべきだと思われるが、この孤立状態に対抗して現実もしくは願望上の経済的利害の確保を目ざすドイツが第一次モロッコ事件（一九〇五―〇六年）の際に示した反撃によって、少なくとも外務省の中心人物ホルシュタインや参謀総長シュリーフェンが、場合によっては力ずくでもフランスを英仏協商から引き離そうと考えていることが早くも明らかになった。皇帝と宰相ビューロが、モロッコ事件の武力による解決（その基礎にはすでにシュリーフェン計画〔ロシア・フランスとの両面戦争に備えて立案された作戦計画〕があった）を断念したというのも、ヴィルヘルム二世がドイツ―ロシア―フランスから成る大陸ブロックの平和的実現に希望をもっていた（一九〇五年、ヴィルヘルム二世はニコライ二世とフィンランドのビョルケで密約による相互援助条約を結んで、フランスの参加を期待していた）からなのである。

ロシア革命、とくに一九〇五年一二月に血の弾圧を蒙ったモスクヴァの労働者蜂起は、ドイツにも興奮をよび起こしたが、それがどんなものだったかを示すものに、ヴィルヘルム二世がビューロに宛てた有名な年頭の書簡がある。この手紙は、皇帝が危機の間の自分の「ふやけた」態度をいわばしゃんとさせるために書いたもので、いかにもそんな彼らしく内と外のできごとを一緒くたにして宰相に次のような指示を与えている。

「まず社会主義者を射ち倒し、首を刎ね、無害にしてしまうこと。必要とあらば大虐殺によって。次に対外戦争だ。だが早過ぎぬよう、早まらぬよう。(9)」

この年頭書簡の中で、すでに皇帝は大戦争への参加を、前もってトルコと同盟を締結することおよびイスラム世界の革命化という九〇年代末以来お気に入りの考え〔本書第四章を見よ〕と結びつけている。

一九〇六年のアルヘシーラス会議は、ドイツがアメリカの助力を期待して無理に開催させたものだが、その成行きに失望したドイツは、国際紛争の調停の手段として会議を開くことには以後一切同意しないという態度に出た。ドイツは、アルヘシーラスでイギリスとアメリカを張り合わせて漁夫の利を占めることができるようにと熱望していたのである。

他ならぬアルヘシーラス会議によって、三国同盟の仲間割れが明らかになった。イタリアが協商国の側に立ち、オーストリア＝ハンガリーのドイツ支持も不承不承のものだったのである。その上、ロシアが一九〇四—〇五年の日露戦争に敗北し、革命によって動揺したあげく、その外交政策を東アジアから転じてもっとヨーロッパの方に向けるようになった。それによって、ロシアとオーストリア＝ハンガリー・ドイツとの対立が激化し、同時に、ロシアとイギリスの和解が可能になって、アジアにおける利益圏（ペルシア・アフガニスタン・チベット）の境界設定の結果、一九〇七年に英露協商が成立した。この英露接近は、ひとつにはロシア革命の間およびその後に目立ったようなバルカン地方に対するドイツの野望を怖れたロシアの側から促進されたが、イギリス側によってもドイツの海軍政策・オリエント政策に対する回答としてもたらされたのであった。

「包囲」の結果、ドイツは再び同盟国オーストリア＝ハンガリーの政策に左右される度合いを高めていくことになった。そのことは、一九〇八年夏、ボスニア・ヘルツェゴヴィナ併合の際のオーストリア外相エーレンタールの政策に対するドイツの反応を見れば明らかである。すなわち、この事件を聞いた時、ビューローも、彼がわざと耳に入れるのを遅らせた皇帝も、はじめはこの上なく不愉快な感情を抱いた。皇帝は「二〇年来追求してきたオリエント政策」が根底からくつがえされたと考え、親トルコ的なイギリスの態度にしてやられたと思ったのである。ビューロは、ドイツの力を効果的に投入することによって同盟国オーストリア－ハンガリーを掩護すると共に、トルコとの結びつきが切れないようにしたいと考えたが、この希望は、ひとつにはロシアの譲歩によって（もっともそれだけにロシア自身はこれ以後ますます三国協商に結びつくことになった）、また青年トルコ党指導部、とくに将校たちの方向転換によって、満たされたのであった。

一九〇九年三月、ドイツはオーストリア－ハンガリーに有利なバルカン問題の解決を「きらめく武器」（ヴィルヘルム二世がヴィーンで行なった演説の中で用いた表現）をふりかざして押しつけようとする意志を改めて示した——もしくはそのふりをした。アルヘシーラスの経験に照らして、同盟国が面目を失うようなことはさせまいとしたのである。

同時にドイツは、オーストリア－ハンガリーをトルコへの橋渡しとして強化して、ヨーロッパ大陸におけるドイツの勢力の外交手段による拡張に一段と意を注ごうとした。一九〇九年二月九日にモロッコに関する独仏植民地協定が締結され、一九一〇年一一月三日、四日には、ロシア皇帝と、のちにイズヴォーリスキーに代ってロシア外相となったサゾーノフとがポツダムを訪問し、これによってドイツ外交は大陸ブロックの形成というその宿願を達するばかりのように見えた。何しろ、ロシアは三国協商からの離脱を——ドイツはオーストリア－ハンガリーからの離脱を——約束し、政治的理由から長年妨害してきたバグダッド鉄道建設に同意したのであるから。ドイツの反対給付は、北ペルシアをロシアの勢力圏として承認し、バグダッド鉄道と接続するペルシアの支線建設の費用をもつ、というものであった。だが、この、大陸における東西和解の糸口も第二次モロッコ事件（一九一一年六—一〇月）で切れてしまった。

一九一一年夏にドイツ外相キーデルレン－ヴェヒターとフランス大使ジュール＝カンボンとの間に行なわれた

交渉ではじめ問題にされていたのは、モロッコ自体における利害の縄張りを決めることであった。しかし、七月一五日にキーデルレンが、モロッコからドイツが手を引く場合の「補償」としてフランス領コンゴ全部を要求したところから、ドイツの外交攻勢の新しい目的が明らかになった。すなわち、中央アフリカにまとまったドイツ領植民地を獲得するという目的である。その背後には、独仏の「手打ち《アウスグライヒ》」によって和親協約《アンタント・コルディアル》〔一九〇四年の英仏協商〕を打破できぬまでも弱体化させようという、更に遠大な意図があった。イギリスはこの危険に対処すべく、蔵相ロイドージョージの有名なマンション＝ハウス演説〔マンション＝ハウスすなわちロンドン市長官邸で一九一一年七月二一日に行なわれた〕をもって公然と介入してフランスを支持し、フランスと重大な軍事協議を行なった。その結果ドイツは一九一一年秋に譲歩し、それ自体の価値は疑わしい独領カメルーンの領土拡大という「威信上の成果」をもって満足した。独仏の間で直接「手打ち」がなされれば、それは三国協商の堅固な基礎を揺るがし、ひいてはイギリスの勢力均衡政策を崩してヨーロッパにおけるドイツの主導的立場を有利にする恐れがあった。イギリスはそのような「手打ち」によって面目を失うような事態の出現を許しはしなかったのである。かくしてイギリスは、ドイツの政治のその後の動きにとって枢軸点をなすに至った。

「鍵はイギリスにあり」

一九〇五―〇六年と一九〇八―〇九年の、どちらかと言うと外交上の危機に比べ、第二次モロッコ事件がドイツの一般世間に与えた影響は一段と大きかった。なぜなら、事件の間中それ以前とは全く違って外務省の側から宣伝やプレスキャンペインが行なわれ、一般大衆の国民感情もこれまでより遙かに大規模にあおられたからである。それだけに、交渉のあげくが、アフリカにおける大きくまとまった植民地領有を目ざしてその大黒柱として熱望したフランス領コンゴではなく、コンゴとウバンギに接する二条の貧弱な細長い地帯をドイツにもたらしただけだった時の幻滅は激しかった。フランスを相手の成功はすでに確信するところであったから、不成功に終わって後の激昂は第一にイギリスに向けられた。イギリスの助太刀だけがフランスの立場保持を可能にしたのであるから。戦争の意思は双方に存在した。八月中旬に――仏英露の軍事協議の間――外交協議が中断された後でドイツ参謀総長モルトケが記したメモは、半ば激昂に半ば幻滅に彩られたドイツの情況をよく示している。彼は次のように書きつけた。(10)

「モロッコの不運な経緯にはうんざりし始めた。この事件から(一九〇六年のように)再び尻尾をまいてこそこそ逃げ出すようであれば、また、剣をもってしても押し通す気でいるところの、力強い要求のために奮起することができないようであれば、ドイツ帝国の未来は絶望である。そうなれば余は去るであろう。」

同じ気持から、ドイツ財界・政界の指導者たちもまたフランスとイギリスに対して憤慨の極に達していた。しかし他方で彼らは、起こることが予想される三正面戦争に対して財政的・軍事的に十分な準備がされていないので、将来みじめな譲歩を余儀なくされるのではないかと惧れてもいたのである。

あれやこれやの憤激と幻滅は、全ドイツ連盟の機関紙が公然と非難した皇帝の弱腰に対するものをも含めて――キーデルレン＝ヴェヒターに対して訴訟が起こされた――、一九一一年一一月の帝国議会において一大激論となって爆発した。保守党の指導者フォン＝ハイデブラント＝ウント＝デア＝ラーザは公開の舞台で挑発的な言辞を弄した、「今や敵の奈辺にあるかを知る」と。国民革命〔ヴァイマル時代の右翼ないしナチスと結びついた言葉である〕とも言うべきものがドイツで進行していたのであり、一種の「覚醒」が海軍協会・植民地協会・全ドイツ連盟といった「圧力団体」によってあおり立てられ、やがて――きわめて活動的な――新設の国防協会もこれに加わることになるのである。「強腰の回答」を政府が七月に与えなかった以上、帝国議会は今や自分こそそれをなす義務があると感じていた。従来より強くなるべし、海上のイギリスに対しても陸上のフランスとロシアに対しても防備せよ、というのである。この興奮の上に、一九一二年一月には帝国議会選挙で社会民主党(皇帝が六年前にはまだ射ち倒してやれと思っていた党だ(一九頁を参照))が勝利を収めた結果(得票率三五%で三九七議席中一一〇議席を占めて第一党になった)、忍び寄る民主化の危険、それと共に「国家を維持している」政党・階層の社会的基盤と特権の破滅の惧れが更に付け加わった。プロイセンにおいて帝国宰相ベートマン-ホルヴェークの及び腰の改革案に対して保守勢力がその立場を守り通し、とくにプロイセンの三級選挙法の改正を阻止したものの(この点では一九一八年まで成功を収め続けた)、王権・教権・大農経営・重工業の結束にとっては、今や社会民主主義・ウルトラモンタニスムス(山〈アルプス〉の向う側の意に由来し、教皇権の主張をさす。ここでは中央党の主義主張をさす)・民主主義に立つ諸勢力がドイツ全体では支配的になるという惧れが起こった。すなわち、議会主義化が一歩一歩と否応なしに実現していくのではないかという惧れが、である。(これについては、「プロイセン年報」(一八五八年に創刊されたドイツ自由主義者の雑誌。一八六六―八九年にはトライチュケが編集者)の編集者ハンス゠デルブリュク(一八八三―一九二二年にわたっての編集者)が警鐘をならしている)。

ドイツにおける国民的な昂揚に相応した動きが、フランスにおいても、ドイツと話をつけようとするカイヨー内閣が崩壊して、一九一二年一月にロートリンゲン出身のポアンカレが首相の印綬を帯びると共に現われるに至った。

イギリスでは反応が分かれていた。下院とロンドン財界《シティ》の反対派はドイツとの和解に与して、フランス一辺倒の政策を拒否していた。ドイツ外交筋はここにイギリスに対抗する大陸ブロックの代りに、「大陸」に対抗すべきイギリスとの同盟を創り出す可能性を見出してそれにとびついた。すでに一九一一年秋、ロンドンにあって当時最も積極的に手打ちの努力をしていたドイツ外交官である大使館参事官フォン＝キュールマンは、独英関係に根本的な転換をもたらすことが可能だと称していた。二人の財界の大物、皇帝ともベートマン－ホルヴェークとも親しかったバリーンと、イギリスに帰化したドイツ人で、これはイギリスの官辺と非常に近かったカッセルとの働きにより、一九一二年二月にはホールデン使節〔ホールデンは当時イギリスの陸相〕のドイツへの派遣が実現した。だがここでは、その経緯と目的設定を、独英接近の試みの失敗としてでなく、むしろ大陸におけるドイツの目的設定の手段として見なければならない。

海軍問題・政治協定・植民地に関する和解という三位一体において、ドイツは当初から政治的手打ちに最大の重点を置いていたが、他方ホールデンにとっては、海軍問題の討議が交渉の出発点として決定的であった。だが、ホールデン到着の前夜というのに皇帝は開院勅語の中で新規の艦隊法案の予告を行なう始末で、会談はそもそもからしてひどく幸先の悪いものであった。しかも、艦隊増強の問題をホールデンと討議したのは皇帝とティルピッツだけで、宰相は参加していなかった。そして、両人ともその際原則としていかなる譲歩の用意もなかったばかりか、その後の数週間、イギリス側の批判や対抗措置に対して恐ろしく不機嫌な態度を示しさえしたのだった（「余およびドイツ国民の堪忍の緒は切れた」三月五日）。

このようにドイツは海軍軍拡競争の問題で相手の意に沿う気がなかったのに、政治的手打ちに関する討議においてはイギリスから非常に広汎な言質を取ろうとした。ドイツ帝国の政治に形の上では責任ある指導者ベートマン－ホルヴェークにしても、また皇帝にしても、ドイツがいわれなき攻撃を受けた際にイギリスが中立を守るというだけでは満足しようとせず、それどころかイギリスに対して――ドイツに相応しい植民地帝国の要求と並んで――キーデルレン＝ヴェヒターの仕上げた方式[11]によれば次のような内容の中立の約束を要求したのだった。

「条約締結国のいずれの一方も、一国もしくは数カ国との戦争に万一捲き込まれそうになった場合には、(参戦をさけて)少なくとも好意的中立を守り、紛争の局地化に努力する義務をもつものとする。」

ドイツの要求したこの条約による相互約束は、それが実現したならば、ドイツはフランスに対する自由裁量を許すことになったであろう。なぜなら、イギリスはドイツの挑発による場合でも大陸戦争の局外に立たねばならないことになるからである。このように由々しい約束事により、これに比べれば協約の内容が厳密でないイギリス側の協商が危険に晒されるであろうことは改めて言うまでもなかった。なればこそイギリスにとっては、――つとにホールデンが二月八日の初会談でベートマン＝ホルヴェークに強調し、イギリス外相の側近ニコルソンがその洞察力に富んだ意見書の中で重ねて述べているように――フランスがドイツの力に圧倒されるのを阻止することが重要だった。ホールデンは、ベルギー領コンゴとアンゴラ――アフリカをはすかいに横切るドイツ領の「細長い地帯」が話にのぼっていたのだ――、更にザンジバール・ペンバ両島を提供し、バグダッド鉄道に関しても色よい返事をしようと申し出たが、それにもかかわらずベートマン＝ホルヴェークは自分の中立方式に固執して譲らなかった。

ホールデン使節の帰国二日後に、皇帝はヴァルター＝ラーテナウと会談し、その中でアメリカの高率保護関税による報復から身を守るための大陸の経済的統一という構想を開陳した。「彼(皇帝)の計画――アメリカに対抗するヨーロッパ合衆国」[12]とラーテナウは書きつけている。すでに一八七九年にビスマルクは、中央ヨーロッパ同盟の形成はイギリスの同意にかかっており、そしてイギリスは確実に同意するだろうと見ていたが、皇帝の計画は全くこうしたプロイセン－ドイツの歴史的伝統に立つものであった。この場合、皇帝がラーテナウに示唆を与えたのか、はたまたラーテナウが皇帝に考えを吹き込んだのか、それは断じ難いが、いずれにせよラーテナウは少し後に（一九一二年七月二五日）この同じ思想を故郷のホーエンフィーノに在った宰相に講釈している。そして、ベートマン－ホルヴェークは、イギリスが正式の同盟にまで接近してくることを望むとまではおそらく言わなかったにせよ、ラーテナウがはっきり書き留めているように、原則的に同意を示したのであった。それについてラーテナウは次のように報告している。

「私の陳述――(1)経済。オーストリア・スイス・イタリア・ベルギー・オランダ等との関税同盟、同時にもっと緊密な連合。(2)対外政策。その鍵――ドイツ－フランスの衝突、すべての国民にうまい汁を吸わせている。鍵――イギリス。今日、軍縮は不可能。事態をひとまず更に緊張させること――(危険ではあるが)、次に地中海におけるイギリスの地位を砕くこと。その上で、同盟。目標――中央アフリカ、小アジア。」

ドイツの「世界政策」の主眼点のすべてがこの会談において結合している――中央ヨーロッパ・中央アフリカ・小アジア。だがとりわけ目立つのは、この一九一二年七月に、二年後一九一四年のベートマン－ホルヴェークの九月綱領〔本書第三章を見よ〕に再び登場するヨーロッパとアフリカにおける二つの中心的目標がすでに登場していることである。すなわち、中央ヨーロッパと中央アフリカの二つである。

不可避の戦争

帝国議会は五月中旬に、もともとは前年の秋に要求された、まだ相対的には控え目な第一次陸軍増強（五九万五〇〇〇から六二万二〇〇〇へ)と、ホールデン使節との交渉で問題になった艦隊法案とを採択した(五月一〇日および一五日)。それによってドイツは新たな軍拡の波を解き放ったのだが、その後五月二四―二六日に、オーストリアの新外相ベルヒトルト伯が新任の挨拶にベルリンを訪問した。同盟国オーストリアは、第二次モロッコ事件の間、ドイツとイギリス・フランスとの矛盾が尖鋭化していくのを、アルヘシーラスの時より一段と危惧の念を強めて見守っており、その引込み思案な態度によってドイツを失望させていた。オーストリア―ハンガリーの利害は全く別のところにあったのだ。そのため、ベルヒトルトは、ベルリンの反西欧的な気分を実に敏感に感じ取っている。(13)

「まず第一に挙ぐべきは、ドイツの接近の企てにとってイギリスが扱い易くなるように、それに適した不安定な状態にイギリスを外交手段によっておとしこもうという努力の存在である。そこから生じるのが、イタリアの地中海政策のあと押しであり、アドリア海におけるオーストリア―イタリアの利害対立を無視し去る政策である。更にここで考慮すべきは、フランスとの衝突という万一の場合の存在である。この万一の場合の存在が、ドイツ外交官のあらゆる思案の出発点とも終着点ともなっており、ドイツ外交はいわば全推測能力をそれに傾けているのである。だがわれわれの場合は、フランスとの間に何らの現実的な政治的利害の対立も存在しない以上、そのような万一の場合は理解し得ぬところである。」

ベルヒトルトが明言した、同盟国双方の目標の相違を完全に理解するためには、ドイツが第二次モロッコ事件の終結以来、つまり一九一一年末以来、ローマで三国同盟を期限切れ前に更新する交渉を行なっていたことをはっきり思い浮かべる必要がある。その際のドイツの目的は、予想されるフランス・ロシアとの対決の中でイタリアに二重の役割を演じさせることにあった。すなわち、第一には、イタリアの師団にフランスの兵力をアルプス戦線に釘づけにし(一九一二年には更に戦争の場合にはイタリアが三個軍団を上部エルザスに派遣する取りきめが行なわれた)フランスとの衝突に際してのドイツの負担を軽減してもらおう、というのである。次にドイツが期待していたのは、地中海におけるイタリアの地位の強化によって、イギリスに圧力をかけ、三国同盟の方に引き寄せるというやり方で中立化させることが可能になる、ということであった。

東南ヨーロッパにおけるオーストリア－ハンガリーの第一の利害は、ドイツの場合と異なっていた。一九〇八―〇九年のボスニア・ヘルツェゴヴィナ併合以来、南スラヴ人の運動がドーナウ王国〔オーストリア－ハンガリー帝国のこと〕の存立にとって日増しに脅威となってきていた。しかも、ロシアの政策が、スラヴ民族の保護者というロシアの伝統に沿って、南スラヴ人の運動を帝国拡大の企ての手段として利用していただけにその脅威は大きかったのである。

一九一二年一一月―一二月のいわゆる第一次バルカン戦争でバルカン諸国(ブルガリア・セルビア・ギリシア)が予想外にもトルコに勝ったことは、その前年のトリーポリにおけるイタリアの勝利〔一九一一年九月、イタリアは当時トルコ領のトリーポリを占領、その後一九四七年まで支配下においた〕と同様、とくにパリにおいて、これでドイツの軍備と戦術も手ひどい平手打ちを食らったのだという印象をよび起こした。それと言うのも、トルコ軍を訓練したのはドイツの将校であり、武器を供給したのはドイツの会社だったからである――クルゾー〔フランスの大軍需会社〕のクルップに対する勝利といわれたものだ。このことがすでにポワンカレのフランスにおける好戦的気分に拍車をかけていた。そして、バルカン同盟の保護者であるロシアにもトルコの破綻の影響が及んだ。セルビアは、負けず劣らず自意識を昂揚させており、アドリア海への通路を要求した。オーストリア－ハンガリーは、セルビアの領土拡大に同意する用意はあったものの、セルビア人がアドリア海沿岸に定着するようなことを我慢するつもりはなく、それどころか更に「独立した」アルバニアの樹立を要求しさえした。トルコに対するこの戦争からセルビアのオーストリア－ハンガリーに対する戦争の生じる惧れがあった。そしてその戦争には、列強の二陣営が全ヨーロッパをおおう戦争にひきずり込まれる危険がひそんでいた。このピンと張りつめた情勢の中で、イギリスとドイツの共演という事態が生まれてきたのである。双方とも、一九一二年一二月初めロンドンに会した大使会談では手打ちに漕ぎつけようと努力したのだった。

ベートマン－ホルヴェーク(14)は、バルカンに端を発するロシアとの戦争がフランスとの戦争をも意味するに違いないと考えていた。だが、一二月一八日すなわちロンドン会談開始の翌日、彼には「ロシアとフランスがまさしく挑発者として立ち現われるならば、様々な徴候からして、イギリスが積極的に介入することは少なくとも疑わしい」と思われた。彼は「ドイツが自分の方で一切の挑発を避けさえすれば、イギリスのフランス側に立っての介入はおそらくフランスが敗北して後に(初めて)――最初はたぶん外交手段で――行なわれるだろう」と信じていたのである。こうした判断は、ベートマン－ホルヴェークの考えに、一九一二年からずっと一九一四年七月に至るまで連続性のあったことを示している。この一九一四年七月、彼の関心は平和の維持よりむしろロシアに戦争責任を押しつけることにあった。彼の政策が、ロシアが挑発者として立ち現われれば、ともかくイギリスは最初は大陸の戦争の局外に立たせられざるを得ない、という考えに基づいていたからである。それに、そのような場合には、同盟国オーストリアが間違いなくドイツの側に立つと彼は考えていた。

このような具合に、ドイツは少なくとも戦争の初期にはイギリスの介入を受けることなしにフランスを打ち負かすことができる、という考えは――まさしく一九一四年七月にそうであったように――在ロンドンのリヒノフスキ(一九一二年一一月初めに駐英ドイツ大使になった)からの報告とは全く食い違っていた。まさしくセルビアーオーストリア紛争とそれに伴うヨーロッパ大戦争の可能性を考えながら、イギリス外相グレイはホールデンの口を通じて、(15)「諸陣営の勢力均衡を多少とも維持するためとあらば、イギリスの政策がいかなる事情であろうとフランスの敗北を黙視することはあり得ない」と繰り返し述べていたのである。そして数日後(一二月九日)、グレイが「同盟の信義」とか「戦い」とかの言辞を弄したベートマン－ホルヴェークの帝国議会演説に少しも動かされなかった時、リヒノフスキはグレイの考えを次のようにまとめていた。

「わが国に対するイギリスの政策は平和的かつ友好的なものであるが、いかなるイギリス政府もフランスのこれ以上の弱体化を許すことはこの国の死活の利害と一致しないと考えるであろう。」

また、イギリス国民はいかなる事情のもとでも、フランスが一八七〇年のような崩壊を再び蒙ったあげく「大陸でただ一人圧倒的に優勢な大国の存在と直面すること」になるような事態から身を守ろうとするであろう。更に、その少し先には次のようにある、「イギリスは、今後、唯一の強国の指導のもとに統一された大陸陣営の出現を坐視し得ないし、そのつもりもないであろう。」

皇帝がこの報告の欄外に記した言葉と、そこから引き出した方針とが示すところによれば、つとにヴィルヘルム二世は戦争の際にはイギリスはフランス・ロシア側に立つと見ていた。それにもかかわらず彼はこうした布陣のもとでも戦争による対決を辞さぬつもりであった。勢力均衡の維持に関するくだりにつけた彼の註釈は「変化する！」とあり、イギリスはフランスの敗北を決して黙視しないだろうという警告については、「ところが黙視せざるを得ないのだ」とあった。来たるべき戦争を皇帝は「スラヴ人とゲルマン人との決戦」と看做し、「この戦いでアングロサクソンはスラヴ人とガリア人〔フランス人〕の側に立つ」を考えていたのである。

「イギリスはドイツに対する憎しみと妬みから一も二もなくフランス・ロシア側につくであろう。ヨーロッパのゲルマン人(オーストリア・ドイツ)はラテン人(ガリア人)に支持されたスラヴ人(ロシア)と生存のための戦いを交えざるを得ないことになろうが、この戦いが起こればアングロサクソンはスラヴ人の側につく。その理由——われわれが強大になることに対するやっかみ、不安。[16]」

皇帝は永続的な解決は不可能と考えていた。

「民族大移動の第二章は完結した。第三章——ゲルマン人のロシア-ガリア人に対する生存をかけた闘争。いかなる会議ももはやそれを緩和させることはできぬ。なぜなら、それは高度の政治問題ではなく、人種問題であるから。……何となれば、ヨーロッパにおけるゲルマン人種の生か死かが問われているからなのだ。[17]」

ロシア-ガリア人対ゲルマン人なる人種的対立が現実の政治的軋轢の底に横たわっている、という皇帝の信念は、参謀総長であり、ゲールハルト＝リッターの判定では「基本的には平和愛好」者だというヘルムート＝フォン＝モルトケ[18]の信念でもあった。一九一二—一三年の冬、セルビアがアドリア海まで領土を拡張する可能性が起こり、これに対してオーストリアが動員を行なった時、モルトケは予防戦争を主張するオーストリアの同輩コンラートに一九一三年二月一〇日付で書簡を送った。その中でなるほど彼はこの時点でそのような手段に出ることはしないようにと警告してはいる。そのような一歩は世界戦争に通じるが、「諸国民の戦争」というのは、政府が国民の完全な諒解を当てにし得る時にのみ行なうことができるものだ、というのである。しかしモルトケの「以前と変らぬ見解によれば、ヨーロッパ戦争は遅かれ早かれ必ず起こるだろうが、それは最終的にはゲルマン世界とスラヴ世界の闘争ということになろう。これに備えることは、ゲルマン精神文化の旗手たる国家すべての義務である。だが攻撃の手を出すのはスラヴ人の方からでなければならない。この闘争の近づくを知る者には明瞭なことであろうが、その者にとって必要なのは、全勢力を糾合し、あらゆる機会を利用し尽すこと、そして何よりも諸国民にこの世界史的な展開を完全に理解してもらうことである。」

こうした考慮に沿って、皇帝はすでに一九一二年一二月八日、「軍事政策上の情勢」講評[19]において、新聞による攻勢に関して明確な指示を与え、自国民の精神動員を要求していた――セルビア-オーストリア紛争の結果、「大ヨーロッパ戦争が勃発」した際には、国民は「あらかじめ」いかなる利害のために戦うのかについて十分に説明を受け、それによって「このような戦争を考えることに慣らされて」いなければならない、と。

一九一三年のライプツィヒの戦い百周年記念祭は、あの「余が国民に告ぐ」の呼びかけ〔一八一三年三月一七日に、フリードリヒ-ヴィルヘルム三世が行なった布告〕の追憶に始まり、一〇月の諸国民戦争記念碑〔ライプツィヒ古戦場に建てられたもので、着工は一八九八年〕の除幕式に終ったが、これこそ皇帝の命令の実現でなくて何であろう。一九一三年六月の、皇帝在位二十五年祝賀式典の軍隊調もまた同様である。愛国的な人びとの気分をもっとも端的に反映していたのがベルンハルディの「ドイツと次の戦争」で、この書物は一九一二年に出版され、一九一三年には早くも第六版が出た。この本は、概してドイツの歴史家たちからは、素人の全ドイツ主義者による宣伝文書として片付けられ、参謀本部の計画とも政府の計画とも遠く隔たっていると看做されたが、著者が自分の考えや要求を「世界強国か没落か」という標題のもとに総まとめしたところは、ドイツ公式筋の意図を実に正確に言い表わしている。ベルンハルディはドイツの世界強国への突進を保障するものとして次の三点をあげている。(1)フランスの排除――フランスを「完全に打ち負かし、二度とわれわれの障害たり得ないようにしてしまわねばならない」――この定式化は、大戦勃発の数週間後に作成されたベートマン-ホルヴェークの九月綱領を殆ど一字一句さし示している。(2)ドイツを盟主とする中央ヨーロッパ国家同盟の創設。ベルンハルディは、小国、つまり「弱小隣国」はドイツの武力による保護とドイツとの合併を求めるだろうと期待していたが、これは、大戦中、広くドイツ上層部の抱いた期待なのである。三国同盟を中央ヨーロッパ同盟に拡大せよという彼の要求は、――勢力集中の要求であり、ヨーロッパにおける勢力均衡の原則からの逸脱を同時に意味すると思うが――ドイツの行動の大原則ともなっていくのである。そして最後に、(3) 新しい植民地獲得による、世界強国ドイツの拡張。一流の歴史家・経済学者、実業界の有力者、「世界政策」の指導者たちと全く同じように、ベルンハルディはその最後の要求を次のようにまとめている、「ヨーロッパ国家体制などは今日問題になり得ない。問題は世界国家体制であり、その中で勢力均衡が実力の上に築かれることなのである。」ベルンハルディの見るところでは、それを保障するものは「自分自身の植民地と顧客国家〔ドイツの商品を買い、資本を受け入れる国家〕における優勢な政治的影響力」であった。彼にあっては、世界強国になるということはドイツの文化的使命でもあったのである。

同じ一九一二年一二月、国内の心理的な準備が命令された時、皇帝は第二の指図として外務省に対して指示を与えていわく、ゲルマン人とガリア人・スラヴ人との「生存のための闘争」が近づきつつあるとの認識が、「わが国の政策の根底」とならねばならず、そのためには見つけられる限りの同盟者を見つけなければならない、と。そして、

「わが国は、ブルガリア……トルコそしてルーマニアとも軍事協定を結ばねばならぬ。日本ともそうした協定を締結しなければならぬ。いかなる力でも手に入るならばいずれも十分にわが国の助けたり得るのだ。」

見逃し得ないのは、この考えが一年半の後、革命促進計画〔前出一九―二〇頁および本書第四章をみよ〕を補った形で、一九一四年八月四日の戦争勃発に対するモルトケの戦闘計画の中に再び姿を現わしていることである。最後に、バルカン危機の勃発と、一九一二―一三年冬の連続危機の勃発のもたらした衝撃の影響で生じたことがも

う一つある。それは、ロンドンでまだバルカン戦争の講和交渉が行なわれている最中に、ドイツで軍備の一層の拡張が要求され、その要求が一九一三年夏の陸軍大拡張となって実現したことである。

軍備競争と参謀本部の立案

一九一二年晩秋のバルカン危機の印象から、参謀本部(こうした問題ではルーデンドルフが牛耳るようになっていた)は現役兵力六二万二〇〇〇のドイツ陸軍を更に三〇万増強することを要求していた。これは五〇%の人員増強であり、それによって新たに三個軍団を編成しようというのだった[20]。保守的な陸軍省は上級幹部の質を問題にしており、また恐らく将校団の貴族的性格のためを思ってのことであろう、増兵の数を自ら制限した(将校団の中では貴族が高い比率を占め、独特の尚武の風を誇っていたが、兵力増強は当然その比率の低下をもたらさざるを得なかった。もともと陸軍省と参謀本部との間には権限争いがあったのだが、貴族ではないルーデンドルフに代表される近代的巨大軍隊の主張に対し、陸軍省は「保守的」姿勢をとったのである)。そのため、帝国宰相は一九一三年春、帝国議会に一三万二〇〇〇の増兵案を提出したのであった。この提案は右翼多数派によって可決されたものの、そのための支出の埋め合わせについては数カ月にわたる議論が行なわれた。そして最後に、左翼の方に位置をずらした多数派、すなわち社会民主党をも含めた多数派によって議決された。可決された兵力一三万二〇〇〇のうち、一九一三年一〇月一日に七万二〇〇〇の徴兵が行なわれたので(残りの半分は一九一四年秋に追加召集される手筈だった)、一九一三—一四年冬におけるドイツ陸軍の現有平時兵力は七五万になった。

だが、この露骨な兵力増大は隣国の対抗措置を呼びおこすことになった。まだ帝国議会で審議が行なわれている間に、フランスは三年兵役制の導入を明らかにし、それによって――ドイツの七万二〇〇〇とは対照的に――一九一四年までに一六万の追加を実現した。ロシア陸軍は一九〇六年以来フランスの財政援助のもとに再編成を行ないつつあったが、その平時兵力はドイツ陸軍の二倍、一五〇万であり、ドイツとオーストリア＝ハンガリー(四五万)の陸軍を合わせた兵力よりやはり三〇万ほど多かった。しかもロシア軍はその意図する最高兵力にはなお達していなかったのである――その二百万余の兵力は一九一六年になってようやく実現する筈であった。このように進行中の陸軍改革は、ドイツとオーストリア＝ハンガリーの大陸における両隣国〔ロシアとフランス〕の優越を近い将来に更に強化するに違いなかった。従ってゲールハルト＝リッターが、この陸軍増強をベートマン＝ホルヴェークの政治家としての最高の業績と呼ぶなどということがどうしてできたのか今もって不可解である。

東西の隣国と競争で陸軍増強が行なわれるのと同時に、モルトケは、予想される二正面戦争に備える必要に押されて、新たにシュリーフェン計画――それはシュリーフェン自身が一九一二年一二月、死去する少し前にもう一度最新稿としてモルトケに渡したものである――を基礎にして展開計画を練り上げた。その計画では、以後、軍事作戦の全力点を西部に集中することにしており、そのため一九一三年四月からというもの東部への展開が詳細に検討されることがなくなってしまった。こうした事情は、(国民自由党幹部会会議の数週間後の)四月、予算に関する全く秘密の予備交渉の際に、帝国議会の政党指導者たちにも知らされた。その交渉で、国務大臣フォン＝ヤーゴは、陸軍増強を必要とする理由として「世界戦争の到来」の予想を挙げ、それに関連して彼が政党指導者たちに打ち明けた(詳しい説明は参謀本部の代表が行なった)ところによれば、バルカン紛争をめぐってロシアとの間に勃発した戦争であっても、第一局面では、決戦を狙っての重点は西部に置かれ、フランスに対する攻勢として戦い抜くことになろう、というのであった。

こうした野戦計画を持ったドイツは、軍事的にオーストリアーハンガリー軍を頼りにすることになった。後者は、ドイツ陸軍がフランスに対して期待通り速やかにして決定的な勝利を収めてから東部に矛を転じることができるまで、ロシア軍による最初の衝撃を持ちこたえるはずになっていたのである。

ドイツ帝国主義の危機

膨脹を狙う「世界政策」を遂行しようというドイツの、世界大戦前の最後の試みは、同時に、イギリスをドイツに縛りつけようという努力と結びついていた。その意味で、ホールデン使節との交渉はイギリスを敵の同盟から切り離そうという新たな試みだったのであり、この試みは、海軍問題・中立問題に関する会談でこそ失敗したものの、表面化した植民地問題については引き続き行なわれていた。

ポルトガルの植民地(モサンビークとアンゴラ)の分割に関する交渉と並んで、バグダッド鉄道の利権とメソポタミア油田の開発に関して、オリエントで妥協に達しようという努力が英独接近の主要な内容となっていた。(21) 苦心を重ねて育んできたこのイギリスをドイツにつなぎとめる糸が、ますます重要になってきていた。なんとなれば、諸列強の配置網の中で、とくに列強の間で激しく争われたバルカンおよび近東における勢力圏との関係で、ドイツの地位がまぎれもなく悪化し、ドイツの政策が袋小路に入ってしまっていたからである。ドイツの軍事的・政治的・財政的な力の限界はすでに明白になっていたのである。

一九一三年八月にブクレシュティ(ブカレスト)講和条約が結ばれて第二次バルカン戦争が終結すると、全般的な緊張緩和の時期が始まったように見えた。ドイツ皇帝は、この講和の立役者であるルーマニア国王カロルに公開電報を打って、講和を熱烈に歓迎したが、それは何よりもこの講和がヴィルヘルムの支援によってバルカンにおける彼の第二の友人ギリシアの国王コンスタンティノスに利益をもたらしたからであった。利益とは、長らく唾涎の的だったカヴァラの港の獲得である。だが、このドイツとは反対に、ドーナウ王国はこの講和がバルカン問題を更に進展させる基礎になるとは全く見ておらず、むしろハプスブルク家の地位にとって勢力喪失を意味すると考えた。この講和がセルビア――ドーナウ王国の主要敵――に領土と権威の増大をもたらしたからである。そのため、外相ベルヒトルトは直ちにブクレシュティ講和体制の修正を強く主張したのだった。オーストリアは、ドイツとは反対に、ブルガリア―アルバニア―オーストリアというブロックの形成に努力を向けていた。それによってセルビアにオーストリア依存を余儀なくさせよう、というのであった。ドイツの目的も結局は同じところにあったのだが、ただ、皇帝は何よりもギリシア・トルコ・ルーマニアとドイツの協調に重きを置いていたのだった。こうしてさなきだに存在した潜在的緊張に更に拍車をかけることになったのが、第二次バルカン戦争をきっかけに一九一三年秋に始まった列強による軍隊の一層の強化であり、バルカン諸国およびトルコに対する影響力をめぐっての列強間の新たな鎬の削り合いである。この影響力は貸付けや軍需公債という既に以前からなじみの形で行使され、それと結びついて資金提供国の産業に対する債務国の発註も始まった。この鎬の削り合いでドイツの可能性の限界は明々白々となった。一九一三年秋、ドイツは数十年にわたってルーマニア・ギリシア・セルビア・トルコに築き上げてきた地歩をフランスに奪われた。フランスはその政治的優位を大がかりな資本援助によって確保するを得たのである。バルカンではただ一国、第二次バルカン戦争の決着で敗者となったブルガリアが中欧列強〔ドイツとオーストリア―ハンガリー〕に接近してきたが、ヴィルヘルム二世は外交上・王朝の利害上の理由に基づくその近東政策をブルガリアのために直ちに放棄するつもりがなかった。しかし、ドイツの資本準備は一九一三年には非常に心細くなっており、バルカンで必要とされている多額の貸付けを独力で調達することがもはやできなかったので、ドイツは次第に、オーストリア－ハンガリーまでが協商国の陣営に移る動きを開始したりしないように手を打つ必要にせまられていった。その危険は、その年末にトルコとオーストリア－ハンガリーが西ヨーロッパの貨幣市場にあれこれと目を向け、自国の政策のために協商国の資本を必要とし始めた時、差し迫ったものになった。かてて加えて、イギリスがトルコとのドック条約[22]において(民間用および軍用の)船舶建造・修理・沿岸防禦工事の権利を確保することに成功し、ドイツの造船所と兵器製作所を愕然とさせた。なぜなら、それによってトルコにおいてもドイツの経済的・政治的勢力の低下が見えてきたからである。更に、ドイツがますます神経をとがらす事態が生じた。ルーマニアにおけるドイツへの註文がイタリアに取られてしまったのである。それは、以前のギリシアにおける場合と同様、ドイツの勢力要求とドイツの経済的能力との乖離を改めてまざまざと示す事態だったのだ。その場合ドイツでは、こうした取引きに関係していた比較的少数の会社——例えば鉄道敷設についてはドイツ銀行、フィリップ＝ホルツマン、軍需註文についてはドレスデン銀行、クルップ、ライン兵器製作所、マウザー－ロットヴァイル——だけの問題だったのだが、それにもかかわらずこれらの会社の利害は、外務省や、またとりわけ皇帝には、ドイツ帝国にとって極めて重大なものに思われた。そのため、外務省はしばしば会社の代理人のように振舞い、皇帝までが自ら会社の利害を擁護するのであった。

バルカンとトルコの事態に関する幻滅、ボスニアーヘルツェゴヴィナの南スラヴ人問題によるセルビア・オーストリア－ハンガリー間の緊張、そしてルーマニア・オーストリア－ハンガリー間の緊張によって、オーストリアとドイツの位置は相互に離れていった。協商国に対しては自閉状態とあって、ドイツはこうして完全な孤立に直面することになったのである。その結果、一九一三年一〇月における外務省の中心人物ツィンマーマンは、セルビアとオーストリアの対立からまたもや、しかし今度はセルビアがアドリア海に向かって押し進んできたことから、今にも熱い戦争が惹き起こされそうになった時、親オーストリア政策に転じて、「この時点でヨーロッパ大戦争」が勃発するのを防ごうとしたのだった。ツィンマーマンは、何通かの電報をヴィーン・ベオグラード〔セルビアの首都〕・ロンドンに送ってドイツの「断固たる姿勢」を表明すると共に、アルバニアの一人立ちを保障することが、同盟国オーストリアにとっても死活に係わる大問題なのである、と公言した。かくしてツィンマーマンは、一九〇九年と同様、ドイツの「きらめく武器」〔前出二二頁をみよ〕の霊験をもってオーストリアを再びドイツにしかと結びつけようと期待した。彼の期待によれば、一九一三年末にはロシアは同じスラヴ国家同士のブルガリアとセルビアとの間に新たな紛争の起こることを望みはしないであろうし、――ドイツの場合と同様に――武力行使の準備はまだできていないというのであった。同時に皇帝に対しては、その近東政策が三国同盟を分裂させる危険が大きくなるばかりだったので、一九一三年九月のシュレージエンにおける演習の機会に軍人たちが膝詰め談判を行ない、王家の家族本位の政策をあきらめるよう「切々たる忠告」を行なった。皇帝は譲歩した。ドイツはオーストリアのセルビアに対する最後通告形式の行動(一〇月一六日)に支持を与えた。皇帝は、ライプツィヒの諸国民戦争記念碑の除幕式の際、オーストリア－ハンガリーの参謀総長コンラートに向かい、(一九一三年春のモルトケの言明とは正反対の意味で)力説していわく、「余は貴下と共に行く」と。[23] そして、ドイツはロシアに対しても、もしオーストリアとセルビアの紛争に介入してくるようであれば、断乎とした態度に出るであろう、と請け合った。皇帝はコンラートに誓って述べた、

「他の連中には準備がない。彼らはわれわれに対する反対行動は何ひとつ行なわないだろう。開戦後数日後にして貴下はベオグラードに入城されるに違いない。余はいつも平和の支持者だったが、それにも限界とい

うものがある。余は戦争について多くを読んだし、戦争の何たるかは心得ている。だが遂には大国がもはや拱手傍観できずに手をのばして剣を握らざるを得ない事態が来るのだ。」

数日後、ヴィルヘルム二世はボヘミアのコノピシュチェ城でオーストリア皇太子フランツ＝フェルディナントと会見した。(24) そしてこの時の彼の動きは早くも元の近東路線に逆戻りしたものだった。それと言うのも、フランツ＝フェルディナントがつとに一九一三年一〇月一六日、オーストリアがセルビアに最後通告を送ることに、無駄だったとは言え、異議を唱えていたことを知っていたからであった。フランツ＝フェルディナントは、軍部派・宮廷派・ハンガリー・カトリック教会派の政策を拒否し、力によってではなく、二重王国の内政改革によってスラヴ民族に肩すかしを食わすことを望んでいた。そういう訳で、このドイツ皇帝とオーストリア皇太子とは、「両帝国の追求する政策の最終目標」に関して諒解に達することができたのであり、「完全な統一行動を確認する」こともできたのである。その際ヴィルヘルム二世は、ブルガリアという問題点を完全に回避していた。そして、「ありとあらゆるスラヴ人種がバルカンに集中している危険を前にしては、」「スラヴ系ではないバルカン諸国と信頼に満ちた密接な関係を達成すること」が必要だと力説するに留まった。スラヴ系でないバルカン諸国とはルーマニアとギリシアのことであるが、皇帝の考えでは、そうなればセルビアも否応なしにドイツ側につかざるを得ないことだろうし、その時には、「いやと言うなら、腕ずくでも」〔ゲーテの「魔王」の一節〕なる原則ももの を言うことであろう。こうして皇帝はまたまたその旧来の考え方を優先させ、オーストリア－ハンガリーの立場には一顧だに与えなかった。他方、オーストリア－ハンガリーの立場、わけてもベルヒトルトとしては、ブルガリアという切札に重きを置いていたのである。

コノピシュチェの数日後、ヴィルヘルム二世はヴィーンにベルヒトルトを訪問したが、(25) その時の彼の説明では、ドイツの政策は終始ロシアとの対立としてとらえられていた。「東と西の戦争」は「長い間には不可避である」、なんとなれば、スラヴ人の覇権とのこの対決が、「民族大移動並みの部類に属すべき世界史的過程」に係わることだからである。従ってセルビアをハプスブルク王国に従属させるか編入するかしなければならない。方法は問わぬ。「フランツ＝ヨーゼフ皇帝陛下が何か要求なされば、セルビア政府は屈服する他ないし、もし屈服しないとあれば、ベオグラードを砲撃し皇帝陛下の意の満たされるまで占領し続けるのだ。」来たるべき生きるか死ぬかの大戦争についてヴィルヘルム二世はこのオーストリアーハンガリーの外相に請け合うのだった、安心されるがよい、「余は貴下の後楯になろうし、貴下の行動が必要とする時はいつなんどきでも剣を抜く用意がある」と。実際、会談が終った時ベルヒトルトは皇帝の説明を一貫して流れているのは要するに次の点だ、と述べている、「ヴィーンの外務省から来る言葉は何であれ彼(ヴィルヘルム二世)にとっては命令である。」かくしてベルヒトルトは望みのものすなわち、オーストリアの政策に対するドイツ帝国の無条件の支持、を手に入れたのであった。

こうして一九一三年一〇―一一月には、ドイツはニーベルンゲンの誓約〔一九〇九年三月二九日、ビューロが帝国議会でオーストリアーハンガリーを支持して行なった演説の中で用いた言葉〕を強調し過ぎるほど強調することによってオーストリアーハンガリーを再び完全に自分の側に引きつけたと信じ、同年一〇月のブクレシュティ講和の後では、トルコ・ギリシア・ルーマニアを味方につけたと信じて疑わなかった。だが他方、一九一三年末に明らかになったのは、金融力をいかに集中してみてもドイツにはバルカン諸国がいわば政治・経済的に味方につく担保として要求してくる借款のために資金を調達する能力がない、ということであった。資本力を備えたパリ市場が、一二月に、ヴィルヘルム二世のホーエンツォレルン王室政策を水泡に帰さしめたのである。そのことをとりわけ明瞭に示しているのが、ギリシア王のベルリンおよびパリ訪問[26]であって、ベルリンでは、ギリシア国王はなるほど元帥杖をもらえはしたが、肝心の金庫は空だった。これに反しパリでは、この君主は、ベルリンにおける演説でギリシアの軍隊の勝利はドイツ将校による訓練のおかげだと話したことにそしらぬ顔をきめこみ、フランスとの借款を普通の条件で獲得したのである。同じ頃、セルビアのパシッチ、ギリシアのヴェニゼロス、ルーマニアのタケ＝イオネスクの三首相は、ペテルブルクを訪問しブクレシュティで会議を重ねて、新しい反オーストリア・反ドイツのバルカン同盟[27]を結んだ。

一九一三年秋の一連の出来事のうちには、たしかに、二つのバルカン戦争で完全に疲弊した財政難のトルコが西側陣営に乗りかえるのを阻止しようとするドイツの最後の試みも含まれていた。それは、トルコ軍部、具体的には中でもドイツの陸軍学校で教育を受けたエンヴェル＝パシャを通じて行なわれ、ドイツのリーマン＝フォン＝ザンデルスが新たにトルコ陸軍の教育総監およびコンスタンティノープル駐屯軍団司令官に任命された。しかし、この任命もドイツが望んだドイツの勢力拡大をもたらさなかったどころか、事態を戦争の瀬戸際に導くことになった[28]。イギリスはフランス・ロシアと組んで反ドイツ共同戦線を形成し、孤立したドイツは後退を余儀なくされた。

このリーマン＝フォン＝ザンデルス事件で明瞭になったドイツの意図はすでに戦争の危険を冒すことと結びついていたが、ドイツの政策のこの新しい調子、一九一三年一〇月いらい目立ってきたドイツの行動の変化を更にはっきり分からせたのがキューベル少佐のトルコ派遣であった[29]。この使節派遣こそドイツの国制ならではの特徴をじゅうぶんに示すものであった。帝国宰相も外務省もコンスタンティノープル駐在ドイツ大使さえもが知らぬうちに、キューベルは参謀本部の指図でトルコに派遣されたのであり、しかも、六カ月以内にトルコの鉄道網を戦争の必要に応じて再編する命を帯びていたのである。この少佐の実に横柄な振舞いは、負けず劣らず傲慢なリーマン＝フォン＝ザンデルスが庇ってはいたものの、トルコ政府側やバグダッド鉄道会社の金融上の支柱たるドイツ銀行の側に険悪な空気を作り出してしまった。そのため、ドイツのトルコにおける勢力の最後の稜堡も危くなったのである。従って、宰相ベートマン－ホルヴェークの――直接皇帝に向けられた――反応もかなり激しいものであった。(30) 彼は、リーマン＝フォン＝ザンデルスとその代理者たちによる軍事使節は「自己目的ではなく、目的達成の手段に過ぎない」と力説している。ベートマン－ホルヴェークの議論によれば、トルコ自体が政治的にドイツの手から失われて何のためのトルコ陸軍改革ぞや、ということになるからであり、「フランスとかロシアのためにトルコの剣を磨いてやる何の義理もない」からであった。皇帝にとっては、この時点では、トルコにおけるドイツの勢力はすでに「無に等し」くなってしまっていた。彼にしてみれば、オスマン帝国は「金のあるロシア－フランス水路の方にへさきを向けてしまった」のだ。そして、トルコをこちらの水路に留めておくことは「われわれにはできない。金がないからだ！」ドイツ大使は騙されている、青年トルコ党〔一八八九年に結成され、青年将校を中心に活動。一九〇八年、革命に成功、政権について憲政を再開〕の政府は決定的に協商国に近づきつつある、と彼は考えるのであった。

実際、トルコも一九一四年春にはフランス政府から多額の貸付けを得ている。(31) ドイツには、もはやトルコの要求を完全に満たしてやることができなくなっていた。そのため取引きはすべてフランスに行ってしまい、取引きの条件となった巨大な利権はドイツの利害を明白に損うものだったのである。

ドイツ・トルコ間の軍事・財政交渉と同じ頃の一九一四年五月、ドイツでは近東におけるドイツの主要な経済的代表者たちの間に(クルップとドレスデン銀行を一方とし、ドイツ銀行とバグダッド鉄道を他方とする)激しい対立の火が燃えあがった。クルップがトルコとの軍需取引きのために一億二〇〇〇万マルクのトルコ債券をベルリン市場に売りに出して欲しいと要求したのである。だがそうなればベルリンはトルコ証券を負担し過ぎることになったであろう。その上、バグダッド鉄道の業務の安全は、純粋に経済的な関係を越えて、ドイツ・イギリス間の妥協交渉によって脅やかされる一方の状態にあった。一九一四年初夏の事態の推移を見て、ドイツ銀行をはじめとする他ならぬ大銀行がいかに気が気でなかったか、それをヘルフェリヒがドイツ銀行の覚書に添えた自筆の手紙が知らせてくれている。[32] 一九一四年五月二九日付で彼はツィンマーマンに書いた、

「事態が緊迫するにつれて、バグダッドにとってすべてが危機に晒されるに至っている。……われわれ幹部としては、最も早い時期にバグダッド債が起債されるという確実な見通しがなければ、バグダッド鉄道建設のための前貸しを一歩といえども先に進めることには誰にしても責任を取りかねる。もしブルガリア公債とトルコの軍需公債によってわが国の市場が破綻したならば、私どもは店仕舞いせざるを得ない。」

進行中のバグダッド鉄道建設工事が中止になると言って取締役たちは帝国政府をおどしたのであるが、もしそうなれば、トルコにおけるドイツの信望が完全に失墜しただけでなく、戦略的理由から要求され急がされていた鉄道の完成も幻想と化したことであろう。ドイツ帝国主義は――広がり過ぎた重工業が頼りにしていた――軍需取引きと、――トルコにおけるドイツの信望と事実上の影響力の支えだった――鉄道業務との間で完全に板ばさみになっていたのである。外務省はドイツ銀行の方に味方することに意を決した。ドイツ銀行が公債をひとりじめし、クルップが一部を手に入れ、ドレスデン銀行は身を引かねばならなかった。四苦八苦の末、ドイツはオリエントにおける経済的膨脹をどうやら確保することにもう一度成功したのだった。サライェヴォの二週間前、一九一四年七月一三日、ドイツ銀行取締役会長グヴィンナーは皇帝に次のように書き送っている。[33]

「この犠牲は私どもが引き受けなければならないと考えておりました（急がれている建設継続のために行なうべき保障なしの多額の前貸しのことであります）。なんとなれば、バグダッド鉄道に敵対的な意向をもつ強国に対してわれわれの力を見せてやることが極めて重要だったからです。また、建設継続の中止は、純粋に経済的な、商売人の観点からは至当だったことでしょうが、敵方にはドイツの財政力は大仕事をやり遂げるには不十分なのだと解釈されたであろうからであります。」

一九一四年には、ドイツは政治的な信望上の理由から、割引銀行《ディスコント・ゲゼルシャフト》と共になんとかブルガリアの借入れの要望にも応えようとして苦心したのであった。

だが、こうした成果にも拘わらず、バルカンにおけるドイツの地位、ドイツの近東支配の野望の主目標は危険に晒されていた。ブルガリアにおけるドイツの成功に対しては、セルビア・ルーマニア・ギリシアにおけるフランス－ロシアの成功があり、トルコにおけるドイツの成功はイギリスのドック条約によって相殺されるどころか分が悪くなっていた。今や、ドイツの行動が暗礁に乗り上げ、帝国主義列強の国際競技でドイツの切札が効かなくなるにつれて、包囲の突破・前進に賛成する声がいよいよ高くなっていった。しかも重大なことに、この声は、ツァーベルン事件〔一九一三年一一月、エルザスのツァーベルンで起こった軍部と住民の衝突事件〕以後ドイツの世論を完全に左右するに至った国内の緊張にあおられて、更に大きくなりさえしたのである。皇帝は、一九〇五—〇六年と一九一一年には躊躇したのであったが、その彼にも、一九〇七年の時点ですでに独仏関係の決定的時点と言い表わした時機が、今や到来したように思われた。その決定的時点云々については、オリエントにおけるフランスのあなどり難い競争力に関する或る報告書に彼が書き留めた文章がある。[34]

「（ドイツに対する）羨望、相も変らぬ羨望、わが国に反対の連中はみな羨んでいるのだ。だが、とくにガリア人の場合、疑いもなく風下に立つをいさぎよしとせず、イギリスの三国協商に支えられて、オリエントでわれわれを落馬させて面白がろうとしている。これは死活の利害であり、これを擁護するとなれば事態は行くところまで行く他ない。そのためにいつかは必ず打って出るのだ。」

皇帝の大言壮語や良し、だが事態が深刻になった時、彼は本当に戦うであろうか、その点はたしかに多くの人びと、とくにドイツの軍人たちの疑問視するところではあった。この君主が――モルトケの言ったように――またもや「豹変し、」そのためドイツが再度の危機から「尻尾をまいて」こそこそと抜け出すようなことにならないとは誰が言えたであろうか。しかし、一九一四年には、コンラートの率いるオーストリア参謀本部とモルトケの率いるドイツ参謀本部が両者ながらに国際危機、「戦争になりそうな状態」を期待する気持を強めていた以上、主君たる者がいかなる態度をとり、ドイツの西方進出計画がバルカンにおけるオーストリア－ハンガリーの利害といかに結合され得るかは、きわめて重大な意味を有することであった。コンラートは、ロシアが戦火を開くのが早ければ早いほど中欧列強の立場は有利になるであろう、なぜなら「われわれの情況は改善されない」のであるから、と考えていた。モルトケもまた、一九一四年五月一二日の、戦争勃発以前では最後のコンラートとの会談で、[35]「待てば待つだけ見込みが少なくなる、ロシアが相手では量で張り合うことができないからだ」ということを認めていた。モルトケにとって、イギリスは大戦争となればフランスとロシアの側に立つ、という判断は動かし難かった。「わが国では、残念なことに、イギリスが不参加の宣言をすることに相も変らず期待をかけている。そのような宣言をイギリスが出すことは決してないであろう。」それにもかかわらず、皇帝はサライェヴォの二五日前にベートマン－ホルヴェークの政策に全面的な支持を与えている。彼は宰相に命令を与えて言った。[36]ロシア・フランスとの新聞による応酬、オーストリア－ハンガリー・セルビア・ルーマニア間の緊張、ツァーリがコンスタンツァにルーマニア国王カロルを訪問するとの計画、そしてとくにバルカンおよびトルコにおける全体の情況に対処するために、「イギリスとの関係をはっきりさせよ！」と。そのわけは次の如し、

「まもなくバルカン戦争の第三章が始まり、われわれすべてが関与することになろう。ロシアとフランスが大掛りな戦争準備を行なう所以である。」

その少し前の一九一四年三月、ウィーン駐在ドイツ大使フォン＝チルシュキは、コンラートがゲルマンとスラヴの対立の決着は早いほど中欧列強に優利ではなかろうかという口ぐせの質問をまたもや持ち出したのに対して、確かにそうだが、「二人の大物がその妨げになっております。貴国のフランツ＝フェルディナント大公とわが皇帝です。」と力説しているのであった[37]。コンラートはチルシュキの判断に完全に同意を示した。彼は戦争行為の可能性をみすみすやりすごすとか、譲歩を迫るとかの、これまでしばしば見られた態度に否定的であった。コンラートはドイツ大使と次の点でも意見が一致した。すなわち、この二人、大公と皇帝ヴィルヘルムは、「事態に余儀なくされ、既成事実をつきつけられてはじめて戦争の決意をするのであろうから、『打って出る』以外に道がないような情況がなくてはならない。」という点である。「私は、」とコンラートは書いている、「バルカンでは絶えず紛糾のおそれがあり、そのような事態を生む可能性がある、と述べた。

「そのような事態」がサライェヴォの暗殺事件と共に生じたのであった。」

(1) Gustav Schmoller, Krieg oder Frieden?(Neue Freie Presse, Wien, 23. 3. 1913) in: Zwanzig Jahre deutscher Politik, 1897–1917, hg. von Lucie Schmoller, München u. Leipzig 1920, S. 117 ff.; vgl. ders., Die wirtschaftliche Zukunft Deutschlands und die Flottenvorlage, in: Handels- und Machtpolitik, Bd. 1, Reden und Aufsätze im Auftrage der Freien Vereinigung für Flottenvorträge, Stuttgart 1900, S. 20 ff.; vgl. ders., Die Wandlungen in der

europäischen Handelspolitik des 19. Jahrhunderts, Schmollers Jahrbuch N. F. 24, Leipzig 1900.

（2）Hans Delbrück, Preuß. Jahrbücher, Bd. 149, Aug. 1912, zit. bei Annelise Thimme, Hans Delbrück als Kritiker der Wilhelminischen Epoche, Düsseldorf 1955, S. 111 ff.

（3）多類の文献の中からさし当り、Veröffentlichungen des Mitteleuropäischen Wirtschaftsvereins in Deutschland: Heft 1–17(1904–1914) mit Berichten über die Jahreskonferenzen, u. a. Heft 13, Konferenz in Brüssel 1912. ——Aufsätze in „Die Grenzboten", 1898, S. 574–578: Vereinigte Staaten von Europa, 1904, S. 253–259: Friedrich Ratzel, Der Mitteleuropäische Wirtschaftsverein. ——L. Bosc, Zollalliancen und Zollunionen in ihrer Bedeutung für die Handelspolitik der Vergangenheit und Zukunft, Berlin 1907. Henry Cord Meyer, Mitteleuropa in German Thought and Action 1815–1945, Den Haag 1955. (詳細な文献目録つき。) マイアーは第一次世界大戦期に関しては、ドイツの文書館をまだ利用できなかったので、「ドイツの思想と行動」のうち「行動」を甚しく過小評価している。

（4）ヘルフェリヒによる数字を参照。Karl Helfferich, Deutschlands Volkswohlstand, 1889–1913, Berlin 1913, S. 92 ff.

（5）W. Strauss, Die Konzentrationsbewegung im deutschen Bankgewerbe, Berlin 1928, S. 18.——H. Weber, Der Bankplatz Berlin, Köln 1957, S. 47 ff.

（6）Hartwig Thieme, Nationalliberalismus in der Krise, Die nationalliberale Fraktion des preußischen Abgeordnetenhauses, 1914–18, Diss. Hamburg 1962, Schriften des Bundesarchives, Bd. 11, 1963.

（7）H. A. Bueck, Der Centralverband Deutscher Industrieller und seine dreißigjährige Arbeit von 1876–1906, Berlin 1906. ——W. Vogel, Die Organisation der amtlichen Presse- und Propagandapolitik des Deutschen Reiches, Zeitungswissenschaft, 16. Jg., Heft 8/9, 1941.

（8）Vgl. A. Keim, Erlebtes und Erstrebtes, Hannover 1926.

（9）Bülow, Denkwürdigkeiten, hrsg. von Franz von Stockhammern, Bd. II, Berlin 1930, S. 198.

（10）Helmuth von Moltke, Erinnerungen, S. 362, zit. bei Hermann Oncken, Deutschland und die Vorgeschichte des Weltkriegs, Bd. 2, Leipzig 1933, S. 705. (傍点著者)

(11) ベートマン＝ホルヴェークが一九一二年二月一〇日にホールデンに提示した英独協定の草案(Große Politik, Bd. 31, S. 116 f.)。ベートマンのメモ(ebenda, S. 117 ff.)によれば、ホールデンはその草案を行き過ぎと評した。ドイツがフランスを攻撃するような場合、イギリスは縛られるわけにはゆかぬ、その際とくに、フランスのイギリス海峡沿いの港がドイツの手中に落ちる危険がある、と言うのである。ニコルソンは「ドイツがイギリスの中立を手中に収めるようなことになれば、平和はもはや長くは続かない」と書いている(BD, VII, 734)。ホールデンの日記、二月一〇日の記事(BD, VII, 506)。

(12) 以下の叙述について、また中欧政策の複雑な全様相について、著者の学生ヨアヒム＝プラーゲルが作成中の博士論文をも参照。

(13) Österreich-Ungarns Außenpolitik, Bd. IV, Nr. 3540, S. 185. (傍点著者)

(14) AA, England 78, geh., Bd. 31. 帝国宰相より皇帝へ(1912. 12. 18)、皇帝による欄外書き込みあり。

(15) Ebenda. リヒノフスキより帝国宰相へ(1912. 12. 3)、皇帝による欄外書き込みあり。ebenda. リヒノフスキより帝国宰相へ(1912. 12. 9)。

(16) Ebenda. キーデルレン＝ヴェヒター宛の皇帝の電報下書き(1912. 12. 8)。

(17) ロンドン大使会議に関する一九一二年一二月六日付「フィガロ」紙の報道についての註釈、AA, Türkei 203, Nr. 6 geh., Bd. 1.

(18) Conrad, Aus meiner Dienstzeit, Bd. III, S. 146; GP 34, I, Nr. 12 824, Anlage も見よ。

(19) フォン＝ミュラー提督より帝国宰相へ(1912. 12. 8)、AA, Deutschland 137 geh.

(20) Ritter, Staatskunst und Kriegshandwerk. Das Problem des „Militarismus" in Deutschland, Bd. II, München 1960, S. 268 ff. bes. S. 272 ff.; vgl. auch G. Howe, Das Heer von 1911–1914, in: Weltmachtstreben und Flottenbau, hrsg. von W. Schüssler, Witten/Ruhr 1956, S. 115 ff.

(21) バグダッド鉄道問題に関する豊富な文献の中からさしあたり、Edward Mead Earle, Turkey, the Great Powers and the Baghdad Railway, 1923; John B. Wolf, The Diplomatic History of the Baghdad Railway, Columbia 1936, 2.

Aufl. Northampton 1947. この問題の複雑な性格について更に、W. W. Gottlieb, Studies in Secret Diplomacy, Cambridge 1958. ——ベートマン－ホルヴェークよりリヒノフスキへ(1913. 4. 24)、GP 37, Nr. 14, 731. ドイツ銀行の外務省宛、グヴィンナーの署名のある第二覚書(1913. 5. 3)も見よ(ebenda)——石油問題について、Stephen Hensley Longrigg, Oil in the Middle East, its Discovery and Development, 1. Aufl. 1954, 2. Aufl. 1955. 更に見よ、BD 10, II, Nr. 139 u. 140. イギリスの石油利権およびキュールマンとの会談に関するパーカーの記述(1913. 8. 19–20)。

(22) GP 37, II, Nr, 14 957. 詳細な史料は、AA, Türkei 139, Bd. 28–30, Türkei 142, Bd. 36–38.

(23) Conrad III, S. 469 f. また、GP 36, I, S. 387–388, Anm. 18. Oktober. ——Paul Herre (Hrsg.), Weltgeschichte der Neuesten Zeit, 1890–1925, 2. Teil, Berlin 1925, S. 582.

(24) これに関する報告として、セジェーニのベルヒトルト宛私信(1913. 11. 4). ——ÖU Außenpolitik, Bd. VII, Nr. 8951.

(25) ヴィルヘルム二世との会談(1913. 10. 26–28)についてのベルヒトルトの報告。ÖU Außenpolitik, Bd. VII, Nr. 8934.

(26) AA, Griechenland 50, Nr. 1, Bd. 18; Griechenland 50, Nr. 1 geh., Bd. 2; Griechenland 46, Bd. 3; Griechenland 55, Bd. 1; Griechenland 63, Bd. 2.

(27) ヴァルトハウゼンの報告(1914. 2. 11), AA, Rumänien 21, Bd. 8.

(28) GP 38, Kap. CCXC. 更に、AA, Türkei 139, Bd. 27–33. に重要な未刊行史料あり。

(29) AA, Türkei 139, Bd. 31–33.

(30) ベートマン－ホルヴェークよりヴィルヘルム二世へ(1914. 3. 20)、皇帝による欄外書き込みあり。AA, Türkei 139, Bd. 32.

(31) GP 37, II, Kap. CCLXXXVI. なお、AA, Türkei 110, Bd. 71–72. に重要な未刊行史料あり。

(32) AA, Türkei 110, Bd. 72.

(33) キューベル問題に関する、ドイツ銀行の皇帝に宛てた三〇頁の直訴文(1914. 6. 13), AA, Türkei 139, Bd. 33.

(34) キーデルレン－ヴェヒターの、スルタン訪問に関する報告(1907. 6. 11)への皇帝による欄外書き込み、AA, Orientalia Gen., Nr. 5, Bd. 59.

(35) Conrad III, S. 670.

(36) ヴィルヘルム二世(1914. 6. 9)' AA, Türkei 168, Bd. 10.

(37) Conrad III, S. 597.

第二章　ドイツと世界大戦の勃発

——予防戦争と奇襲論の演出——

自国の不可侵の軍事力に対するドイツの自信は、フランスの兵力増強および一九一七年には二二〇万の平時最大の規模に達しようというロシアの兵力増強が開始[1]されるにつれて大いに揺ぎ、「先制攻撃」の考えがとりわけ軍部においてますます説得力をもつようになった。「わが国は準備完了、早ければ早いほどわが国に有利である。」と、一九一四年六月一日、来るべき戦争を念頭においてモルトケが言った[2]が、これはまたかれが、それよりさき、五月一二日にコンラートに対して述べた言葉でもあった。五月三〇日か、さもなくば六月三日には(つまりロシア皇帝かイギリス国王かの誕生日であった、と一九一九年にヤーゴが当時を顧みて語った)、モルトケはさらに一歩進んで、外相ゴトリープ＝フォン＝ヤーゴに対して、予防戦争の外交的な準備を迫るに至った。

「二、三年もすればロシアはその軍備を完了しよう。その暁には諸敵国の軍事的優位は著しいものとなり、どうやってこれにうちかつことができるか、かれ(モルトケ)にはまったくわからなくなる。今ならばわが国もなんとかこれに対抗し得る。かれの見るところでは、予防戦争を行ない、わが国がまだ何とか戦いに耐えぬくことができるうちに、敵を撃破する以外に道はない。それ故に参謀本部は、わが国の政策の狙いを戦争の早期招来に定めるよう、私(ヤーゴ)に然るべく裁量のほどを一任した[3]。」

これに加えて、特に一九一二年の帝国議会選挙以来、保守派は戦争をもって国民の「鋼《はがね》の沐浴」であり、プロイセン・ドイツ国家の強壮剤である、とみなしていた。戦争があることを思って、これに期待をかける国内のこれらの傾向に対して、ベートマン－ホルヴェークは反対の意向を明らかにした。それは一九一四年六月初旬のことであり、ちょうどその六カ月前、一九一三年一二月に皇太子の社会民主党に対するクーデター計画を拒否した後のことであった。バイエルン(のベルリン駐在)公使レルヒェンフェルトとの会見で、宰相は次のように述べた(4)。

「戦争がドイツの国内事情を健全化してくれようという期待を、保守派の立場から抱く向きが帝国に今なおある。だが、かれ(宰相)は、逆に世界戦争は測り難いほどの結果を伴い、社会民主党の勢力を、かれらが平和を宣伝しているが故に、大いに強め、少なからぬ数の王位の転覆を招くことになろうと思う。」

サライェヴォ、ホヨス使節団およびドイツの「白紙委任状」

オーストリア－ハンガリー帝国皇位継承者夫妻暗殺の報に、全ヨーロッパは憤りと驚きとに包まれたが、だからといって、これが否応なしにヨーロッパ危機にまで発展しようという危惧はまったく見られなかった。オーストリア－ハンガリー国内でさえ、反応はまちまちであった。心からの哀悼の念がみなぎった一面、少し行きとどいた観察をする者が見てとったところでは、この二重帝国の広汎な層が、どういう形であれスラヴ系諸民族に有利になる三元主義〔ドイツ民族・マジャール民族・スラヴ民族による三元主義へのオーストリア－ハンガリー帝国の改造案〕、連邦主義の代弁者であった皇位継承者の死に安堵の思いを隠せなかったのである。フランツ＝フェルディナントのためにその支配的な地位を脅やかされる心配があったドイツ人、ハンガリー人、また帝位を継承すべき皇太子が身分違いの女性と結婚したことを根にもつ皇帝フランツ＝ヨーゼフのほかにも、皇位継承者の死を幸いとする第三のグループがあった。かれらはこれを機会に——ドイツの掩護のもとに——セルビアと一戦を交え、一気に同国との結着をつけようとしたのである。このグループのもっとも重きをなす代弁者はオーストリア＝ハンガリー参謀総長コンラート＝フォン＝ヘッツェンドルフ男爵であった。

すでに一九一二年以来、かれはセルビアと——ルーマニアの援助なしで——武力による決着をつけることを「いちかばちかの勝負」と呼んでいたにもかかわらず、サライェヴォ事件があってから数日後に、セルビアとの「見込みのない」戦いは「もはや回避できない」ものと考えて、暗殺後直ちにベルヒトルトに総動員の提議をした。「もつれは力ずくでこれを断つ」、このような出方なしには、古い帝国の権威は地を払うことになろう、というのがかれの持論であった。

同じ計算から、ベルヒトルトとその部下フォルガーチュおよびホヨスもセルビアに対する「膺懲行動と安全保障行動」を望んだ。ただしかれらも、コンラートがそれを前提として要求したように、かかる行動はドイツの後楯をあてにできる場合に限るとした。皇帝フランツ＝ヨーゼフもかれらに同調した。これに対してハンガリー首相ティサは、バルカンの情勢特にルーマニア・ブルガリア両国の立場がまだ明らかでないし、セルビアに対する軍事行動はヨーロッパ戦争の危険をはらむと考えて、軽率を戒めた。

ヴィーン駐在ドイツ大使チルシュキも、ヤーゴ外相の代理をつとめる外務次官ツィンマーマンも、ともに最初はまだ控え目であり、自制を説いていた。(5) すなわち外務省は、オーストリア・セルビア間の戦争が必ずやロシアの介入を招き、ひいては世界戦争そのものを惹き起こす結果になることを、はっきりみてとったのである。(6) これに反して参謀本部は、第一上級幕僚長フォン＝ヴァルダーゼー将軍をその代弁者として、(7)「ロシアがまだ準備の整わない今こそ」、セルビアを直ちにたたくべきだと主張してやまず、それがどのような結果を招くことになるかは考えてみもしないといったふうであったようであり、このことは、ベルリン駐在ザクセン公使の七月二日付、および同じくザクセンの公使館付武官の七月三日付報告からもうかがえる。このふたりの外交筋の報告者は、ただし皇帝は軍部の工作になお抵抗していると、申し添えている。だが、この七月三日か、遅くとも七月四日土曜日には、皇帝は好戦グループの圧力に屈して、セルビア問題を武力で解決するという断を下していたに違いない。すなわちかれは、ヴィーン駐在ドイツ大使の態度に憤慨して、七月二日夕刻外務省入電の、六月三〇日付チルシュキの報告の欄外に次のように書いている(8)、「誰に断わって大使はこんなことをするのだ。非常にまずい！　大使には全然関係のないことだ、今後どうするかは全くもってオーストリアの問題なのだから。事がうまくいかなぬと、あとになって、ドイツがやりたがらなかったためだということになる。チルシュキはつまらぬことはやめておくがよい！　セルビア人どもは片づけてしまうことだ、それも近いうちにだ。」「今をおいてチャンスなし！」

ツィンマーマンおよびチルシュキは忽ち自説を捨てて、この時から対セルビア強硬路線を断固として主張する者の仲間に加わった。

オーストリア＝ハンガリーにとって、この新しい局面は意外というわけではなかったはずだ。七月一日、ドイツ外務省顧問格のドイツ人評論家ヴィクトル＝ナウマン(9)がヴィーンに滞在し、オーストリア外務大臣官房長ホヨス伯との会見で、ドイツの政治指導者層に当時広く見られた心理状態について、示唆するところの多い説明をオーストリア人のためにしてやっている。この会談は後に正式には私的なものとされたが、一九一四年七月にドイツが実際にとった態度がナウマンの予想を後から裏づけることになったところから、重要視されるに至った。ナウマンは、軍隊組織を見ると、三国同盟側は「今日なお充分に強力」であるように思われるし、「対ロシア予防戦争論」の信奉者は、陸海軍でも外務省でも次第に増えてきており、同時に、アフリカにおける英独間の利害を調整することによって、「イギリスがヨーロッパ戦争に介入しないという保障を得る」見込みがある、と述べ、この点からかれは、対セルビア軍事行動に公然と賛意を表明した。今こそ好都合である。三国同盟の強力さ、イギリスの中立に加えて、皇帝も今度こそは開戦まで頑張るであろう、また外務省政治局長フォン＝シュトゥムとの会談で明らかになったところだが、皇帝があの兇行に驚き、「いかなる確約」をも与えようというのに、外務省が反対することはまずあるまい、とナウマンはホヨス伯に断言した。(10) しかもドイツの世論からみても外務省としては、ことをその成行きに任せるほかあるまい、とナウマンは結んでいる。

ヴィーンの外務省は、七月四日いらいチルシュキを通じてドイツ大使館の信頼すべき筋の情報として、次のような情報を非公式に得ていた。(11)

「ドイツは、オーストリアがセルビアに対してどんな決定を行なおうと、あくまでこれを支持するであろう。オーストリア＝ハンガリーの出方が早ければ早いほどよい。」

ヴィーンにとって今や大切なことは、コンラートの計画の中で対セルビア武力行使の前提とされていたドイツの明確な態度を、公式に知ることであった。これを目的としたのがホヨス伯爵の使節団であった。かれは七月五日、ベルリン駐在オーストリア＝ハンガリー大使セジェーニに二通の文書を手渡した。一通は、オーストリア＝ハンガリー帝国の情勢に関する――ティサのまとめた――覚書であり、その中ではセルビア問題をめぐって、ブルガリアを三国同盟側に獲得してはどうかという提案が盛り込まれていた。今一通は、フランツ＝ヨーゼフの直筆であって、帝国が「汎スラヴ主義の波」の高まりの中で安泰を保つためには、「現在、汎スラヴ主義政策の中心となっているセルビアを、バルカンにおける政治上無力化するほかない。(12)」と述べ、その目標を「セルビアの孤立化と縮小」においていた。セジェーニはその日のうちにこれら二通の文書をヴィルヘルム二世の許にとどけた。皇帝は最初こそ態度を明確にすることを避けていたものの、朝食後にはすでに――大使はポツダム新宮殿での昼食に招かれていた――セジェーニは、ドイツ皇帝の承諾をえて自国皇帝に次のように報告することができた、すなわちオーストリアーハンガリーは「重大なヨーロッパ紛争の起きた」場合にも、「ドイツの全面的な支持をあて」にしてよい。ドイツは、「常に変らぬ同盟国としての信義を尽して」たとえセルビア紛争に端を発してオーストリアーハンガリーとロシアとの間に戦争が起こるようなことになろうとも、ヴィーンの側に立つであろうと。いや、ヴィルヘルム二世は、ヴィーンが武力行使の決意を固めるに至ったならば、直ちにセルビアに進駐するように、と、せきたてまでした。ルーマニアの態度についてヴィーンの抱いている危惧は、ドイツ皇帝自身がカロル王を通じて取り除くことも出来ようというのであった。同時にかれは、どうしてこれほどまで容易にオーストリアーハンガリーを支持する決意を固めるにいたったかについて、かれの考えの最も重要な点をオーストリア大使に打ち明けている。(13)

「ところでロシアには今のところ、まだとても戦争のできる用意がないし、武器をとることについてはまだ大いに熟考することだろう。」

ロシア・フランス両国は現在なお軍事的に弱体であるから、ドイツはこの危機を――それがどんな結末になろうとも――切り抜けることができよう、と皇帝は結んだ。

謁見を終えてセジェーニは、その晩のうちにドイツ皇帝のこの「白紙委任状」をヴィーンに通達し、「わが国(オーストリアーハンガリー)が、現在の、わが方にとってこれほど有利な瞬間を見送るならば、」ヴィルヘルム二世はこれを「遺憾とする」であろうと申し送ったのである。皇帝は、この件についてはなお宰相の同意を要するという、憲法に照して尤もな保留を忘れはしなかったのだが、ベートマン＝ホルヴェークが「皇帝と完全に意見が一致する」ことは、――皇帝ははっきりと強調した――皇帝の信じて疑わぬところであった。

ポツダム宮庭園での午後の散歩の折、皇帝はベートマン＝ホルヴェークとツィンマーマンとに対して、さきほどかれがセジェーニに述べたと同じ考えを明らかにした。宰相は(かれはオーストリアの覚書の正確な文面をまだ見ていなかった)、ヴィルヘルム二世の予想通り、皇帝陛下に全面的に賛意を表明した。宰相とともに、陸軍大臣フォン＝ファルケンハイン、侍従武官長フォン＝プレッセン、宮中軍事官房長フォン＝リンカー、海軍軍令部付海軍大尉ツェンカーおよび皇帝付海軍省代表、海軍提督フォン＝カペレが、次々に皇帝の許によばれた。かれらとの間に、五日の晩と六日の朝――皇帝が恒例の北海旅行のためにキールへ向かうに先立って――「万一に備えて」「戦争のための準備措置」が協議された。「陸軍は万端の措置を整えているか」という皇帝の下問に、フォン＝ファルケンハイン将軍から「短い肯定の返事」があった。参謀本部第一上級幕僚長少将ヴァルダーゼー伯爵[15]は、七月一七日その休暇先から、ヤーゴ外相宛て極秘に知らせている、「本官は当地に止まり待機する。参謀本部にあっては準備完了、さしあたって本官らが講ずべきところはない。」参謀総長ヘルムート＝フォン＝モルトケ伯爵[16]も、陸軍大臣フォン＝ファルケンハイン将軍および参謀本部のタッペン中佐から、七月五日、六日のポツダムでの協議について報告を受けていたが、同じような理由から引き続きカールスバートに止まることができた。皇帝がその決断を下すにあたって、ドイツの戦力の強大さをどれほど信頼していたかは、かれが七月五日、カペレと参謀本部のベルトラプ中将とに述べた言葉にもうかがえる。すなわちかれは次のように語っている、フランス・ロシア両国は戦争準備が整っておらず、全面戦争になることはなかろうが、すでに陸軍を補充していることではあり、またわが方の重砲隊が優越していることからみても、戦争になった場合にもその帰趨は明らかであると(西部戦線は五週間ないし六週間で終るものとされていた)。同様のことをヴァルダーゼーも述べている、「計画通りの動員作業は一九一四年三月三一日に終了した、陸軍はいつもと同様に準備完了していた。」

世間を騒がせぬように、準備万端整えた後に、皇帝は、ベートマン－ホルヴェークの勧めに従って、北海旅行に出かけた。これは、ヴィルヘルム二世が、自分のオーストリアに与えた支持の約束がどんな結果を生むかについて、十二分に承知した上でのことであった。七月六日の晩、皇帝は個人的に親しいクルップ＝フォン＝ボーレン＝ウント＝ハルバッハをキールで謁見し、「オーストリア人たちとの協議とその結果について」かれに語っている。ヴィルヘルム二世は次のように話した。

「ロシアが動員を行えば、ドイツは直ちに宣戦を布告する。今度こそは腰砕けにならないところを見せてやろう。今度は誰からも優柔不断のそしりを受けぬぞ、と皇帝が繰返し強調したのは滑稽なほどであった。」

皇帝がこれほどまでにむきになるのも無理はないのであって、一九一一年モロッコ事件に際して軍部から出た批判や、皇帝がまた弱気を出すようなことでもあれば場合によってはかれを退位させ、皇太子に代らせる、といった全ドイツ連盟の脅迫を思い浮かべればよい。

同じ七月六日月曜日のうちに、ベートマン－ホルヴェークはツィンマーマン同席のもとに、オーストリア外務大臣官房長ホヨスとセジェーニとに対して、前日皇帝の与えた支持の約束をはっきりと確認した。これによって例の「白紙委任状[17]」は憲法上の裏書を得たわけである。

宰相は、形式上は最後の決定をヴィーンに委ねたものの、かれもヴィルヘルム二世と同様、直ちに行動に移るように、またその措置をルーマニア・イタリアに対しては秘密にするようにすすめた。皇帝と同様、かれもやはり国際情勢が有利であることをあげた。ヴィーンでは、ホヨスが帰国後の七月七日に伝えたドイツの援助の確約によって、ベルヒトルトとコンラートがセルビアに対して武力行使をも辞さぬ行動に出るための前提としてあげた条件が満たされたものと考えた。ヴィーンの政府がこれに基づいて次にとるべき措置は、合同内閣会議(18)〔オーストリアとハンガリーの内閣の合同会議〕において七月七日に協議されたが、その席上ホヨスはベルリン訪問の報告を行ない、コンラートは軍事情勢に関する意見を述べた。ハンガリー首相ティサの激しい反対も空しく、かれを除く全出席者はセルビアに対する武力行使を必要と認め、ただ問題は、予告ぬきの直接攻撃にでるか、あるいは相手の呑めないような要求を最後通告でつきつけた上で戦争にもっていくかの、いずれかであるとされた。ベルヒトルトは、二日後、皇帝フランツ＝ヨーゼフへの進講にあたって、後者の措置が適当であるとしたが、それは、「セルビアに対する奇襲のそしりを免れ、セルビアに罪をきせ、さらにはそうすることによって「ルーマニアにとってもイギリスにとっても少なくとも中立の態度がとり易いようにする」(19)ためであった。

かれの計算には、フランス・ロシア両国とのヨーロッパ戦争の可能性は織り込みずみであった。このことは「列強の力関係およびヨーロッパ戦争の経過予想に関する、(七月七日合同内閣会議での)かなり長時間にわたる討議」においてもすでにうかがわれるのであるが、この討議は議事録に入れるに「適当」でないとされた。

皇帝ヴィルヘルムとドイツ帝国政府指導部の決断が、どれほどまでに七月七日ヴィーンの合同内閣会議の決定を左右したかは、オーストリア首相シュテュルク伯がティサに次のように反論しているところからも明らかである。すなわちかれは、「遅疑逡巡、軟弱の政策」によってオーストリアは将来ドイツの支持を失うことにもなろう、と主張した。この考え方の底には、セルビアに対する武力行使なしには、ドイツの同盟国たるに値いせぬことになろう、というオーストリアの懸念があるわけだが、これは、それまで専ら行なわれていた一方的な見方、すなわちドイツがオーストリア＝ハンガリーを支持するのは、その最後の有力な同盟国を失いたくないためだ、という見方を相対化するものであった。

だがティサはなおまだ納得しなかった。閣議後、七月八日にかれは皇帝フランツ＝ヨゼーフ宛に上申書を提出し、セルビアに対する攻撃は「ロシアの干渉を招き、ひいては世界戦争を惹き起こす結果にもなるであろう」[20]として、これを思い止まるように警告した。

ヴィーンに対するドイツの圧力

ヴィーンにおいてドイツの圧力を代表することになったのはチルシュキ大使であり、かれは七月七日以降ほとんど連日、バルハウス広場にある外務省とセルビアに対する出方を協議した。さらにかれはオーストリア側の重要会議にも参加していたから、ヴィーンにおける政策決定は文字通りかれの見守るうちに下されたのであった。

オーストリア＝ハンガリーがすでにセルビア問題の武力解決を決意した後、チルシュキは早くも七月八日にはベルヒトルトを訪問して[21]、ドイツ皇帝の委任において、重ねて、

「ベルリンでは、オーストリア＝ハンガリーのセルビアに対する実力行使を期待しており……この思いがけぬ好機に……もし一撃も加えられぬようであるならば、ドイツにおいてはこれに対する理解は得られないであろうと強調」

した。

ベルヒトルトの述べるところでは、チルシュキは前日のシュテュルクの危惧、すなわちここで逡巡するならば

オーストリア＝ハンガリーはドイツの同盟国たる資格をなくしてしまうだろうという懸念が当っていることを証明した。かれは、ベルヒトルトに対して脅迫じみた言い方で次のようにほのめかしたのであった。[22]

「ドイツ側は、わが国がセルビアと商議(話し合い)をとげるならば、これを弱さの告白と見るであろうし、このことは、三国同盟におけるわが国の立場およびドイツ将来の政策にも尾を引かずにはいないであろう。」

チルシュキの働きかけの結果は、先にも触れたように、ベルヒトルトが七月九日行なった皇帝フランツ＝ヨーゼフへの進講にもすでに見られ、この席で皇帝はその案を勅許したわけだが、その理由は「弱腰はドイツ側のわが国の態度に対する不信を招く[23]」恐れがあるという点であった。

チルシュキが極秘の私信でヤーゴに報告しているところでは[24]、かれは七月一一日にも「改めて機会」を得て、ベルヒトルトと「セルビアに対する出方を協議し、主として迅速な行動の必要なことを重ねて大臣に説いた。」七月一三日にもチルシュキはベルヒトルトと会った際、この点に触れて、またも「迅速な決断の必要であることを強く」指摘している[25]。七月一四日に至ってティサも遂に譲歩した[26]。

ベルヒトルトがチルシュキとの会談について明らかにしている内容は、セジェーニの七月一二日付書簡[27]が補足して、確認しているところである。ドイツ――皇帝、宰相ともに――はオーストリア＝ハンガリーがセルビアに対し直ちに軍事行動に出るよう性急にせきたてているが、このようにドイツが「まさに」対セルビア戦争に向かって突進する理由は、セジェーニの察するところ、すでに触れたふたつの観点に求められる。すなわち第一に、ロシア・フランス両国は「まだ準備が充分でない」こと、第二に、イギリスは、

「バルカンの一国のために起こる戦争には、たとえそれがロシア、場合によってはフランスとの衝突に至るようなことになろうとも、現在のところ、参戦しないであろう……たんに英独関係が改善された結果、ドイ

ツとしてはイギリスの直接の敵対行為を懸念せずにすむと考えられるだけでなしに、なかんずくイギリスが目下のところ好戦的というにほど遠く、セルビアのために、ということはつまるところロシアのために火中の栗を拾う気が毛頭ないということである。」

オーストリア政府は、七月一四日以降「やっとのことで」ベルリンの希望する行動に出るよう最終的に肚をきめるに至ったのだが、といっても最後通告を実際相手に呑めないような形で出すことをはっきりきめたわけではなかった。七月一〇日以降、ドイツ外務省はチルシュキの電報(28)で、予想される覚書の内容は承知していた。ドイツ側にわかっていたのは、のちの一般条件、最後通告の最重要要求のうちの二項目と四八時間を期限とするという点とであった。

ドイツ銀行取締役ヘルフェリヒ(29)は、七月中旬以降、「ヴィーンが……一週間後に非常に強硬な、期間の極く短い最後通告をセルビアにつきつけ」、即時賠償を要求することになっており、「容れられない場合にはオーストリアーハンガリーはセルビアに宣戦する」ことを知っていた――かれはこのニュースにつけ加えて次のようにも言った、「皇帝(ヴィルヘルム二世)は断乎としてオーストリアーハンガリーの出方を支持した……今度はふらふらせぬ。」

というわけで、オーストリア政府は最後通告を相手の呑めぬようなものにする決意を固めたもののようであったのだが、七月一七日、ベルヒトルトはドイツ大使館参事官シュトルベルク公(30)との会談で、あるいはセルビアが覚書を呑むような結果にならぬともかぎらない、とほのめかした。シュトルベルクは、自分でヤーゴに報告しているように、オーストリア人が弱気になりはしないかと恐れていたのが果してそうなったことに不満の念を隠せなかった。その報告のなかでかれは次のように書いている。

「当地において、先頃もティサ伯がその演説のなかで対セルビア関係の最終的な解決を不可避だと言明しているが、真に最終的解決を望んでいるとすれば、何故に決裂を不可避とするような要求を掲げようとしないのか、確かに理解し難いものがあるというべきである。今回の行動がまたしても不発に終り、いわゆる外交上の勝利というようなことに止まるとすれば、オーストリアーハンガリー帝国はもはや実際行動に出ることが出来なくなったのだという、当地ではすでに有力な見方がさらに固まり、ゆゆしい事態となろう。このことが国内、国外にもたらす結果たるや、明白である。」

これは、ボスのいない留守中の、若い外交官の勇み足というようなものでは決してなかった。シュトルベルクの言葉遣いのなかに、ツィンマーマンやヤーゴの議論がそっくりそのまま出ているのである。七月一八日、バイエルンのベルリン駐在代理公使シェーン(31)はドイツ外務省の見解を報告し、その中でドイツがしきりにせきたてる、本当の動機をもらしている。

「当地では、オーストリアが紛糾拡大の危険を冒してでもこの好機を利用することに全くもって異議はない。しかしヴィーンが果してこれに踏み切れるかどうかについて、フォン＝ヤーゴ、ツィンマーマン両氏ともに今なお疑問をもっている……従って当地では、対セルビア行動があまり引き延ばされることなく、またセルビア政府がロシアおよびフランスの圧力の下に自ら進んで賠償の申し出を行なうなどの余裕を与えないようにはかることの方がより望ましいとされている。(32)」

シュトルベルクと同様の見解は、七月一八日ヤーゴがリヒノフスキ宛のかれの私信のなかで述べているところである。七月九日にグレイがリヒノフスキに対して発した間接的な警告、すなわちイギリスは侵略国の側につくことは決してないという警告を吹き散らそうという意図を、ヤーゴは、オーストリアーハンガリーがセルビアに対して強硬策をとってくれることを必要とするドイツの態度の理由づけと結びつけて、次のように説明している。それによると、第一にセルビアに対する武力干渉こそは、オーストリアーハンガリー帝国にとって「政治上の名誉恢復の最後の可能性」なのである、なぜならば、すでに現在では同帝国は「一人前の大国としてはもはやほとんど」数えられていないのだからと。かれはさらに続けて、「オーストリアの勢力のこのような減退によって、わが同盟国グループも決定的に弱化するに至った。」故にかれとしてはオーストリア政府の邪魔だては何としてもしたくない、予防戦争を強制するつもりはないが、戦争になっても「しり込み」はせぬ、ドイツは軍備完了しているのに、ロシアは「実際のところそうではない」のであるから。ロシア・フランス両国は「戦争準備が未だできておらず」、図太く出ればおとなしくしているに違いない、だが、

「数年もすればロシアは……戦争準備が整う。その時にはロシアはその兵員の数でわが国を圧倒するし、バルチック艦隊と戦略鉄道網も完成する。その間にわが同盟側はますます弱体化する。」

すでに一九一四年五月一二日、モルトケはカルルスバートでコンラートに対して「早期開戦」を主張した。(33) 七月末にベルリン駐在バイエルン公使レルヒェンフェルト伯は、(34) モルトケが「今の時点は軍事上まことに有利であり」、「近い将来」またと望みえないほどである、と語った旨を報告している。その理由としては、砲兵隊とドイツ歩兵銃の優越、兵役の二年から三年への延長の過渡期に伴うフランス軍の訓練不充分、収穫の完了、そしてドイツ軍現役年次兵の訓練の完了を挙げたという。だからこそヤーゴ(35)は、ヨーロッパ戦争の可能性にも恐れず立ち向うことができたのである。「局地化することができずに、ロシアがオーストリアーハンガリーを攻撃するならば、条約の要件《カースス・フエデリス》〔ドイツが同盟条約に従って参戦するための条件〕が発生することになる。」

ドイツ帝国指導部は、一方ではベルリンとヴィーンとから、出来るだけ早く撃って出るようにオーストリア政府をあおり立てながら、他方、自身はまことに用心深いやり方で来るべき紛糾の可能性を見込んで態勢を整えていた。

すでに七月七日に外務省において、ロンドン駐在ドイツ大使宛の訓令(36)が起草されていたが、これが実際に発送されたのは七月一二日のことであった。

その訓令の中で外務省は、オーストリアが「セルビアに対してかなり重大な措置をとる決意を固めており、その結果、全面的な紛糾の生じる」「可能性」があると告げている。なるほどベルリンは、「わが国としてはどのようなことがあろうとも、紛争の局地化を願うものである。」と称するのであるが、それはまた、ドイツはオーストリア－ハンガリーの対セルビア武力行使を肯定する、ということでもあった。リヒノフスキは、局地化をはかるべく、「可能な限りを尽し御地の報道機関に働きかけ」られたし、との命令を受けた。ただし「細心の注意を払い、わが国がオーストリアを戦争にかりたてているがごとき感を抱かしめることは一切避けられたい」、ともあった。――これはほとんど実行不可能な任務であった。なぜならばこの点こそがまさに一九一四年七月におけるドイツの対オーストリア政策の核心であったのだから。

副宰相デルブリュック(37)も、七月九日にベルリンでベートマン－ホルヴェークから例の白紙委任状について聞かされており、その担当の内務省で、その日あるを期して目立たぬように可能な限りの手を打っていた。後年かれは当時を振り返って自慢している、「実際ほんのちょっと合図すれば、忽ちのうちにドイツ国内いたるところへ電報が飛ぶ手筈になっていたのだ。」七月二三日、ベオグラードで最後通告が手交されるその日、デルブリュックは休暇地から呼び戻された。

ヴィルヘルム二世は白紙委任状を振り出した当日に出発して北海旅行の最中であり、しかもドイツ・オーストリア両国の参謀総長は休暇中とあれば、ヨーロッパが泰平の夢を破られることはあるまい、という計算であった。オーストリア＝ハンガリーにひきずられて、ドイツがことをかまえるにいたったのだとか、ドイツは「不意討ちに遭ったのだ」とかいうのが、とてもまじめな話であるわけはなかったのだ。その間に、ドイツにとっては、最後通告に先立っていち早く戦争の局地化を準備し、しかもオーストリアの意図は知らぬ存ぜぬで通さねばならないという難問題が生じた。こういう状況の中で、政府は半官紙「ノルトドイッチェ＝アルゲマイネ＝ツァイトゥング」に、七月一九日、簡単な所感を発表したのだが、これがヨーロッパ各国官庁の注目を集めることとなった。(38) 短い、またもってまわった言い方のその文章の最後で、ベルリンは、「オーストリア＝ハンガリーおよびセルビアの間に起こるやもしれぬ衝突が局地紛争に止まる」ことを願ってやまぬ、とのべたのである。この所感の執筆者はヤーゴその人であり、このことをかれは、二、三日後、イギリス代理公使ランボウルドに白状している。(39) かれはわざと柔らかい表現を選んだのであった。ヴィーンがベルリンのそのような柔らかな言葉遣いを理解できないのではないかと懸念したので、かれは、七月一八日にチルシュキに宛てて、(40) 簡単な説明の訓令をヴィーンに向けて発し、「これが御地政府の決意をドイツが裏切らんとするものと誤まり解釈されることのなきよう、ご配慮ありたし。」と命じた。

このように「わざと穏やかに書かれた」ものではあったが、それでもこの「ノルトドイッチェ＝アルゲマイネ＝ツァイトゥング」紙上の所感はヨーロッパ外交筋を色めき立たせた。このため七月二一日には、ヤーゴはフランス大使カンボン、イギリス・ロシア両国代理公使ランボウルドとブロネフスキーから質問攻めにあうはめになった。ヤーゴは、オーストリア政府の意向は自分の関知するところではない、と三人に対してつっぱねたが、かれらの信じるところとはならなかった。[41]

最後通告

その間にヴィーンでは最後通告手交の最後の準備が完了していた。ドイツがせきたてるのに迎合しようということであったと思われるが、ベルヒトルトはすでに七月一七日にこの外交処置〔最後通告〕の期日を最終的に七月二五日から同二三日に繰り上げていた。七月一九日の閣議は、改めてこの処置を検討した。ベルヒトルト[42]は「もうベルリンではいらいらし(始めている)」との理由で期日を早めることを主張した。コンラートもまた「急ぐこと」に賛成し、陸軍大臣クロバティンは「かれの準備した種々の動員処置」を明らかにした。結局、閣議は全員一致でベルヒトルトの提議を容れて、最後通告の手交を七月二三日とすることを決定した。ただし閣議は、セルビア領の大幅な併合には一切反対というティサの留保条件を呑まされた。

オーストリア-ハンガリー・ドイツ両国政府がこの〔七月二三日という〕期日を選んだのは、ポアンカレとヴィヴァニがペテルブルクを離れるのを待つためであって、これによってフランス・ロシア両国が直ちに共同の反対決議を出すことを妨げようというのであった。ドイツの積極的な関与とオーストリア-ハンガリーの政策に対するその影響力を見る上で意味深いことであるが、ヤーゴ[43]は二三日の手交の時刻をさらに一時間遅らせて、確実にこれらフランスの要人がペテルブルクを(船で)出発した後のことになるようにはかっている。

覚書(その基本内容は七月一二日にすでにドイツに通告ずみであった)の全文をドイツ外務省がチルシュキ[44]およびセジェーニから受け取ったのは、七月二二日晩であった。もし宰相、ヤーゴあるいはツィンマーマンがこの文面をあまりにも強硬すぎると考えていたなら、これら政治家にはこのような形で最後通告を手交することに抗議する余裕は、なお充分あったはずである(即ち七月二二日晩から七月二三日午後六時まで)。すでに七月一八日にホヨス伯[45]は、ヴィーン駐在ドイツ大使館参事官シュトルベルク公に、ご心配なくとばかり次のように語っている、

「(最後通告に盛られた)要求はやはり、いくらかでも自負心あり、体面を考える国ならば、実際のところなんとしても受け容れることのできないような類いのものである。」

さらに七月二三日、ヤーゴ[46]は重ねてセジェーニに対して、ドイツは「無条件かつ全力を挙げて」オーストリアを支持する旨を約束している。かれがその時、「重要至極」であるとして、オーストリアがセルビアについてどのような計画をもっているか聞かせてほしいと言ったのは、オーストリアが不当なことを仕出かそうとしているのではないかと心配するあまりの言葉であるというよりは、ヤーゴがそれより先七月一七日にチルシュキに向かって語ったように、「わが国がオーストリアの行動を……邪魔だてしたり、これに一定の限界ないしは目標を押しつけようとしている」との「感を与えない」ようにしたいという気持からであった。

ドイツ政府の戦術は、とりわけ七月一八日にシェーンが伝えるところから読み取れる。すなわちドイツ帝国指導部は、最初からオーストリアとセルビアとの間の戦争を望んでおり、それはオーストリア=ハンガリーを強化し、ドイツ側がバルカンにおいて無制限に勢力を伸長できる保障を得て、それによって協商国側に対するドイツの同盟体制側の強化をはかるためなのであった。ドイツ政府は外部に対しては、戦争を局地化し得るものと希望すると述べながら、しかし全面的なヨーロッパ戦乱の可能性は充分に意識していた。いやそれどころか、ベートマン=ホルヴェークは全面的な大戦をほとんど確実視していた。このことはクルト=リーツラーの日記が大変正確に教えてくれている。帝国宰相の個人的な秘書であったかれは、ベートマン=ホルヴェークの考え方を一九一

四年七月八日の日付で次のように書き残している、「戦争にならないか、ロシア皇帝にやる気がないか、あるいはフランスが仰天して和平を説くかしても、わが国としてはまだ、今回の行動を通じて協商国間の仲違いを誘い出せる見通しがある。」(47) つまり予期に反して局地化がたとえ成功するようなことがあろうとも、それは三国同盟側の、協商国側に対する圧倒的な外交的勝利ということになるから、恐らくは協商国の「仲違いを誘い出す」結果になるであろうというわけである。この考えをベートマン－ホルヴェークは七月一六日、エルザス－ロートリンゲン担当大臣レーデルン伯(48)に向かって重ねて述べている。それはかれが、反仏新聞論調の現われるようなことがあればこれを押えるようにとレーデルンに指示して、その理由を説明した際のことである。すなわち

「フランス自体をおとなしくさせておくばかりか、さらにフランスがペテルブルクに対して平和を守るように警告するようには向けられるならば、ひいてはわが国にとってまことに有利な影響が露仏同盟の上にあらわれることになるだろう。」

つまり、露仏同盟を破綻に導くとまではいかなくても、それにひびを入れさせることにはなるだろうということなのである。

ところで、最後通告手交の日の迫った頃には、ドイツ・オーストリア－ハンガリー両国の軍部、政府首脳の旅行の狙い、すなわち「他の諸国が」――ベルヒトルトの言ったように――「仲裁を思い立ったりなど」しないようにしておきながら、しかもサライェヴォ気分を盛り立てておこうというもくろみが極めてはっきりした。ヴィーンは、セルビアに対する行動を孤立化したままにしておくには「夏休み気分」が最適と考えていた。ドイツもまた、シェーン(49)が(七月一八日に最後通告の最も重要な要求三項目と合せて)伝えるところによれば、ヴィーンの行動には何ら関与していないし、これについて知ってもいないという風を装うつもりであった。だが同時に、シ

ェーンの報告の中では、ドイツが実際にとった政治的行進ルートが明らかにされている。

「戦争の局地化のために、帝国政府はベオグラードにおいて、オーストリアの覚書の手交後直ちに、諸列強に向かって外交工作を開始する。帝国政府としては、皇帝は北海旅行中であり、参謀総長およびプロイセン陸軍大臣は休暇中である点を指摘して、他国同様にオーストリアの行動によって不意をつかれたものであると主張する(!)であろう。」

すでに七月二一日に、ベートマン－ホルヴェークとヤーゴ(50)は回章によって戦争局地化のための公式の工作を開始した。ヴィーンが最後通告を手交するに先立って、ドイツ外交筋はペテルブルク、パリおよびロンドン駐在大使宛の布告の中で、オーストリア－ハンガリーの出方を支持し、セルビア問題がオーストリア－ハンガリーとセルビアとの間に限定されることのない場合には、大規模な紛争をも辞さないであろうと、ヨーロッパ諸国をはっきりと脅迫していた。まだ発表されてはいないオーストリア－ハンガリーの見解は「正当かつ中庸を得たものとみなされ」ていた。

「オーストリア－ハンガリー政府がその大国としての地位を完全に放棄する意志がないのならば、セルビア政府に対して強圧を加えて、また万やむを得ない際には軍事行動に訴えても、その要求を貫徹する以外に道はないことであろう。その際にどんな手段をとるかの選択は同国に委ねざるを得ないのである。」

しかしながら、すでに七月二三日ヤーゴ(51)は、この覚書がオーストリア－ハンガリーの出方にドイツも「不意をつかれた」のだという公式の主張とは相容れ難いものであることに気がついた。外務省政治局長シュトゥムの起草になる文案が、さきの回章を追いかけて急いで発送され、最後通告全文の発表をまってその後で外交的処置をとるように、各国駐在大使に指示が与えられた。「そうしなければ、貴地において、わが国が予め最後通告を承知していたとの印象を与えることがあるかもしれない。」回章は列強に対して、オーストリア・セルビア間の紛争への介入を一切ひかえること——さもなければ「不測の事態」が起ころうとおどしていた——を要求していた。オーストリアにフリーハンドを、というドイツのこの要求は、戦争の局地化は不可能とみていたグレイの驚きと不満を買った。(52)

ドイツ帝国政府指導部は、セルビアがオーストリアの攻撃を受ければ、恐らくロシアがセルビアの側に立って介入するから、その結果大戦争が起こる公算のあることを承知の上で、あえてこの挙に出ようとした。いやそれどころか、オーストリアの最後通告は、ドイツの思惑によれば、オーストリア＝ハンガリーとセルビアとの間の局地戦争を間違いなく惹き起こし、ロシアを挑発するという役割をもっていた。ロシア皇帝が退却すれば、ドイツにとっては少なくとも外交上の大勝利という結果になる。だがドイツ帝国政府指導部はロシアがこの挑発を受けて立つものと読んでいた。ロシアとしては、列強の座をおり、さらには王室ならびに政府の存立を危殆に瀕せしめることを望まない限り、セルビア援護に立たざるを得ない、とドイツは見ていた。だがそうなれば、これはドイツにとっては同盟適用ケース〔同盟条約にもとづくドイツの参戦〕ということになり、全大陸をおおう戦争は間違いない。同時にロシアは、セルビアのために介入することによって——これこそベートマン＝ホルヴェークの思惑のかなめであった——侵略国という役廻りになる。そうなればイギリスの即時参戦を阻止できるし、たとえそれが阻止できなくてもその参戦を先に延ばすことだけはできようとドイツ帝国指導部は考えたのである。

であるから、オーストリアの最後通告は受諾不可能なようにつくられねばならなかったし、ドイツ帝国政府指導部はこの点についてだけしか最後通告の内容に関心を示さないで、同盟国をこの方向に追いやったのである。確実に予想される、全大陸にわたる大戦争に備えてのドイツの体制もまた事実着々と整えられていた。

例えばヤーゴは皇帝搭乗船の運航路を正確に知らせるように求め、その理由を次のように説明した。[53]

「わが国は、オーストリア・セルビア間に紛争の生じた場合、それが局地化することを願っているが故に、皇帝陛下のご帰還を繰り上げるなどして各国に警戒の念を抱かしめてはならず、他方、予想をこえた事態が起こってわが国としても重大決意(動員)を迫られることになるかも知れないので、陛下おん自らと連絡ができるようにしておかねばならない。場合によっては、日程最後の数日はバルト海上での巡航ということも考えられるが、いかがであろうか。」

さらに七月二〇日には、皇帝の発意により、帝国宰相の同意もあって、ハーパク、ノルトドイッチャー＝ロイトの両船会社社長に対して、ヤーゴを通じて、[54]七月二三日の最後通告手交に言及しつつ両社の在外船舶保護のため適当な措置を講ずるように警告が出された。同じく七月二〇日、ドイツ商船隊は集結したままでいるようにとの、皇帝の命令が発せられた。[55]

最後通告手交の後、ドイツ外務省は、どのような形で対セルビア宣戦布告を手交するのがよかろうかというヴィーンからの問合せに接して、同国の対セルビア宣戦布告が「動員の完了後、軍事作戦開始直前」に予定されていたことを察知し得た。[56]オーストリア政府がその動員に一六日を要することは、ベルリンでは早くから判っていたから、すると対セルビア宣戦布告は八月一〇日になるわけである。それではドイツのもくろみに大変な誤算の生じる結果となる、というのは、その間にドイツのあれほど嫌っている諸列強の仲介がヴィーンとベオグラードの間で始まり、対セルビア局地戦争が不必要になってしまうかもしれないからである。そこでヤーゴは、[57]七月二五日セジェーニ大使を通じて「直ちに行動を起こし、世界に既成事実をつきつける」よう、ヴィーンに「切に」勧告した。誤解の余地がないように、ヤーゴはさらに大使に対し、「当地(つまりベルリン)では」「セルビアから拒否の回答があった場合、即時にわが国(オーストリアーハンガリー)の宣戦布告が戦闘行為と結びついて行なわれることは確実だと、一般にみなされている」とほのめかしている。

七月二三日、最後通告手交の日、副宰相デルブリュックは休暇から呼び戻され、同じ日ヴァルダーゼーは休暇からベルリンへ帰り、二日後にはファルケンハインとモルトケが姿を現わした。

イギリスの仲介を拒絶

オーストリアーハンガリーの対セルビア覚書が七月二四日朝発表されるや、オーストリアーハンガリーとドイツで世論の大多数が賛成に傾いたのを除いて、その他の全世界は仰天した。ドイツが背後で糸を引いているか、少なくとも承知の筈だという疑惑を口にする者も多かった。まことに尤もなこの推測に対して、ツィンマーマン(58)はこれまた計画通り、七月二四日パリ、ロンドン、ペテルブルクの各大使宛電報の中で反駁にこれつとめた。ドイツは「覚書の内容に対しては何の影響も」及ぼしてはおらず、「他の諸国と同様、公表に先立って何らかの形でこれに見解を述べる機会は」持たなかったと言いはっている。

その前日、ヤーゴ(59)は、イギリス外相グレイがドイツ大使リヒノフスキ侯に対して最初の仲介案を提示したが、その案は、イギリスがロシアを督促してセルビアに働きかけさせ、他方ドイツがオーストリアーハンガリーに働きかけるという内容であると皇帝に報告している。「いかにもイギリス人らしい考え方であり、かつ不遜な命令調であるから、拒否すべきだ。」と皇帝は感想を書き込んでいる。同様な激しさで皇帝は、ヴィーンが実現不可能なその要求を引込めるようにはからってほしいというグレイの提案をも却けた、「それを自分にやれというのか！　自分には関係のないことだ！　実現不可能とは何事か。奴ら（セルビア人）が煽動や殺人をやらかしたので、こらしめてやるのだ。」断乎として、かれはヤーゴがリヒノフスキに「発言の調整のために」伝達した外務省の訓令を支持している。大使は、「わが国はオーストリアの要求には関知せず、これをオーストリア－ハンガリーの国内問題とみなしており、わが国の立ち入るべき筋合いではないと考える」と主張するように指示された。

ロシア外相サゾーノフの予見通り、最後通告はイギリスにおいて「何もかもぶちこわすような」作用を及ぼした。ドイツがなんと身の潔白を誓おうが、リヒノフスキの報告(60)によれば、少なくとも「道義的な連帯責任」はあると考えられており、かれがさらに付言して警告するところによれば、「仲介工作に参加しない時には、わが国およびわが国の平和愛好心に対する信頼は当地において決定的に揺ぐことになろう。」しかしドイツは、この時からイギリス側がしきりにおしすすめる和解の試みを支持する風を装ったばかりで、実際には、調停の成立を阻止するために、七月二三日から同二八日までの間に出されたイギリスの諸提案を妨害しさえしたのである。

すでに七月二四日に(61)、グレイはリヒノフスキとの会談で、オーストリア・セルビア間の紛争を局地化する見通しは非常に暗いと判断していた。グレイはその時に早くもロシアの介入を見越していた。というのは、ロシア政府としては、セルビア政府に対して、オーストリアの要求を無条件で受諾するようにすすめることはまず無理だろうと、グレイは考えていたからである。「そんな要求を呑む国は、もはや独立国のうちに入れてもらえなくなるのだから」。さらにかれは「国内世論に押されて、ロシア政府はオーストリアに対して事を構えざるを得なくなる」ものと見ていた。オーストリア軍がセルビア領に入ろうものなら、その時には「ヨーロッパ戦争の危険が目前に迫って」くる、「四国間」というのは、リヒノフスキによればグレイはロシア・オーストリア・ドイツおよびフランスを指しているというのだが、これら四国間に戦争でも起ころうものなら、その結果たるやはかりしれない、とグレイは述べた。かれは最後通告の期限を延長するように提案し、ロシア・オーストリア間が危うくなった場合には、直接の当事国でない英独仏伊の四国が仲介を引き受けるようにしてはどうかという案を出した。この提案をヤーゴはすぐにヴィーンに伝えることをしなかったため、提案がヴィーンにとどいたのは最後通告の期限の切れた後であった。しかもヤーゴはグレイのこの仲介案に何の意見をも付けておらず、これは実際には外交上の慣習としては拒否をすすめるに等しかった。リヒノフスキへの返事では、ヤーゴはグレイがセルビア・オーストリア間の紛争とそこから派生し得るロシア・オーストリア間の衝突とを区別している点にしがみついている。かれは、前者の場合にはすべての国が静観することを希望し、後者の場合については他の列強の仲介というグレイ提案に賛意を表明してはいるものの、それはもちろん「わが国の周知の同盟義務を留保し」た上でのことであり、こうしてかれはドイツの立場をいち早く固めた。(62)

三回目の仲介の試みとして、グレイは七月二五日、ベルリンの斡旋によってヴィーンがセルビアの回答で引き下るようにはからってほしい、という元の案をむし返した。覚書はまたもや意見なしで伝達された――リヒノフスキが七月二五日、ドイツはオーストリア－ハンガリーに「一言《ひとこと》」言ってやってほしいと三度までも切に要請したにもかかわらず。

ドイツ帝国政府指導部は、ベルヒトルトが七月二四日ロシア代理公使と会見したことに憤慨していた。「全くもって不要のことなり！」と皇帝は批評している、「弱腰という印象を与えることだろう……オーストリアは……事を構え……たのだ、今となってこれを検討するまねなどするわけにはいかぬのだ！」

その間にペテルブルクは公式コミュニケを発表して、オーストリアがセルビアの領土を併合する場合には「無関心」たり得ないと言明した。ロシアを挑発するもくろみはつまり失敗したわけである。

一九一四年七月二五日午後六時にセルビアの回答覚書を受け取った後、オーストリア公使ギースルはベオグラードを去った。セルビアの回答は、セルビア政府が要求の大半を呑んだにもかかわらず、オーストリアを満足させるものではないというのであった。これは改めてロシアを挑発することにほかならなかったのであるが、またしてもロシアは挑発にのらなかった。皇帝フランツ＝ヨーゼフはその日のうちに八個軍団に対する動員令に署名した。最初の動員実施日には七月二八日が選ばれた。ティサ(63)が迅速な行動をすすめたのである。というのは、かれが皇帝フランツ＝ヨーゼフに宛てた七月二五日付の手紙で述べているように、ちゅうちょするならば、「帝国の力量と実行力の(敵、味方における)評価が著しく損われる」ことになるからである。

事実、オーストリアの態度はすでにベルリンの疑心を呼んでいた。チルシュキ(64)は七月二四日ヴィーンから、オーストリア＝ハンガリーは「バルカンにおける現在の力関係の変更」を欲していないと報告してきた。この報告をもって「弱気だ」と評した皇帝の註は、セルビア工作におけるドイツの意図を明らかにしてくれる。すなわち、力関係の変更は――と皇帝は書きつけている――「必要だ。オーストリアはバルカンにおいて優勢にならねばならない……ロシアの犠牲において。」

七月二五日以降、ヴィーンでは宣戦布告の期日をめぐる(オーストリアとドイツ間の)力相撲が始まった。その前にベルリンは、対セルビア宣戦布告を動員に先立って発するようにヴィーンに働きかけていた。七月二六日チルシュキはドイツの強要を繰り返し、ベルヒトルトは遂にこれに屈した。チルシュキの面前で期日を繰り上げる予備決定が行なわれ(65)、七月二七日にはその最終決定が下された。セルビアに対する宣戦布告は七月二八日ということになったのである(66)。ドイツがこのように強要したことの意味は、数多くの史料の記するところによれば、戦闘行為の開始によって、第三国の介入を未然に防ぎ、「あらゆる干渉の試みを無に帰せしめる(67)」にあった。

ロンドンの努力はこれとは正反対の方向をめざしていた。七月二六日、イギリス外相グレイは四回目の、最も重要とみてよい仲介提案を行なったが、これは紛争に直接関与していない四カ国で紛争危機打開のための大使級会談をロンドンで開こうというものであった。(68) リヒノフスキは、イギリスの仲介措置が目前に迫っている旨を報告すると共に、ドイツの紛争局地化という作りごとに対して厳しい警告を発した。かれは、オーストリアの要求が出されてからというものは、ロンドンではこの「紛争を局地化する」可能性を信じる者はもはやひとりとしていないと述べ、さらに言葉を継いで、「このようなオーストリアの出方が世界戦争につながるほかないことを当地では疑うものはいない。」と報告している。同日のもう一通の電報でリヒノフスキは、ニコルソン次官およびグレイの個人的秘書ティレルとの会談後、次のように伝えている。

「両氏は、当地における四カ国会談開催に関するE＝グレイ卿の提案以外に全面戦争防止の可能性はないとみなしており、またセルビアとてもオーストリアの脅迫に屈するよりは、むしろ諸列強の圧力の前に、その統一的な意志に従うことを選ぶであろうと見て、その点に希望をつないでいる。ただしそのための絶対の前提条件は会議の成功と平和の維持、そして一切の軍隊が移動しないことである。」

リヒノフスキは、セルビア領に対する侵犯があれば「世界戦争は不可避だ」と報告し、さらに「ベルリンにおいて期待されている紛争の局地化は全く不可能であり、かかる期待は実際の政策からは除外せねばならない。」と続けている。そして「わが国の態度は、ドイツ国民が戦争をせずにすむようにとの観点から決定さるべきであり、ドイツ国民としては戦争によって得るところはなく、ただ失うばかりである」ことを切に説いた。

この警告にもかかわらず、ヤーゴはベルリン駐在イギリス大使ゴウシェンの手交した公式の会談提案を拒否した。これより先ベートマン－ホルヴェークはグレイの仲介提案を却けたが、その理由は、ドイツとしては「オーストリアを、そのセルビアとの取引きに関してヨーロッパ法廷に引き出す」わけにはいかない[69]という点であった。同時に帝国宰相は回章を発して、その中でドイツの態度をはっきりと固めていた。すなわち、紛争はオーストリアーハンガリーおよびセルビア両国のみの問題であると。その前日には、ベルヒトルトがオーストリアについて同様な発言の調整を指示し、それに付け加えてつぎのように言っていた、——万一局地化が不成功に終った場合、オーストリアーハンガリーは、ドイツが「他の敵国に対する、わが国のやむにやまれぬ闘争において、わが国を援助するもの」と「感謝の念をもって」期待する、と。

紛争の局地化に努力するという約束とはうらはらに、ドイツは大陸戦争の可能性に備える手筈を整えることを依然として怠らなかった。すでに七月二六日モルトケ[70]は「これから始まろうとする対仏露戦争に際して」、ドイツ軍がベルギー領を通過することを予定した、ベルギーへの降伏勧告草案を外務省に送付していた。

そして最後に七月二七日、グレイ[71]は緊急の呼びかけ——それはかれの五回目の仲介の試みであった——を発して、ヴィーン政府がセルビアの回答覚書を意にかなったものとしてまず認めるようにベルリンから働きかけることを訴えて、その時にはかれの方としてもペテルブルクをなだめることも出来るとのべた。リヒノフスキの報告によれば、グレイは「気嫌悪く」、これでなおかつ戦争となった暁には「イギリス人の同情とイギリスの支持は望み得ない」とかれは付記している。「情勢の鍵を握っているのはベルリン」というのがイギリスの見解であった。「ベルリンが真剣に平和を望んでいるならば、」オーストリアが「無謀な政策をとること」をやめさせることができるはずだ、というのであった。三時間後にもリヒノフスキは、グレイが戦争か平和かはベルリンの意向ひとつだと確信していると、繰り返し強調してきた。ロンドンでは「セルビア問題がそのまま三国同盟対三国協商の力試しになりつつある」という印象がますます強くなっており、万一オーストリアーハンガリーがセルビアを席捲しようものなら、イギリスは「絶対にフランス・ロシアの側に立つ」であろうとリヒノフスキは警告した。

その間にロシアからは、[72]サゾーノフが――ドイツの予想を裏切って――「どちらかといえば和解的」であり、「……オーストリアの要求に……応ずるために橋わたしをしよう」(と)努力しつつあるという情報がベルリンにとどいていた。だがペテルブルク駐在ドイツ大使プルタレス伯からは、バルカンにおける勢力均衡はロシアにとって「死活の問題」であることも強調してきた。一方サゾーノフは大いに歩み寄りの意向を示して、ヴィーンに対しロシア側から提出できるような妥協案でもあれば教示願いたいとさえドイツ大使に要請した。プルタレスは直ちに一案を示した。オーストリアはその最後通告中の数項目を緩やかなものに変え、セルビアがその修正条件を受諾できるようにする、というものであった。サゾーノフは即座にこの案にとびつき、「七月二三日付のオーストリア覚書の数項目の共同修正のために」、ペテルブルク駐在オーストリア＝ハンガリー大使と彼との二者会談をヴィーンに提議した。「このようにすれば、セルビアにとっても受諾可能であり、[73]かつオーストリアの要求も原則的には満たされるような形式を見出すこともあるいはできよう。」ローマもまたイギリスの仲介提案を支持し、さらにフォン＝シェーン大使[74]はパリが交渉に応ずるであろうと伝えてきた。そしてもしドイツに、「セルビアがほとんどすべての要求を容れた現在、ヴィーンも態度を軟化するよう勧告する」気があるならば、フランス外務省《ケー・ドルセー》としてはペテルブルクに働きかけることに恐らくやぶさかでないであろうと報告した。

これらの訴えや警告にもかかわらず、ドイツ政府はヴィーンを強くなだめて、局地紛争を避ける――フランス外相代理ビヤンヴニュ＝マルタン[75]の言葉を借りれば、これがヨーロッパ戦争を回避する唯一の道であった[76]――ようにとりはかろうとはしなかった。それどころか、同じ七月二七日ベルヒトルトはドイツのせきたてるままに皇帝フランツ＝ヨーゼフの許に宣戦布告書を提出して署名を仰いだ。かれはこの措置を次のように説明した、「宣戦布告によって情勢の明確化がはかられない限り」、協商国側がセルビアの回答を基礎にして調停に成功することがなおあるかもしれないと。

つまりドイツ帝国政府指導部は、紛争の「局地化」〔局地戦争の勃発〕を招かないような仲介措置はことごとく拒否し続けたのみか、さらには――グレイおよびサゾーノフの要請とは逆に――オーストリアの行動をやみくもに推進したのである。だが同時にヤーゴは、七月二七日フランス大使ジュール＝カンボン[77]に対して、要は事態の急展開を防いで時をかせぐことである、とも言っている。他方かれは、ヴィーンに対する斡旋を拒否する理由として、オーストリア政府がそれに刺激されてますます無思慮な行動に出て、いきなり既成事実をつきつけるような結果になりかねないと論じている。[78] しかし実際のところドイツは、ヴィーンをあおりたてて、まさにヤーゴの防がなければならないと称する「事態の急展開」へと向かわせていた。同じ七月二七日にヤーゴは戦闘行為を出来るだけ早く開始するように重ねてせきたてているのである。

七月二七日、対セルビア宣戦布告が目前に迫っていると報じるチルシュキの電報[79]によって、ドイツ帝国政府指導部はその最初の目標が達成されたことを知った。故に宰相はイギリスの圧力に対してもはかばかしい反応を示さず、急いでかつ熱心にオーストリアに働きかけようともせず、七月二七日午後にロンドンからとどいていた電報も真夜中近くなってからやっとヴィーンへ送らせた。[80]

この電報の伝達に先立って、ヤーゴはセジェーニと会談した。[81] またしても大臣は――七月一八日と同様――一見これまでとは違うかに見えるドイツの態度をヴィーンとしてはどう理解すべきかを説明し、ドイツの政策の一体性と、目的をめざしての一貫性とを改めて確認した。セジェーニの報告によれば、ヤーゴは――誤解の余地がないように――次の点を二度までも強調したという。すなわち

「ドイツ政府は、これらの諸提案(近く『ドイツ政府を通じ閣下のお手許に伝達される』ことのあるかもしれないイギリス提案)を支持するものでは決してなく、これらを考慮の対象とすることには断固として反対でさえあるが、ただイギリスの要請に応じるために一応伝達するのみであることを極めてはっきりと断言した。」大臣自身「イギリスの要請を顧慮することには絶対に賛成しない。」ドイツ政府は、「イギリスが現在の時点において、ロシアおよびフランスと組んでことを構えなどしないようにはかるのが最も重要であるという観点に立っている。それ故に、これまでのところ順調に機能しているドイツ・イギリス間の連絡の断たれるようなことは一切避けなければならない。」

遅れて七月二七日の晩になってから、リヒノフスキの電報がチルシュキに伝達される際に、ベートマン－ホルヴェーク(82)はヤーゴのこの立場を裏づけて、その理由を次のように説明している。

「イギリスの会談提案をすでに拒否した後であるだけに、わが国としてはイギリスの今回の提議をも直ちに拒絶することはできない。あらゆる調停工作を拒否すれば、わが国は全世界から紛争の責任を負わされてしまい、実際上戦争挑発者のらく印を押されることとなろう。そんなことになれば、政府はさらに国内においてもその立場を失う結果になろう。国内に対しては仕かけられた戦争を受けて立つということにしなければならない。セルビアが外見上では非常に大きく譲歩しているだけに、わが方の情勢は困難なものがある。故にわが国としては仲介国としての役割を拒否するわけにはいかず、このイギリス提案をヴィーンの政府の検討に委ねざるを得ない。しかもロンドンとパリが絶えずペテルブルクに働きかけている以上、なおのことである。」

リヒノフスキの報告の最後の文章は削られていた。それはヴィーンが最後の瞬間にドイツの圧迫から逃れるこ

とをあるいは可能としていたかもしれないような文章であった。すなわち、

「当地においても万人の確信するところであり、また本官の同僚の口からも語られたところであるが、情勢の鍵はベルリンにあり、御地において平和を真剣に願うならば、オーストリアが……無謀な政策を推進するのを阻止することも可能であろう。」

だがイギリスに向けては、事実に全くたがう次のような電報が送られた。(83)

「エドワード＝グレイ卿の要望に沿い、わが政府は直ちにヴィーンにおける斡旋工作を開始した。」

宰相のこのような二枚舌から、ベートマン－ホルヴェークの関心は大陸戦争の阻止ではなしに、どのような術策でドイツを出来る限り有利な立場に立たせるかにあったことが明らかになる。

皇帝、たなあげされる

ベートマン－ホルヴェークのこのたくらみを一層明瞭に示しているのは、皇帝の「ベオグラードで停止」する案の扱い方である。七月二七日午後北海旅行からポツダムに帰還した皇帝が、(84)大幅な譲歩を示したセルビア政府の回答覚書を見たのは、セルビア代理公使がこの回答覚書を七月二七日正午にはすでに外務省に提出しておいたにもかかわらず、翌二八日になってからであった。しばしば引用される皇帝のコメントは「何と、これでは開戦理由は一切なくなる。」であった。両当事国の面子をおもんぱかりつつ抜け道を見出そうとして、皇帝はその「ベオグラードで停止」する案を考え出した。それは、オーストリア軍はすでに受諾ずみの条件の履行の保障にセルビアの首都を占領するに止まる、という案であった。「セルビアが個々の項目について出している若干の保

留は交渉によって解決し得るものと思われる。」外務省および軍部からすると、この君主は神経がすぐ参ってしまうので最後のどたん場に来て——一九〇六年、一九一一年のように——またまた戦争に怖じ気づくのではないかと、前々から心配していたのが、その通りのことになったわけであり、それだからこそ皇帝はたなあげされることになった。というのは、宰相は皇帝のこの提案を歪めた形で、しかも遅れて、すなわち七月二八日オーストリア－ハンガリーがすでにセルビアに対し宣戦布告を行なった後になって、強調することもなく送達したのである。皇帝の意とするところとして宰相がヴィーンに伝えたことは、皇帝の意図とは合致していなかった。宰相は皇帝の下した結論の要点、すなわちセルビアの回答によって開戦理由がなくなったという点にはひとことも触れていない。またかれは占領の目的を歪曲して、オーストリアの諸要求、つまり受諾不可能として拒否されたが皇帝の方ではなお交渉の余地ありとしている条件までも含めた要求の「完全実施(85)をセルビア政府に」迫るためとした。だが皇帝の提案の歪曲のうち最も重大なことは、ベートマン－ホルヴェークがチルシュキに対しわざわざ次のように強調している点である。

「わが国がオーストリアを抑止せんとするものであるかのような印象のうまれることがないよう、貴官にあっては細心の注意を払われたい。要は、オーストリア－ハンガリーのめざす目標の実現を可能にし、しかも同時に世界戦争の勃発に至ることないよう、さらにこれが遂に不可避となった際には、戦争遂行の条件を可能な限りわが方に有利にするべき方式を見出すにある。」

帝国宰相が有利な条件という場合何を考えていたかは、かれ自身が一九一四年七月に繰り返し述べている。すなわち、ひとつにはロシアを開戦責任国にしたてること、そしてもうひとつはイギリスに——ともかくさしあたりは——中立を守らせることであった。

七月二六日にベートマン－ホルヴェーク(86)は非常に明確な形でドイツの構想を皇帝にも、またプルタレス、リヒノフスキおよびシェーンにも説明していた。すなわち、「ベルヒトルト伯がロシアに対して、オーストリアにはセルビアにおける領土拡大の意図はないと声明した現在……ヨーロッパの平和維持はひとえにロシアにかかっている。」ドイツは「静観の」態度を持することが必要であるが、それは、ドイツが侵略されたということになってのみイギリスの中立を期待しうるのであるし、また国内の政治気運を把握し、とりわけ戦争がはじまった際に、社会民主党の支持を獲得することができるからである、と宰相は述べている。

この議論を宰相(87)は、七月二八日プロイセン首相の資格でドイツ各王侯邦国駐在のプロイセン公使宛の回章で改めて持ち出している。

「ヨーロッパ戦争が勃発した場合、その責任はひとりロシアのみが負うべきものである。」

同時に宰相(88)はロシア皇帝宛のドイツ皇帝の電報を起草しているが、「ヨーロッパ動乱」の責をロシアに負わせようとするかれの意図は、そのなかで一層明らかになっている。「このような電報を送っておけば、」と宰相は皇帝に説明している、「なおかつ戦争になった場合にも、ロシアの責任が明白となることでしょう。」

同様の意味のことを、ベートマン－ホルヴェーク(89)は、先にも引用した戦争開始の遅延を遺憾とする七月二八日付チルシュキ宛の電報の中でも述べている。

「その結果として帝国政府は、その間に諸国政府の調停および会議の提案を次々に浴びせかけられ、政府が今後も従来通りにこれらの諸提案に対して控え目な立場をとり続けるならば、世界戦争を惹起したという責任が遂にはドイツ国民の側からも帝国政府に帰せしめられかねまじき、極めて困難な立場に陥っている。ところでこのような情勢を基礎としては、三正面にわたる戦争を成功裡に開始して遂行することは不可能である。紛争が非当事国〔オーストリア、セルビア以外の国〕にまで波及するようになった場合には、なんとしてでも、戦争責任はロシアがかぶることが絶対に必要である。」

イギリスの中立をめぐる思惑

七月二八日一一時、オーストリアーハンガリーはセルビアに対して宣戦布告した。この措置は、ドイツとオーストリアがひき起した危機を平和裡に切り抜けるという希望をすべて水泡に帰せしめるとともに、ロシアに対する新たな挑発でもあって、この挑発は翌日のベオグラードに対する砲撃によって一層強化された(90)。その時のドイツの思惑は――リヒノフスキの寄せたあらゆる警告にもかかわらず――イギリスの中立を確実なものとしてあてにしていた。それは戦争の全期間を通じての絶対の中立ということでは決してなかったのだが、少なくとも緒戦における部分的な、さしあたっての中立(すなわち軍部がフランス攻略に必要とする期間の中立)が期待されていた(91)。同様にベルリンはイタリアおよびルーマニアが少なくとも積極的にはドイツに敵対する態度をとらないものと希望していた。

動員がセルビアだけに対して向けらるべきものなのか、またはロシアに対しても向けらるべきものなのか、という七月二八日午後のコンラートの問合せによって、セルビア紛争の軍事的局地化が果して可能であるかという問題が提起されることになった。というのは、動員五日目までにはどこが戦線であるかが明らかになっていなくてはならず、このままではすべての兵站輸送がセルビアへ送られることになってしまうからであった。

七月二九日、ロシアに圧力をかけてほしいというコンラートの要請を携えてセジェーニがドイツ宰相を訪問したのと同時に、宰相の手許に参謀本部の意見書[92]がとどいたが、その中でモルトケは、動員と同盟のからくりを明確かつ明快に分析し、その行きつくところはヨーロッパ戦争以外にないことを示していた。ここへきて、ベートマン－ホルヴェーク[93]は、ほとんど最後通告に近い形でペテルブルクに迫った。これは、その前日プルタレスから報告があって、サゾーノフが意外なまでに大幅にオーストリアの立場に歩み寄る意向を大いに見せたので、外交上の緊張緩和のきざしがはっきりと出てきている旨を伝えてきたことを無視した行動であった。この強硬な行動は――ロシアの態度を明確に知らなければならぬという軍事上、技術上の必要と同時に――ロシアを挑発して、今度こそはオーストリア－ハンガリーに戦争をしかけさせようとするためであった。というのは、ドイツが介入するためには両国が戦争状態にあるか、あるいは世界に対して――ということはイギリスに対して――また自国民に対して、ロシアによってドイツが脅やかされているのだ、と主張できることが必要だったのである。

これに反してイギリスに対しては、ベートマン－ホルヴェークは、平和を求めてやまないもののように見せかけるため、あらゆるてくだを弄した。かれはファルケンハインおよびモルトケと、七月二九日朝と晩遅くの二度にわたって討議を重ね[94]、プロイセン陸軍大臣の要求する戦争状態切迫声明を今一度延期することに成功したが、その際かれは次の点を指摘している、ドイツとしてはロシアが総動員にふみきるまで待たなければならない、というのはロシアに「この一大破局」の責任をなすりつけることのできない限り、イギリスがさしあたって中立を守るのを期待することはとてもできないからだ、と。

七月二九日のうちに行なわれたイギリス大使ゴウシェンとの第一回の会談で、ベートマン－ホルヴェーク[95]はドイツの平和意志を改めて確言し、ごく内密に皇帝のヴィーン宛覚書(ベオグラードでの停止)のことをゴウシェンに打ち明け、これによってあたかもかれがヴィーンをしきりに引き止めているかのような印象を与えようとつとめたわけだが、これは実は、すでに示したように、全く事実に反することであった。その日の午後、皇帝が帝国宰相ベートマン－ホルヴェーク、陸軍大臣フォン＝ファルケンハイン、参謀総長フォン＝モルトケ、宮中軍事官房長フォン＝リュンカー（一六時四〇分）、海軍元帥（大提督）ハインリヒ親王〔皇弟〕（一八時一〇分）、帝国海軍大臣フォン＝ティルピッツ、海軍軍令部長フォン＝ポールおよび宮中海軍官房長フォン＝ミュラー（一九時一五分）との間に開いた会議では、イギリスの中立に関するドイツ政府の政策の希望が裏書きされるような気配であった。すなわちハインリヒ親王[96]から、ジョージ五世は中立を守るであろうとの報告があったのである。ティルピッツがこれに異議を唱えたのに対して、ヴィルヘルム二世は、国王たる人の言葉には偽りはないとして、討議はフランス、ベルギーおよびオランダに移った。フランスから領土を奪うつもりはない、と皇帝は強調し、その理由として彼は、今後戦争が起こることを「防止」できるだけの保障をドイツは求めているにすぎない、とのべたのだが、この理由なるもののうちに最初の戦争目的がちらりとほのめかされていた。

その晩ベートマン－ホルヴェークは陸軍大臣および参謀総長と会談しているが、そこではロシアの総動員またはオーストリア－ハンガリーに対するロシアの攻撃を待つ、という宰相の方針が重ねて強調された。これは、一部動員では条約の要件《カースス・フエデリス》にも戦争にもならないからで、ドイツとしては「だが、それ（総動員）を待たなければならない。」そうしなくては、「ロシア・フランス両国に対する目前に迫った戦争」に際して、ドイツ国内でもイギリスでもドイツの態度に対する世論の支持を得ることはできない、というわけであった。

ベルリンの希望は、イギリスの中立化に成功するかどうかという問題に――それはすでにホールデン使節団との会談に際して試みられたところであった――ますます集中していった。七月二九日から三〇日にかけての夜遅く行なわれた、あの有名なベートマン－ホルヴェーク・ゴウシェン会談[97]で、帝国宰相は将来における全般的な中立条約の締結という約束でイギリスをしばろうとした。ベートマン－ホルヴェークはゴウシェンに対し約束した。

「われわれは、ドイツが、戦勝の暁においても、フランスを犠牲にしてヨーロッパで領土拡大をはかる意志のないことを、イギリス内閣に対して——イギリスが中立を保ってくれるならば——保障できる。」

右のような約束であったが、ベートマンは、ゴウシェンの反論に対して、この約束をフランスの各植民地にまで拡張するつもりはないとした。かれはさらに、ドイツの敵国がオランダの中立と保全を「尊重する」場合には、ドイツとしても同じくこれを尊重するにやぶさかでないとも述べている。だがベルギーについては、宰相はその中立を侵そうとするドイツの意図をすでにここでちらつかせており、ベルギーの保全(つまり主権ではない!)は——「ベルギーがわが国に敵対せぬことを前提として」——戦争終結後もこれを侵害しないという漠然とした保障を与えるにとどまっている(これは内容的にはあの降伏勧告と一致するところである)。ということは、ベートマン－ホルヴェークとしてはベルギーが、ドイツ軍が国際法に違反して同国を通過することに対して、手をこまぬいていることを前提としていたわけであった。

この会談の決定的な意義はイギリスの直ちに見抜くところとなった。グレイはここではじめて、セルビア紛争を政治的に最大限に利用しようとし、そのためには大陸戦争も敢えて辞さないというドイツの意図に気づいた。グレイ(98)はドイツの提案を「破廉恥な申し出《アン・オファー・インフェイマス》」ときめつけた。同様にクロウもドイツは事実上「戦争をやる《トゥ・ゴー・トゥ・ウォー》」覚悟でいる、ドイツがこれまでのところ控えているのは、イギリスがフランスおよびベルギーに救いの手をさしのべるのを恐れているためにすぎないと評した。

ところで、このあきれたドイツ提案はドイツがどのような意図を抱いているかを明らかにしている。まだあれこれの留保付きの表現ではあるものの、その意図はドイツの戦争目的の前段階という形であらわれており、それが開戦後間もなくはっきりと前面に出てくるのである。それは一九一一年第二次モロッコ事件における政策の継続としてのフランス植民地に対する要求であり、フランス本国については、イギリスが大陸戦争で中立を守る場合に限って、ドイツはみずからに拘束を課する(ドイツとしては、いわば犠牲をしのんで)、というものであった。同様な留保を宰相はベルギーに対しても行なったが、同国が抵抗したため、ドイツは後にベルギーに対するフリーハンドを要求することとなった。

ドイツがイギリスに対してその目標とするところをもらしたのは、共通の政治的和解を目指す様々な努力が今こそ実を結ぶのではないかという希望をもっていたからであった。イギリス大使は自分の聞かされたこの打明け話に驚きの色を隠し切れなかった、と自身言っているが、敢えて何の反論もせず宰相の許を辞した。その後になってはじめて、ベートマン－ホルヴェークは、前から入電してはいたものの、やっと暗号解読が終ったリヒノフスキからの電報(99)を手にした。その内容はベートマン－ホルヴェーク外交の構想全体を揺がせる最初のきっかけとなるものであった。かれの構想は、どんなことがあろうと、とにかくさしあたりはイギリスの中立をはかることがその土台であったわけだが、それが現実には空頼みだったことがわかり、八月四日には結局かれの政策は、かれ自身の言葉を借りれば、「砂上の楼閣」のようにもろくも崩れ去ることになるのである。

リヒノフスキは次のように報告していた。グレイはこの上なく強く四カ国調停の提案を重ねて主張し、イギリスはオーストリア－ハンガリーと、セルビアおよびロシアとの間の中立国として、ドイツの援助を得て調停にあたる用意のあること、しかしフランスが戦争に捲き込まれた瞬間に、イギリスは傍観することはできなくなることを強調したと。この報告によって、ヨーロッパ動乱を「安心して」迎えられると考えていたドイツ政府の思惑(イギリスは「緊張緩和政策」を通じてドイツに接近しており、ロシアが戦争の責任者である場合には、いずれにせよ当初は中立を守るだろうという思惑)の基礎が消え去ってしまったのである。状況は忽ちにして悪化した。七月二七日にはまだヤーゴ[100]も、イギリスの即時介入を期待するフランス大使ジュール＝カンボンに、「あなたがたにはあなたがたの情報があろうが、われわれにはまたわれわれの情報がある。われわれの方ではイギリスの中立は確かだと見ている。」とかち誇って言い返していたのが、いまやベートマン－ホルヴェーク初めドイツ帝国政府指導部はリヒノフスキの知らせに仰天する始末となった。七月はじめいらいのドイツの政策の本質的な要素が危くなったのである。だがもしも、ロシアが国際世論から戦争責任を問われるようになれば、グレイはイギリス国民を直ちに戦争に引き込むが果してできるであろうか。この点にベートマン－ホルヴェークの最後の望みがあった。現在いよいよはっきりとした形をとり始めている動乱の責任をロシアにかぶせることが、今までにもまして重要になってきた。オーストリアの側からもロシアに「黒のペーター」をつかませるようにしてはじめて、イギリスをフランスとの戦争からさしあたりは遠ざけておく見通しが立とうというわけであった。

二九日から三〇日にかけての夜中三時近くに発信された次のような電報[101]によって、リヒノフスキの報告がチルシュキにも伝えられた。

「オーストリアが一切の調停を拒否する場合には、われわれ〔ドイツ・オーストリア両国〕は、イギリスを敵とし、またあらゆる徴候からしてイタリアおよびルーマニアを味方とすることができず、きたるべき動乱においては、われわれ両国で四大強国に対抗するということになる。イギリスを敵に廻す結果として、戦争の重要負担はドイツにかかることとなろう……かくの如き状況にあって、われわれとしては上記の名誉ある条件のもとにおける調停を受け容れられるよう考慮することを、ヴィーンの内閣に切に、かつ強く要望せざるを得ない。さもなければ、おこりうべき結果に対する責任はオーストリアおよびわが国にとって極めて重大なものとなることであろう。」

わずか五分おいて、ベートマン－ホルヴェークは、同盟国オーストリアに対して、ロシアとの「一切の意見交換を拒否する」ことをやめるよう、一層激しく要請する電報をヴィーン宛に打った。[102]

「わが国は」とかれは続けている、「わが国の同盟義務を果たすにやぶさかでないとはいえ、ヴィーンの軽率のため、またヴィーンがわが国の助言を無視した結果、世界動乱に捲き込まれるようなことは拒否せざるを得ない。」

これらの文書は、ふたつともこの夜のうちに時を同じくして作製されヴィーンへ送られたものであるが、従来の文献においては、同日すなわち七月三〇日の午後、プロイセン内閣でのベートマン－ホルヴェークの発言[103]とあわせて、ドイツ政府の平和意志の明白な証拠、またヴィーンを思い止まらせるためのベートマン－ホルヴェークの必死の努力の現われとみなされている。かかる見解をとる論者が見逃していることは、ベートマン－ホルヴェークのあせりが、最後の瞬間になって平和を救おうとしたあせりではなくて、オーストリアとドイツとが世界平和のための努力を重ねている、という外見にもとづく道義的な地歩が失われることを防ぐためのあせりだった、という点である。この二通の「世界動乱電報」によって、ドイツ帝国政府指導部は、ロシアに戦争責任をなすりつけるために、オーストリアには交渉に応じる風を装わせるという、七月二八日の政策を一貫して堅持している。ただリヒノフスキの報告を受けた後のドイツ帝国政府指導部は、オーストリアに対して、ペテルブルクとの会談を何としても始めるよう、それまでにもまして強くうながすに至ったというにすぎないのである。

ベートマン－ホルヴェークは、二三時〇五分にすでにロシアに対して、「オーストリアとの武力衝突を惹き起すことのないよう、」半ば最後通告にも似た要求をつきつけていたが、〇時三〇分にはもう、ヴィーンにロシアの一部動員の情報を伝えて、次の点を指摘している。(104)「われわれは……全面的破局を食い止めるか、あるいは、いずれにせよやはりロシアに責任を負わせるために、ヴィーンが(ロシアとの)会談を、電報一七四号に沿って開始し、そして継続することを切に要望する。」と。

すでにその次の諸文書は、ベートマン-ホルヴェークの関心が、平和の維持というよりは、ロシアに戦争の責任を負わせるにあったとをあらためて示している。だがここで重要なことは、ベートマン-ホルヴェークが、自分の政策の重要な前提がくつがえされたにもかかわらず、その政策を変更し、ヴィーンに対しはっきりした警告を発して、思い止まるように強要する決心がつかなかったという点である。そうした言明を行ない、それと同時に、場合によってはオーストリアを見捨てることも辞さないという態度を示したならば、ドイツ帝国にとってこれほど不利な徴候が現われた時になって、全面戦争に入るという破局は避け得られたであろうに。

七月三〇日プロイセン閣議の席上、(105)ベートマン-ホルヴェークは詳細な情勢報告を行なったが、そのなかで帝国宰相は、「ロシアを犯人にしたてあげる」ことからあらためて説き起こし、そしてそのための近道は、ヴィーンがドイツの提案を受け容れること、すなわちオーストリアが、セルビアの一部を一時的に占領するのは、自国の要求を実現するための保障をえたいという意図によるものにすぎない、とペテルブルクに対して声明するにあるとした。ここでもまた、なぜベートマン-ホルヴェークが今も引き続いてロシアに戦争責任を負わせることに躍起となっていたかが明白になる。これまではイギリスの中立ということが眼目であったのだが、今やベートマン-ホルヴェークは――イギリスの拒絶にあった後に、かれは苦々しげに言った、「イギリス(中立を守るということ)への希望はゼロに等しい」――その議論の前面に国内の政治情勢を押し出してきた。すなわち、ロシアの方から宣戦布告をすれば、社会民主党が面倒を起こす心配は「全くない」。「ゼネストも部分ストもサボタージュもおよそないであろう。」イギリスの介入という事態は、議論の重点の置きどころを変えただけのことに終り、それ以上の変化はなかった。七月三〇日の晩(二一時)にベートマンはチルシュキ宛に発信した(電報二〇〇号)[106]。

「ヴィーンがもし譲歩することを一切……拒否するならば、勃発寸前のヨーロッパ動乱の責任をロシアに負わせることは不可能に近い。皇帝陛下には、ロシア皇帝の要請によって、ヴィーンに対する介入を承諾されたが、これは陛下がこの要請を拒否せられたならば、わが国が戦争を欲しているという疑いが必ず生ずるからである。」

またパリとペテルブルクとにおけるイギリスの調停工作に関連して、かれは続ける。

「イギリスがこの工作に成功し、しかも他方ヴィーンが一切を拒否する態度をとるならば、ヴィーンは、わが国も捲き込まれることになる戦争をなんとしても欲していると世界に表明するに等しいし、他方、ロシアにはなんの罪もないこととなってしまう。その結果われわれとしては、自国国民に対して全く弱い立場におこまれることとなる。故にわれわれとしては、オーストリアの立場をあらゆる点において尊重しているグレイ提案をオーストリアが受諾するよう、切に勧告してやまないものである。」

この電報は、ドイツ政府の思惑の上で、イギリスの中立、ロシアの戦争責任、そして国民の内部的結束が中心的な意味をもっていることを重ねて強調している。

この——ドイツの意図を暴露する——電報(電報二〇〇号)[107]は七月三〇日二三時二〇分に中断された。その代りに、ちょうど入電したばかりのジョージ五世のハインリヒ親王宛の電報[108]がヴィーンに伝えられたが、そのなかでイギリス国王は、英独の協力を歓迎し、またグレイの提案をヴィーンが受諾することが平和への現実的なチャンスとなると述べていた。オーストリアがイギリスに対して交渉に応じる態度を見せることを、ドイツ帝国政府指導部がどれほど重視していたかは、ジョージ五世のハインリヒ親王宛のこの電報がヴィーンに送られたことからもうかがい知ることができる。すでにロシアから入る情報がロシア総動員の迫っていることを予告し、ヴィーン・ペテルブルク間の電信連絡が必要ではなくなってしまった時に、イギリスが即時参戦することをこれからでも何とか阻止するために、ドイツの非妥協的な態度をイギリス政府に対して見せないことが、何よりも重要なこととなってきた。つまり電報二〇〇号の中断は、イギリス政府に(何はともあれひとまず)中立を守らせようとするベルリンの重ねての試みと結びついていたのである。

世界大戦の開始

七月三〇日、ベートマン－ホルヴェークはイギリスの態度に関するリヒノフスキの報告をドイツ皇帝に送り、「ヴィーンがセルビアに対するオーストリアの行動の目的と規模とについて、ペテルブルクに向けて声明しさえするならば、ロシアの責任は重くなるばかりであり、またこのロシアの責任を全世界に向って公然と明らかにすることとなろう」を重ねて指摘した。(109) それまで皇帝はイギリスが中立を守ることになお望みをつないでいたが、今やかれの胸中には「陰険なイギリス」、「下賤な卑劣漢」グレイ、「下賤な小商人輩」イギリス人に対するむき出しの憎悪が爆発した。と同時にここに至ってかれは戦争の張本人が誰であるかを翻然として悟ったのである。「イギリスのみが戦争か平和かの責任を負うものであり、もはやわが国ではない！」公文書に記入される皇帝の註釈はいよいよ拡がっていった。ドイツは今や包囲下にあり、ドイツに対するせん滅戦の手筈が整っている。ドイツを滅ぼそうというのだ。すべては始めから狙いのきまった「反ドイツ世界政策」なのだ。「それであるのに」

と皇帝は皮肉をこめて宰相を攻撃する、「あれこれのつまらぬ術策を弄して、イギリスを味方にするか、またはなだめることができるだろうなどと思っていた手合いがいる……そしてこちらがわなにかかり、海軍軍艦の建造における同一テンポなどまで採用し、イギリスをそれでなだめることができようなどと、哀れにも望みをかけていたのだ！」ヴィルヘルム二世は自分が欺かれ、また自分の計画がそごをきたしたことを思い知らされた。「エドワード七世は死後なおこの生きているこの自分より強い！」回教徒圏に革命を暴発させることによってイギリス世界帝国を打ち破ろうという、数十年来あたためてきた考えに、今や皇帝はとりつかれることとなる。

この戦争は、それが形成される際にもっていた、これまで通りの「政府間の戦争」という性格を、すでに戦争が勃発する以前に失った。トルコは、七月の中旬にはまだ、ヴァンゲンハイムによって同盟国とするに値いしないと指摘されていたが、今や舞台に登場してきた。オーストリアーハンガリーの対セルビア宣戦布告のその日、すなわち七月二八日に、トルコはドイツに対して秘密攻守同盟を申し出た。(110) その日のうちにベートマン-ホルヴェーク(111)は、トルコが戦時にその軍隊の指揮権をドイツに委譲すること、さらに、ロシアが戦争に積極的に介入した場合には、ドイツの側に立つこと、を約束するならば、トルコの現在の領土をロシアに対して保障しようという同盟案を逆に提議した。トルコはなおためらっていたが、七月三〇日には、トルコを根拠地としてイギリスに対する大々的な革命戦争を行なうことを目標として、双方の交渉が強化された。(112) 不意に締結の運びとなった八月二日のドイツ・トルコ条約および巡洋艦「ゲーベン」、「ブレスラウ」のコンスタンティノープル巡遣は、こうした局面の転換の必然的な結果であった。七月三〇日、三一日にはカフカース、さらには殊にポーランドに叛乱をおこし、ロマノフ朝の保守的なツァーリ権力に対して国土の革命を促進する政策が開始され、その結果として東中欧一帯の革命促進政策が開始されている。「敵に害を与えるあらゆる手段を尽くす」戦略が徹底的に実施され続けたのであり、モルトケの言葉を借りるならば、ドイツは「仮借なく事をすすめてかまわないのだ」というわけだったのである。八月二日モルトケ[113]はベートマン＝ホルヴェークに対して、ドイツによる広範囲な革命促進の試みの輪郭を描き出してみせている。すなわち、トルコを根拠地にしてインド、エジプトおよびペルシアに対して働きかけ、日本を援助し、極東を同国の勢力圏として約束することによってドイツ側に結びつけ、南アフリカのイギリス自治領を煽動し、スカンディナヴィア諸国は、中欧諸国側に引き入れることができなければ、それに中立だけは守らせる、同じくバルカン、ベルギー、イタリアにおいても、急拠、情勢の的確化に努力する、というものであった。

プルタレスの報告してきた[114]ロシアの一部動員は、ドイツ側の見解としては、なおドイツが総動員を実施する根拠とはならないと考えられたので、この時からモルトケ[115]は、オーストリア＝ハンガリーに対して総動員の開始を迫ったのであるが、その際に、ロシアの宣戦布告だけがドイツにとって条約の要件《カースス・フエデリス》「オーストリア側に立って参戦する要件」となるため、オーストリア側からは対露宣戦布告を行なわないように求めた。

七月三〇日ベートマン＝ホルヴェーク、ファルケンハインおよびティルピッツの間で行なわれた昼の会談——モルトケも招かれないのに参加した[116]——の席上、宰相は「戦争危機切迫」状態の布告をひきのばすことにいま一度成功した。その後モルトケは、オーストリア＝ハンガリー側に対して「直ちに対ロシア動員を行なう（よう）」要請し、このような処置によってのみ待望の衝突が起こり、ドイツは責任を負うことなしに参戦することができる、と説いた。ちゅうちょすればするほど状況は悪くなるだけだ、とモルトケはベルリン駐在オーストリア＝ハンガリー武官ビーネルト男爵を通じてヴィーンに伝えさせている。

七月三〇日いらいベルリンが目に見えていらいらし始めたことの理由を、セジェーニ[117]は「つい先頃まで当地の権威筋はヨーロッパ紛争が勃発する可能性については極めて冷静な態度が認められた」と述べつつ、これはヨーロッパ戦争の勃発を懸念するためではなくて、「全面的な衝突に際して、イタリアが三国同盟に対する同盟義務を果さないのではないかという危惧」によるものだとしている。ベルリンとヴィーンとは「セルビアとの全面衝突をはじめる」ためには、「絶対にイタリアを必要としている」がゆえに、ドイツはオーストリアがイタリアに対して補償問題で「最大限の譲歩」を行なうよう再三再四迫ったのだ(とセジェーニは言っている)。

　ついで七月三〇日の晩九時、ベートマン＝ホルヴェークとヤーゴはモルトケおよびファルケンハインの押しに負けて、遅くとも翌日正午までには「戦争危機切迫状態」を告示することになった。三時間後の真夜半、モルトケ[118]は副官フォン＝ヘフテンに命じて、国民および陸海軍に対する皇帝の呼びかけを起草させた。七月三一日午前九時、前夜準備しておいた布告をロシアの総動員が確認された後に発することが決定された。七月三〇日の晩ロシアの総動員が実施され、七月三一日正午にはこれが確認された後、その日の午後に「戦争危機切迫状態」が(「剣を執るの余儀なきに至った」という理由を付して)宣言された。こうして、ロシアが総動員に踏み切るまで神経図太く待ったベートマン＝ホルヴェークは、ドイツ国民が奇襲をうけたものと思い込み、すすんで戦争する気持になるように仕向けることに成功した。さらには、ドイツ帝国政府指導部が一九一四年七月一杯をかけてこれほどまで周到につくり上げたロシア戦争責任論(これは今日に至るまで多くの歴史家が依然として重視している)によって、社会民主党の原則的な反対行動をいっさい排除することが可能となったのである。例えばレルヒェンフェルト[119]は七月三一日、皮肉な調子で、だがまた安堵の思いもこめて、ミュンヒェンに報告している。社会民主党は「義務的に平和宣伝はした」ものの、「今ではすっかり鳴りをひそめて」いると。

　だがロシアの総動員はまだ条約の要件《カースス・フェデリス》にはならず、ドイツはそれだけでは戦争に参加するわけにいかなかった。

そこでドイツ帝国政府指導部は一二時間を限った最後通告をロシアに対して発して(七月三一日一五時三〇分発、夜半近くペテルブルクで手交)、ドイツと、さらには七月三一日朝自らも総動員を布告していたオーストリアとに向けられた、あらゆる総動員措置を直ちに撤回するようロシアに迫った。軍事組織の完璧さについては自信のあるドイツは、八月一日一七時に至ってはじめて動員を実施した。同日正式に対ロシア宣戦布告が行なわれた。

ロシアに対する最後通告と並行して、七月三一日、一八時間を期限とした最後通告がフランスに対して発せられた。そのなかでドイツは、フランスがロシア・ドイツ間の戦争に対して中立を守るか否かについて回答を求めた。大使は秘密付帯事項で、フランスが中立を守る際にはトゥール、ヴェルダンの両要塞を保障として要求するように指示されていたが、この要求は大国としては到底受けいれられないものであったし、そのことはドイツ側でも十分に承知の上のことであった。フランスは拒否の回答を出しながら、ドイツの対ロシア宣戦布告の後もドイツに対して軍事措置を講ずるなどの挙に出ることを控えていた。そのためにドイツ帝国政府指導部は、まずフランスによる国境侵犯事件と砲撃事件とをでっち上げ、それを理由にして八月三日フランスに対する宣戦布告のきっかけをつかむほかなかった。

最後の瞬間になって、ベートマン-ホルヴェークの政策が実を結び、イギリスが中立を守るかに見えたこともあった。八月一日、動員指令の署名がすんだ後で、ロンドンからリヒノフスキの電報(120)が入って、グレイが対ロシア戦争においてフランスの中立をさえ保障してもよいとの意向をもっていると伝えてきたのである。これで一正面作戦の見通しが得られたかに見えた。皇帝はこの提議を受けいれ、モルトケに対して一時「西部への前進を禁ずる」よう命じた。ここであの有名な一幕、すなわちドイツ軍部の救いようのない融通のきかなさを曝露する一幕が演じられたのである。モルトケは皇帝の命令に抗議して次のように言った。唯一の妥当な作戦計画として、われわれはフランスに対する進撃だけを予定している、と(有名な、一九一三年にかれが修正したシュリーフェン計画)。にもかかわらず、皇帝はすでに開始された前進――斥候部隊は早くもルクセンブルクに進入していたという――を停止せよと命令した。モルトケはフランスの中立という可能性に度を失い、フランスに対する進撃が行なわれない場合には、「戦争に対する責任を負う」ことができないとまで言い出した。海軍軍令部長の回録が伝えているように、かれは苦々しげに言い放った、「あげくは、ロシアまでが急にやめるなどと言い出すことだろうて。」宰相と参謀総長との間の激しい言い争いは「技術的な理由から」進撃は続けるほかない、ということで収まった。イギリスの通告は遅きに過ぎた、というわけである。しかしながら幻想はなお残り、それどころか一層強まりさえした。同日二回目のリヒノフスキからの電報は、[121]ドイツがロシアおよびフランスと戦った際においてもイギリス中立の見込みがあると述べていた。「何と夢の如き急変ではないか、」とミュラーは伝えている。「皇帝はいたく喜ばれて、シャンパンを持ってくるように命じられた。」――ちょうどのちのち戦争の最中に、本当に勝った際や、勝ったと称せられた際に例となったように。ベートマン－ホルヴェークの政策は実現するかに思われた。だが、この希望はいうまでもなく程なくしてついえた。リヒノフスキがグレイを誤解したのであった。

ドイツ軍がベルギーに侵入して中立を犯した結果、八月四日、イギリス政府は、議会および国民の支持を取りつけて即時参戦することができた。イギリスのこの決意は、ヨーロッパの勢力均衡を破ろうとする国に対して向けられていたのである。

オーストリア－ハンガリーのロシアおよび西欧諸国に対する宣戦布告は、特筆すべきことに、八月六日になって、ドイツの要請をうけてはじめて行われた。

大戦の責任をめぐって

戦争責任問題をめぐる広汎な討論に加わることはこの本の課題ではあり得ない。そのためには、ピエール＝ルヌヴァン、シドニー＝B＝フェイ、ベルナドット＝E＝シュミット、アルフレート＝フォン＝ヴェーゲラー、ルイージ＝アルベルティーニが、批判、反批判のうちに書いたような数巻にのぼる著作が必要であろう。ここでとり上げるのは、一九一四年七月におけるドイツ帝国政府指導部の目標と実際の政策にすぎない。

改めてくり返させてもらえば、一九一四年の緊張した世界情勢、これはわけても、ドイツの世界政策、――一九〇五年、一九〇九年そして一九一一年にすでに三回もの危機を招いていた――の結果であったのだが、このように緊張した情勢のもとでは、列強の一国が直接に参加する局地戦争がヨーロッパにひとたび起これば、全面戦争の危機が不可避的に迫ってくるほかなかった。ドイツはオーストリア・セルビア戦争を望み、これを援助し、さらには自国の軍事的優位をたのんで、一九一四年七月には、ロシア、フランス両国との衝突をあえて辞さなかったのであるから、ドイツ帝国政府指導部は、この全面戦争の勃発についての歴史的な責任の決定的な部分をになっている。

ドイツの政治家たちが、第一次大戦中、世間に対して主張し、また大戦後はドイツの歴史家たちもこれにならって主張したテーゼによれば、この戦争はドイツに対して押しつけられたものだ、ということであった。こうして同時代の人たち、さらにほとんどすべての後世の観察者は、ドイツ帝国政府指導部が周到に演出してみせた奇襲論をうのみにしたわけである。しかしながら内輪では、つまり両同盟国の間、またドイツ国内の責任ある者たちの間では、宣伝の意図など全くなしに、実際の責任を明らかにする光を当ててくれるような言葉が交わされていた。

戦争が勃発して数週間後、マルヌ会戦とガリツィヤの危機に際して、ガリツィヤにおいてオーストリア軍が優勢なロシア軍に圧倒されそうになり、ドイツの援助を求めて、これを拒否された時、ティサ伯[122]はベルヒトルトに対して、ドイツ政府に次のように言明することを助言している。

「わが国は、ヴィルヘルム帝ならびにドイツ宰相のはっきりした言明があった上で参戦する決心をしたのであり、このふたりはわが国に対して、いまこそ時の利はわが方にあり、わが国が重大な決心をすることを大いに喜び歓迎する(と述べたではないか)と。」

三年足らずの後、オーストリア－ハンガリー外相チェルニーン伯[123]は、一九一七年八月一四日ドイツの戦争目的達成のために戦争継続を図ろうとする重要な討議の白熱した席上、ドイツ側の面々に向かって昂奮のあまりつぎのような言葉をあびせかけている、「あの時に戦争をはじめたのはオーストリアだけではなかったのだ！　ドイツはセルビアに対するきびしい内容の最後通告を……」(帝国宰相官房ドイツ公式議事録はこの中心的な文章を、いみじくもここで断ち切っており、ドイツ側の政治家ミヒャエーリス、キュールマンおよびヘルフェリヒの反論についても沈黙している)。しかし最高軍司令部の記録係はこの文章全部を書きとめている、ドイツはセルビアに対するきびしい内容の最後通告を「要求したのだ」と。

同じチェルニーンが、一九一八年二月ベルヒトルトに問い合せて、チェルニーンが大戦の勃発する直前にティサ[124]に宛てた手紙を公表しても異議はないかをただしているが、その手紙の内容は

「いかにドイツが、当時わが国を叱咤激励し、またもしもわが国が譲歩などすれば、同盟関係が危くなるこ

ととなろう(とおどしたか)」

という事実が読み取れるものであった。戦争に「ずるずるとはまり込む」(ドイツ政府が再三にわたって引用したロイド＝ジョージの表現)などというものではなかったことは、ドイツ帝国に対して徹頭徹尾友好的な態度をとっていたオーストリアの政治家であり、戦争中は中欧思想《ゲダンケン》のおもな代弁者のひとりであったベルンライターが、一九一四年一二月の日記に、(125) 七月のドイツの政策についてつぎのように書いていることからも確認できる。

「ドイツ側には、戦争のきっかけがわが国の利害からかけ離れたものである場合には、わが国が事を共にしないのではないか、という危惧があった。アルヘシーラスではわが国はまだ介添え人であったが、後においてはそうではなくなって、(一九一一年の)モロッコ事件では断乎としてドイツを支持することはしなかった。だがドイツとオーストリア＝ハンガリーの外交の責任で事態がこのように進展してしまった以上、戦争は避けられなくなった。そこでドイツは、サライェヴォ暗殺事件の後に、この機をとらえて、オーストリア側に発生した戦争開始の動機を利用したのであった。これがこの戦争の由来である。」

一九一四年七月当時のドイツの政策を、ベルンライターはこのようにとらえているのだが、かれはこの見方を、ベルリンの東ヨーロッパ史家であり、クロイツ＝ツァイトゥング紙論説委員、後にはドイツ国家人民党代議士となったオットー＝ヘッチュと一九一五年一一月に会談した際に確認することができた。「ドイツ皇帝はそれから(一九一四年七月五日以降)」とベルンライターは日記に書いている。

「戦争が起こることをはっきりと知りながらノルウェーに向かった。万事はドイツの手でまことに上手におぜん立てされ、例の瞬間が、すばやく、そして的確な目で利用され、今度は行動を共にするに違いないオーストリアと組んで、その数年前から不可避となっていた戦争を遂行することになったのだ。」

一週間後にヘッチュのベルリンでの同僚である経済学者ヤストロも、ベルンライターに対してこの見方の正しいことを確認している。

ドイツ銀行取締役アルトゥア＝フォン＝グヴィンナーの見解も同じ方向のものであり、かれは一九一四年八月末に海軍次官フォン＝カペレ[126]との会談で、特に外務省において戦争を敢えて辞さぬという意向のあったことを、やはりオーストリアは同盟国としては信頼できないという観点からはっきりと語っている。

「リヒノフスキ(ロンドン駐在ドイツ大使)には、こちら(ヴィルヘルム＝シュトラーセ)が紛争へもってゆくつもりでいるということだけは知らされていなかった。」このような政策を推進した人物は誰だったのか、というカペレの質問にグヴィンナーは次のように答えた。「例えば外務省のフォン＝シュトゥム氏。」それは信じられないというカペレに向かって、かれは言葉を継いで、「あるいはひとつのグループ全体であったかもしれない。計画的な策略によって先ずオーストリアを束縛して、確実にドイツ側に獲得したのだ。セルビアにおける外交工作はやはりすべて最初から、紛争が避けられなくなるような形式で進められたのだ。」

この重大な事実は、外ならぬアルフレート＝フォン＝ティルピッツ大提督(海軍元帥)という重要人物が、すでに一九二六年にその著「ドイツの無力政策」の中で公けにしていた。

宮中海軍官房長フォン＝ミュラー提督[127]は、ドイツの平和提案に対する一九一六年一二月三一日付の協商国側の回答覚書が、大戦責任のかなりの部分をドイツに負わせているのに対して、その戦時日記のなかで、この回答覚書は「わが国が戦争勃発を演出したその舞台裏についていくつかの苦い真実」を含んでいると評している。

最後に、アルベルト＝バリーン[128]は、七月の諸事件について立ち入った事情を知っているところから、ヤーゴ外相に宛てて、次のように書き送っている、

「私は、かくも大きな責任を負っている人、そしてこの戦争をひき起こし、その結果、何世代にもわたって優れた人びとをドイツから奪い、またドイツを一〇〇年も昔に逆戻りさせるようなことを仕出かした途方もなく大きな責任を負うべき人、すなわち皇帝陛下に対しても十分寛恕の念は抱いている。」

進歩人民党帝国議会議員コンラート＝ハウスマンは、一九一八年二月二四日ベートマン－ホルヴェークをホーエンフィーノに訪れた際、宰相の次のような言葉を書き止めている。(129)

「まあね、この戦争はある意味では予防戦争だったのだよ。戦争が頭上にのしかかり、二年もすればはるかに危険で、もっと逃れられない形で戦争を迎えねばならなくなり、また軍部が、今ならば戦争しても負けずにすむが、二年先になればもうだめだと言ったとしてみたまえ！　そう軍部だよ！　戦争を避けるにはイギリスと了解をつけるほかなかったのだ、私は今でもまだそう思っているよ。」

ベートマン－ホルヴェーク自身、戦争中に何度か、ドイツがどれほど密接に戦争開始に関わり合っていたかをあいまいな言葉でほのめかしている。かれが重要視したのは、戦争を「演出」したということよりは、戦争するための前提条件が崩れ去ったにもかかわらず、ドイツ支配層が戦争を始めてしまった、その精神的態度を明らかにすることにあった。無制限潜水艦戦の開始をめぐる議論がふっとうした際、帝国議会最高委員会の席上で（一九一六年一〇月初旬）、ドイツの本来の「責任」、つまり現実を誤認して自国の力をつねに過大評価し続けてきたことを簡述したベートマンの発言(130)が行なわれた。

「緒戦来、われわれは敵国の力を過小評価する誤りを絶えず犯してきた。この誤りはわれわれが平和な時代から受け継いだものなのである。過去二〇年間におけるわが国民の驚嘆に値いする発展があったため、わが国の実際に巨大な実力を、全外国の実力と比較して過大評価しようとする誘惑に、広汎な国民層がとらえられてしまった……わが国の成長を喜ぶあまり(われわれは)諸外国の実情を十分に顧慮しようとはしなかった……。」

一九一四年七月のドイツの政策は、孤立してこれを考察してはならない。これをそのままの姿で見るためには、一八九〇年代半ば以降のドイツの「世界政策」と一九一四年八月以降のドイツ戦争目的政策とをつなぐ結び目として考察しなければならないのである。

(1) Gerhard Ritter, Staatskunst und Kriegshandwerk, Bd. 2, Die Hauptmächte Europas und das Wilhelminische Reich(1890–1914), München 1960, S. 279. 一九一一年および一九一二年一二月の帝国宰相宛のモルトケの覚書の中でのモルトケの政治的考察をリッターが再録し、引用している。彼の第二番目の覚書は、彼がルーデンドルフとともに仕上げたものである。――ロシア陸軍の全兵力は、一九一七年夏には、一八〇万人、同年冬には二二〇万人になるはずであったが、その際には、予備役第一年次の兵士たちを軍隊内に残留させ、恒常的な兵力とすることが企図されていた。

(2) Eckardstein, Lebenserinnerungen, Bd. III, Leipzig 1921, Die Isolierung Deutschlands, S. 184.

(3) Aus dem Nachlaß Jagow, AA Bonn.

(4) Bayrische Dokumente zum Kriegsausbruch und zum Versailler Schuldspruch, 3. Aufl., München 1925, Nr. 1. レルヒェンフェルトからヘルトリングへ、一九一四年六月四日。全参加国の一九一四年七月に関する文書は、その後、私の門下イマーヌエル＝ガイスの手で厳密に経過を追って整理され、全体への序論と一日ごとの註解を付して編集された。Imanuel Geiss, Julikrise und Kriegsausbruch 1914, Bd. 1, Hannover 1963, Bd. 2, Hannover 1964.

(5) Die deutschen Dokumente zum Kriegsausbruch(DD), 1914, hg. von Graf Max Montegelas und Walter Schücking, Bd. 1, Dokument Nr. 7. チルシュキより帝国宰相へ、六月三〇日。ツィンマーマンの態度については、次の書を参照。Luigi Albertini, The Origins of the War of 1914, Bd. II, The Crisis of July 1914, London, New York, Toronto 1953, S. 137.

(6) Vgl. August Bach, Deutsche Gesandschaftsberichte zum Kriegsausbruch 1914, Berlin 1937, Nr. 2, s. a. Geiss,

Nr. 12.

（7） Ebenda, Nr. 3; Geiss, Nr. 15.

（8） チルシュキの書簡への皇帝の欄外書き込み。DD, I, Nr. 7.

（9） ヴィクトル＝ナウマンは当時のバイエルン首相ヘルトリングの友人であり、かれのためにも時折ヴィーン宮廷へ半ば公式の旅行をしていた。Österreich-Ungarns Außenpolitik von der Bosnischen Krise 1908 bis zum Kriegsausbruch 1914 (ÖU), bearbeitet von Ludwig Bittner und Hans Uebersberger, Bd. III, Wien/Leipzig 1930, Dokument Nr. 9966 „Aufzeichnung Hoyos".

（10） 一九一四年七月におけるシュトゥムの役割については、一九一四年八月グヴィンナーのカペレとの懇談を参照のこと。A. v. Tirpitz, Deutsche Ohnmachtspolitik im Weltkriege, Berlin 1926, S. 65 ff.

（11） ÖU, VIII, Nr. 10038. フォルガーチュの記録、七月四日。

（12） ÖU, VIII, Nr. 10058, Szögyény an Wien; DD, 1, Nr. 13, Franz Joseph an Wilhelm II.

（13） ÖU, VIII, Nr. 10058.

（14） Albertini, a. a. O., S. 140 f. und 142. 同じく、Bernadotte E. Schmitt, The Coming of the War 1914, Bd. 1, New York/London, 1930, S. 296; Alfred von Wegerer, Der Ausbruch des Weltkrieges 1914, Bd. 1, Hamburg 1939, S. 132.

（15） DD, I, Nr. 74. (傍点は著者)

（16） Sidney Bradshaw Fay, Der Ursprung des Weltkrieges, Bd. II, Nach Sarajewo, Berlin 1930, S. 117; Wegerer, a. a. O., S. 132.

（17） ÖU, VIII, Nr. 10076. セジェーニからヴィーンへ、七月六日。

（18） Wien PA, Gemeinsame Ministerratsprotokolle, III, 312. 同じく ÖU, VIII, Nr. 10118. ティサは言った。「わが国が今セルビアと事を構えるべきか否かを判断するのは、ドイツの与り知るところではない。」

（19） DD, I, Nr. 29.

(20) ÖU, VIII, Nr. 10146. ティサの皇帝フランツ＝ヨーゼフ宛上申書。皇帝はこれを顧みなかった。

(21) ÖU, VIII, Nr. 10145. ベルヒトルトのティサ宛の私信，七月八日。なお以下のものもみよ。Hugo Hantsch, Leopold Graf Berchtold, Grandseigneur und Staatsmann, Graz 1963, Bd. 2, S. 583.

(22) Ebenda.

(23) Hantsch, Bd. 2, S. 589.

(24) DD, I, Nr. 349; Geiss, Nr. 72.

(25) DD, I, Nr. 40, Tschirschky an AA; Geiss, Nr. 82.

(26) DD, I, Nr. 49. チルシュキより帝国宰相へ，七月一四日。これについては次のものを参照。Josef Galántai, Stephan Tisza und der Erste Weltkrieg, in: Österreich in Geschichte und Literatur 8(1964).

(27) ÖU, VIII, Nr. 10215, Szögyény an Berchtold.

(28) DD, I, Nr. 29. チルシュキよりヤーゴへ，七月一〇日，Geiss, Nr. 66.

(29) クルップ取締役ミューロンのヘルフェリヒとの懇談に関する報告，Nachlaß Theodor Wolff. また Weltwirtschafts-Archiv Hamburg.

(30) DD, I, Nr. 807. シュトルベルクよりヤーゴへ，七月一八日私信。

(31) DD, IV, Anhang IV, Nr. 2; Geiss, Nr. 138.

(32) DD, I, Nr. 72.

(33) Feldmarschall Conrad, Aus meiner Dienstzeit, Bd. 3, S. 669 ff.

(34) DD, IV, Anhang IV, Nr. 27. レルヒェンフェルトよりヘルトリングへの私信，一九一四年七月三一日。

(35) DD, I, Nr. 72.

(36) DD, I, Nr. 36.

(37) Vgl. Clemens von Delbrück, Die Wirtschaftliche Mobilmachung in Deutschland 1914, München 1934, S. 96 ff.

(38) 所感の本文は今では，Geiss, Nr. 146.

(39) BD XI, Nr. 77, Rumbold an Grey, s. a. Geiss, Nr. 217.

(40) DD, I, Nr. 70.

(41) Doc. Dipl. Français, Sér. III, Bd. 10, Nr. 551; BD XI, Nr. 77, 158; Die internationalen Beziehungen im Zeitalter des Imperialismus, Reihe 1, Bd. 4, Nr. 330, 332. 中のカンボン、ランボウルド、ゴウシェンおよびブロネフスキの当該の報告を参照せよ、また以下のものもみよ。Albertini, a. a. O., S. 191 f.

(42) Wien PA, Gemeinsame Ministerratsprotokolle, III, XL/312. また ÖU, VIII, Nr. 10393. 一九一四年七月一九日。

(43) DD, I, Nr. 112. ヤーゴよりチルシュキへ、七月二二日。DD, I, Nr. 127. チルシュキの返事、七月二三日。

(44) DD, I, Nr. 106. チルシュキより帝国宰相へ、七月二一日、覚書の本文は DD, IV, Anhang 1. にあり。

(45) DD, I, Nr. 87. (傍点は著者)

(46) ÖU, VIII, Nr. 10448. セジェーニの私信。DD, I, Nr. 61, Jagow an Tschirschky.

(47) K. D. エールトマンの記述、GWU Jg. 15(1964), Heft 9, S. 536.

(48) DD, I, Nr. 58.

(49) DD, IV, Anhang IV, Nr. 2; Geiss, Nr. 138.

(50) DD, I, Nr. 100, Rk an die Botschafter in Petersburg, Paris u. London.

(51) DD, I, Nr. 126, Jagow an Lichnowsky. この点についてはヤーゴよりルーツィウスへの七月二三日付の書信、DD, I, Nr. 123. を参照のこと。

(52) BD, XI, Nr. 100. およびクロウ、ニコルソン、グレイの「覚書《ミニッツ》」。

(53) DD, I, Nr. 67. ヤーゴよりヴェーデル(皇帝供奉中の公使)へ、七月一八日。

(54) DD, I, Nr. 80. ヴェーデルよりドイツ外務省へ、七月一九日。Nr. 80 への註4を参照せよ。

(55) DD, I, Nr. 82, Müller an Jagow.

(56) DD, I, Nr. 19. チルシュキよりヤーゴへ、七月八日。

(57) ÖU, VIII, Nr. 10656, Szögyény an Berchtold.

(58) DD, I, Nr. 153.

(59) DD, I, Nr. 121.

(60) DD, I, Nr. 163. リヒノフスキよりドイツ外務省へ、七月二五日。

(61) DD, I, Nr. 157, Lichnowsky an AA; DD, I, Nr. 164. ヤーゴよりリヒノフスキへ、七月二五日。DD, I, Nr. 171. ヤーゴよりチルシュキへ、七月二五日。

(62) DD, I, Nr. 186. リヒノフスキよりドイツ外務省へ、七月二五日。リヒノフスキの三通の電報、DD, I, Nr. 163, 165, 179. DD, I, Nr. 155. チルシュキのロシア代理公使との会談に関する手紙。

(63) ÖU, VIII, Nr. 10708. ティサの皇帝フランツ＝ヨーゼフへの進講、七月二五日。

(64) DD, I, Nr. 155. チルシュキよりドイツ外務省へ、七月二四日。

(65) DD, I, Nr. 213. チルシュキよりヤーゴへ、七月二六日。Conrad, IV, S. 131 f.

(66) ÖU, VIII, Nr. 10783, DD, I, Nr. 257; Conrad IV, S. 132 f.

(67) DD, I, Nr. 257. チルシュキよりドイツ外務省へ、七月二七日。ÖU, VIII, Nr. 10656. セジェーニよりベルヒトルトへ、七月二五日、DD, I, Nr. 213. チルシュキよりドイツ外務省へ、七月二六日をも見よ。

(68) BD, XI, Nr. 140. リヒノフスキのドイツ外務省への電報、七月二六日、DD, I, Nr. 218, 236.

(69) DD, I, Nr. 234. ベートマン－ホルヴェークのパリ、ロンドン、ペテルブルク駐在各大使への回状、七月二六日、ただし発送されなかった。DD, I, Nr. 248. ベートマン－ホルヴェークよりリヒノフスキへ、七月二七日、同じく Nr. 247. ベートマン－ホルヴェークよりシェーンへ、七月二七日、der Runderlaß Berchtolds: ÖU, VIII, Nr. 10714.

(70) DD, II, Nr. 376. ヤーゴよりブリュッセル駐在公使へ、七月二九日。モルトケの草案中ベルギー政府宛の覚書は、シュトゥムが手を加え、ヤーゴから公使に宛てた通達の形にされ、公使は特別の訓令を待って手交することになっていた(Nr. 375)。Albertini, a. a. O., S. 487 も参照のこと。

(71) DD, I, Nr. 258. リヒノフスキよりドイツ外務省へ、七月二七日。DD, I, Nr. 265. 同氏からドイツ外務省へ、七月二七日。

(72) DD, I, Nr. 217. プルタレスよりドイツ外務省へ、七月二六日。DD, I, Nr. 238. プルタレスよりヤーゴへ、七月二六日。Itn. Bez., I, 5, 86. サゾーノフよりシェベコへ、七月二六日。

(73) DD, I, Nr. 249. フロートよりドイツ外務省へ、七月二七日。サン＝ジウリアーノはヨーロッパの圧力のもとに、セルビアがオーストリア－ハンガリー最後通告を完全受諾するようにはかった。

(74) DD, I, Nr. 241. シェーンよりドイツ外務省へ、七月二六日。

(75) DF, Sér. III, Bd. 11, Nr. 20. ビャンヴニュ－マルタンの回状、七月二四日。

(76) ÖU, VIII, Nr. 10855. ベルヒトルトよりフランツ＝ヨーゼフへ、七月二七日。

(77) DF, Sér. III, Bd. 11, Nr. 154. ジュール－カンボンよりビャンヴニュ－マルタンへ、七月二七日。

(78) Int. Bez., I, 5, 239. ブロネフスキーよりサゾーノフへ、七月二八日。BD, XI, Nr. 281. ゴウシェンよりグレイへ、七月二九日。

(79) DD, I, Nr. 213.

(80) DD, I, Nr. 277. リヒノフスキ電報(Nr. 258)のチルシュキへの回送。

(81) ÖU, VIII, Nr. 10793. セジェーニよりヴィーンへの報告、七月二七日(傍点は著者)。

(82) DD, I, Nr. 277. ベートマン－ホルヴェークよりチルシュキへ(傍点は著者)、末尾の文章についてはNr. 258. リヒノフスキよりドイツ外務省へ、七月二七日を参照のこと。

(83) DD, I, Nr. 278. ベートマン－ホルヴェークよりリヒノフスキへ、七月二七日。

(84) DD, II, Nr. 293. 皇帝よりヤーゴへ、七月二八日。オーストリア－ハンガリーの最後通告に対するセルビアの回答覚書の終りにある皇帝の欄外書き込みをも参照せよ。DD, I, Nr. 271. (傍点は著者)

(85) DD, II, Nr. 323. 帝国宰相よりチルシュキへ、七月二八日(傍点は著者)。

(86) DD, I, Nr. 197, 198, 200. ベートマン－ホルヴェークより皇帝、プルタレス、リヒノフスキおよびシェーンへ。Nr. 214. ヤーゴよりブクレシュティ(ブカレスト)駐在代理公使へ、七月二六日、をも参照せよ。皇帝はある欄外書き込みで書いている。「沈着さこそは公民としての第一の義務である！ 沈着あるのみ、ただただ沈着あるのみ!! 沈着なる動員もこれまた新しいことではないか。」エグモント＝ツェヒリーンが下記に発表した七月二六日の記録をも参照せよ。Der Monat, Jan. 1966(Rk an Wilhelm II).

（87）DD, II, Nr. 307, Bethman Hollweg an die preußischen Gesandten bei den deutschen Bundesstaaten.

（88）DD, II, Nr. 308. ベートマン－ホルヴェークより皇帝へ、七月二八日。電報は英文、DD, II, Nr. 335. 皇帝よりロシア皇帝へ。これについてはベートマン－ホルヴェークが七月三〇日ロシア皇帝宛の皇帝の電報の第二草案に付した添え状を参照せよ。「該電報もまた歴史上とくに重要な記録となるであろうが故に、陛下においては同電報中で――ヴィーンの決断が下らない限り（それが否定的な決断となることは、宰相がすでに承知していた）――陛下の調停役としての務めがすでに終っている点を明らかにされるを控えられることが適当ではないかと私は考えております。」DD, II, Nr. 408. 帝国宰相よりヴィルヘルム二世へ。

（89）DD, II, Nr. 323.

（90）ベオグラードに対する砲撃は、ヴィーン駐在武官カーゲネク伯の報告を通じて、ドイツ帝国政府指導部が七月一九日いらい承知していた。その報告はGeiss, I. Nr. 137. において初めて公けにされた。

（91）ヴィクトル＝ナウマンは、一九一四年六月ヴィルヘルム＝フォン＝シュトゥムと話した折にシュトゥムが次のような意見を述べたことを報告している。「今日すでにわれわれとしては、わが国が自分の好まない戦争をはじめた際に、イギリスがわが国に戦いを挑むことはないものと考えてよい。イギリスが介入するのは、恐らくわが国が余りにも勝ちすぎた時のこととなろう。そのあかつきにはイギリスは、戦備を十分にととのえた上で、わが国の要求が、フランスの大国としての地位をゆるがすことにならないよう意を用いるであろう。」Victor Naumann, Profile. Müünchen/Leipzig 1925, S. 59.

（92）Conrad, Bd. 4, a. a. O., S. 137 f.; Denkschrift Generalstab: DD, II, Nr. 349. ドイツ参謀本部よりドイツ帝国宰相へ、七月二九日。

（93）DD, II, Nr. 342 および 380. ベートマン－ホルヴェークよりプルタレスへ、七月二九日。ロシアの動員措置の一層の進展に伴って、ドイツもまた動員にふみ切らざるを得ないことになり「その結果、ヨーロッパ戦争はほとんど制止できないこととなってしまうだろう。」プルタレスの書信、DD, II, Nr. 282. 七月二七日、ドイツ外務省到着は七月二八日四時三六分。

(94) Vgl. auch Albertini, a. a. O., S. 490 ff., Anm. 1, S. 491, DD, IV, Anhang IVa, Nr. 2, Ausgabe von 1927; vgl. auch Hans v. Zwehl, Erich von Falkenhayn, General der Infanterie, Berlin 1926, S. 56 ff.

(95) BD, XI, Nr. 264. ゴウシェンのグレイへの電報、七月二九日。

(96) DD, II, Nr. 374. ハインリヒ親王よりヴィルヘルム二世へ、七月二八日。「御前会議」については次の書をみよ。Albertini, a. a. O., S. 494 ff.

(97) DD, II, Nr. 373. ゴウシェンとの会談のための皇帝の手記。ベートマン－ホルヴェークによって承認されたゴウシェンのグレイのための報告、BD, XI, Nr. 293. をも参照せよ。ゴウシェンに対する言明のためのヤーゴの腹案には、もとは、現在の紛争におけるイギリスの中立の約束と引きかえに、海軍協定を提議することが含まれていた。しかし皇帝から異議が出てこの提議は削られるはめとなった。次の書を参照のこと。Albertini, a. a. O., S. 506 f.

(98) BD, XI, Nr. 303. グレイよりゴウシェンへ。クロウについては、ゴウシェンのグレイ宛手紙への註をみよ。BD, XI, Nr. 293.

(99) DD, II, Nr. 368. リヒノフスキよりドイツ外務省へ、七月二九日。

(100) Albertini, a. a. O., S. 520. 彼は次の書によっている。Raymond Recouly, Les heures tragiques d'avant-guerre, Paris 1922, S. 23.

(101) DD, II, Nr. 395. 帝国宰相よりチルシュキへ、発信二時五五分。

(102) DD, II, Nr. 396. 帝国宰相よりチルシュキへ、発信三時。

(103) DD, II, Nr. 456. 七月三〇日。

(104) DD, II, Nr. 385. 帝国宰相よりチルシュキへ、七月二九日(傍点は著者)。DD, II, Nr. 380. 帝国宰相よりプルタレスへ、七月二九日を参照せよ。

(105) DD, II, Nr. 456.

(106) DD, II, Nr. 441.

(107) 電報200, 註106を参照せよ。電報201: DD, II, Nr. 442. ヤーゴよりチルシュキへ、七月三〇日。電報202: Nr. 450. 帝国宰相よりチルシュキへ、七月三〇日。電報203: Nr. 464. 帝国宰相よりチルシュキへ、七月三一日。電報404: Nr. 479. 帝国宰相よりチルシュキへ、七月三一日。

(108) DD, II, Nr. 452. 七月三〇日。

(109) DD, II, Nr. 407. 帝国宰相は七月三〇日に、七月二九日付リヒノフスキの報告(Nr. 368)を皇帝に送付し、皇帝はこれを欄外への書き込みで埋めつくした。そして同日外務省に返送。

(110) DD, I, Nr. 256. ヴァンゲンハイムよりドイツ外務省へ、七月二七日。DD, II, Nr. 285. ヴァンゲンハイムよりドイツ外務省へ、七月二八日。

(111) DD, II, Nr. 320, Rk an Wangenheim.

(112) DD, II, Nr. 405 および 411, Wangenheim an AA.

(113) DD, III, Nr. 662, Moltke an AA. 次の文書も参照せよ。DD, IV, Nr. 876, Moltke an AA.

(114) DD, II, Nr. 343.

(115) Conrad, a. a. O., S. 151 f.: Tel. Hptm. Fleischmann an Moltke; vgl. Ritter, a. a. O., S. 319 f.; vgl. Wegerer, Bd. 2, a. a. O., S. 113 f.; DD, II, Nr. 410. プルタレスよりドイツ外務省へ、七月三〇日。

(116) Conrad, a. a. O., S. 152 f. ビーネルトよりコンラートへの電報、七月三〇日昼。モルトケのコンラートへの電報、七月三〇日夕、入電七月三一日七時四五分。

(117) ÖU, VIII, Nr. 11030. 七月三〇日。

(118) Wegerer, Bd. 2, a. a. O., S. 122.

(119) DD, IV, Anhang IV, Nr. 27. レルヒェンフェルトよりヘルトリングへ、七月三一日。

(120) Georg Alexander von Müller, Regierte der Kaiser? Tagebuchaufzeichnungen, hg. von Walter Görlitz, Berlin/Frankfurt 1959, S. 38. DD, III, Nr. 562. リヒノフスキよりドイツ外務省へ、八月一日、をも参照せよ。

(121) Ebenda, S. 39. リヒノフスキの電報、DD, III, Nr. 570. 八月一日。

(122) Wien PA, Karton rot 500, XXXXVII. 一九一四年九月一一日。

(123) DZA Potsdam, Rk Gr. Hq. 21, Beiheft. 戦争目的についての根本方針討議に関する手書き文書、Nr. 2477. 一九一七年八月一四日、ドイツ・オーストリア会議の議事録。欠けている文字「要求した」については、DZA Potsdam Nr. 2610. すなわち Akten des Reichsarchivs, Protokoll der Sitzung von Seiten der OHL. を参照せよ。

(124) Hantsch, II, S. 811.

(125) Wien, Haus-, Hof- und Staatsarchiv, Nachlaß Baernreither, Karton 6, Tagebücher. 一九一四年一二月二日、一九一五年一一月一三日および一九一五年一一月一九日の記録。ヤストロについては次の書物を参照のこと。Erich Eyck, Auf Deutschlands politischem Forum, Deutsche Parlamentarier und Studien zur neuesten deutschen Geschichte, Erlenbach-Zürich und Stgt., 1963, S. 168: Mein Lehrer Jastrow.

(126) A. von Tirpitz, Deutsche Ohnmachtspolitik im Weltkriege, Berlin 1926, S. 65 ff.

(127) Müller, a. a. O., S. 245. 一九一六年一二月三一日の記事。

(128) AA, WK 18, geh., Bd. 2. バリーンよりヤーゴへ、一九一五年七月三日、手書き。

(129) Wolfgang Steglich, Die Friedenspolitik der Mittelmächte 1917/18, Bd. 1, 1964, S. 418 Anm. 3. によって知り得る。

(130) DZA Potsdam, Reichstag, XVI, Protokolle der Budget-(Haushalts-)Kommission, Nr. 1301.

第一部　一九一四―一九一六年

第三章　電撃戦を期待して

――ベートマン－ホルヴェークからクラースへ――

一九一四年八月の日々におけるドイツ民族の国民的狂熱は今や伝説的な事件になってしまったが、そのような時においては、戦争目的についての考慮は、広汎な国民諸階層の意識の中で、さしあたってほとんど何の役割も演じなかった。一九一四年八月四日、ベルリン王宮の「白い広間」で、ドイツ帝国議会の開会式が行なわれ、皇帝が勅語の中でかの有名な言葉「われわれは征服欲にかられているのではない」をのべたとき、彼は疑いもなくドイツ民族の圧倒的多数の気持をいい表わしていた。街路や広場で愛国歌をうたい熱狂した大衆の興奮は、ドイツ国民が、悪意にみちた敵の多年にわたる「包囲」と、よく計画された襲撃の犠牲になっているのだ、という主観的には真面目な感情に根差していた。だから宰相は、後になってしばしばこのような国民感情について述べたてたのである。人々の気持の上でも、また政府の公式声明でも、戦争の防衛的性格がひたすら強調された。そして戦争が終るまで、いや戦争が終った後までも、戦争中のドイツの態度に関する公式な説明はすべてこの線〔防衛的性格の強調〕に終始していた。

防衛戦争というスローガンをかかげることによって、ドイツ政府は最初から征服を断念するという意志表示をしていたかにみえる。だが、早くも数週間のうちにこのスローガンは、戦争を終える前に、ドイツ帝国の将来のために「安全」と「保障」を闘いとるという目的――次の戦争の可能性をも予想して――へと転化していた。

純然たる防衛戦争として第一次世界大戦をとらえるドイツの公式見解は、強い影響を後世にまで及ぼしたのであって、ドイツ人(特にドイツの歴史学)にとっては、一九一四年から一八年にいたるドイツの戦争目的政策をどうとらえるかということは大問題であったし、今日においてもそうである。

城内平和と戦争目的

ドイツ政府は、戦争から利益を得たいという希望、あるいは少なくとも戦争が有利に終った場合には行動の自由を確保したいという意図を、公式には表明できなかった。それどころではない。世界の前でも、また自国民の前でも、防衛戦争であるというもったいぶった声明にふさわしい態度をとらねばならなかったのである。「防衛戦争」の強調はとくに、一九一二年以来帝国議会で最強の政党であり、社会主義的な労働組合といっしょにすれば帝政ドイツ最大の政治的大衆組織であった社会民主党を考慮すると、必要であった。社会民主党およびこれに指導される労働者階級の支持なしには、戦争は遂行できなかった。社会民主党内部の反ツァーリズム的感情を政府の側に動員することが、一九一四年八月四日に国民的統一戦線を樹立する際に不可欠であったのは、このためである。実際、ベートマン−ホルヴェークは、すでに大戦勃発前の七月三〇日、プロイセン内閣への報告で、(1)いたる所にみられる「好感情」について安んじてこう述べることができた。

「〔宰相と〕帝国議会議員ジューデクムとの討議から推定すれば、社会民主党や同党幹部については、政府としてとくに心配すべき事情はないものと思われる。総罷業《ゼネスト》とか一部の罷業とか怠業《サボタージュ》とかが起こる心配は全くないようである。」

少なくとも保守党は最初から断乎として、戦争による征服を除外すまいと決心していた。(2) 社会民主党は、ヴィルヘルム二世の国家における その特殊な地位のために、八月四日に帝国議会で発言を許された唯一の政党であったが、同党は党議長であり同時に議員団長であるフーゴ＝ハーゼによって読み上げらるべき声明の中に、この戦争を征服戦争に転化させようとするあらゆる試みに社会民主党が反対する旨の章句を挿入しようとした。ブルジョワ諸政党、政府、社会民主党間の長たらしい交渉のなかで、保守党の代弁者《スポークスマン》ヴェスタルプ伯爵は、そのような声明がなされたら、事情によってはわが党は、征服戦争について社会民主党がのべる「愚劣でかつ対外的には有害な章句」だけに対して向けられた反対演説をするであろうと脅して、社会民主党の態度を改めさせようとした。このため、社会民主党議員団はこの章句を断念し、外敵にたいしてドイツ国境が保障された後には平和が回復されなければならぬ、という漠然たる見解の表明で満足した。党内右派と宰相との協力は後に党の公然たる分裂をもたらすが、社会民主党内部のあらゆる将来の緊張の萌芽はここにすでに認められた。

戦争目的問題で八月四日に社会民主党が後退したために、城内平和という国民的統一戦線がやっと可能になったし、またそのために宰相はこの時点で併合問題にたいする態度を明確にすることを免れたのであった。

ドイツの労働者階級および国際世論を顧慮して、ベートマン＝ホルヴェークは、一九一四年末、ドイツでの戦争目的の公的な論議を禁止したが、すでにそれ以前に、非常に広汎な要求をふくむドイツの戦争目的が、開戦直後の興奮のなかで、公衆の間に形成されてしまっていたのである。ベートマン＝ホルヴェークの公式には控え目な態度は、文献では一般に、彼自身が全く戦争目的を追究しなかったかのごとくに説明された。(3) だが実際には、宰相はその内外に及ぼす政治的影響が有害であると考えて、戦争の目的の公けの論議に反対したのである。彼はこの事情そのものを内々に、例えば一九一六年三月のミュンヒェンの歴史家エーリヒ＝マルクス宛書簡で述べていた。マルクスは「国民的グループ」の代弁者《スポークスマン》として宰相に、戦争目的の公けの論議を許すように勧めたのであるが、これに対するベートマン－ホルヴェークの返答は、戦争目的問題にたいする彼の態度の特徴を知る上で非常に重要である。なぜならば、彼はここでしばしば曖昧に、かつ非常に異なった意味で解釈されがちな公的声明を正しく理解するための鍵を与えているからである。[4]「積極的な」戦争目的を提出してくれという要望に答えて彼は言う。「……私は多くのグループが心にいだいているこの願望を理解するし、またそれに与するものである。私もまたこの意味での指導、つまり具体的目的の提出が可能になるような時代の来ることを渇望しているのだ。」ベートマン－ホルヴェークは、戦争目的に関する彼の公式声明が、彼の本来の意図を隠蔽するかまたは暗示するにすぎないことを強調した。彼はこう述べている。

「私はわれわれの将来を決定する中欧思想《ミッテルオイロペーイッシェ・イデー》を論議に投げ込んだ。東方における大きな課題に注意を促した。だがそれ以上の問題については、私の演説の中で、あらゆる危険にたいするドイツの国境の安全、ベルギーとポーランドというドイツへの侵入口をなす国々の排除、という要求以上に出ることはできなかった。私の暗示は、中央ヨーロッパ《ミッテルオイローパ》勢力圏内にベルギーとポーランドを包括することを含むが、これは確かに決して小さな目的ではない……われわれはあらゆる切札を、敵にさとられることなく手の中にもっているのだ……」

ベートマン－ホルヴェークの九月綱領

宰相が一九一六年三月に彼自身の戦争目的を語ったとすれば、その基礎となったのは一九一四年九月の彼の戦争目的綱領でなければならない。というのは、すでに開戦直後にベートマン－ホルヴェークは、自分が罷免された後や自分の回想録のなかで真相だと称したこととは全く相違したことを、すなわち将来のドイツの勢力拡大の問題を取り上げていたからである。ジョフルによる一般命令によってフランス軍のマルヌ反攻がはじまった九月六日、宰相はこう書いた。「われわれはドイツの安全が将来完全に保障されるまで戦い抜かなくてはならぬ。」翌日、モルトケは「遠い将来にいたるまで、いかなる敵によっても決して乱されることのない」(5)平和について語った。一九一四年九月九日、マルヌ会戦が絶頂に達し、フランスの崩壊が切迫したかにみえたとき、宰相はコブレンツの大本営からベルリンの宰相代理であり内相であるクレメンス＝フォン＝デルブリュックに、正式の戦争目的綱領を送付した。これは彼が大本営で作成させたものである。(6)

ベートマン－ホルヴェークの九月綱領の核心をなすのは、ドイツの覇権要求をともなう中欧《ミッテルオイローパ》思想《イデー》であった。この思想は、すでに大戦前に一部の指導的なドイツの銀行家や工業家の間に芽ばえて発展しており、大戦勃発に際して具体化された戦争目的であるが、全ドイツ連盟の征服綱領に比べればまだ穏健なものと考えられ、また経済的に必要でありかつ達成し得る目標だと思われていた。この思想をベートマン－ホルヴェークは、とくにヴァルター＝ラーテナウやアルトゥア＝フォン＝グヴィンナーの覚書や書簡で知っていた。すでに一九一四年八月、陸軍省の戦争資源局の組織化を委託され(7)、今後の戦争指導にとっての基本的な役割を引き受けたラーテナウは、早くも開戦の直後に厖大な覚書を宰相に提出し、一九一一年と一九一三年の彼の考え方を改めて説明した。「中央ヨーロッパ」によって強化されたドイツのみが、世界強国たるイギリス・アメリカ・ロシアの間にあって対等の世界強国として自らを主張し得るであろう(8)、と。かかる中央ヨーロッパへの道をラーテナウは、ある時はフランスとの妥協のなかに、ある時はオーストリア－ハンガリーとドイツとの完全な関税同盟のなかにみた。ラーテナウはこの大戦を機会にして、かかるドイツの「絶対的目的」を、必要とあらば暴力に訴えてでも実現しうる可能性が生まれたことを認めた。だが、ドイツの経済圏のなかへ他の国々を強制的に編入するという構想にデルブリュクが反対した。彼は八月はじめベルリンでのベートマン‐ホルヴェークとの会談のさいに中央ヨーロッパという一般的目的に原則的には同意したし、いまでは宰相の九月綱領におけるかかる思想の具体化を積極的に歓迎したのだが。(9) ベートマン‐ホルヴェークは、ラーテナウの全思想から深い印象をうけ、その基礎をなすドイツとオーストリア‐ハンガリーとの関税・経済同盟、そしてそれを核心としてさらに広汎な経済統合を行なった中央ヨーロッパ、という構想を無条件で採用した。デルブリュクと異なり、ベートマン‐ホルヴェークは、ドイツがその「政治的優越」に「物を言わせ」ようと決意したときにのみ、広汎な目的であれ狭隘な目的であれ達成できるのだ、と確信していた。(10)

同様な考え方を示したのは、同じくベートマン‐ホルヴェークと親交のあったアルトゥア＝フォン＝グヴィンナーである。彼はドイツ銀行の主席取締役で、九月二日ベルリンの政治、経済、文化の指導的人物の集まりである水曜会《ミットヴォッホゲゼルシャフト》の開戦後最初の会合で、「向う見ずに領土併合政策を始めること」に反対した。粗野な、かつ問題の多い領土併合政策に反対して、彼はさして目立たぬがそれだけにかえってより有効な方法、つまり「(ヨーロッパにおける)ドイツの経済的優越を確立すること」を主張した。この考え方を外務次官ツィンマーマンは意味深いとして、直ちに覚書をしたため、大本営のベートマンとヤーゴに送付した。折よくこれは一九一四年九月九日の戦争目的綱領作成にまだ十分間に合ったのである。(11)

広域圏を想定し特に経済的な性格をもつ「中央ヨーロッパ」綱領(ここでは西ヨーロッパ大陸を含む)、および当時すでに具体的形態をとっていたロシアを東方へ押し戻す構想とともに、早くも一九一四年八月にはアフリカのドイツ植民地の一体化と拡大に関する論議がなされていた。フランス、ベルギーとの講和の基礎を形成するため、ヤーゴは八月末、[12]植民相ゾルフに、植民地獲得についての具体的提案を作成するように要請した。ゾルフは「フランス、ベルギー、ポルトガルのアフリカ植民地の再分割」案をまとめるにあたって、ドイツ側はヨーロッパでの大きな領土的拡張を意図しないが、その代りにアフリカでは植民地の大幅な拡大に努めるという観点から出発した。中立国ポルトガルからドイツはアンゴラとモザンビク北半（プリメラ島にいたる）を獲得することにしたが、こうしてゾルフはポルトガル植民地の分割に関する大戦前の独英交渉の線に結びついた。ドイツ官辺は、かくしてまとまった中央アフリカ植民地の獲得を戦争目的として提起したのである。ポルトガル領植民地の外に、ドイツの獲得すべきものとして、ベルギー領コンゴおよび北はチャド湖にいたるフランス領赤道アフリカがあり、またトーゴーランドはダホメを吸収し北はティムブクトゥにいたるセネガムビアの一部を含む構想になっていたから、ニジェル河が北境をなすはずであった。ゾルフは詳細にこの案を述べ細目にわたる地図を付した。カタンガの鉱山地帯の領有、カタンガ―大西洋岸間の鉄道連絡の支配、ポルトガル領アンゴラの諸港の確保は、この計画における最も重要な経済的目的であった。

この構想の全てはフランスの敗北が切迫しているという期待にもとづいて立てられていた。この時点ではゾルフはイギリス領の併合を考慮しなかった。というのも彼は、イギリスが間もなく完全に屈服するであろうという、ドイツ国民の間にひろくみられた楽天主義に与しなかったからである。しかしながらゾルフは、イギリスにも勝利した場合に要求すべき条件を、一九一六年にヤーゴに表明していた。このときはとくに、将来西方のドイツ領トーゴーランド―ティムブクトゥと、東方のチャド湖一帯の間をつなぐ地域として、経済的に豊かなナイジェリアの獲得を主張した。[13]これによってはじめて新領土の全てが完全に一体化されるというのである。

ゾルフがヤーゴ宛覚書で述べた戦争目的は相当に広汎な地域の獲得を目標としていたとはいえ、彼をこれを控え目な計画だと考えていた。アフリカ圏への努力の集中こそ、ヨーロッパで広大な地域を併合しようとする意図から国民の目をそらし、世界強国としての地位の基礎としては、拡大された植民帝国によって保障された自給自足的な経済領域を考えてもよいのだ、ということを国民にたいして強調するものであった。かくて中央アフリカには中央ヨーロッパと同じような意義が与えられた。

ベートマン-ホルヴェークは「まとめられた中央アフリカ植民帝国」の創設計画を九月綱領にとり入れた。かくてこの雄大な海外植民地計画は基本的に以後、ドイツ政府の戦争目的政策の一構成要素となった。

宰相は講和交渉が近く開かれることを期待して、九月九日綱領を「講和締結の際のわれわれの政策の基本線に関する暫定的草案」と呼んだ。彼によれば、

「戦争の一般的目的は、西方と東方においてドイツ帝国をとおい将来にいたるまで危険にたいして守ることである。この目的のためにフランスは大国として再建できないほど弱められ、ロシアはドイツ国境から出来るだけ押し戻され、同国の非ロシア系従属諸民族にたいする支配は打破されねばならない。」

「戦争目的細目」での詳論は、西ヨーロッパ大陸に限られていた。というのも、ここでのみ講和の締結がはっきりと近づいているかにみえたからである。この簡潔な序論でざっと描かれた東方での目的は、綱領そのもののなかでは取り上げられていない。ロシアとの講和締結はまださし迫ったものとはみられなかったからである。だがこれはまだそれが具体的な形態をとっていないことを意味するものではなかった。

西方にたいするドイツ帝国の安全保障、およびたんに暗示されたに止まる他の戦争目的を、帝国宰相は一九一四年九月はじめ次のように考えた。

「(1)　フランス。ベルフォール、ヴォージュ（フォゲーゼン）山脈の西側斜面一帯の割譲、要塞の破毀、ダンケルクからブーローニュにいたる海岸地帯の割譲を要求すべきかどうかを、軍事的観点から判断すること。わが工業のための鉱石を獲得する必要から、ブリエ鉱床はいずれにせよ割譲させる。

次に分割払いされる戦争償金。これはフランスが今後一五年から二〇年にわたって多大の金額を軍事費にふりむけることができないように、高価にしなければならない。

さらに、フランスを経済的にドイツに従属させ、ドイツの輸出市場にするような通商条約の締結。かかる通商条約によってイギリス商業をフランスから排除する。この通商条約によって、ドイツ人はフランスにおける財政的・工業的活動の自由を与えられねばならないし、ドイツの企業は、フランス企業と全く同等に取り扱われねばならない。

(2)　ベルギー。リエージュとヴェルヴィエはプロイセンに併合される。〔ベルギー領〕ルクセンブルク州の国境地帯はルクセンブルク〔大公国〕に合併される。

アントワープを、リエージュへの連絡線を含めて、併合すべきか否かは問題である。

いずれにせよベルギーは、よしんば国家としての外見は保つにしても、ドイツの衛星国に転落し、軍事的に重要な港湾にはドイツの占領権を認め、海岸の自由な軍事的使用をドイツに許し、経済的にはドイツの一州にならねばならない。内政上排除し難い不利益をともなわずして領土併合の利益をもたらすかかる解決がなされたら、ダンケルク、カレー、ブーローニュなどを含むフランス領フランドル地方――住民の大部分はフラマン人――は、容易にこの変らざるベルギーに併合され得るであろう。イギリスにたいして、以上のような状態がどの程度の軍事的価値をもつかは、当該官庁が判断すべきであろう。

(3) ルクセンブルク〔大公国〕。ドイツの一邦国となり、現在ベルギー領になっているルクセンブルク州から一地方を、そして場合によってはロンウィの一角を獲得する。
(4) フランス、ベルギー、オランダ、デンマルク、オーストリア＝ハンガリー、ポーランド(!)、さらにあるいはイタリア、スウェーデン、ノルウェーを含む一般的関税協定を結び、中央ヨーロッパ経済同盟を創設すること。この同盟は制度上の共通の最高権者を置かず、成員はすべて形式的には平等で、しかも実際上はドイツの指導下に立つわけだが、中央ヨーロッパにおけるドイツの経済的優位を固定させるに違いない。
(5) 植民地獲得の問題。ここではまず統合された中央アフリカ植民帝国の設立が追究されるべきであり、ロシアにたいして達成さるべき同様の戦争目的は後に審議することとする。フランスおよびベルギーにたいして締結すべき経済協定の基礎としては、簡単で暫定的な形式、場合によっては仮平和条約にふさわしい形式、を見出すべきである。
(6) オランダ。オランダとドイツ帝国との関係をさらに緊密にするには、どのような手段と措置をとるべきかを考慮すべきである。
かかる緊密な関係はオランダ人の特性を考慮して、彼らに強制の感じを与えないようにしなければならない。オランダ人の生活の仕方は全く変えてはならず、また新たな軍事的義務をも負わせてはならない。こうすればオランダは外形的には独立したままであるが、内面的にはわれわれに依存しなければならなくなる。恐らくは、植民地を含む攻守同盟が考慮されようし、いずれにせよ緊密な共同関税地域、場合によってはアントワープの要塞およびスヘルデ〔シェルデ〕河口でのドイツの占領権を容認させる代りに、オランダにアントワープを譲渡することが考慮される。」

いまこれを顧みると、宰相の戦争目的綱領は、大戦前のドイツの経済的野心の対象、例えばベルギー、ルクセンブルク、ロートリンゲンなどを狙っていたことがすぐに分る。しかしいまやそれに加えて中央ヨーロッパ構想や反英的な着眼点という新しい特徴も認められるのである。経済的要因の擡頭とともに、戦略上海洋上の目的――その実現は最終的には「要塞ドイツ」の包囲環を打破し、同時にドイツの将来の敵たる西の二大強国を軍事的に排除するはずであった――は後退した。

この綱領がもしも実現されたら、ヨーロッパにおける政治的、経済的な勢力関係は完全に変革されたことであろう。フランスの大国としての地位を否定し、ヨーロッパ大陸からイギリスの影響力を排除し、ロシアを東方に押し戻したら、ヨーロッパの覇権はドイツの手に帰したことであろう。将来の平和秩序をかように描くにあたって、ベートマン－ホルヴェークの構想が実際に、ヨーロッパに永久的な平和をもたらすに適わしい基礎を提供したのかどうか、という問題が生ずる。この綱領の実現は、確かに三協商国の連繫を打破したであろうが、新たな秩序によってヨーロッパにおける三強国の地位と弱小諸国の行動の自由は非常に強く束縛されることになるので、新たな紛争を起こす危険な爆発物が置かれたことになってしまったに違いない。

事実、ベートマン－ホルヴェークは、綱領作成の数日後デルブリュック宛の書簡で述べたように、ドイツ指導下の中央ヨーロッパ《ミッテルオイロペーイッシェ・》広域圏《グロスラウム》の形成は「共通の利益にもとづく了解を基礎としてではなく、われわれが政治的優位という圧力をかけて、講和条件を口授すべき立場に立ったときにのみ達成される(であろう)」[14]とみていた。

第一次世界大戦中のドイツにおいて、九月綱領が政治的意志の形成に際してもっていた特殊な意義は、二つある。第一に、この綱領は決して宰相個人だけの要求でなく、経済界、政界、軍部の指導者層がもっていた代表的理念であったこと。第二に、以下に示す如く、この綱領で明示された方針は、状況に応じて個々の点では修正されたとはいえ、戦争の終りまで原則として堅持されてドイツの全戦争目的政策の基礎となったこと。

クラースの九月綱領

ベートマン－ホルヴェークの戦争目的綱領は、今日の読者からみれば非常に広汎な要求だと思われようが、宰相自身はこれを、八月と九月の軍事的成功の結果全ドイツを覆った併合熱をさます穏和な綱領とみなしていた。(15)かかる熱狂した〔併合主義的〕議論のうち最も注目すべきは、全ドイツ連盟会長クラースの戦争目的覚書である。

「ドイツ帝国とオーストリア－ハンガリーが、戦利品として獲得した諸地方を加えて……広大な統一的経済地域としての中央ヨーロッパを形成することは、まことに有無をいわさぬ時代の要求としてまもなく実現されそうである。その中心となる国家が圧力を加えなどしなくても、この中心となる国家に漸次しかも合法則的確実さをもって、オランダとスイス、スカンディナヴィア三国とフィンランド、イタリア、ルーマニア、ブルガリアが合流してくることであろう。これら諸国に付属する地域や植民地を考慮に入れると、巨大な経済地域が成立するわけである。その内部ではそれぞれの国が他の国にたいして、経済政策上の独立性を保ち、またそれを主張し得るような形式をとるべきであるが。」

クラースは、敵が今後ずっとドイツに危険でなくなるほどに高い戦争償金を課することで敵を経済的に弱めることができると考えた。

ベートマン－ホルヴェークの九月綱領と同一なのは、イギリスにたいする圧迫手段としてのベルギー保持の要求、およびロンウィ－ブリエとフランス領英仏海峡地方――もちろんクラースはブーローニュをこえてソンムにいたる地域の割譲を要求した——の割譲要求であった。ベルフォールに止まらず、さらにクラースは、そこからヴェルダンにいたる要塞線とドイツの軍港にすべくトゥロンの割譲を要求した。これは当時全ドイツ主義者によって提起されたペトログラード〔第一次大戦がはじまるとすぐに、ロシアではドイツ流の名称であるペテルブルクをロシア流のペトログラードに改称〕の併合という考えと同様、ベートマン＝ホルヴェークが馬鹿げたこととして拒絶した考えであった。

「ロシアの顔〔関心〕は……力ずくでも再び東方に向けられねばならず、そのために基本的には同国の国境をピョートル大帝時代以前の状態に後退させねばならない。」クラースが東方での領土獲得のさいポーランド国境地帯、ロシア領リトアニア地域、バルト沿岸諸州を戦略的安全のため、またドイツ民族の移住地域として要求するとき、その規模はともかく、少くともその方向においては遅くとも一九一四年一二月以後の政府の計画、つまりまずポーランド国境帯状地帯、次いでリトアニア・クーアラント〔クルゼメ〕を獲得する計画、に照応していた。ベートマン＝ホルヴェークは、リーフラントとエストニアのドイツへの編入（フィンランドのロシアからの分離が達成された場合を除く）にはいつも反対してきたが、やはり彼は、衛星国政策を追究することによって、形態こそ異なれ結果においてはロシアの弱体化という同じ目的の実現をはかっていたのである。

ドイツ工業界の戦争目的綱領

クラースの構想に賛成したのは、クルップとフーゴ＝シュティンネスであった。クルップは、マルヌ会戦の後にはベートマン＝ホルヴェークの穏健な路線に後退したが、(16) シュティンネスは、さらにフランスからノルマンディの鉱山・石炭地帯を分離するよう要求した。またシュティンネスは、一九一四年一〇月フーゲンベルクとクラースの二人が招集したドイツ経済界指導者の会議——一九一五年三月と五月の六経済団体の請願書の出発点となった——で、クラースの構想が一般的な承認を得られるように努力して成功した。

東方および西方に対する併合主義の方向を断乎として歩んだものに、マティーアス＝エルツベルガーが一九一四年九月はじめに起草した厖大な覚書がある。彼は、割引銀行《ディスコント・ゲゼルシャフト》と関係をもち、テュッセン＝コンツェルンの信任厚い、活動的な中央党の政治家であった。エルツベルガーは、この戦争でのドイツの大目的として次の三点を挙げる。

一、「世界政策のあらゆる問題において、ドイツにとって堪え難い問題となっているイギリスによる監督の排除」

二、「巨人国ロシアの寸断」

三、ドイツ国境にある弱小の「いわゆる中立諸国」の除去

このドイツの目的を達成するため、エルツベルガーは——ベートマン＝ホルヴェークと完全に一致して——ベルギーにたいする、またカレーからブーローニュにいたるフランス海岸地帯にたいする軍事的主権、ロンウィーブリエの全褐鉄鉱層地帯の併合、ドイツの軍事的主権の下での「ロシア人の軛から」の非ロシア系諸民族の解放、さらにドイツ支配下のポーランド王国の建設を要求した。オーストリア＝ハンガリーは、ウクライナ、ルーマニア、ベッサラビア地方に領土を拡張すべきであるとした。彼はまた、ベルギー領コンゴとフランス領コンゴの獲得、ナイジェリア（イギリスから）、ダホメとアフリカ西海岸地方（フランスから）の併合によって、ダルエスサラムからセネガムビアにいたるドイツ領大中央アフリカの創設を夢みたが、これは完全にゾルフの公式提案と一致

していた。さらに彼は、ドイツの戦争損害と戦費を完全に補償させるために、またあらゆるドイツの負債を敗戦国に皆済させるために、高額の戦争償金の賦課に関する詳細な提案を行なった。だが、これらの不当に吊上げられた要求ですら、エルツベルガーには「ドイツ民族のそれぞれの階層が平和締結のさいの要求と見なしているものの最小限度」を示すにすぎなかった。(17)

さらに極端なのは、エルツベルガーが一九一四年九月九日、政府に送付したアウグスト＝テュッセンの覚書である。そこで要求されたのは、ベルギー、フランスのデュ＝ノール県、ダンケルク・カレー・ブーローニュを含むパ＝ド＝カレー県、さらにフランスの要塞地帯とミューズ河を含むムールト＝エ＝モーゼル県、および南ではヴォージュ県とベルフォールを含むオート＝ソーヌ県、であった。東方では彼は〔ロシア領〕バルト沿岸諸州、あるいはオデッサまでを含むドン河流域、クリミア半島およびアゾフ一帯とカフカースを要求した。テュッセンはその要求を、将来にわたってドイツの原料を確保する必要性ということで理由づけた。とくに彼は、ロンウィーブリエの褐鉄鉱、ベルギーの炭田、ドン河流域の鉱石、カフカースのマンガン鉱に関心を示した。また彼は中央《ミッテル》ヨーロッパ関税同盟《オイロペーイッシェ・ツオルフェルアイン》を主張した。テュッセンの遠大な構想は、南ロシア、小アジア、ペルシアに一つの地橋〔これら三地方を連ねる帯状連絡地域〕を獲得し、もってこの戦争の本来の敵たる大英帝国にたいして、インドおよびエジプトにおいて断乎対決するという考えにおいて頂点に達した。ことにイギリスという永遠の競争者に対抗して、ドイツの強大となった経済力が、フランス領コンゴとベルギー領コンゴ、さらにモロッコを含むドイツ領中央アフリカ植民帝国をつくりあげて新しい市場を開拓するときに、テュッセンは世界強国としての地位へのドイツの上昇が確実になるとみた。(18)

広汎な領土併合要求に立脚し、全ドイツ主義的な色彩をもつテュッセンの計画と、ベートマン＝ホルヴェークの構想との間には、明瞭な差異があったとしても、また両者の関係が後には公然たる対立にまで高まらざるを得なかったとはいえ、やはり両者の計画が当面の目的においては合致していたことを看過してはならない。重要なことは、テュッセンを通じて重工業と加工工業〔鉱山業、重工業を除くほとんどすべての製造工業を指す〕が政府に影響を及ぼし、政府が容易にこれを無視し得なくなったことである。

政府の西ヨーロッパに対する戦争目的

ドイツ工業家中央連盟(主としてラインの重工業)の主要関心は、西部国境に隣接する鉱山地域を吸収してドイツの原料供給の基礎を拡大しようとすることにあったが、この関心は、ドイツ宰相の目的、すなわちこれらの地域を直接にか間接にかドイツに依存させせようという目的とまさに一致していた。第一次大戦中のドイツの最も具体的な戦争目的の一つは、ロンウィ＝ブリエの鉱床の獲得であった。すでに一九一四年八月二六日、ベートマン＝ホルヴェークは副宰相フォン＝デルブリュクに、フランス領ロートリンゲンの鉱床の広がり具合とドイツ資本の参加の程度とを調査して明確にしておくように命じた(19)。デルブリュクが答申する前に、そして折よく九月九日綱領を起草しているときに、エルザス＝ロートリンゲン総督フォン＝ダルヴィッツ男爵が、指導的なザールの工業家レヒリングの提案を宰相にたいして提出した。レヒリングは、ロンウィ＝ブリエ鉱床を可能な限り広汎に併合するよう要求した。ダルヴィッツはさらにこれを補足して、ヴォージュ山脈の西側斜面とベルフォールとの領有を要求した(20)。九月九日、つまり宰相が戦争目的綱領をデルブリュクに送付した日に、宰相は個人的にも親しいダルヴィッツに書簡をしたため、レヒリングの提案を送付してくれたことについて礼を述べるとともに、「それは私にとって非常に注目に値いするものと思われたし、また私自身の考えとも一致している」と述べていた。ヴォージュおよびベルフォールまでエルザス＝ロートリンゲン国境を前進させるというダルヴィッツの提議にも、宰相は「完全に賛同」した。事実、これは九月九日の綱領にとりいれられたのである。

ベートマン＝ホルヴェークは、その後の数週間にも引き続いて将来の独仏国境問題を積極的に検討した。一〇月二二日、彼はデルブリュクに書簡をしたため、ブリエ鉱床の併合と「そこでの鉱産物をドイツ側へ輸送すること」、したがってフランスとベルギーの工業を鉱産物に関してはドイツに依存させ、このためにその競争力がかなり損われることがドイツにとっては望ましいと述べていた。[21] しばらくして一一月一七日、彼はデルブリュクにロンウィーブリエに関する資料を送付したが、これにはテュッセンとレヒリングの覚書も含まれていた。宰相はデルブリュクに、予期されるフランスとの講和締結のために、一つには「最大限の要求」と二つには「少くとも達成さるべき最低限度」を明確にするように命じた。[22]

西部国境の計画に影響を及ぼしたものに皇帝の奇怪な構想がある。つまり、マルヌ会戦の逆転以前に大本営での熱狂的な勝利感の中にあって皇帝がくりかえし語った構想で、ベルギーとフランスの併合予定地域から住民を強制移転させ、そのあとに「功労ある下士官や兵士」を移住させよう、というのである。この皇帝の計画にたいする宰相の態度はとくに示唆的である。というのも、大戦中を通じてとくに東方で執拗に追究された非常に具体的な考え方がここに示されているからである。宰相がデルブリュクに書いていうには、

「この考えは非常に魅力的であるが、その実施にさいしては大きな困難に出会うであろうことを私は見誤りはしない。とにかく、そのような土地財産の収用を、暫定的平和条約を結ぶ際に、敗戦国にたいして一定の範囲で請負わせて実行させ得るような方式が見出せるものかどうか、考慮してもよい。」

最後に宰相は、フランス政府がロンウィーブリエをドイツに割譲するさい、そこの製鉄所をドイツの所有に移すような「方式を準備する」よう命じた。(23) 西方でのドイツの第二の大きな目的たるベルギーについては、宰相は一九一四年九月九日にドイツの「属国」に格下げすべきだと考えていた。彼はマルヌ会戦の後になってさえもなお、ドイツが勝利すると考え続けていたから、一九一四年一〇月一八日ベルリン在勤のツィンマーマンに極秘命令で、副宰相デルブリュクと一緒に「ベルギー問題の解決のための……可能性」を詳細に検討するように命じた。そしてベートマン＝ホルヴェークは次の方針を示した。

「これ(つまりベルギー問題の解決)に属するのは、まず第一に、形式的にはできるだけ自由な国家にしておくが、実質的には軍事的にも経済的にもわれわれの意のままになる貢納国家としてベルギーを再建することである。」

ツィンマーマンとデルブリュクは、そのような解決を可能にする国法上の問題を検討し、彼らの担当機関が作成した原案を提出しなくてはならなかった。ついで宰相にとって肝要な問題は、「〔ベルギーに対する〕死刑執行を自分から行なうような負担はかからないが、経済的進出を可能にするような、また今後に戦争が起った際には、海岸、要塞、輸送手段を〔ドイツが〕軍事的に確保できるような方式を見出すこと」(24)であった。ここでベートマン＝ホルヴェークが最後にのべた文句は、すでに、ベルギーがイギリスにたいしてもっている世界政治上の重要な地位に触れており、同時にベルギー海岸が次の戦争の際にもつ戦略的側面を明らかにしていた。

ツィンマーマンとデルブリュクは一九一四年一二月三一日、共同所見を提出した。そこではベルギーの軍事的・経済的支配に関する詳細なプログラムを宰相の要求にそって述べていたが、それがドイツに及ぼす内政および外交上の諸結果についての警告を加えていた。(25) しかしながら、ベートマン＝ホルヴェークは、少なくともベルギーの間接的な軍事的・経済的支配を樹立するという基本構想をここでも捨てる気持はなかった(よしんば彼が極端な併合要求、とくに全ベルギーの直接併合を夢想としてしりぞけたとしても)。

ベルギーの間接的併合のための最も重要な手段は、経済的・軍事的束縛に次いではフラマン人政策であった。すでに一九一四年九月二日、ベートマン＝ホルヴェークはベルギー総督麾下の民政長官宛の私的書簡で、ベルギーに政治的影響を及ぼす出発点として、またオランダとの諒解の可能性を考慮して、フラマン人の民族運動の重要性を指摘していた。(26)この指摘が受け容れられた後、一九一四年一二月一六日、宰相は、折しも任命されたばかりのベルギー新総督フォン＝ビッシング陸軍上級大将に委曲を尽した書簡をしたためたが、ここで、ヘント(ガン)大学をフラマン民族の単科大学に改編する計画で頂点に達する「ドイツ〔系〕＝フラマン民族政策の一定の明確な一般的方針」を与えていた。(27)ベートマン＝ホルヴェークが戦争中を通じて強く追究したドイツのベルギー政策の路線がここに示されていた。そして、総督フォン＝ビッシング上級大将と総督府政治局長フォン＝デア＝ランケンの二人を、彼は意のままにすることができた。この両人は、戦争のために短期間その国土を搾取するという政策はとらずに、むしろ長期にわたる仲間の一員としての待遇という目的そのものを肯定し、その実現に向かって絶え間なく努めたのである。

軍事的問題の評価のために、宰相は一九一五年一月八日、大本営から海相フォン＝ティルピッツ提督に宛てて、ベルギーの将来のあり方について意見を述べるよう求めた。ベートマン＝ホルヴェークは、ティルピッツがベルギーに関する見解をまとめるさい「一方では海軍の見地から、他方では将来のドイツの世界強国としての地位という全く一般的見地から(28)」出発するようにと強調した。史料から知られる限り、ドイツの最高政策の指導者はここで初めて「将来のドイツの世界強国としての地位」という綱領の実現を支持することを表明したのである。

むき出しの反英感情をもっていたティルピッツが、ベートマン－ホルヴェークのドイツの「世界強国としての地位」というスローガンを喜んでとり上げたことはいうまでもない。ティルピッツは、英仏海峡でイギリスに対して難攻不落の地位を保てるかどうかに、ドイツの世界強国としての地位がかかっているとみたので、拠点としてのアントワープを含むベルギー海岸の領有とベルギーのドイツ帝国への編入を「あらゆる内的困難を無視して」希望した。このように彼の構想はすでにベートマン－ホルヴェークのベルギー構想をこえていたが、彼はさらにすすんで、ドイツが将来の世界強国としての地位を獲得できるか否かという点を、今回の戦争の勝敗の判断基準とするべきだと考えたのである。

「ベルギーの領有によって生まれる発展の可能性をドイツが確保できないとすれば、世界強国としての地位の確立をめざすこの大戦の意義からみて、ドイツは戦争に敗けたとみなすべきであろうし、ベルギーが領有できれば、この戦争に勝ったとみなすべきであろう。」

換言すれば、ベルギーは西方におけるドイツの戦争目的政策の核心となったのである。ドイツ帝国政府指導部が——ドイツの勢力圏内にベルギーを包含する形式に関しては、さまざまな考え方があったにしても——一九一八年秋にいたるまで、ベルギーから完全に手をひくことをどうしても決心できなかった理由が、以上によって明らかになったであろう。

政府の東ヨーロッパに対する戦争目的

西ヨーロッパにたいすると同じく、東ヨーロッパにたいしても具体的な戦争目的は、すでに開戦一、二ヵ月の間に政府部内の討議で浮かび上っていた。ドイツの東ヨーロッパにたいする願望にとって特徴的なことは、軍事戦略的・移住政策〔ドイツ民族を大量に東方に移住させる〕的思考（これが限定された直接の併合目的を生んだ）と、ロシア帝国の組織を弛緩させて同国を全般的に弱体化することを目的とする経済的・政治的計算（これと結びついたのは原料供給の基盤および販売市場としてのロシアの経済的支配である）という二重の目的設定であった。

軍事的作戦という観点からすれば、ポーランドは、ドイツの東方政策のなかでは最も重要な、そして最も手近な対象であったから、こんご西方でのベルギーと同様な中心的位置を占めることとなった。その際に、いうまでもなく、プロイセンにポーランド民族が居住しているために起こる内政上の諸問題、また同盟国オーストリア‐ハンガリーにたいして、いろいろと配慮する必要があるために起こる外交上の混乱が、ポーランド問題を複雑化していた。

ロシアと決裂した後、ドイツ帝国政府指導部は、コングレス＝ポーランド〔一八一五年ヴィーン会議の結果つくられたポーランド王国。ロシア皇帝の支配下におかれ、東部国境は大体現在のソ連—ポーランド国境線と合致する。一八三二年まで相当程度の自治を許されていたが、この年にロシアに併合された〕をツァーリ帝国から離脱させようと考えるにいたった。すでに一九一四年七月三一日、ドイツの対ロシア宣戦の前日、皇帝ヴィルヘルム二世は私的な謁見で、身分が高く皇帝《カイゼル》と親しいドイツ帝国内在住ポーランド貴族フッテン‐チァプスキ伯爵に、ロシアに勝ったらポーランド国家を再建すると口約束していた。[29] 七月三一日の皇帝の言葉は漠然としてはいたけれども、次のことによって重要なものとなっていた。つまり、この言葉は同じ日に宰相によって確認され、五週間後には、一連の緩衝国をつくってロシアを東方へ押し戻すプランと、またポーランドをロシアから離脱させて「中央ヨーロッパ《ミッテルオイローパ》」に編入するプランとが、ベートマン‐ホルヴェークの東ヨーロッパに対する戦争目的構想の核心として立ち現われたからである。

ベートマン＝ホルヴェークの緊密な協力者、宰相官房長ヴァーンシャフェは、コングレス＝ポーランドにたいするドイツのポーランド政策立案の中心人物となった。(30) 最も積極的な東方問題専門家の一人で、ヴァーンシャフェがずっと以前からドイツのポーランド政策の作成に従事させていたのは、ドイツの前ワルシャワ総領事フォン＝レヒェンベルク男爵であった。早くも一九一四年八月半ばに、ヴァーンシャフェは彼と連絡をとり、八月二七日コングレス＝ポーランドの将来に関する覚書の起草を正式に命じていた。(31)

レヒェンベルクは、ドイツはロシア領ポーランドの併合を意図しない、だが外敵にたいしてドイツの東方国境の安全を確保することは不可欠である、という前提から出発した。この二つの前提＝意見を統一するために、彼は、中欧列強〔ドイツとオーストリア＝ハンガリー〕が支持してコングレス＝ポーランドに叛乱をおこさせ、ハプスブルク王家の新たな直轄領に編入した上で、ガリツィヤもこれに加えて新ポーランド国家を設立することを要求した。新ポーランド国家は、コングレス＝ポーランドの一〇の管区と北方のスヴァウキ、およびブレストーリトフスク市とグロドノ市を含むグロドノ管区の西方部分から成り立つはずであった。さらにレヒェンベルクは、ポーランドに海への独自の通路を与えるために、カウナス（コヴノ）管区の西方部分と、リガ湾の最南端に至るまでのクーアラントとを与えて、北の方へ領土を拡張させようとした。新ポーランドの東方国境によってドイツの東方国境は防禦されると彼は思った――まさしくポーランド領の北東への拡張という構想は、同じ北東地域におけるドイツ自身の併合政策、および後には衛星国政策にとって代られたとはいえ、彼の構想もポーランドの国境の想定され方も、あきらかにベートマン＝ホルヴェークの考え方に影響を与えたのである。

ヴァーンシャフェとレヒェンベルクとのさらに突込んだ意見の交換のなかで、ポーゼン（ポズナニ）州と西プロイセン州にすむプロイセン領在住ポーランド人の一部分を新ポーランド国家に移住させるというレヒェンベルクの構想が討議された。この目的のために役に立つ移住地がコングレス＝ポーランドのなかに十分にあるだろうか、というヴァーンシャフェの質問にたいして、レヒェンベルクはロシアの帝室御料地、帝室農場、ロシアの将校や官吏の寄進地を指摘した。コングレス＝ポーランドにプロイセン領在住ポーランド人を移住させる考えは、その後二、三カ月のうちに次のような構想に発展した。つまり、ポーランドがオーストリア＝ハンガリーの手に落ちるか、あるいは自立するか、ないしはロシアに返還された場合には、いわゆるポーランド国境帯状地帯を設定し、ドイツ東部国境の「安全」を達成しようという構想である。ヴァルタ（ヴァルテ）―ナレフ河の線に沿ってはしってスヴァウキにいたり、同市を含むポーランド国境帯状地帯からは、ポーランド原住民の一部と全ユダヤ人とを追放して、その地方を「無人の地」にすべきである、とレヒェンベルクは考えたのである(32)。

かかる構想の背後にあった動機はさまざまであった。ドイツの東部諸州の防衛を改善するための戦略的な国境の安全保障の要求、上シュレージエンの工業地帯の一体化〔ロシア領とドイツ領に分れている同地方工業地帯の一体化〕を求める衝動、ゲルマン化された「国境塁壁」によってプロイセン領在住ポーランド人を将来のポーランド国家における同民族から切り離し孤立させようという願望、ドイツ本国にすむドイツ人およびドイツ系ロシア人の帰国者とくにヴォルガ地方からの帰国者〔ヴォルガ＝ドイツ人〕にたいする新たな移住地を獲得しようという考え、などが挙げられる。最後の点はすでに、ドイツ民族の東方辺境植民地帯の再発展の問題を再びとりあげることによって、東ヨーロッパの旧来の政治的・民族的境界線を打破しようとする運動であって、これまでのプロイセン－ドイツ的愛国主義から、人種論的《フェルキッシュ》民族主義に立脚する新しいドイツ民族主義への転換を示していた。

ベートマン－ホルヴェークは、一九一四年一二月二日のバイエルン首相ヘルトリング伯爵との会談で、すでに一定の制限付きの併合・移住計画を示唆していたが、一九一四年一二月六日ポーゼン〔ポズナニ〕のヒンデンブルク司令部をはじめて訪れたときに、この東部におけるドイツの最高級軍人に対して、ドイツ東方国境はどんな形で再編成することが望ましいかについて、彼〔ヒンデルブルク〕の、専門家的判断にもとづく意見をきかせてくれ、と求めた。なるほどヒンデンブルクは、後に回想録のなかで宰相と併合問題を話し合ったことを否認しているけれども、事実は早くも一二月一一日ベートマン－ホルヴェークに宛てて詳細な地図を付してその欲する国境線に関する見解を送付していた。これにたいし二日後にベートマン－ホルヴェークは心からの謝意を表明している。

〔無制限な〕諸民族支配政策と衛星国政策という思想にたいして、一定の制限を設けた国境帯状地帯案なるものは、以下にのべるような宰相の決心と直接に結びつけたときにはじめて理解することができる。すなわち、全体の状況が困難であるという印象の下に、ベートマン－ホルヴェークは一九一四年一一月末から一二月はじめにかけて、東方における要求を緩和して、ロシアとの単独講和――必要とみなされるこの単独講和の締結を脅かさない限りでは併合を実現したいと希望したが――を締結しようと決心したのであった。だが国境帯状地帯という構想そのものがまさに、その帯状地帯の広がりの程度とその地帯の内的な秩序の問題の解明とを必要とした。このためベートマン－ホルヴェークは、これらの計画と関連するあらゆる問題を熱心に引き続いて追求させたのである。

ドイツの併合・移住政策の推進力となったのは、フランクフルト＝アン＝デア＝オーデル県知事フリードリヒ＝フォン＝シュヴェリーンであった。彼は、プロイセン高級官僚の閉鎖的グループに属してはいたが、高度に政治的な気質と人種論的《フェルキッシュ》民族主義の信念をもっていたために、むしろドイツで政治的に行動する人びとの中では、次の時代に活動する新しいタイプを代表する人物であった。一九一四年から一五年にかけて、彼は宰相官房から、ベートマン＝ホルヴェークのために東ヨーロッパにおけるドイツの併合・移住政策の原案を作成するように命ぜられた。一九一五年三月二五日のシュヴェリーンの最初の宰相宛覚書は、第二のさらに詳しい一九一五年一二月三一日付覚書によって補完された。彼の提案は、とくにポーランド国境帯状地帯およびリトアニア、クーアラントの諸州の併合に関連していた。彼の構想によれば、これらの地域に対してドイツ本国およびロシアに居住するドイツ人移住者の間から大規模に移住させようというのであった。シュヴェリーンはこの資料豊富な覚書の執筆者として、以後東方における併合・移住問題に関する宰相の最も重要な助言者となった。ベルリン大学の著名な農学者マクス＝ゼーリングは、一九一五年九月政府の委託をうけ、占領されたばかりの東方地域を旅行し、これを大部の報告書にまとめたが、(33) シュヴェリーンはこのゼーリングを協力者にして同じ意見の持ち主だとみなしていた。

戦争償金

東ヨーロッパおよび西ヨーロッパに対する領土的・政治的戦争目的とならんで、ドイツの政策のさらに広汎な目的が政府部内の討論ではっきりしてきた。つまり、周囲の列強の財政的な資力を可能な限り最大限に奪い去り、ドイツの戦費を敵側に負担させることによって、これらの国の弱体化をはかることが討議されたのである。

すでに一九一四年八月末、宰相はこの問題を討議するため、ドイツ銀行取締役ヘルフェリヒを大本営に招き、八月二六日には副宰相デルブリュクに「フランスとベルギーが負担することのできる戦争償金の額はどの位が限度か」を算定することを命じた。(34) 九月九日、宰相は戦争目的綱領において、フランスに巨額の対ドイツ戦争償金を課して、今後一五年ないし二〇年の間大規模な軍事支出ができないようにするべきだ、という一般的原則を立てていた。

広く経済的可能性を検討するために、宰相は一九一四年一〇月半ばツィンマーマンとデルブリュクに命じて、ベルリン最大の株式銀行――ドイツ銀行、割引銀行《ディスコント・ゲゼルシャフト》、ドレスデン銀行、商工業銀行(ダルムシュタット銀行)、ベルリン商業銀行《ハンデルスゲゼルシャフト》――の支配人たち、および政府と親しい私的な銀行家族メンデルスゾーン、ブライヒレーダー、ヴァールブルク家の首長たちと接触させた。宰相はこれらの銀行に、戦争償金に関する専門家としての意見を文書にして提出することを求めたが、そのさい彼が特に強調したのは、専門家たちが「高額な償金を挙示することに限ることなく、まず支払方法とその保障を問題と」することであった。ベートマン-ホルヴェークは講和締結のさい現金支払の代りに「近東と極東においてイギリス、フランス、ベルギーの所有する鉄道、港湾、鉱山の諸特権または国籍選択権をドイツの手に移すのを要求すること」を考えた。九月九日綱領と比べてここで新しかったのは、ベートマン-ホルヴェークがフランスとともに今やベルギー、イギリス、ロシアに対しても、敵国を全般的に、かつ長期にわたって弱体化するという構想にもとづいて、高額の金銭的負担を課そうとしたことである。[35] 銀行家たちは直ちに求められた意見書を作成したが、それには帝国政府指導部と完全に一致して、敵国の経済的能力およびその利用の可能性に関する詳細な見解が示されていた。

「尚早な」講和の拒否

ドイツの世論も帝国政府指導部も、全ての敵を打倒してドイツの欲するままの講和条件を敵に強制しようと堅く決意していたために、当時のドイツは、敵国のすべてが敗北してしまわない限り、またドイツ人が全面的勝利への希望をなおもっている限り、敵側の一国と単独講和を結ぼうとはしなかった。

このことは最初の講和斡旋にたいするドイツ側の反応がよく示していた。マルヌ会戦が最高頂に達したとき、フランスの軍事的敗北の切迫を予期したアメリカの駐ベルリン大使ジェラードは、一九一四年九月九日――ベートマン＝ホルヴェークが戦争目的綱領を発送した日――次のような質問を行なった。ヨーロッパにおける領土の現状を維持した上でフランスと講和を締結する用意があるかどうか、勿論そのさい、ドイツはフランスからその欲するだけの額の戦争償金とフランス領植民地のうち欲するだけのものを自由に獲得し得るのであるが(36)、と。ツィンマーマンはけんもほろろにこれを断わり、次のように述べた。

「ドイツはなんとしても、永続的な平和が可能となるような条件で、戦争を終結したいと望んでいる。この願望は、ここで述べられたような方式の条約では、目下のところ明らかに満たされないであろう。それが満たされるためには恐らくフランスとの決着だけでなく、ロシア、イギリスとも決着をつけなくてはならぬであろう。さもなければわれわれは……数年のうちに協商諸国との新しい戦争を予期せねばならないが、ドイツ民族《フォルク》はそのようなことを現在のごとき途方もない努力の後では絶対に避けようと思っているのだ……」

ツィンマーマンが「民族《フォルク》」という言葉を引き合いに出したことについては、ここ数週間のドイツ人の激しい興奮状態と、ツィンマーマンがアメリカ人の思考方法に対して理解を示そうとしたことを考慮にいれなければならないにしても、彼のそれにつづく意見にはやはり次のことが示されている。すなわち、外交は国内の権力関係から独立して指導する必要があるという、ビスマルク時代以来ドイツ国家が自明の理としてきた基本方針が如何に変ったか、また政府の行動は世論、政党、団体に制約されているという意識がドイツ政府に如何に強く存したか、ということである。彼が政府は「自分自身が存続して行くためには、大使の疑いもなく友好的な提議にどうしても応ずることができないのである[37]」と語るとき、それは上述の有力な諸勢力のことを示唆していた。ヨーロッパにおける戦争目的を断念するという政策を、たとえそのときに政府が欲したとしても、政府はそれを主張できなかったことであろう。

この意味においてベートマン－ホルヴェークは九月一二日、政府の見解に関する次のような指示を与えた。

「この戦争は、われわれが欲したものではなく、われわれに押しつけられたものである。たとえわれわれがフランスを敗北させたとしても、ロシアとイギリスがなお敵対している……われわれがいまアメリカの斡旋案を受けたとすれば、敵方にはわれわれの弱さの現われと解釈されようし、わが民族《フォルク》も政府の態度を理解してはくれないであろう。かくも大きな犠牲をはらったわが民族《フォルク》は安全と平安の保障を要求しているからである。」

ドイツ系アメリカ人の銀行家グループが講和の斡旋を試みたという情報は、反独的新聞によって宣伝的に利用され、ドイツ政府がこのような動きのイニシャチヴをとったのだと主張された。宰相はドイツの紙聞紙上での声明[38]によってこのような噂に精力的に対抗したが、このときはじめて、アメリカ大使への返答の際にはっきりのべたのと同じ表現を用いた。そこで彼は「敵の新たな襲撃を防ぐ」ために、「民族《フォルク》がその安全とその将来のために持たねばならぬ」「担保」と「保障」について語ったのである。

「保障」というスローガンによってベートマン－ホルヴェークは、戦争の防衛的性格の主張と、今後の内外にたいする攻撃的戦争目的とを一致させるのに都合のよい言葉を見出した。そしてこの言葉は、戦況が変っても、現状維持〔講和〕への後退を拒否するために、たえずスローガンの意味内容を変化させながら用いられた。

だが、東西にたいするかかる領土的・経済的・軍事的な戦争目的の全体は、ドイツがあらゆる敵を打倒し、自分の欲する講和を敵に強制し得たときにはじめて実現される。このことをドイツ帝国政府指導部は一九一四年秋に——少なくとも一〇月末までは——固く決心していたのである。

(1) DD, II, Nr. 456, 閣議議事録。
(2) Kuno Graf v. Westarp, Konservative Politik im Kaiserreich, Berlin 1935, Bd. 2, S. 1 f. 一九一四年八月六日付ヴェスタルプのハイデブラント＝ウント＝デァ＝ラーザ宛書簡。
(3) 一九四五年以後の文献については、Werner Conze, Die Zeit Wilhelms II., in: Deutsche Geschichte im Überblick, ein Handbuch, hg. von Peter Rassow, Stuttgart 1953, S. 605. 参照。最近の包括的叙述 Karl Dietrich Erdmann, Die Zeit des Weltkrieges, in: Bruno Gebhardt, Handbuch der deutschen Geschichte, 8. völlig neubearbeitete Auflage, hg. von Herbert Grundmann, Bd. 4, S. 42. においても、ベートマン＝ホルヴェークの立場は動揺し計画を欠くものとしてのみ特徴づけられている。同様に論じるものに Martin Göhring, Bismarcks Erben 1890–1945, Deutschlands Weg von Wilhelm II. bis Adolf Hitler, 2. erweiterte Auflage, Wiesbaden 1959, S. 112.
(4) DZA Potsdam RK, Krieg 1/2, Nr. 2402. ベートマン＝ホルヴェークよりエーリヒ＝マルクスへ、一九一六年七月一七日、一九一六年三月一六日付の自筆原稿の見解。同様の見解を彼は一九一六年八月一六日、エーリヒ＝ブランデンブルクに宛てて書いている。DZA Potsdam, RK, Krieg 15, Bd. 10, Nr. 2444/5.
(5) Amtliche Kriegsdepeschen nach Berichten von WTB I, S. 117.
(6) 宰相の助言者としてヤーゴとヘルフェリヒは大本営にいた。DZA Potsdam, RK, Gr. Hq. 21, Nr. 2476. ベートマン＝ホルヴェークよりデルブリュックへ、一九一四年九月九日。ヘルフェリヒ宛書簡は RK, Gr. Hq., Belgien Bd. 1, Nr. 2463. を参照せよ。また一九一四年八月二八日、二九日コブレンツから送られたヘルフェリヒの覚書を参照。ebenda. ヘルフェリヒからベートマン＝ホルヴェークへ、一九一四年九月九日。ベートマンの返事。九月一二日。
(7) Bundesarchiv Koblenz のベートマン＝ホルヴェーク—ラーテナウ往復書簡参照。

（8） 一九一四年八月二八日付ラーテナウの宰相宛書簡，DZA Potsdam, RK, Gr. Hq. 21, Nr. 2476. 参照。ベートマン－ホルヴェークはこの覚書を非常に重視し，関係部局に回覧させた。DZA Potsdam, RK, Mitteleuropäischer Wirtschaftsbund, Bd. 1, Nr. 403. 一九一四年九月三日，デルブリュクから帝国宰相へ。その他，一九一四年九月七日付ラーテナウのベートマン－ホルヴェーク宛書簡については，Walter Rathenau, Ein preußischer Europäer, Briefe, hg. von M. v. Eynern, Berlin 1955, S. 118 ff. なお次の書を参照せよ，Eric Kollmann, Walter Rathenau in German Foreign Policy, in: Journal of Modern History, Vol. XXIV, Nr. 1, S. 127 ff.

（9） DZA Potsdam, RK, Gr. Hq. 21, Nr. 2476. 一九一四年九月一三日，デルブリュクより帝国宰相へ。

（10） Ebenda. ベートマン－ホルヴェークよりデルブリュクへ一九一四年九月一六日。ebenda. デルブリュクよりベートマン－ホルヴェーク宛一九一四年九月一三日付書簡に言う。「ブリエ鉱床の併合は，フランスとドイツが一つの経済地域となるとすれば，余計なこととなろう。」

（11） DZA Potsdam, RK, Gr. Hq. 21, Nr. 2476. 外務次官より外務大臣へ，一九一四年九月三日。

（12） AA, Wk 15. 秘密討議，一九一四年八月二五日。ゾルフの返事，一九一四年八月二八日および九月二五日，地図がそえてある。

（13） AA, Wk 15, Bd. 2. ゾルフよりヤーゴへ，一九一六年九月八日。

（14） ベートマンよりデルブリュクへ，一九一四年九月一六日。DZA Potsdam, RK, Gr. Hq. 21, Nr. 2476.

（15） Werner Kruck, Geschichte des Alldeutschen Verbandes 1894–1944, Wiesbaden 1954, S. 71 ff. を参照せよ。この覚書は一九一四年八月二〇日，全ドイツ連盟執行委員会第一回戦時会議で確認され，同年九月初印刷された。

（16） 以下については Kruck, a. a. O. 参照。クルップの戦争目的綱領については，Siegfried Boelcke, Krupp und die Hohenzollern, Berlin 1956, S. 147 ff. をみよ。

（17） DZA Potsdam, RK, Gr. Hq. 21, Nr. 2476. ベートマン－ホルヴェーク宛書簡をそえたエルツベルガーの覚書，一九一四年九月二日。

（18） Ebenda. ベートマン－ホルヴェーク宛エルツベルガーの書簡をそえたテュッセンの覚書，一九一四年九月九日。九月一二日に提出された。

(19) DZA Potsdam, RK, Gr. Hq. 21, Nr. 2476. ベートマン－ホルヴェークよりデルブリュクへ、一九一四年八月二六日。なお次の書を参照せよ、Volkmann, Die Annexionsfragen des Weltkrieges, in: Das Werk des Untersuchungsausschusses der Verfassunggebenden Nationalversammlung und des Deutschen Reichstages 1919–1930, 4. Reihe, II. Abteilung, 12. Band, Berlin 1929, S. 35. ここでもダルヴィッツとレヒリングについては実質上わずかしか収められていない(S. 36)。

(20) DZA Potsdam, a. a. O. レヒリングの提案をそえたダルヴィッツのベートマン－ホルヴェーク宛書簡、一九一四年九月三日。同じ個所には宰相の一九一四年九月九日付の返事もある。

(21) Ebenda. ベートマン－ホルヴェークよりデルブリュクへ、一九一四年一〇月二二日。

(22) Volkmann, a. a. O., S. 36. 同様な命令を宰相はすでに一九一四年九月九日、ダルヴィッツに与えていた。

(23) DZA Potsdam, RK, Gr. Hq. 21, Nr. 2476. ベートマンよりデルブリュクへ、一九一四年九月九日。

(24) DZA Potsdam, RK, Gr. Hq. 21, Nr. 2476. ベートマン－ホルヴェークよりツィンマーマンへ、一九一四年一〇月一八日。

(25) Volkmann, a. a. O., S. 193 ff.

(26) DZA Potsdam, RK, Gr. Hq., Belgien, Bd. 1, Nr. 2463, Bethmann an von Sandt.

(27) DZA Potsdam, RdI., Bericht der politischen Abteilung II B: Flamenpolitik, Nr. 19494.

(28) DZA Potsdam, RK, Gr. Hq. 21, Nr. 2476. ベートマン－ホルヴェークよりティルピッツへ、一九一五年一月八日。Ebenda. ティルピッツのベートマン－ホルヴェーク宛返事、一九一五年一月一九日。一九一四年一一月一五日、ティルピッツは艦隊出動について話したさいファルケンハインに「われわれ(海軍)は何はさておき陸軍が出来るだけ早くカレーと運河諸港を占領することを期待している」と述べた。Alfred von Tirpitz, Deutsche Ohnmachtspolitik im Weltkriege, Politische Dokumente, Hamburg und Berlin 1926, S. 166.

(29) Graf Bogdan v. Hutten-Czapski, 60 Jahre Politik und Gesellschaft, 2 Bde, Berlin 1936, Bd. II, S. 145 f. 以下

についても同様。

(30) この概念はウィーン会議のとき成立する。このとき「ポーランド王国」がロシア帝国の内に創られたのである。

(31) 一九一四年八月—九月のレヒェンベルクの覚書、DZA Potsdam, RK, Gr. Hq. 21, Nr. 2476. 一九一四年八月一五日、八月二七日、九月五日。

(32) ポーランド国境帯状地帯の問題については、Imanuel Geiss, Der polnische Grenzstreifen 1914–1918, Hamburg und Lübeck 1960. を参照。

(33) 一九一五年九月のゼーリングの報告。AA, Wk 20d geh.

(34) DZA Potsdam, RK, Gr. Hq. 21, Nr. 2476. ベートマンよりデルブリュクへ、一九一四年八月二六日。ebenda. ラーテナウよりベートマン－ホルヴェークへ、一九一四年八月二八日を参照せよ。ここでは開戦五週間後に総額四〇〇億金フランをフランスに要求していた。

(35) 註(21)参照。

(36) AA, Wk, Gr. Hq. 21, Bd. 1. ツィンマーマンよりベートマン－ホルヴェークへ、一九一四年九月九日。ここに一九一四年九月一二日付ベートマン－ホルヴェークの返信もある。

(37) Ebenda. 上。

(38) AA, Wk, Gr. Hq. 21, Bd. 1. とくに一九一四年一〇月一六日付ケルニッシェ＝ツァイトゥング紙上における否認。

第四章　革命の促進
――戦争方策と戦争目的――

ドイツ軍がフランスを最初の攻撃で突き崩そうとしていた間に、ドイツ帝国政府指導部は参謀本部と一緒になって大規模な革命促進計画を準備していた。この計画はツァーリ帝国にたいすると同じくイギリス帝国にたいしても向けられていたが、ロシアでのみ直接の成功を収め、一連の世界史的事件をひきおこしたのである。この行動は大戦勃発と同時にはじまった。最初は戦争指導上の戦略的方策としてこの計画がとりあげられた。すなわち、一方では、ドイツ東部国境へのロシアの進撃を遷延させ、またロシア帝国内部に騒乱を惹起させてロシア軍の一部を釘付けにしようとする計画で、他方では、イギリス艦隊の一部を海外地域へと移動させ、またフランスが植民地で兵士を徴募することを困難にしようとする計画であった。

革命の促進という戦略的方策とイギリス・ロシア両帝国を破砕しようとする戦争目的は融合していた。フランスとイギリスは、その植民地の有色諸民族のなかに最大の弱点をもっているようにみえたし、ロシアでは非ロシア系諸民族が叛乱を煽動する際の出発点となっていた。

ドイツ皇帝の革命促進観

この反英的計画の原型は、二〇年間におよぶドイツの「世界政策」のなかで展開された、皇帝ヴィルヘルム二世のお気に入りの考え方にみられる。皇帝はすでに――汎イスラム運動の世界政治的重要性を指摘したマクス＝フォン＝オッペンハイムの理論に励まされて――一八九八年一一月の有名なダマスクス演説のなかで、三億のイスラム教徒の保護者を気取っていた。(1) ドイツ皇帝のこの僭称は、イスラム教徒がフランス、ロシア、イギリス帝国にたいする戦争のさいに示すであろう革命の可能性についてのオッペンハイムの理論に照らして、考察しなくてはならない。ヴィルヘルム二世がこの理論に共鳴していたことは、一九〇六年と一九〇八年の二回の危機的状況――いずれの場合も戦争の瀬戸際にまでいたったが――にあって再三この理論をとり上げていたことからみても明らかであろう。(2)

一九一四年七月二九日(したがってまだ大戦勃発以前に)、新たな危機が起こったとき、――今度は実際に世界大戦が起こってしまったが――この決定的瞬間に、皇帝はこの理論を直ちにまたとり上げた。彼は、「戦争の場合にはドイツに帰還する」というドイツ軍事使節団とリーマン＝フォン＝ザンデルス将軍との一致した希望を伝えたコンスタンティノープルからの電報の欄外にこう書き入れた。「そこに止まるべきだ、そしてイギリスにたいする〔イスラム教徒の〕戦争と叛乱とを煽動すべきだ。そこで彼が最高司令官となるはずの〔ドイツ・トルコ間の〕同盟について、まだ何も知らないのか?!。(3)」

翌七月三〇日、皇帝はペテルブルク駐在ドイツ大使プルタレス伯爵の電報に記入した欄外の註で、オリエントでの全般的な反英蜂起計画をさらに大胆に表現した。

イギリスから「キリスト教的平和という仮面を……公然とはぎとるべきだ……トルコとインドにいるわが領事や出先機関などは、全イスラム世界を、この憎むべき嘘つきの良心のない町人根性のイギリス国民にたいする激しい叛乱に燃えたたせなければならぬ。われわれが血を流せば、イギリスは少くともインドを失うであろうから。(4)」

一九一四年八月二日のドイツ・トルコ同盟は、まさに汎イスラム運動の展開を目標として結ばれたし、かかる運動の出発点として〔異教徒に対するイスラム教徒の〕「聖戦《ジハード》」が実行されるはずになっていた。事実、ドイツにさそわれてトルコが参戦した後には、スルタン－カリフによって「聖戦《ジハード》」宣言が実際に行なわれた。

革命計画の担い手

ドイツ帝国がイギリス・フランス・ロシアにたいして計画した破壊活動の指導は、参謀本部残留代理部〔前線に移動した参謀本部のベルリンにおける残留代理部〕政治課と外務省によって行なわれた。ベートマン－ホルヴェーク、ヤーゴに次いで特に積極的なのは外務次官ツィンマーマンであった。(5) 彼は、ドイツがこの戦争でイギリスとロシアを同時に打倒すべきだという信念をもっていたので、ドイツの勢力を東西の両方面に向かって拡大する政策のベルリン中央政府内部における推進者だとみなされていた。一九一四年当時に彼の政治的活動能力が決定的な意味をもっていた理由は、開戦当初の一、二カ月、ツィンマーマンだけが〔ベルリンの〕外務省で執務しており、宰相と外相ヤーゴは〔コブレンツの〕大本営にいたからであった。だがさらに重要なことは、ツィンマーマンが政府部内の文官のうちで皇帝の信頼のもっとも厚い人物であったことである。というのも、彼の頑固で向う見ずなやり方が、言動のすべての点で皇帝とは違う気質をもっていたベートマン－ホルヴェークやヤーゴよりも、ずっと皇帝の気に入っていたからである。だから彼は、一九一五年から一六年にかけてはまだ外務次官であったのに、皇帝がまれにポツダムに滞在するさいには、上役たる宰相ないし外相よりもさきに、そして彼らよりもしばしば、内密な政治的談合のため新宮殿《ノイエ・パレス》に招かれていた。(6)

彼の相手は参謀本部残留代理部政治課長ルドルフ＝ナドルニであった。彼も外務省出身で、戦争が始まるとファルケンハインに招かれてこの地位についた。もう少し愛想がよかったとはいっても、ツィンマーマンとはもともと同じ性格の人物であった。(7)

大戦が勃発すると早くも一九一四年八月二日、イスラム世界の煽動のために、前代理公使マクス＝フォン＝オッペンハイム男爵があらためて外務省に招かれた。外交官および学者としてオリエントで活動したことのあるオッペンハイム(8)は、すでに一八九八年七月五日、まだ始ったばかりのドイツのオリエント政策の目的のために、汎イスラム運動を動員する可能性に関する厖大な覚書を書き、(9)皇帝に同年一二月八日のダマスクス演説の霊感《インスピレーション》を与えていた。彼はジハードすなわち「聖戦」に触れながら予言した。「今日ですらその成果ははかり知れないものがある。」それゆえに戦争になったらスルタンは、多数のイスラム教徒を擁するどの国と戦うさいにも、有効な同盟者である、と指摘していた。

一九一四年九月の聖戦のための計画もまた、オッペンハイムが作製したものであるが、ここでは彼は、汎イスラム宣伝をイスラム世界の革命促進〔協商諸国に対する反逆〕のための最も有効な武器として認め、まず第一の行動としてペルシアとエジプトへの遠征軍の派遣を提案していた。(10)

オッペンハイムとともに仕事をしたのは、最も影響力のあるドイツのオリエント政策の宣伝家エルンスト＝イェックで、この当時はベルリン大学のトルコ史教授であり、活動的な自由主義的評論家であった。(11)彼はとくにマティーアス＝エルツベルガーとともに、「対外情報局」で活躍したが、これは大戦勃発と同時に外国でドイツの宣伝活動を行なうために創設されたものである。

オリエント通の駐コンスタンティノープル大使フォン＝ヴァンゲンハイム男爵は、皇帝の、したがってまたツィンマーマンに代表される世界政策の路線に忠実に従った。

ロシアの領域とくにウクライナについては、イェックおよびフリードリヒ＝ナウマンの友人である〔ロシア領〕バルト地方出身のドイツ人パウル＝ロールバハが重要であった。(12)ロールバハの基本的構想はこの地方での旅行経験から生まれたもので、彼はテーオドール＝シーマン、ヨハネス＝ハラー、その他ドイツ在住のバルト〔ドイツ〕人とともに、ロシアを解体してピョートル大帝以前の国境に押し戻し、そうすることによって同国をいつまでも弱めておこうという構想の代表者となった。

外務省でツィンマーマンとともにロシア問題で最も積極的であったのは、公使ディエゴ＝フォン＝ベルゲンで、彼は一九一九年から四三年までヴァティカン駐在ドイツ大使として活躍した。(13)ロシア帝国の周辺地域で諸民族の叛乱に最も強い刺激を与えた公使館の青年書記官フォン＝ヴェーゼンドンク(14)も、彼に劣らず重要であった。

以上の外務省の人たちとともに少なからず重要なのは、三人の中立国における外交代表部長官であった。ベルンのフォン＝ロンベルク男爵、コペンハーゲンのブロクドルフ－ランツァウ伯爵、ストックホルムのルーツィウス＝フォン＝シュテッテン男爵である。コンスタンティノープル大使館とともにこれらの代表部は、全ロシア帝国を覆うドイツの情報網や密使網の中枢をなしており、彼らはその精力の大部分をドイツ側の革命計画の促進に捧げたのである。

イスラム世界

外務省と参謀本部の反英活動は、大戦勃発いらいとくにイギリス帝国の二つの重要な地点、エジプトとインドに向けられた。

早くも八月二日、モルトケは外務省宛書簡でかかる構想を表明したが、八月五日再びそれを非常に明確にくりかえした。

「最も重要なのは……インドとエジプト、またカフカースにおける叛乱である。トルコとの条約によって外務省は、この構想を実現し、イスラム教徒の狂信を刺激しうる立場にあるのだ。(15)」

スヴェン＝ヘディーンの情報では、インド進入を熱烈に求めているというアフガニスタンのエミール〔一定領域の支配者、王または大公〕が〔実際に〕侵入すれば、インドに叛乱が起ることとであろう。(16) かくてアフガニスタンのエミールと連絡をつけるため、すでに伝説となったフォン＝ニーダーマイアー、クライン、ヴァスムス、フォン＝ヘンティヒといった一連の派遣隊が、ペルシアに送られた。(17) だが、これらドイツ部隊は、孤立していたために、アフガニスタンとの連絡をつけるという課題をはたし得なかった。いわんや同国を対インド戦争にひきこみ、イギリスの支配にたいする革命をインドに起こさせるようなことは出来なかった。

このような努力とともに、戦争の全期間を通じてドイツ帝国政府指導部は、聖戦《ジハード》をシーア派にまで拡げて、その精神的中心地バグダッドから策動して、ペルシアを参戦へと動かそうとした。[18] そうすればドイツは「アフガニスタンに関しても、またインドにたいしても、効果的に計画を進展させるための後楯」を見出せるはずであった。[19] ドイツ政府はペルシアに正式の条約締結を迫った。この条約で、ペルシアはその全兵力をもってイギリスとロシアを直接攻撃する義務を負い、その代りに「隣国アフガニスタン、ブハラ、ヒヴァを獲得する」――後二者はロシア支配下のイスラム教地方――ことを約束されるはずになっていた。[20] こういったあらゆる努力にもかかわらず、ペルシアを参戦させることはできなかった。このため、アバダンのアングロ-ペルシア石油会社の油田や設備を、隣接するトルコ領内から行なうサボタージュ行為によって、ドイツの領有に帰せしめるか、――アルベルト＝バリーンがいい出し、陸軍最高司令部と外務省が一九一四年末に承認したように――あるいは少なくともそれを破壊するか、という試みがなされた。[21]

ほとんど成功を収めたのは、数カ月にわたって準備したドイツとトルコのスエズ運河にたいする共同作戦であった。そもそもベルリンではこれを「イギリスの覇者としての地位の心臓部にたいする一撃」として途方もない期待をかけていた。[22] この作戦の前提はもちろん、ドイツ側に立つトルコの事実上の参戦であったが、これは一九一四年一〇月までひきのばされた。トルコは、カフカース地方でロシアを攻撃するとともに、スエズ運河とエジプトを攻撃することになっていた。[23] この作戦準備のため、コンスタンティノープル駐在ドイツ大使は、すでに一九一四年八月はじめ以来エジプト副王《ケディーヴ》〔大きな自治権をもつオスマン帝国地方総督〕と接触し、四〇〇万金フランをこれに提供していた。ドイツの作戦目標は、ツィンマーマンが一九一四年八月二五日ヴァンゲンハイム宛訓令で述べたように[24]「エジプトにおけるイギリス支配を粉砕する」にあった。軍事的困難のためにトルコがたじろぐと、ツィンマーマンはベルリンから、少なくとも驟馬部隊と駱駝部隊でスエズ運河を攻撃するように励ました。

エジプトでの蜂起は「どんなことがあっても」ひき起こさねばならぬ、というわけである。(25)

エジプトでの蜂起はもちろん、起こらなかった。というのも、イギリスはエジプト人部隊をスーダンに移し、インド・イギリス人部隊をスエズ運河に送り、これがドイツとトルコの二度にわたるスエズ運河奪取の試みを失敗させたからである。

イスラム世界をイギリス帝国攻撃のために動員しようというドイツの政策の次の活動分野は、アラビアであった――トルコとの共同行動および「聖戦《ジハード》」という方策は、スルタン‐カリフにたいして、ただゆるやかにしてしばしば不明確な服属関係にあるアラビアの族長たちを獲得できたときにのみ、期待された成果をあげることができたからである。それなのにドイツにできたことは、イスラムの聖地の守護者メッカのシェリフ〔マホメットの子孫の称号〕とイブン＝サウード――一時的にすぎなかったとはいえ――を味方につけたことであった。(26)

ドイツとトルコは、ここではかの伝説となった「アラビアのロレンス」というすぐれた手腕をもつ敵手にぶつかった。バグダッドでのイギリスの軍事的勝利と、ドイツと異ってイギリスがアラビア諸部族に完全な独立を約束できた事情とが、イギリスの政策がアラビアでドイツのそれより有効であった理由である。

パレスティナから遂行されたスエズ運河とエジプトにたいするドイツの作戦を支援するため、セヌッシィ団〔キレナイカにある反キリスト教的武装団体〕をドイツ側に獲得して、リビアからエジプトへと侵入させようと試みられた。これはとくにエンヴェル＝パシャのお好みの構想であって、彼は密使を送りセヌッシィ団に働きかけようとした。(27) 同じ目的で、ヤーゴはドイツの探険家レオ＝フロベーニウスをアビシニアに派遣した。(28) ヤーゴはドイツ公使に次のように訓令した。「アビシニアがイギリスにたいして断乎たる処置をとるよう、あらゆる方策を用いて働きかけること。」

第一次大戦勃発当初のドイツ帝国の革命促進の努力は、カサブランカにいたる北アフリカ全域に及んでおり、したがってフランス植民帝国にたいしても向けられていた。ここではアラビア人とベルベル人をフランスにたいして蜂起させようと努めていた。(29)

北西アフリカ、とくにその沿岸地方では、ドイツの煽動の前提条件は、イスラム世界のどこよりも有利であった。というのも、ここではフランスの植民地支配にたいする諸部族の伝統的抵抗が、すでに国民的自覚の萌芽と結びついていたからである。「アルジェリアとチュニジアのイスラム教徒は、フランスにたいする憎悪にみちており、解放を熱望している」とオッペンハイムは判断した。だがこの判断から性急に――外務省もまた――北西アフリカ地域の革命促進という政治的結論を引き出した。モロッコでもドイツの政策は、大戦前の古い関係を利用しようとした。一九一四年八月以後、ドイツ帝国は次のものと関係をつけた。部族長ライスリとモウハ＝サイド――ドイツがすでに大戦前モロッコで協力関係をもっていたムライ＝ハフィドの義兄弟――またアブ＝デル＝マレク――モロッコの自由の闘士アブ＝デル＝カデルの息子――などがそれで、これら全ての人物にはドイツ皇帝から沢山の勲章が授けられていた。(30)

だが現実にイスラム圏に投入された費用と人物とは全く不十分であり、狙った効果はゼロに等しかった。ヨーロッパでの戦争指導と同じく、ドイツ帝国政府指導部は、ここでもドイツの可能性をかなり過大評価し、敵側の抵抗力を過小評価していたのである。

アイルランド(31)

アイルランドの武装蜂起を援助し、イギリスをそのすぐ隣接する地域で困難に陥れようという試みも、またドイツの煽動活動に含まれていた。ここでもまたドイツは、大戦前の数年間には、過去一〇〇年間の紛争が激化して、公然たる叛乱の瀬戸際にまでたちいたっていた状況を利用することができた。アイルランド介入のイニシァチヴをとったのは、こんどはドイツ系アメリカ人や全ドイツ主義的なニューヨーク総領事ファルケであった。彼らは、アメリカ合衆国内のアイルランド系分子を反英運動に動員し、ドイツの味方につけるように提案した。だが、ワシントン駐在ドイツ大使ベルンシュトルフ伯爵は、この提案に反対した。というのも、そのような試みのために、逆に、アメリカ合衆国で政治的・文化的に指導的なイギリス系分子が、合衆国を反ドイツ的方向に動かすことを恐れたからである。かかる警告にもかかわらず、ドイツ政府はやはり、ロージャー=ケイスメント卿をニューヨークからドイツに招いた。ここで彼は、ドイツ政府当局および軍当局のなかにアイルランド蜂起にたいする期待をはぐくませた。ケイスメントが、ドイツの潜水艦でアイルランド海岸に上陸し、逮捕され、処刑された事情は、一九一六年復活祭のダブリンでの蜂起同様によく知られている。

しかしながら、われわれの文脈にとって重要なのは、ここでもまた、アイルランドで試みられた叛乱において、戦争方策と戦争目的とが関連していたことである。一方では、イギリスの土台を撹乱することでドイツの西部戦線の負担を軽減し、他方では、その構成員の一部の脱落をはかることでイギリス帝国の弱体化をはかることが企てられていたからである。

ロシア帝国における諸民族の叛乱煽動

一九〇五年から〇六年のロシア革命の失敗の結果、多数の亡命者が全ヨーロッパにひろがった。大戦が勃発すると、ドイツの政府指導部は、ロシアの革命を促進させようとして、ロシア亡命者に働きかけた。

ロシア帝国の革命の促進も、同じく二つの意味をもった。一つには、自らの戦争遂行の負担を軽減するための武器として——戦争遂行の重点が、シュリーフェン計画によれば、何よりも先ず西方におかれていただけに——、いま一つには、「九月綱領」が予定したように、ドイツ国境からロシアを押し戻すという基本的戦争目的を貫徹するための手段として、である。「巨人国ロシア」の脅威という感情と、この脅威を防げるだけの「安全保障」を求めるドイツ人の願望とは、早くから経済的・移住政策的な領土拡張の意図と結びついていた。

戦端が開かれる前のまだ七月末に、外務省は早くもポーランドの「解放」をもくろんでいた。すでに一九一四年八月五日、ヤーゴはヴィーン駐在ドイツ大使に「わが軍はポーランド解放の宣言を用意している」(32)と語っていた。一九一四年八月三日には、ツィンマーマンは、コンスタンティノープル駐在ドイツ大使に電報で、カフカースをロシアにたいして蜂起させるよう訓令していた(33)。八月六日宰相は、ストックホルム駐在ドイツ公使フォン＝ライヒェナウに、隣国フィンランドで蜂起をひきおこすこと、このためフィンランド人に「自治的緩衝国（共和国）の形成を約束すること」(34)を命じていた。フィンランドで公布さるべき布告の「指導原則」には、ベートマン－ホルヴェークの訓令によれば、ドイツの戦争目的として公然と「ロシアによって抑圧されている諸民族の解放と安全保障、ロシア専制政治をモスクヴァへと後退させること」が述べられていた。

ヤーゴが起草した宰相の一九一四年八月一一日付ヴィーン駐在ドイツ大使宛訓令は、戦争方策と戦争目的との密接な結合を誤解の余地なく示していた。ドイツの政策の目的として帝国政府指導部は次のように示した。

「ポーランドのみならず、ウクライナの叛乱をも、われわれは次の理由で非常に重要であると思う。

(1) ロシアにたいする戦争方策として。

(2) 戦争が勝利に終った時には、ロシアとドイツとくにオーストリア－ハンガリーとの間に、多くの緩衝国を創設することは、巨人国ロシアの西ヨーロッパにたいする圧力を軽減し、ロシアを出来るだけ東方へ押し戻すという目的にかなうであろうから。

(3) ルーマニアの見解によれば、ベッサラビアの奪還は、非ロシア的な他の国々の建設によって防護されたときにのみ、有用であり持続的であろうから。(35)」

したがって、ドイツの政府が独立したウクライナ国家の創設という構想をはじめて抱いたのは、一九一八年はじめブレスト－リトフスクにおいてではなく、またルーデンドルフ麾下の第三次陸軍最高司令部ないし全ドイツ主義者にたいするドイツ政府のいわゆる降伏以後のことでもない。早くも開戦第二週に、ロシアからのウクライナの分離がドイツの政策の公式目的として表明されていたし、強制的な講和が万一結ばれた場合の長期的目標としてこれが堅持されていた。一九一四年一〇月一七日、オーストリア－ハンガリー帝国外相ベルヒトルト伯爵は、ソフィア駐在公使を通じてブルガリア政府に次のように述べた。「われわれの主要目的もドイツのそれも、ロシアを出来るかぎり弱体化させることにある。このためわれわれは、ウクライナおよびその他わが国境に隣接する地域に住んでいてロシアに抑圧されている諸民族の解放を期待している。(36)」

同じくベルヒトルトは、一九一四年一一月はじめ、コンスタンティノープル駐在大使を通じてトルコ政府に次のように通告した。

「この戦争におけるわれわれの主要目的は、ロシアを永久に弱体化することである。このため、われわれは勝利を収めた場合にも、独立のウクライナ国家の建設を歓迎するであろう。[37]」

いずれの場合も、ドイツ外務省は、オーストリアーハンガリーの行動につづいて、同じような外交工作をソフィアとコンスタンティノープルで行なった。[38]

ドイツ政府は、ツァーリ帝国からその周辺の非ロシア系諸民族を解放する計画が、ドイツ国内で広汎な支持を得ることを期待できた。全ドイツ主義者とこれに近いグループはもちろんのこと、理由を異にするとはいえ、中間政党や左翼グループもこの計画を支持した。——社会民主党の反ツァーリズム的感情は、やはり同党の戦争支持を容易にした本質的要素であった。中央党の政治家マティーアス＝エルツベルガーは、一九一四年九月はじめ、その厖大な覚書の中で、西方における広汎な目的および中央ヨーロッパ綱領とならんで、東ヨーロッパについては次のような戦争目的を立てていた。

「ロシアの軛からの非ロシア系諸民族の解放とそれぞれの民族における自治政府の創設。これら全てをドイツの軍事的上級主権の下におき、恐らくはまた関税同盟の下にもおく。[39]」

エルツベルガーによれば、究極目的は「ロシアをバルト海からも黒海からもしめだすこと」であった。

カフカース

カフカース地方で、[40]トルコはイスラム諸部族に影響を及ぼそうとしていたが、一方ドイツの煽動は何よりも先ずキリスト教徒のグルジア人に向けられていた。一九〇五年の革命が鎮圧されると、多くのグルジア人指導者は国外に逃れた。彼らは全て、世界大戦が勃発すると、これを自民族が再び独立を達成するための機会と認めた。さまざまの政治的傾向からなるグルジア人亡命者が、ベルリンに共同の委員会を設けたが、これにはアルメニア人も含まれていた。(41) マチャベリ公爵、ツェレテリ、ケレセリス兄弟のような人びとは、個人的財産を犠牲にしてまでこういった運動に協力した。ドイツの政策は、彼らの民族的努力に力をかし、これを自分の目的のために利用することであった。事態の進展とともにグルジア人は、ますますドイツに依存するようになり、ついには物質的にも財政的にもドイツに依存するにいたった。(42)

グルジア人亡命者のカフカース地方での将来の計画は、すでに一九一四年九月マチャベリ公爵によって立案されていた。(43) 彼は中立的なカフカース連邦を考えた。すなわち、グルジアは西ヨーロッパ系の王侯を戴く王国となり、アルメニアとタタール地方はイスラム教の王侯をいただき、いわゆる山地民族は彼らの選んだ首長の下におくことにしていた。この三国からなる連邦というマチャベリの構想は、実際にロシア三月革命後に実現された。

カフカースでの蜂起運動は、エジプトにおけると同様、トルコの進軍の成功という前提と結びついていた。だが、トルコのカフカース攻撃は早くも一九一四年秋に失敗した。しかしながら、一九一七年と一九一八年にカフカース地方で事実上自治国家が成立したとき、ドイツはかねてからの約束にしたがって、それら諸国と密接な政治的結合を行なう準備がすでにできあがっていた。

ウクライナ

ウクライナでも、(44)ドイツとオーストリアーハンガリーの参謀本部は、蜂起を起こさせようと計画し、〔中欧列強に対する〕ロシアの圧力を軽減するために蜂起の準備をしていた。(45)

ウクライナの蜂起運動の第一段階は、オーストリア領ガリツィヤにあったルテニア人国民委員会によって推進されたが、これを支援したのはリヴォフ(レンベルク)駐在ドイツ総領事ハインツェであった。(46)彼の提案で、ヴィーン駐在ドイツ大使チルシュキは国民委員会指導者フォン＝レヴィツキーをベルリンに送り、ここで彼は八月末に宰相および外務省の支持をえることができた。(47)ポーランドの反対を考慮すれば、重要な意味をもつのは、リヴォフにいたウクライナの大司教シェプチティツキ伯爵が、一九一四年から一九一七―一八年までの間、三〇〇〇万人のウクライナのギリシア正教徒がモスクヴァから分離して、東方帰一教会〔ローマ教皇の支配権や若干のカトリック教義を認めて、再びカトリックと合流した東方教会、ただし独自の礼拝用語、儀式、宗規〈僧侶の結婚許可など〉をもっている〕に流入することを期待して、ウクライナの運動を支持したことであった。(48)

ドイツのウクライナでの革命促進政策の第二の、決定的段階は、早くも一九一四年八月に一群の社会主義者のウクライナ亡命者が出現したときにはじまった。そのうちの若干名は、大戦勃発と同時に故郷をはなれたのである。彼らは「ウクライナ解放同盟」(49)を形成したが、ハインツェとベルリンの外務省、およびレヴィツキーのグループなどの要請もあって、たえずドイツ帝国から財政的援助を得ていた。同盟の目的は、民主主義的・社会主義的性格の独立ウクライナの樹立にあった。ウクライナの社会主義者は、農業問題をあらゆる宣伝の中心に置いた。というのも、土地の約束のみがウクライナの農民を動かし得ると確信していたからである。このような考えは、レヒェンベルクによってとり上げられ、彼はロシアの帝国直轄地の農民への分配を宣伝しようと提案した。(50)

この点で国民的革命と社会的革命との交錯がはじまっていることが明白になる。だがまさに、社会革命的分子がいるために、オーストリア＝ハンガリー政府は、ガリツィヤのポーランド人大地主を顧慮して、またコングレス＝ポーランドを将来オーストリアに編入することを顧慮して、「ウクライナ解放同盟」(51)にたいしてますます控え目の態度をとったから、最後にはひとりドイツだけがウクライナの革命化を推進することとなった。(52)

ウクライナの革命促進の他の形態は、ドイツの捕虜収容所におけるウクライナ人捕虜の隔離と、ドイツの特別委員会によるその教化活動からもうかがわれる。その目的はこれらウクライナ人をウクライナ独立運動の担い手とすることにあった。同様な目的のため、ポーランド人、グルジア人、イスラム教徒、フィンランド人などの捕虜も、ロシア人捕虜から隔離された。シュヴェリーン県知事はウクライナ人のために特別機関を設けた。彼は事実上多数のウクライナ人をドイツの味方につけることが出来たのである。(53)

ガリツィヤでオーストリアが敗北したために、ウクライナで蜂起を起こすには至らなかったが、ドイツの宣伝活動と革命促進行動の本質的意味は、それがドイツの世論に及ぼした影響のうちに認められる。多数の文書によってウクライナ人自身が自分らの豊かな郷土にたいするドイツ人の関心をよび起こした。これに呼応して、ドイツのジャーナリズムでは、パウル＝ロールバハを先頭とする人びとが執筆するウクライナに関する記事が、一九一五年から一六年にかけてますます増大していった。だから、ドイツ政府もドイツの世論も、一九一七年の二月革命が、ドイツにとって有利な状況をつくり出したとき、それを利用しつくして、ウクライナの自治の要求を分離運動にまで高めるための準備をしたのであり、十月革命の後にはその目的を達したのである。

ウクライナと異なって、ポーランドで叛乱を起こそうとするドイツの努力は、国民的叛乱というポーランドの活気のある伝統に結びつくことができた。この伝統は、十九世紀を通じての、さらに一九〇五年から〇六年の革命における騒擾にいたるまでの、一連のポーランドの蜂起の中に示されていた。

一九一四年七月、ロシアと最終的に決裂する前に、早くもドイツは、来るべき戦争でポーランドに叛乱を起こさせ、国家として再建させようと決意していた。今日知られている文書に照らせば、一九一四年七月三一日、皇帝——これについては疑う余地はないが——だけでなく、宰相もまたドイツの勝利後のポーランドの再建を約束したというフッテン＝チァプスキの主張は、これまでよりも高く評価されねばならないであろう。(54)

ロシアの主権下にあるポーランド人をロシアにたいして蜂起させるため、外務省は八月五日、ローマ教皇庁の手をわずらわしポーランド聖職者を通じて、コングレス＝ポーランドの住民に影響を及ぼそうと決心した。プロイセンのヴァティカン公使フォン＝ミュールベルクは、この意味でヴァティカンに働きかけるよう命令された。すなわち彼は、以下のような趣旨で働きかけるように命令されたのである——「〔ドイツ・オーストリア〕同盟国軍はポーランド人の解放を課題としているから、全ポーランド人によって、またポーランド聖職者によっても支持され」ねばならぬ、というのは、カトリックのオーストリア＝ハンガリーは「ポーランドでカトリック教会に圧制を加えているギリシア正教会」にたいしても戦うことになるからである、かような事情を教皇庁がポーランド人にたいして明らかにすべきである、と。(55)——ドイツのためにポーランド人の宗教的激情をさらに動員すべく、エルツベルガーは、コングレス＝ポーランドに大量のビラを散布させたが、そのビラには多色刷りで皇帝ヴィルヘルム二世と教皇ベネディクト十五世が相並んで印刷されており、またドイツ軍がロシア人を追いちらす場面、さらにポーランド人民が教会旗をかかげて、聖母に祝福されて、大挙してやってくるような状況が描かれていた。(56)

しかしながら、ポーランド人聖職者への訴えは効果がなかった。聖職者たちと同じくポーランド人の圧倒的多数は〔西欧〕協商国の側に立っていた。(57) だからポーランド人の蜂起は起こらなかった。このことにはさらに他の理由もあった。はじめには四〇万人の、後には一〇〇万人のロシア軍が存在するということだけで、どのような蜂起の考えも幻想となってしまったし、さらにまた、〔ドイツ・オーストリア〕同盟国軍のコングレス＝ポーランドへの勝利にかがやく進入という必要な前提が、緒戦にはみられなかったからである。

かかる理由から、コングレス＝ポーランドの広汎な諸グループが、一九一四年八月一七日のロシア軍司令長官ニコライ＝ニコライエヴィッチ大公の布告に、かなり感動したことが理解できる。彼は荘重な言葉でもって、プロイセン領ポーランド人居住地やガリツィヤ地方を含むポーランド人すべての居住地の統合と、それが広汎な自治権を与えられてロシア帝国内に止まるべきことを、ポーランド人に約束した。(58) これにたいして、中欧列強〔ドイツ・オーストリア〕はせいぜい、コングレス＝ポーランドを新しいロシア領ポーランド総督管区内に再興することしか、提案できなかったのである。

ガリツィヤでは、ピウスーツキの下でポーランド志願兵部隊が編制された。だが、この部隊は地下で活動していたワルシャワのポーランド「国民政府」と協力して、将来のポーランド国家のために広汎な政治的要求を掲げていたので、(危険視されて)オーストリア＝ハンガリー軍に編入されてしまい、そのため政治的には無力化された。(59)

ドイツ軍当局も同様な組織をつくろうとしたけれども、帝国政府指導部が政治的なためらいをみせたために、計画を放棄した。(60) 一九一四年一二月はじめには、ポーランド人の革命的民主主義的ナショナリズムとドイツ人とのあわい恋愛遊戯が終った。ポーゼンや西プロイセンにたいするポーランド人の野心が、プロイセン国家意識という神経にふれたのである。このためドイツは、一九一五年夏には、コングレス＝ポーランドを最終的に獲得するために、ポーランド人義勇軍の支持をえることも、ポーランド人の蜂起をひきおこすことも断念した。というのは、ポーランド人にたいしていかなる政治的義務も負うまいと思ったからである。

ユダヤ人

一九一四年八月、ウクライナ人およびポーランド人の運動とともに、ドイツの楽観的な眼差――例えば総領事ハインツェの報告にみられる――には、シオニズムが第三番目の「ツァーリズムに敵対する非常に強力な運動」としてうつった。(61) ロシアのユダヤ人〔総数七〇〇万人に達する〕は、イディッシュ語〔中世高地ドイツ語を基礎とし、多くのヘブライ語、スラヴ語などを加えたヨーロッパユダヤ人の日常用語であり、共通語〕のためだけでも準ドイツ的分子とみなされたし、他方では例外法下の少数民族であって、大戦前の二〇年間にはしばしば悪評高いポグロム〔ユダヤ人部落への暴民の襲撃、放火、殺人〕の犠牲となっていた。このポグロムによって、ツァーリズム体制は内政上の固有の困難をそらそうとしたのである。

これにたいして、オーストリア皇帝はロシアのユダヤ人への布告で、ドーナウ帝国でユダヤ人が享受しているのと同様な市民としての法的地位、文化的・経済的地位の保障を約束した。(62) ガリツィヤのユダヤ人委員会――この活動についてはリヴォフ駐在ドイツ総領事が逐一確実にベルリンに報告していた――がロシアで散布したビラは、ツァーリの帝国内のユダヤ教徒にたいして、火のような言葉でポグロムにたいする復讐、およびロシアの支配にたいする積極的な、ないしは少なくとも消極的な抵抗を呼びかけていた。ドイツは、シオニストのユダヤ人自身によって創立された「ロシアのユダヤ人を解放するための委員会」(委員長はベルリンの社会学者オッペンハイマー)——この組織はまたベルリンの国際シオニスト連盟中央委員会(委員長はオットー=ヴァールブルク教授)の支持を得ていた——を反ロシア宣伝の恰好の道具と見なした。八月二〇日宰相に提出された一報告は、この組織を「情報活動と外国……とくにロシア帝国内の諸地方の煽動活動には、量りがたい価値をもつ道具[63]」とみなしていた。

ここでもドイツの期待は裏切られた。中欧列強による煽動的布告や叛乱の試みは、ロシアのユダヤ人にたいして悲劇的な結果をもたらした。大戦前のポグロムに責任のあるロシア政府と戦闘的な右翼グループは、いまやユダヤ人にたいする自分らの憎しみを正当化し、彼らを国賊とみなした。ユダヤ人にたいする新たな不法行為や、ユダヤ人には恐るべき苦難をもたらした政府当局の指令による諸方策がはじまった。

リトアニアとバルト諸国

ウクライナ、ポーランド、フィンランドと異なって、ドイツ政府はリトアニア人やラトヴィア人の叛乱を起こさせようとはしなかった。というのも、リトアニアにたいしては、ドイツは特殊な国民的意識を期待しなかったし、クーアラント、リーフラント、エストニアでは、ドイツ系バルト人が支配層をなしており、彼らはドイツの意のままに動いたから、ドイツは彼らと結んで、その欲する政策を自由に実行できたのである。ラトヴィア人とエストニア人の革命促進は、ドイツ系バルト人支配層が存在していたために不可能となった。というのも、政治的に西ヨーロッパを志向するラトヴィア人やエストニア人の国民感情は、それが燃えあがると究極的には反ドイツ的となり、ドイツ系バルト人の支配的地位が革命的方法で排除されることになるからである。

フィンランド

フィンランド大公国がロシア帝国内でしめる憲法上の特殊な地位は、一九〇五年の革命のなかでも、またその後も、激しく論争されたが、この特殊な地位がドイツ側の努力にとっては都合のよい出発点となっていた。加うるに、とくにスウェーデンに支持されていた比較的強力な亡命者の一団があった。すでに一九一四年八月はじめいらい、ドイツ帝国政府指導部は、ストックホルム、コペンハーゲン、ベルンの公使館の協力を得て、さらにベルリン駐在スウェーデン公使タウベ伯爵やウプサラ大司教のようなスウェーデンの外交官や高位聖職者の助言を得て、これら亡命者をフィンランドへの連絡者として集めていた。(64) 一九一四年八月六日、ベートマン－ホルヴェークは、ストックホルム駐在公使に、フィンランドでの蜂起を、なかんずく同地のスウェーデン党と接触して準備することを命じた。さらに同じ文書の中でベートマンは、ドイツ政府はいまのところ国際法上拘束される約束を与える用意はまだないが、布告の形でフィンランド人に蜂起の代償として自治国家の建設を約束してもよい、(65) とのべていた。相手方のフィンランド人は、蜂起の前提条件としてドイツ軍のフィンランド上陸、ないしはスウェーデンの対ロシア戦争参加(66)――このためにドイツ外交界は数年来努力してきたのだが成果はなかった――を指摘した。

指導的なフィンランド人愛国者は、フィンランドの解放を非ロシア系諸民族の解放という全体的状況のなかで考えた。だから、例えば弁護士カストレーン――ドイツ外務省が一九一四年八月亡命先のティロルからベルリンにつれてきた情熱的で行動的な人物――は、ロシアにたいする今回の戦争の使命として、ポーランド人、フィンランド人、リトアニア人、カフカース人、イスラム教徒、アルメニア人、ユダヤ人、エストニア人、ラトヴィア人のロシアの支配からの解放を挙げていた。(67)

全戦争中を通じて、フィンランド人の行動グループを形成したり、フィンランド人の政党を味方につけるというドイツの努力は続けられたが、これはとくに、古フィンランド党員がロシア帝国内での保障された自治に甘んじていたのに、ドイツはフィンランドのロシアからの分離に努めたという事情によって成果をあげることができなかった。これを示す最も具体的な事例は、フィンランド人志願兵から成る「フィンランド人部隊」の創設であったが、他の同様な組織と同じようにその人数は少なかったのである。(68)

ロシア国内におけるこれら叛乱の試みを全般的な関連に立って眺めると、諸民族を動員しようとしたドイツのあらゆる努力は、相対的に僅かな効果しかあげていなかったことがわかる。だがその歴史的意味は、この政策がドイツの東方における全戦争目的、つまり諸民族解放という手段によってロシアを弱体化し、自国のヨーロッパにおける強国としての地位を築くという目的を、明らかにしたことである。

急進的社会主義者の援助をかりた革命促進

諸民族の使嗾よりもさらに効果的にロシア帝国に影響を及ぼしたのは、ドイツ帝国政府指導部によるロシアの革命的社会主義者の動員であった。「民族的」革命促進のさいと同様、ドイツは「社会的」革命促進のさいにも、この政策をロシアの社会・国家体制の内的緊張と結びつけて、その緊張を自分自身の目的のために利用することができた。内的緊張とはとくに、まだ解決されていない農業問題であり、急速な工業化のなかで支配的な社会構造の内部にはっきりと現われた社会的諸弊害であって、この弊害が大都市における急進的労働運動の発展をもたらしていた。[69] 一九〇五年から〇六年の革命は、計画的というよりも自然発生的なものであったが、農民運動と都市のプロレタリア運動とを合流させた。この革命の挫折につづく反動の開始は、全ヨーロッパ、いなアメリカにまで及ぶ、多数のロシア革命家たちの亡命をもたらしたが、彼らにとって第一次大戦の勃発は、政治生活への復帰のチャンスを意味していた。ドイツ政府はこれら亡命者の政治的エネルギーを開戦当初から利用したのである。

すでに一九一四年八月はじめ、オーストリアは「スイス居住の全ロシア革命家にオーストリアを経てロシアに帰るよう勧め」ていた――八月六日チルシュキがベルリンに報告したように[70]――。数多くのロシア革命家がスイスにたまっていること、ドイツの目的のために彼らを利用し得ることを、一九一四年一〇月はじめロンベルクは、ベルンから外務省宛の長文の報告書で指摘した。[71] 一九一五年一月八日、ヴァンゲンハイムは、コンスタンティノープルから連絡して、外務省の注意をロシアの革命促進という複雑多岐な事業の中心人物パルヴス＝ヘルファントに向けさせた。[72] ヘルファントはこの頃、財政専門家としてトルコ政府の下で活動し、ヴァンゲンハイムの報告によれば、さらにすでに直接「ウクライナ人の運動の煽動」に関与していた。彼はドイツ大使にたいして、次のような言葉で自己紹介をした。

「ロシアの民主主義は、ツァーリズムの完全な破壊とロシアの小国家への分裂によってのみ、その目的を達成し得る。一方、ドイツはロシアで大革命をおこせなかったとしたら、完全な成功を収めることができないであろう。しかもロシアの危険は、ロシア帝国が個々の部分に解体されない限り、戦後になっても存在しつづけるであろう。ドイツ政府の利害はロシア革命家のそれと同一であるといえる。」

ロシアの分割と弱体化というこの構想は、一九一四年八月から九月のベートマン＝ホルヴェークの構想と対応していた。新しい要素は民族的革命と社会的革命との結合であった。ヘルファントの見解では、ロシアの分割という目的は、社会的な大革命の力をかりてのみ、したがって究極的にはツァーリズム体制の排除によってのみ可能であった。

ヴァンゲンハイムのヘルファントに関する指摘を、ツィンマーマン、つづいてベートマン＝ホルヴェークとヤーゴが、直ちにとり上げた。宰相は特に信頼している腹心クルト＝リーツラーを、大本営からベルリンに派遣し、折しも外務省がベルリンに招いていたヘルファントと接触させた。(73) ヘルファントが当時ベルリンでドイツの政府筋に説いていた考えは、彼が一九一五年三月はじめ外務省に提出した厖大な覚書にまとめられていた。(74) ここで彼は「自由と平和」というスローガンの下に、ロシアで政治的大衆ストライキを組織するよう勧めていた。彼が特別な課題とみなしたのは、急進派であれ穏健派であれ、ロシアのあらゆる社会主義者のグループを「専制主義にたいする精力的な行動の準備のために」結集することであった。彼はこのような統一の可能性を信じていた。というのも、急進派の指導者レーニン自身が、共同行動の問題を提起していたからである。レーニンの意見では、ロシア社会主義者の穏健派メンシェヴィキは、イデオロギー的に最も強くドイツ社会民主党の影響下にあった。だから、ヘルファントは、指導的なドイツおよびオーストリアの社会民主主義者の権威をもってすれば、メンシェヴィキを統一に賛成させることができると信じたのである。

ウクライナ人の運動においては、農民騒乱が自治を要求する運動に結びついていく、とヘルファントは判断した。というのも、農民は大ロシア人貴族が主として所有している大土地所有の分割を要求していたし、またこの要求は独立したウクライナが形成されたときにはじめて達成できるものだったからである。大ロシアでの農民騒乱がそれにつづくであろうし、それはまた社会的革命党〔ナロードニキの後継政党〕の活潑化をもたらすにちがいない。中央ロシアでの蜂起は、フィンランドでの全般的蜂起――フィンランド社会民主党の援助でこの準備はできていると彼はみていた――の合図になると考えた。ヘルファントは結論で彼の構想をつぎのように要約する。

「かくして、ロシアにおける〔各叛乱派〕軍隊の統合と革命的運動とによって、ロシアの恐るべき中央集権は破壊されることであろう。この中央集権こそは、ツァーリの帝国を形成しており、それが存在する限り、世界平和に対する脅威となっていたのである。また中央集権が破壊されれば、ヨーロッパの政治的反動の牙城は顚覆されることであろう。」

ヘルファントの説明は、ドイツ帝国政府指導部に深い印象を与えたにちがいない。ベルリンでの会談の直後、ヘルファントは外務省から先ず二〇〇万マルクを受け取り、一九一五年から一六年にかけての冬にさらに二〇〇〇万ルーブルを受け取ったが、これでもってドイツ政府に委託されて、コペンハーゲンを本拠としてロシアの革命促進のための多岐にわたる組織をつくり上げたのである。(75) だが、彼の構想には二つの弱点があった。すなわち、革命があまりに早く起こるものと考えたこと、メンシェヴィキを彼の革命綱領の味方に引きいれることができるという幻想にふけったこと、である。実際には、メンシェヴィキの「社会愛国主義者たち」――アクセルロド、アレクシンスキイ、ドイッチュ、プレハーノフ――は、ドイツで意見を同じくするシャイデマン、エーベルト、ダーフィト、ノスケと同じく、戦争の積極的支持を放棄しようとは考えもしなかった。いわんや自国の政府を戦争のさなかに顚覆させようなどとは考えてもみなかった。

ヘルファントの構想の弱点は、ロンベルクが一九一五年二月いらい接触していた、第二番目の社会主義的革命家たるエストニア人ケスキュラの構想によって克服された。すでにずっと前の会談で、ケスキュラは次の点に注意をうながした。すなわち、ロシアの社会主義者の極端派ボルシェヴィキのみがドイツの勝利を欲している、また他方でメンシェヴィキは「ドイツの社会民主党を分裂させて、講和に賛成させることが、自派の主要課題であるとみている、したがって彼らは間接的にロシア政府の仕事を手伝っている」ようにみえる、と指摘していた。(76)ケスキュラは、一九一五年九月ドイツのロシアにたいする革命促進政策を転換させた。これからのち外務省は、彼の助言にしたがって、もっぱら左翼急進勢力つまりレーニンとそのグループを支持し、彼らとロシアの「社会愛国主義者」をはり合わせて漁夫の利を占めようとした。ケスキュラはレーニンのもつ特殊な意義を強調したが、それは革命が勝利したときに彼のみがドイツと単独講和を結ぶ用意があると考えたからである。さらに一九一五年九月、彼はレーニンから正式のプログラムを受け取ることができたが、それには、ボルシェヴィキがロシアで勝利した後、ドイツと講和を締結するさいの条件が含まれていた。(77)その第五項で、レーニンは協商国を全く顧慮しない講和の提議を約束した。もちろん、そのさいドイツは併合と戦争償金を断念しなくてはならなかったが。加えてエストニアの社会愛国主義者たるケスキュラ自身、これらの条件は、いろいろな民族の国家がドイツとロシアとの間の緩衝国となってロシアから分離することを、さまたげるものではない、と述べていた。

コペンハーゲン駐在ドイツ公使フォン＝ブロクドルフ－ランツァウ――ロンベルクとともにドイツの革命促進戦略の最も強力な推進者の一人と目されていた――は、すでに一九一五年八月、ヘルファントとその組織の活動に関する長文の報告のなかで、率直にヘルファントの革命的行動を支持した。(78)一九一五年一二月はじめ、東方でのドイツの進撃が終了し、併合主義的感情が絶頂に達したとき、ブロクドルフ－ランツァウは、ドイツが戦争目的を貫徹するにあたって、ロシアにおける急進的革命のもつ意味を帝国政府指導部に改めて力説した。(79)彼がかような結論に達したのは、イギリスもロシアもドイツとすぐに講和を結ぶ可能性があるようには見えなかったからである。公使の意見では、ツァーリは歴史にたいしてあまりに大きな罪を負っているから、ドイツにたいして

「保護を求める権利」を失っている。このように述べることで、ブロクドルフ－ランツァウは次のような皇帝の考えと対立した。皇帝は一九一五年夏フィンランドの革命促進と関連してツァーリの王座をゆるがすことに懸念を表明していたのである。(80) だが、これにたいしてブロクドルフ－ランツァウは、一九一五年一二月六日の長文の覚書で、ロシアにおける王朝支配の破壊を公然と主張した。

「ロシアとの、すなわちロマノフ王家との伝統的関係をいまもなお重大視しようとすることは、重大な誤りであろう。」

ブロクドルフ－ランツァウによれば、ロマノフ王家はドイツが日露戦争中に示した伝統的な友好関係を「卑しむべき忘恩でもってそこなった」。ブロクドルフにとっては、ドイツの存在のみが世界大戦では問題であった。ドイツが協商国の環から敵の一国をひき出して粉砕できなかったとしたら、戦争はドイツの国力が涸渇するまで長びき、ドイツの没落でもって終わるであろう。ブロクドルフ－ランツァウは、ロシアの革命促進という極端な手段のなかに、身に迫るこの危険から脱出する唯一の方策をみたのである。

「勝利とその結果としての世界における第一の地位とは、適当な時機にロシアを革命化し、それによって敵側の連合体制を破砕することができたときに、われわれのものとなる。」

そして彼は続けた。「ツァーリの帝国が現状のまま続いて動揺することがない間は、この目的は達成されないであろう。」このため彼は、信頼できる革命家ヘルファントを「手遅れにならないうちに利用する」よう提案した。

ブロクドルフ－ランツァウの進言と、ヘルファントのツィンマーマンや蔵相ヘルフェリヒとのベルリンでの個人的交渉によって、外務省および大蔵省はヘルファントの活動の意味を十分に確信できたので、彼にはさらに財政的援助が与えられることとなった。事実、一九一八年一月までに全体として四〇〇〇万マルクが革命的煽動の

ために認められた。そのうち二六〇〇万マルクがその時期までにまず支出されていた。(81)

　一九一七年二月革命の勃発は、ドイツ帝国政府指導部に、数年来準備してきた仕事の成果をかりとらせることとなった。革命促進政策の絶頂、同時にまたその最も効果的な行動は、一九一七年四月のレーニンのロシアへの送還であった。ドイツ帝国政府指導部は、十月革命とロシアの敵側陣営からの離脱をもって、間接の成果をあげることができたし、さらにブレストーリトフスクの講和は、ドイツの東方での戦争目的を満足させたのである。

(1) AA Türkei 158.

(2) Bernhard Fürst von Bülow, Denkwürdigkeiten, Berlin 1930, Bd. 1, S. 197 f.; vgl. auch Hermann Oncken, Das Deutsche Reich und die Vorgeschichte des Weltkrieges, Leipzig 1933, Bd. 2, S. 619, Anm. 3.

(3) AA, Wk 11, Bd. 1. フォン＝ヴァンゲンハイムより外務省へ。

(4) D. D., II, Nr. 401, S. 130 ff.

(5) 一八六四年一〇月五日生れ、法律を学び、一八九七年—一九〇二年領事館員として東アジアに赴き、一九〇五年外務省政治局に転じ、一九一〇年政治局長となり、一九一一年には外務次官となった。外務省政治局文書の示すところによる。

(6) オーストリアーハンガリーのベルリン駐在大使ホーエンローエ公の、一九一六年一月一七日、同年九月一八日、同年一一月二三日付報告参照。Wien PA Karton III, Preußen, 1915/1916.

(7) Rudolf Nadolny, Mein Beitrag, Wiesbaden 1955, S. 39 ff.

(8) プロイセン官吏になる(一八八三年)とすぐにオッペンハイムは、地中海沿岸のイスラム諸国、スペイン、モロッコと広範囲にわたる旅行をはじめた。彼の研究旅行は大西洋からガンジス河に及んでいた(一八九一年シリア、メソポタミア、一八九四年—九六年コンスタンティノープルと小アジア)。カイロでアラビア語とイスラム教を研究。一八九六年オッペンハイムは外務省の命でチャド湖地方探検を指揮した。—ドイツがそこを獲得するためのものであったが。一八九六年—一九一〇年カイロ総領事館参事官。外務省を自発的に退職した後、研究旅行やヒッタイトの都市テル＝ハラーフの発掘をした。大戦が勃発すると一九一四年八月二日、あらためて外務省に招聘され、他の人びとと一緒に「オリエント情報部」

をつくり指導した。一九一五年コンスタンティノープルに派遣された。（外務省政治局文書の示すところによる。）Ulrich Gehrke, Persien in der deutschen Orientpolitik während des 1. Weltkrieges, Diss. Hamburg 1960, in: Darstellungen zur Auswärtigen Politik, Bd. 1, hg. Herbert Krüger, Stuttgart 1960, Bd. 2, S. 11, Anm. 13. をも参照せよ。本書によれば、オッペンハイムはトルコ帝国のうちのアラビア人地域をよく知悉していたが、ペルシア、アフガニスタン、インドについてはそうでなかったから、「ドイツ政府は……そういう点を考えて、専門な問題については決して十分に信頼して相談することはなかった。」

（9）　AA, Orientalia generalia 9, Nr. 1, Bd. 3.

（10）　AA, Wk 11, Bd. 2, Denkschrift Oppenheims, 136 Seiten.

（11）　Ernst Jäckh, Der goldene Pflug, Lebensernte eines Weltbürgers, Stuttgart 1954. 参照。だが本書は革命促進に指導的に干与したことについては全く触れていない。

（12）　Vgl. Paul Rohrbach, Um des Teufels Handschrift, Hamburg 1953, S. 18 ff.

（13）　デイゴ＝フォン＝ベルゲン（一八七二―一九四三）は法学の学位をとり二三歳で外務省に入った。公使館書記官として北京に一年間、ブリュッセルに三年いた後、一九〇六年から一九一一年までヴァティカン駐在ドイツ公使の下で勤務した。そして外務省によびもどされ、一九一九年までここにいた。

（14）　オットー＝ギュンテル＝フォン＝ヴェゼンドンク（一八八五―一九三三）は慣例のごとく法律学を学び一九〇八年外務省に入った。ロンドン、ブリュッセル、コンスタンティノープル、タンジールに在勤し、一九一四年ポルトガル人女性との結婚を理由に退職した。大戦が勃発すると彼は再び外務省の政治局に入った。

（15）　DD, Bd. 4, S. 94 f., Nr. 876. 八月二日に関しては ebenda, Bd. 3, S. 133 ff.

（16）　AA, Wk 11c, Bd. 1. ライヒェナウより外務省へ、一九一四年八月二四日。なお次のものを参照せよ。Gehrke, a. a. O., Bd. 1, S. 23.

（17）　Gehrke, a. a. O., Bd. 1, S. 21 ff.

（18）　この努力については Aktenreihen AA Persien, Nr. 23, 24 und 30 und Gr. Hq. Nr. 23, Revolutionäre Bewegungen

参照、初期の証言の一つとして例えば一九一四年九月二四日のツィンマーマンのヤーゴ宛電報。

(19) AA, Wk 11g, Bd. 12. ヤーゴよりチルシュキへ、一九一五年九月一九日。

(20) AA Persien, Nr. 23, Bd. 1. ヤーゴよりテヘラン駐在ドイツ公使へ、一九一五年九月二五日。

(21) AA, Gr. Hq., Nr. 23, Revolutionäre Bewegungen. ツィンマーマンよりヤーゴへ、一九一四年一〇月二八日。ファルケンハインよりヤーゴへ、一九一四年一一月一日。またオッペンハイムの覚書を参照。油田は「イギリスにたいする貴重な相殺対象となろう。だが出来ればわれわれはそこを保持したい。」

(22) AA, Gr. Hq. 23, Orig. in Türkei 18. 外務次官より外相へ、一九一四年一〇月二三日。

(23) AA, Wk 11g, Bd. 2. ベートマン－ホルヴェークより外務省のヴァンゲンハイムへ、一九一四年九月七日。

(24) AA, Wk 11g, Bd. 1.

(25) Ebenda, Bd. 2. ヴァンゲンハイムの提案にたいするヤーゴの返事、一九一四年九月一三日。財政的・技術的準備についてはロッフス＝シュミット大佐の一九一五年六月一九日付報告をみよ。ebenda, Bd. 12.

(26) AA, Wk 11g, Bd. 12. ヴァンゲンハイムより帝国宰相へ、一九一五年六月二一日。ebenda, Bd. 10. ダマスクス領事のアラビア半島における状況についての一九一五年四月二四日付報告。イスラム－イスラエル世界およびエジプトにおけるドイツの煽動活動を概観するには Aktenreihe Wk 11e. を参照。

(27) AA, Wk 11g, Bd. 3. ヴァンゲンハイムより外務省へ、一九一四年一〇月二七日。ebenda, Bd. 9. ヴァンゲンハイムより外務省へ、一九一五年四月一三日。ebenda, Bd. 4. ナドルニより外務省へ、一九一四年一二月二一日。ebenda, Bd. 12. アテネ大使館より外務省へ（参謀本部残留代理部第三局b課宛）、一九一五年六月二六日。

(28) Ebenda, Bd. 1. ヤーゴよりコスポリ公使へ、一九一四年一一月。なお ebenda, Bd. 10. ゾルフよりナドルニへ、一九一五年四月三〇日をみよ。なお次の個所を参照のこと。Abessinien 1 allg. Angelegenheiten, Bd. 24.

(29) Ebenda, Bd. 1. ファルケンハインより外務省へ、一九一四年一一月五日。ebenda, Bd. 4. ナドルニより外務省へ、一九一四年一二月二二日。この問題についてのこれ以外の史料は ebenda, Bd. 12.

(30) Vgl. AA, Wk 11g, Bd. 10. ツィンマーマンよりトロイトラへ、一九一五年四月三日。

(31) アイルランド関係資料は、AA, Gr. Hq. 23, Revolutionäre Bewegungen.

(32) AA, Wk 11b, Bd. 1. ヤーゴよりチルシュキへ、電報の草案は一九一四年七月と記され、日付を欠くが、何れにせよロシアとの開戦前に起草されており、一九一四年八月五日に送られた。

(33) AA, Wk 11, Bd. 1. ツィンマーマンよりヴァンゲンハイムへ、一九一四年八月三日。

(34) AA, Wk 11c, geh., Bd. 1. 一九一四年八月六日、帝国宰相よりライヒェナウへ。以下についても同様。

(35) AA, Wk 11a, geh., Bd. 1.

(36) Ebenda. 在ベルリン・オーストリア－ハンガリー帝国大使よりドイツ外務省への報告、一九一四年一〇月一七日。

(37) Ebenda. 在ベルリン・オーストリア－ハンガリー帝国大使よりドイツ外務省への報告、一九一四年一一月二一日。

(38) Ebenda. ソフィアとコンスタンティノープル代表部宛訓令。

(39) DZA Potsdam, RK, Gr. Hq. 21, Nr. 2476. エルツベルガーの覚書、一九一四年九月二日。

(40) カフカースの煽動については、AA, Wk 11d, Bd. 1–19. の豊富な資料を参照。ここでは詳細に立ち入っては利用できなかった。

(41) このための豊富な資料は、AA, Wk 11d, geh.

(42) カフカースでの活動のためのマチャベリ宛為替については、AA, Rußland 97a, Bd. 10. 軍事全権使節ペラより外務省へ、一九一六年五月七日、など参照。ここにはさらにカフカースにおける破壊的行動への資金援助に関する報告もみられる。例えば、六〇万ルーブルをマチャベリとツェレテリの二カ月間の活動費用として認めた一九一七年八月一二日付ストックホルム公使館宛キュールマンの電報。同様に Wk 11d adh. は一九一七年一二月分のグルジア委員会の予算に関するもの。

(43) AA, Wk 15, Bd. 1. フォン＝ヴェーゼンドンク、一九一四年九月二七日。

(44) ウクライナに叛乱を起こさせる試みについては豊富な資料を含む Aktenreihe AA, Wk 11a. 参照。この概観では同様に立ち入って利用しつくせなかった。文献については、Hans Beyer, Die Mittelmächte und die Ukraine 1918, München 1956. 参照。戦争第一年については最近オーストリアの資料にもとづく、Helga Grebing, Österreich-Ungarn und die „Ukrainische Aktion“ 1914–1918. Zur österreichisch-ungarischen Ukrainepolitik im ersten Weltkrieg, in:

Jahrbücher für Geschichte Osteuropas, Bd. 7, H. 3, S. 270 ff.

(45) AA, Wk 11a, Bd. 1. 在ヴィーン大使宛ヤーゴの草案、一九一四年八月一一日。上掲書一五一頁以下を参照せよ。そこには一九一四年八月一三日付チルシュキの外務省宛電報が収録されている。ウクライナの革命促進にたいするレヒェンベルクの寄与については、ウクライナ問題と革命促進の可能性についてヴァーンシャフェに宛てて書いた一九一四年九月二日の彼の覚書を参照。更にレヒェンベルクとヴァーンシャフェとの協力に関する資料は、DZA Potsdam, RK, Gr. Hq. 21, Nr. 2476.

(46) AA, Wk 11a, Bd. 1. 在ヴィーン大使より外務省へ、一九一四年八月九日。また次の書を参照のこと。Bogdan Fr. S. Graf von Hutten-Czapski, Sechzig Jahre Politik und Gesellschaft, Bd. 2, S. 145 ff.

(47) Vgl. Beyer, a. a. O., S. 1 ff.

(48) 註(46)および AA, Wk 11a, Bd. 1. リヴォフ総領事より外務省へ、一九一四年八月九日、を参照。

(49) この点詳細には Grebing, a. a. O., S. 267 ff. さらに Aktenreihe AA, Wk 11a, vornehmlich Bde. 2 und 3.「ウクライナ解放同盟」への資金供与については、とくに、チルシュキより外務省へ、一九一四年九月二四日。ebenda, Bd. 2.

(50) この問題については一九一四年八月一七日のハインツェの報告、一九一四年八月一六日のメレネフスキーとスコルピュスーヨルトコフスキーの覚書がとくに啓発的である。両者とも AA, Wk 11a, Bd. 1. レヒェンベルクについては一九一四年九月二日の彼の覚書を参照(註(45))。

(51) Wien, PA, Karton rot 832, Krieg 3, Rußland e-f. ラリッシュのツィンマーマンとの会談についての覚書、一九一七年三月一九日。

(52) Gesandtschaft Bern, secr. 11a, Step. Stepankowjki, Bd. 12–19.

(53) そのさいとくに重要なのはウクライナの社会主義者ステパンコウイキーで、彼はロンベルクによってドイツに雇われたのである。一九一七年末以後は、陸軍最高司令部もまたこの問題に深く介入し、外務省に東方での宣伝に関する覚書を送付したが、ここでは「フィンランド人、エストニア人、リヴォリア人、ウクライナ人、ルーマニア人の新聞発行を出来るだけ早く引受けることを要請」していた。ウクライナではとくに「実際に優越した地位をきずくことが必要である」としていた。(AA, Gr. Hq., Kriegsziele 16a, Bd. 1. レルスナより外務省へ，日付なし。)

(54) Vgl. Hutten-Czapski, a. a. O., Bd. 2, S. 145 und S. 295. 同所にはヴィルヘルム二世宛に彼が一九一六年一一月五日にしたためた書簡がある。そのなかで，彼は皇帝にたいして，一九一四年七月三一日当日の皇帝の約束を指示している。

(55) ツィンマーマン自身「非常に満足である」としたヴァティカンでの外交活動については AA, Wk 11b, Bd. 1. 一九一四年八月五日，ベルゲンの覚書。なお，同所に収録されている，フォン＝ミュールベルク公使宛，一九一四年八月一二日付の外務省の訓令を参照せよ。

(56) Ebenda, Bd. 3. 一九一四年一〇月一〇日，エルツベルガーの外務省への報告。ここでも一九一四年一〇月三一日，ストックホルム発ライヒェナウの報告参照のこと。これによれば，ロシアの新聞はヴィルヘルム二世を精神病であると把えがちであった。その理由として喧伝されたのは，皇帝の夢の中に聖母マリアが現われて，チェンストハウにある彼女の居所をロシアの支配から解放するよう彼に依頼したという話であった。

(57) Friedrich Schinkel, Polen, Preußen und Deutschland, Breslau 1931, S. 225. による。

(58) Schultheß, Geschichtskalender, Jg. 1914, S. 848.

(59) AA, Wk 11b, Bd. 2. 一九一四年八月におけるピウスーツキの活動開始については，次の書に新しくまとめられている。Conze, Polnische Nation und deutsche Politik im Ersten Weltkrieg, Köln 1958, S. 53 f.

(60) Vgl. DZA Potsdam, RK, Krieg 1, Nr. 2398.

(61) AA, Wk 11b, Bd. 2. 一九一四年八月一五日付ハインツェの報告。

(62) Wien, PA, Karton rot 899, Krieg 8a. セジェーニのベルヒトルトへの報告，一九一四年八月一七日。さらにギースル男爵の報告「ロシアのユダヤ人にたいする布告の弘布を引受け実行した。」

(63) 一九一四年八月二〇日の覚書。AA, Gr. Hq., Nr. 23.

(64) AA, Wk 11c, geh., Bd. 1. ツィンマーマンよりライヒェナウへ，一九一四年八月一〇日。フィンランドの革命促進のための活動に関する一九一四年八月二五日付ライヒェナウのツィンマーマン宛私信もそこにある。Gesandtschaft Stockholm; 21·2 Akten der russ. Abt. bei der deutschen Ges. in Stockholm: Finnländer.

(65) Ebenda. 帝国宰相よりライヒェナウへ、一九一四年八月六日。

(66) Vgl. Anm. 103. ここでライヒェナウは一九一四年八月二五日にフィンランド人記者シリアクスの意見をくり返した（シリアクスという名前の記し方は一様でない）。

(67) AA, Wk 11d, geh., Bd. 6. ヴェッターホフの参謀本部宛陳情書、一九一五年六月二六日。なお一九一五年六月二六日付、マチャベリの外務省宛書簡も参照せよ。AA, Wk 11c, geh., Bd. 7. フィンランド人、ウクライナ人、バルト人のロシアにたいする政策の調整のためストックホルムでなされた会談については、同じく一九一七年八月三日の書類メモ参照(AA, Wk 11d, geh., Bd. 17.)。カストレーンの活動については、AA, Wk 11c, geh., Bd. 2.

(68) フィンランドの狙撃兵大隊に関する文書は、AA, Wk 11c, geh., Bd. 4 ff.

(69) 一九〇五―〇六年と一九一七年の革命の内的条件および外的経過は周知のこととされている。したがって著者は、それらが本書の主題と関連する限りで個々の局面に触れるに止めたい。文献については、Georg von Rauch, Geschichte des bolschewistischen Rußland, Wiesbaden 1955. および Oskar Anweiler, Die Entwicklung des Rätegedankens in Rußland, Leiden 1958. 史料としてはとくに、AA, Wk 11b, geh.

(70) AA, Wk 11b, geh., Bd. 1. チルシュキより外務省へ、一九一四年八月六日。

(71) AA, Wk 11, adh. 1, Bd. 1. 駐ベルン公使より外務省へ、一九一四年一〇月五日。

(72) Ebenda. 駐コンスタンティノープル大使より外務省へ、一九一五年一月八日。

(73) AA, Wk 2, geh., Bd. 4. ヤーゴより外務省へ、一九一五年一月一三日。なお次の書をみよ。Z. A. B. Zeman, Germany and the Revolution in Russia 1915–1918, Documents from the Archives of the German Foreign Ministry, S. 2.

(74) AA, Wk 11c, geh., Bd. 3.

(75) 財政援助については、Zeman, a. a. O., S. 3 f.

(76) AA, Wk 11c, geh., Bd. 5. ロンベルクより外務省へ、一九一五年二月二四日。（ケスキュラのプランと活動についての報告。）ケスキュラについてはロンベルクはすでに一九一四年九月二四日に外務省に報告している。AA, Wk 11c, geh., Bd. 1. を参照せよ。そのほかに、Gesandtschaft Bern Secret 11 Varia III 1 Kesküla und die russische revolutionäre

Propaganda; ebenda, Rußland IX, russische separatische Bestrebungen. そのほか、駐ストックホルム公使館から外務省へ、一〇月一三日。同じく駐ストックホルム公使館から宰相へ、一九一四年一二月一七日。両文書は、ebenda, Bd. 2. なお次の二研究を参照せよ。Zeman, a. a. O., S. 6 ff. Werner Hahlweg, Lenins Rückkehr nach Rußland, in: Studien zur Geschichte Osteuropas, Bd. 4, Leiden 1957, S. 40 f.

(77) Zeman, a. a. O., S. 6.

(78) AA, Wk 2, geh., Bd. 20. 一九一四年八月一〇日の報告。〔一九一五年の誤りか〕

(79) AA Deutschland, 131, geh., Bd. 18. ブロクドルフ－ランツァウよりベートマン－ホルヴェークへ、一九一五年一二月六日。Gesandtschaft Kopenhagen; D II 1 Helphand: deutsche Politik bezüglich Rußlands.

(80) AA, Wk 11c, Bd. 8. 一九一五年八月七日の皇帝の註(ツァーリへの人民の服従をよしとする)。

(81) 有名な、よく引用される「レーニンに与えたカイゼルの数百万マルク」は、適切な文脈においてみられなくてはならぬ。一九一八年一月三〇日の決算によれば、ドイツはこの時までに、宣伝および特殊派遣隊の特別資金のうち、総計三億八二〇〇万マルクを承認し、支出した。このうち例えば(一〇〇万マルク単位では)エルツベルガーの宣伝活動に一一〇〇万、アメリカ・スペイン・イタリアでの宣伝にそれぞれ一〇〇〇万、ルーマニアで四七〇〇万……等々であった。宣伝一般のためには三八〇〇万が承認され、六五〇〇万が支出された。モロッコでの計画には一四八〇万が承認されて一二四〇万が支出され、ペルシアに対しては三六二〇万が承認されて三一八〇万が支出され、アフガニスタンには五二〇万が承認されて四八〇万が支出された。ロシアへの四〇五八万九九七マルクは総経費のほぼ一〇%をなした。一九一八年一月三一日に約一四五〇万マルクがまだ支出されていなかったが、ドイツのロシアでの宣伝活動費は、一九一八年七月一日まで月支出額は約三〇〇万マルクにのぼる。殺害される直前に伯爵ミルバハ大使は、モスクヴァからさらに総計約四〇〇〇万マルクを要求し、これは協商国の資金にたいして釣合せるためにも承認された。この四〇〇〇万のうち休戦までに、わずか六〇〇万せいぜい九〇〇万マルクが二ないし三カ月ごとに送金され費消されたにすぎない。ロシアでドイツの政策を推進するための費用四〇〇〇万ないし八〇〇〇万マルクは、ブレスト－リトフスクでの追加条約によってロシアがドイツに支払うべき六〇億ルーブルと関係づけられたのであろう。正確な費用計算は、AA, Wk 11, geh., Bd. 3.

第五章　国民の要求

――ジャーナリスト・諸団体・諸政党・王侯――

世界大戦の勃発とこれにともなうドイツの国民的興奮は、ドイツの世界的地位にたいする要求を、突然いまだかつてなかったほどはげしく噴出させた。二〇年間にわたるドイツの「世界政策」は、国民の間に、ドイツが世界強国としての地位につく使命をもち、かつ十分にその資格をもっているという意識を生みだし、はぐくんだ。歴史家の大部分をとらえていた新ランケ主義は、発展しつつある世界的な国家体系という理論を展開させていたが、ここではドイツは――従来の旧いヨーロッパ内の国家体系におけると同じく――〔他の世界強国と〕対等の役割を演ずることになっていた。[1] 歴史家以外に、ありとあらゆる色合いをもつジャーナリストの強力な団体があった。彼らは「ドイツの戦争」をドイツが大国の地位から世界強国の地位へと上昇する機会であると述べ立てていた。[2] こういった考えは何よりも一九一四年八月の感激からあふれ出たものであったが、早くも一九一四年から一五年にかけての冬に直面した困難のなかで、望み通りの成果をあげるまでは戦争を戦いぬこうという断乎たる〔国民的〕決意へと固まっていった。

「一九一四年の理念」

国民的な感情と、非常に目的意識的な政治的思考とが、このように混合してしまったことの背後には、ドイツの教授陣——人文科学者や経済学者——を中心とした、戦争に積極的意味を与えることを使命とする知識人の運動があった。この運動は「一九一四年の理念」(3)として歴史書にのせられているが、この派の説明によれば、この戦争はもはや、攻撃をうけたドイツが優勢な敵にたいして戦いぬかねばならぬ防衛戦争だけに止まるべきものではなく、そのような制約をこえた、より高度な運命的必然性をもつものであった。すなわち、ドイツの精神、ドイツの文化、ドイツの国家生活が、敵対諸国のそれに相応する生活様式と対立していたからこそ、戦争が必然的になったのだ、と説明された。ここにはとくに、イギリスにたいする失望した愛情にもとづく憎悪《ハスリーベ》があったが、それはいまやイギリス帝国にたいするむきだしの憎悪へと変っていた。イギリスは、ドイツ包囲政策の発起人ときめつけられ、功利主義的、利己主義的な、ただ利益をめざす国々の守護神とされてしまった。アングロサクソンの「小商人根性」がドイツの「英雄的精神」と対照された(W＝ゾンバルト「商人と英雄」ミュンヒェン、一九一五年)。マイネッケは、純然なる権力政策をたんに覆うにすぎぬ〔イギリスの〕偽りの理想主義的言辞について語り、また「画一的な、精神を奪われた」アングロサクソン的人間性が、あらゆる自由な人格の展開にたいして与える危険について語った。(4)イギリスは世界史上でその地位を失いつつある年老いた民族であり、ドイツは力に満ちた向上のなかで自らをはじめて完成させるべく若い国民である。いまの戦争は、この自然の過程が貫徹されることを助けるために、遂行されているのである。ドイツは勝利を得るだろう——武運によるのではなく、より高い文化の担い手として人類の歴史のために戦うがゆえに、である。かくて、戦争にはさながら一種の宗教的尊厳さが与えられた。戦争は、諸国民相互の争いとしてではなく、もちろん技術的・経済的能力の力試しなどでもなく、ヘーゲルやランケが説いたように、道義的エネルギーの競争ということにされたのである。(5)

戦争にかような意味を与えたことは――あらゆる現実政治的思考法と全く無関係に――ドイツの世論を動員することを助け、まさに非合理な要素を前面におし出したために、予想もしなかった国民の潜在的エネルギーを自由に活動させるのに役立ったのである。かかる事情を背景において考えると、戦争にたいする開戦第一年の感激も、また世界強国たらんとする「国民」の要求――政治的および精神的指導者層によって代表されたところの要求――も、理解しやすいであろう。

ドイツの世界強国としての地位の要求を宣伝した人びと

全ドイツ主義者はドイツの「世界政策」をもっとも騒々しく主張しつづけてきたが、ここで注目すべきは、彼らの途方もない、しばしば夢想的な利益の要求についてではなしに、むしろ彼らの理念がドイツに及ぼした影響についてである。全ドイツ連盟(6)の約二万五〇〇〇人の会員のうち、かなりのものが国家や社会で有力な地位を占めていたが、数の上で少数ではない会員数よりもさらに重要なことは、官僚、陸軍、海軍、経済界、言論界、知識人サークルの間に、この派が多数の支持者をもっていたことである。ふつう全ドイツ主義の典型とされている思想は、帝政ドイツで公式にひろく通用しており、その思想は、外交官、行政官や政治家の公式発言の言い廻しの中にまで指摘できるほどであった。この事実は、彼らのイデオロギー的・政治的影響がいかに広汎にわたっていたか、また彼らを政治的狂信者の無力な徒党として片づけることがいかに困難であるか、を明らかにしている。

全ドイツ主義者に数えられることを拒み、自由主義者と自ら称するけれども、外交上の要求では全ドイツ主義者の目的と広く一致するような人物やグループのなかに、まさしく彼らの影響が認められる。彼らは、パウル＝

ロールバハがそのひろく読まれた著作のなかで一九一二年いらい主張していたように、「世界におけるドイツ思想」〔著作の標題〕を煽動の中心にすえたが、この思想もドイツの世界強国としての地位にたいする要求と密接に結びついていた。彼らの多くは、公然とドイツ「帝国主義」を主張した。そうでないものも実際には彼らとあまり違わない主張の持ち主であったが、ただし「帝国主義」という用語自体は敵側諸国の政策を特徴づけるときにだけ使用したのである。

これら大戦以前にしばしば表明された見解から、戦争中のドイツ帝国主義の公然たる思想表明にいたる道には断絶はなかった。だから、雑誌「豹《デア・パンター》」(一九一一年アガディールへの「豹の跳躍《パンター・シュプルング》」〔モロッコ事件に際してのドイツ砲艦豹号の派遣〕を記念して創刊された)の編集者アクセル＝リプケは、一九一五年一月、「アガディールの遺産」なる題で次のように述べることができたのである。

「たとえその当時はまだドイツの帝国主義を実現すべき時ではなかったとしても、やはり言葉の上でそのための道を拓くべきであった。ドイツの権利と偉大さのためにかの軍艦(「豹」号)は戦わねばならなかったが、この雑誌は自由主義と帝国主義のために編集されている。基本的にはこの二つのドイツ的特性の擁護者は同じことを求めていたが、ただ異なった手段と異なった言葉を用いて、それぞれにふさわしいやり方で行動したのである。……その当時未来のみがもたらしうるとされていたことが、今日では血腥いがすばらしい現実となっているのだ。[7]」

一九一六年、歴史家ユストゥス＝ハスハーゲンは、同様な現象を客観的に解釈する試みを雑誌「さらに大きな《ダス・グレーセレ・ドイツ》ドイツ《チュラント》」で行なった。この雑誌は、元来ロールバハとイェックが大戦勃発直前に、ドイツの世界政策の思想を持続的に表明するために創刊したものであった。[8] ハスハーゲンによれば、ドイツ帝国主義は他の諸国の世界強国への努力と比較すれば「非常に控え目に発展し」たのであって、世界大戦の勃発がはじめて「世界強国としての自覚をドイツ国民に突然」もたせたのである。

ヨーロッパにおけるドイツの勢力基盤を拡大する方法として、当時広く論議された中央ヨーロッパ計画《ミッテルオイローパ・プロイエクト》を遙かにこえて、ハスハーゲンは「世界強国を目ざすドイツの努力目標」（長期的目標）として、ドイツの植民地・オリエント政策を明らかにした。

さらに一歩さきにすすんだのは、名声高い自由主義的保守主義の雑誌「国境郵便配達夫《ディ・グレンツボーテン》」での匿名筆者「ダリウス」（恐らくは編集者ゲオルク＝クライノフ）であった。「ダリウス」は、「長らくドイツの帝国主義的信念に身を捧げてきた」自分としては「戦争の勃発とこれまでの経過とに大きな満足を覚え」ると告白した。[9] 彼は戦前のドイツの世界政策を世界大戦の本来の原因とみなした。ここから彼は次のような結論をひき出した。戦争という巨大な出来事は、世界大戦を遂行する「目的の自覚」をあらゆるドイツ人に強制する。その目的とは「帝国主義的大国の仲間にドイツが加わること、世界強国としてのドイツに当然認められるべき要求の貫徹」である。

「この戦争は、ドイツがこれまでよりもさらに大きく、さらに強力になるために遂行される。何故ならば、そうなるかまたは二流国家に転落するか、しかないからだ。これまでの立場を堅持するという第三の道はもはや存在しない。……世界強国としてのドイツ、これは理論的要請である。」[10]

雑誌「新ドイツ《ダス・ノイエ・ドイッチュラント》」の編集者アードルフ＝グラボフスキは、ドイツ帝国主義の推進力が、工業化と、一八七一年いらいの三〇〇〇万人もの人口増加にあると考えた。「自己満足した農業国家」としてならばドイツ帝国の大きさは十分である。だが

「最大の商・工業国家の一つとしては、この狭い国境はだんだんと桎梏になってきた。意識的に帝国主義的

目的を追究する国家や国民にとっては、すなわち、世界帝国を創建し、いろいろな世界帝国の間にあって、自らの文化や言語の普及によって、また武力や商業関係によって、また異なった大陸での領土の獲得や植民によって、強力な地位を確立しようとする帝国主義を志向している国民にとっては、この〔領土的〕基礎はあまりにも狭くなってしまった。[11]……」

ドイツは「全く疑う余地もなく、世界強国としては、本国の経済領域があまりにも制限されて」いるから、「いかほど犠牲を払おうとも、われわれはこの戦争でわれわれの大陸における版図を拡大しなければならぬ。」こうグラボフスキは結論して、さらに次のようにのべた。

「今日、世界征覇の意欲を全ドイツ国民がもつこと以上に緊急なことは何もない。かくしてこそはじめて、われわれは半ば意識しない世界強国から、明確にそれを意識した強国、つまり帝国主義的強国へと上昇する。かくしてこそはじめて、われわれはイギリスにも抵抗できるのだ[12]……。」

ここに示したような意見は、無数の同様な声の合唱の一部であるが、ドイツのジャーナリズムや日刊新聞の特殊研究をすれば、さらに幾倍にも増加させたり、その変型をとらえたりすることができよう。

以下にみるような、恐らくは親政府的な自由主義者と特徴づけた方がよいグループの代表者たちも事実上、同じような議論をしていた。彼らは、時折全ドイツ主義者のやりすぎにたいしては論争したけれども、彼らも現実には、ドイツの基礎をヨーロッパ大陸で拡大する必要があるという主張と、ドイツの世界強国としての地位の要求とを宣伝していた。さらに、ベートマン－ホルヴェークを中心とする広汎なグループに結集した教授、ジャーナリスト、経済指導者たちも同様な立場に立っていた。[13]

この立場に立つ多くの代弁者たちは、雑誌「さらに大きなドイツ《ダス・グレーセレ・ドイッチュラント》」で発言した。一九一六年、この雑誌から

「ドイツの政治《ドイッチェ・ポリティーク》」が分立したが、それは「さらに大きなドイツ」が全ドイツ主義の影響をあまりに強く受けてしまったためであった。この〔「ドイツの政治」〕グループは、すでに言及したパンフレット・シリーズ『ドイツの戦争』で広汎な世論に訴えていた。このシリーズの第一冊をイェックの友人ロールバハは『何故にこれはドイツの戦争であるのか』[14]という模範的な標題でもって書いた。このパンフレットの中心思想は、現在の戦争はドイツの世界強国への上昇をもたらすし、そのために「ドイツの戦争」として歴史にとどめられる、というのであった。このシリーズで地理学者アルフレート＝ヘットナーは、一九一五年『わが世界政策の目的』を明らかにした。

「イギリス人は、自らを選民であると考え、海上支配権と世界支配権とをもつ権利がある、と信じている。だが、われわれはこれに対して異論をとなえ、ドイツを彼らと同等の地位におく。ロシア人も、その帝国をたえずもっと拡大する権利を要求するが、われわれは彼らに対抗してわれわれの権利を主張する。[15]」

ドイツ人は、自らの文化がイギリス人やフランス人のそれと同じように高く、いやそれよりもさらに高いと主張してよいだけの理由が十分にある、と彼はつづける。「われわれは世界の教育者であろうと欲する。われわれの文化を世界にひろめようと欲する。世界はドイツの思想によって救わるべきである。」

ドイツ人は偉大な目的を確実に達成できる。「ドイツは……世界諸列強が食べのこしたパン屑などでは生きていけない。自ら世界強国となり、他の世界強国と同等にならねばならない。」

パウル＝ロールバハは、彼の雑誌「ドイツの政治」で三つの世界的民族、イギリス人、ロシア人、アメリカ人という思想を再三くりかえし、さらにこうつけ加えた。「第四の民族はわれわれである」[16]と。エルンスト＝イェックは、パウル＝ロールバハやフリードリヒ＝ナウマンの主張と同様に、新たな世界強国の中心領域は、北の岬〔スカンディナヴィア半島の北端〕からペルシア湾にいたる「ドイツの中央ヨーロッパ《ミッテルオイローパ》」である、と述べた。[17]

経済学者で進歩党の帝国議会議員シュルツェ－ゲーヴァーニッツも同じように、ドイツの世界強国への上昇と、ドイツの基礎を拡大して一種の「中央ヨーロッパ」をつくって、その地位の最終的安全をはかることとを、この戦争の目的と考えていた。ロシアの支配下にある非ロシア系民族(その西方領域にすむ)の分離独立を宣言した一九一六年四月五日のベートマン－ホルヴェークの議会演説から出発して、ゲーヴァーニッツは、バルト地方とリトアニアにおける新たなドイツの移住植民地、また新たな世界強国の基礎にふれて次のように言う。

「東西の世界列強に挾まれて、われわれは唯一の脱出路を中央ヨーロッパに求める。……バルカンやトルコ——その地中海国家ギリシア——と密接に同盟したこの中央ヨーロッパは、スエズを経て陸上からもアフリカに圧力を及ぼすことができるような政治的・経済的な世界強国となるであろう。この戦争からかような結果をひき出せたとしたら……この戦争はわれわれにとって敗北でなくて勝利を意味する。(18)」

同じような立場を歴史家ハンス＝デルブリュクもとった。

「ドイツ国民全体は以下のような感情にみたされている。すなわち、なかば嫉みから、なかば復讐心から生まれた敵側の連合によって、われわれは、はじめは狭いところにおしこめられ、ついではいわれなく攻撃された。したがって、わが政治的将来を保障し、少なくとも他の世界的民族と平等な地位が保てるような、広い基礎の上にわが国民の将来を築く必要がある。ドイツの勝利はそのために利用できるし、また利用しなくてはならない。(19)」と。

「新－ドイツ」とドイツの世界強国としての地位

ドイツは世界強国としての地位につくべき使命をもっているという観念が、ジャーナリストのみならず、政府の政治的意志形成に直接参与する人びとの考え方の中にいかに深く根ざしていたかが、次の二つの例で明らかにされよう。一つは、シュヴェリーンがベートマン－ホルヴェークの命令で、一九一五年三月に提出したドイツの東部国境地方に新移住地を創設することに関する厖大な覚書であり[20]、いま一つは、枢密顧問官ゼーリングが政府の命令で、征服したばかりの北東〔占領地〕地帯で行なった調査旅行に関する一九一五年九月の厖大な報告書である[21]。何れもが戦争中のドイツの東方政策に決定的な影響を及ぼした文書であった。

シュヴェリーンの創設した「国内植民促進協会」では、シュヴェリーンが会長、ゼーリングが副会長として緊密に協力していた。両人は、〔ドイツが占領した〕新たな東方諸地域への〔ドイツ民族の〕移住の、また同地方の併合の、可能性を研究し、そのための理論的基礎を明らかにせよと命ぜられたが、この両人は十分に熟慮を重ねた上で、世界強国としての地位をドイツが新たに確立し、保障するという大きな枠のなかで、広汎にわたる勧告書を作成した。

シュヴェリーンは述べる。

「戦争の目的、ドイツ帝国の将来の発展とその構成という問題に答えるためには、先ずなさねばならぬあらゆる留保にもかかわらず、次の二つの観点を重視する必要がある。第一は、わが世界強国としての地位の軍事的安全性の達成、より正確にいえば、世界強国としての地位の安全性のために必要とされる広汎な基礎の獲得であり、第二は、ドイツ側同盟国間の相互関係についての将来の経済的仕上げである。換言すれば、ドイツ民族の権力と富ということが、広汎な国民層にとっては、明々白々な闘争目的である。」一面的な工業化の危険と民族の人口増加を脅かす都市化とにたいして、彼はドイツという「支配民族」に東方の広大な農民移住地を与えることで〔工業地帯である〕ベルギー併合との釣合いをとり、こうして子沢山の農民人口がドイツの民族性を維持することを期待した。

「世界最大の移住植民民族たるドイツ民族は、再び大規模な移住植民事業に乗り出さねばならぬ。ドイツ民族が十分に生きていけるだけの領土拡張が行なわれなければならぬであろう。ドイツ人が移住できるような海外地域はすでに列強に分割されており、またこの戦争の戦利品としてはそれを獲得することは難かしいから、今日のドイツ領域に接続して、新たな移住地域を獲得する試みがなされなければならぬ。」

シュヴェリーンがその言葉をまだ使用しなかったとはいえ、「生存圏」の理念はここにすでに明瞭に示されていた。彼にとっても、ドイツの世界強国としての地位を確立するための広汎な基礎は、オーストリアーハンガリーやトルコとともにポーランドという「保護国」をも包括するドイツ指導下の「中央ヨーロッパ」であった。

世界史的展望のなかでさらに原則的であり普遍的なのは、マクス＝ゼーリングが一九一五年九月、ベルリンで政府に提出した公式報告書「北東の占領地域に関する報告」のなかで提起した「一般的観点」であった。彼も三つの競合する世界強国という命題を認めて、これにドイツも第四番目の平等な権利をもつ国家として加わらねばならぬ、と考えた。近代の世界強国の基礎は、国内産業のための原料供給地と販売市場として、広大な熱帯および亜熱帯の植民地を所有することにある、と彼はみた。だが、彼にとってさらに重要なのは、「民族の力の真の本拠としての」本国であった。本国は、国民の食糧を確保し、とくに「健康な人間を育てることができる故に」

重要なのであった。ドイツと反対に、世界強国としての地位を確立した国——アメリカ合衆国、ロシア、大英帝国——は、白人のためのそのような居住地域を十分に持っている。これら三つの「巨大帝国」が成立したことは、ゼーリングによれば、古い大国が「中流国家」に転落する危険を必然的にともなうものであった。かかる危険をドイツが免かれようとすれば、ドイツ自身が世界強国になる以外にはない。だがこれは、ゼーリングによれば、ドイツがその居住圏と経済圏とを拡大したときにのみ可能である。このために——ここでゼーリングは人種論的《フェルキ》民族主義《ッシュ》の傾向をもつ全ドイツ主義者の広汎なグループと一致するのだが——存在する唯一の領域は、スラヴ民族のすむ東ヨーロッパである。ドイツの東ヨーロッパにおける膨脹は、同時にまた既存の世界強国の一つ——ロシア——を甚だしく弱め、ロシアの中欧列強〔ドイツ・オーストリア－ハンガリー〕にたいするその数的優位を決定的に低下させる、という利点をもたらすであろう。ゼーリング同様その友人シュヴェリーンも、領土の拡大という生存上絶対必要な補充を実現するためには、中央ヨーロッパの統合が必要であると考えた。

「ヨーロッパにつなぎとめられている巨大帝国が、中欧列強にたいしてはじめた現今の戦争は、中欧列強とそして中央ヨーロッパ諸国一般が、上述の巨大帝国と並ぶ平等な国家として存続し得るか否かの決着をつけるであろう。地図を自分らに有利な形に徹底的に書きかえたときにのみ、これら諸国は、平等な国家として残り得るであろう。」

ヨーロッパでの覇権とその経済的基礎

マルヌでの逆転、フランスの英仏海峡沿岸地方に到達しようという無益な試みのなかでのイープルとアラースでの出血の多い戦闘、オーストリア軍のガリツィヤでの惨敗、そしてドイツ軍の北ポーランドでの波瀾の多い戦闘は、軍需品および訓練をへた予備兵の深刻な不足をはじめて表面化させるとともに、中欧列強の軍事情勢の決定的な悪化をもたらした。だが、上述したように、ドイツの一般公衆は、陸軍最高司令部および帝国政府指導部の新聞政策のおかげによって、東西での軍事的逆転の意味を十分に把むことができなかった。しかも、タンネンベルクでの幸運な局地的勝利と、潜水船U9号による三隻の老朽イギリス装甲巡洋艦の撃沈〔という手柄〕は、危機的な軍事情勢を国民の眼からかくしていた。

これにたいして、ドイツの政治的および軍事的指導者層は、ほぼ一九一四年一一月半ばには、ドイツの事態の深刻さを認めていた。このため、イギリスおよびロシアにたいして最初の講和の探索が行なわれたのである。しかしながら、何れかの国との単独講和は、講和の可能性があると思われる戦線でのドイツの戦争目的の縮小を意味した。さような講和の試みに関する噂は、すぐにドイツの一般公衆にもれてしまった。これはかなり大きな影響をともなう単独講和にたいする恐怖の波を一般公衆にもたらした。ドイツの広汎な国民層は、帝国政府指導部が敵の一国をいたわるような内容の「尚早な」講和を結ぶかも知れない、と考えてしだいに不安をたかめた。宰相ベートマン－ホルヴェーク、若干の外交官、親英的な実業家、とくにユダヤ人出身の実業家は、「安上りの」あるいは「無価値な」講和を結ぼうとしているものと考えられて、たびたび非難された。

かかる「無価値な講和」の危険を防ごうとしたのは、重工業に中心をもつ成立したばかりの「戦争目的運動」であった。フーゴ＝シュティンネスも積極的にこれに加わったが、工業界の指導的人物は、その要求をボンの経済学者シューマハー教授にまとめさせ、それをベートマン－ホルヴェークの個人秘書である外務省上級参事官《レガチオンスラート》クルト＝リーツラーを通じて宰相に提出した。ここでは工業界は、ベルギーの併合ないしは少なくともその経済的支配、またロンウィーブリエ鉱床の獲得、東ヨーロッパでのかなりの領土獲得を要求していた。

ポーゼンにヒンデンブルクを訪れた二日後の一九一四年一二月八日、宰相はベルリンで、ドイツの二つの大企業家団体の代表者を引見した。「ドイツ工業家中央連盟」の法律顧問《ズイディクス》で前郡長のレトガーと、国民自由党の帝国議会議員で「ドイツ工業家同盟」副会長のシュトレーゼマン[22]である。レトガーはドイツ重工業の組織を代表し、シュトレーゼマンは加工工業のそれを代表していた。それぞれの団体の名において彼らは、西方での周知の要求(ベルギー、ロンウィーブリエ、ベルフォール)を提出しただけでなく、東方での広汎な併合、つまりポーランド、クーアラント、エストニアの併合、さらに中央ヨーロッパ関税連盟《ミッテルオイロペーイッシェ・ツォルフェルバント》の設立をも要求した。シュトレーゼマンが明記しているように、宰相はこれら「すべてに全く同意」[23]した。だが、一九一四年晩秋の混沌たる戦況を前にして、ベートマン－ホルヴェークは戦争目的を公然と論議することを望まなかった。それは、敵国や中立国を顧慮したためであるし、また講和の気運を探れるものならば、妨げられることなく探りたかったためであった。とりわけ防衛戦争を遂行しているだけだと信じていた自国の社会主義的労働者階級を顧慮したためでもあった。

このために、戦争目的の公然たる論議は禁止され、またクラースおよびその有名な戦争目的覚書――全ドイツ連盟の指導者〔クラース〕が一九一四年一二月ほぼ二〇〇〇部散布した――にたいして政府当局は干渉した。もちろん結果において政府の干渉は、宰相が欲したのとは全く逆の効果をもたらした。全ドイツ連盟は、まさに戦争目的の公然たる論議が禁止されたことによって、戦争目的の形成に指導的役割をはたすことになったのである。

戦争目的論議の政治的意味を強調したのは、外ならぬ帝国政府指導部であった。政府は戦争目的を全然示していないという非難にたいして、一九一五年二月二一日のNAZ〔北ドイツ一般新聞〕の論説で、帝国政府指導部は次のような態度を表明せざるを得なかったのである。すなわち、国民の団結およびオーストリア－ハンガリーとの同盟は、政府がいま戦争目的の公然たる論議を許したならば、危くされる、と。この論説執筆者は「剣とペン」という二つの最高権力の原則上の統一を力説し、軍事的勝利を得ることだけが今や肝要である、と強調した。そして、一九一六年春の宰相のエーリヒ＝マルクス宛書簡と実際上注目すべき一致を示しながらこう述べた。「軍事的勝利の暁には、帝国政府指導部は遅滞なく講和目的を明らかにするであろうし、その時には自由なる国民は言論の自由を得るであろう。」

だがそう簡単には大経済団体は宥めすかされなかった。一九一五年三月一〇日、彼らは戦争目的の公然たる論議の許可を求める請願を帝国議会に提出し、これにかの有名な戦争目的問題に関する覚書を添付したのである。(24)

この請願書の前史は、ドイツ経済界の内部における全ドイツ主義者の決定的な影響力を示す点で非常に特徴的である。全ドイツ連盟設立者の一人で、この頃クルップの取締役であったアルフレート＝フーゲンベルクは、経済諸団体の指導的代表者をベルリンに集めた。クラースがここで講演を行ない、そのなかで彼は、ドイツの戦争目的に関する覚書の理念を明らかにした。フーゴ＝シュティンネスは、ドイツ工業家中央連盟の名において、原則的にクラースの要求に賛成した。これに続いて、フリードリックスがドイツ工業家同盟の名で、フォン＝ヴァンゲンハイムが農業家同盟の名で、またその他多くの人がそれぞれ賛意を表明した。この会議は、フーゲンベルク、クラース、そして国民自由党プロイセン邦国議会議員でエッセン商業会議所法律顧問のエルンスト＝ヒルシュに、共同声明の起草を委任した。かくして一九一五年三月一〇日、五経済団体の覚書が成立し、これが帝国議会に提出され、一九一五年五月二〇日には六つの大経済団体の有名な請願書にまで拡大されたのである。

三月一〇日の工業界の圧力につづいて、政府は講和を企図しているという誹謗にたいして、政府指導部は四月二四日にはNAZに新たな声明を発表して、次のように断乎たる態度で対抗せざるを得なかった。「判断力のあるものならば、敵のうちの一国と尚早な講和を締結するために、ドイツに有利な戦況を犠牲にすることなど、とうてい考えられない。」帝国政府指導部のかような弁明にもかかわらず、諸団体の代表者は、三月一〇日の覚書をさらに今度は宰相に直接に提出するのが望ましいと思った。

一九一五年五月二〇日の経済界の請願書は次の大経済団体に支持された。ドイツ工業家中央連盟、〔ドイツ〕工業家同盟、農業家同盟、ドイツ農民同盟、ドイツ本国中産階級連盟、キリスト教ドイツ農民協会、この有名な「六団体」に、後に商業界を代表するハンザ同盟が加わった。これらの団体がドイツ経済の全体を代表していたのである。

この請願書には、ドイツの経済的利益を完全に満足させる植民帝国の形成、関税・商業政策上の「安全保障」、「合目的的形態でかなえられる戦争償金」の要求と並んで、「主要目的」として西方および東方における領土の要求がかかげられていた。これら諸団体は、ベルギーの軍事的・経済的支配を要望したが、ベルギー住民はドイツ帝国に結びつけられてしまい、政治的権利は認めないこととされた。また、ベルギー・フランスの英仏海峡ぞいの地方を要求したが、これは「わが将来の海上覇権にとって死活の問題である大西洋への出口」を安全にするため、同時にまた、イギリスへの圧迫手段を確保するためであった。ベルフォールやヴェルダンの〔獲得の〕ような戦略的な国境改訂はさておき、ロンウィとブリエの鉱床やノール県とパ＝ド＝カレー県の炭田地帯の獲得を要求した（シュティンネスがすでに一九一四年九月に要求したように）。経済諸団体の提案では、その地の住民は政治的権利をも全く失い、さらに現にある「中位の、また比較的大きな土地財産を含む、経済的能力のある資産」をドイツ側に引き渡すことになっていた。東方での併合を考えるさい決定的であったのは、西方で期待される工業的勢力の増大を、東方での「農業」勢力の増大によって均衡させようという考えであった。このため少なくとも、〔ロシア領〕バルト海沿岸諸州の相当部分の獲得と、その南に隣接している地域の併合が考えられた。

六団体の請願書と平行して、当局の戦争目的論議の禁止をくぐろうとする、工業界の指導者たちの別の試みがなされていた。ルール地方を管轄する軍団長フォン＝ガイル男爵に提出された一九一五年五月一二日の共同上申書の中で、フーゲンベルクに指導される工業家と著名な学者は、東方と西方における戦争目的に関する詳細な意見を表明した。(25) 一九一五年六月二三日、フォン＝ガイルは総計一八の覚書を宰相に送った。そこで詳細に基礎づけられた戦争目的は、本質的には六団体の要求と一致していた。新しく加わったのは、ドイツがウクライナを獲得する見透し、ロシア領の全バルト沿岸諸州〔フィンランドは除く〕併合の公然たる表明、オーストリア－ハンガリーの立場をとくに顧慮した中央ヨーロッパ《ミッテルオイローパ》問題《プロブレム》の研究などの諸項目であった。

いわゆる「知識人の請願書」では、東方植民を国内での社会的圧力にたいする安全弁として利用しようという考えが、さらに強調された。加うるに、なかんずくパウル＝ロールバハとマクス＝ゼーリングがくりかえし述べたような、人種論的《フェルキッシュ》民族主義の思想があったが、これは、スラヴ－ロシア人住民大衆の増加にたいしては、ロシアの「解体」、東方におけるゲルマン化された「国境城壁」の構築、独自の積極的な住民政策でもって対抗したいが、東方には以上の政策を実施するための比類のない可能性が現われている、というものであった。(26)

早くも一九一五年七月八日、この請願書はドイツの公共生活のあらゆる分野から、一三四七名の署名を得て、宰相に手交された。(27)

知識人の請願書に関係する努力のなかから、一九一六年七月、以後の戦争目的運動に非常に重要な役割を果した「ドイツの平和のための独立委員会」が、ベルリンの歴史家ディートリヒ＝シェーファーの指導下に成立した。

宰相は、経済六団体の請願書、フォン＝ガイル軍団長を通じての上申書、知識人の請願書を、帝国政府指導部の権限にたいする妨害的介入とみなした。このため彼は、これらの行動を冷たく無視した。というのも、彼はすでに述べた外交上と内政上の理由から、このような行動を不都合なもの――たとえ有害とまではいわないとしても――と判断したからである。事実は彼がこの点では完全に正しかったことを示した。経済六団体の請願書も知識人のそれも、直ちに敵国や中立国の知るところとなり、ドイツの征服欲の現われとしてセンセーションをまきおこしたからである。

一九一五年夏、宰相と親しく、これまで常に反併合主義的とみられてきたベルリンのハンス＝デルブリュックとアードルフ＝フォン＝ハルナク両教授を中心とする一グループが、これに反対する覚書を起草した。この覚書の執筆者は「フォシッシェ・ツァイトゥング」のゲオルク＝ベルンハルトであった。ベルンハルトは、この覚書で「独立した民族また独立になれている民族の併合ないし編入」に反対したのである。だが、ここではもっぱら全ベルギーの併合、精々のところ全ポーランドの併合を拒否していたにすぎない。両民族は独立になれていたからである。しかし、彼は、ベルギーの部分的併合ないし異なった方法での支配、また東方でのドイツの勢力拡大には、行動の自由を認めていた。かような解釈は、決して後年になってからつくりあげたものではない。それどころかアードルフ＝フォン＝ハルナクがすでに同じ一九一五年に、この命題自身を次のように解釈している。(28)

「あなたがこの請願書を読んで熟考されたら……併合に関してはベルギー国家の全面的併合以外には何も除かれてはいないことがわかるであろう。ベルギーの部分的併合も、ベルギーが部分的にないしは全面的に(われわれにたいして)従属するような事態も、排除されてはいない……」

これこそまさに、ベートマン＝ホルヴェークの、少なくともベルギーの間接的支配という路線である。ハンス＝デルブリュックは、一九一五年八月にも、東方での行動の自由とは、バルト沿岸諸州、スヴァウキ、カウナス

〔コヴノ〕の編入を意味する、と述べていた。デルブリュクがこのとき自らの思考の戦前からの連続性を強調し、また誇りをもってこれを認めるとき、はじめて彼の発言は一段と重味をましたといえる。

「古いドイツ民族の植民地域をモスクヴァ人〔ロシア人〕の軛から救い出すという古い観念がわれわれの脳裡に浮び上る！　すでに一〇年前に私は、この年報で大いに政治的夢想をたくましくしたものだ。」(29)

ついにはフリードリヒ＝マイネッケも一九一七年春、ロシア二月革命勃発の三週間後、カール＝フリードリヒ＝フォン＝ジーメンスや国民自由党のオイゲン＝シッファーと一緒に、宰相に二万人以上の署名を得た大衆的請願書を提出したが、ここではバルト沿岸諸州のドイツへの編入とそこへのドイツ人の植民を要求していた。(30)

したがってデルブリュク、(31)ハルナク、ナウマンを中心とする自由主義的グループにとっても、併合の原則は、彼らのいう「中央ヨーロッパ」を補充し完成する上からみて、全く無縁なものではなかった。たとえ彼らがとくに一九一七年いらい、直接の併合にはあまり重きをおかず、東ヨーロッパと海外地域へのドイツ勢力の拡大をとくに求めていたとはいっても。

帝国議会、議会での戦争目的多数派

議会の外部での戦争目的運動に対応するのは、議会の内部での諸政党による戦争目的多数派であった。これは公式には全ブルジョワ政党を包括していたが、非公式にはドイツ帝国政府の政策を城内平和のスローガンの下に寛恕していた社会民主党のかなりの部分にまで及んでいた。社会民主党の中間派と右派は、ベートマン－ホルヴェーク政府の「穏健な」戦争目的を、暗黙のうちに、あるいは公然と是認した。戦争目的多数派は、戦争の全期間を通じて存立しつづけたし、一九一七年七月一九日の平和決議のさいの新しい議会多数派も、たんに貫徹さるべき基本線からの一時的逸脱にすぎなかった。

保守党の併合主義的な基本的態度は、いつも全く明らさまであった。この党は、内政上の理由から、宰相がこの党にたいしてなだめるような声明をすると、ときおり戦争目的運動で自制するとはいえ、やはり戦争目的多数派の確乎とした一員で、たえずドイツ勢力の拡大を追究していた。この問題に関する保守党の代弁者《スポークスマン》は、ヴェスタルプ伯爵であった。党幹部は、一九一五年一〇月、「ドイツの将来の基礎」が保障されるまでは戦争を続行すると決議した。保守党は「もちろん」「領域拡大」もこの要求のなかに加えた。農業政党としての構造にふさわしく、保守党はポーランド、バルト海沿岸諸州の一部と、リトアニアの併合を擁護した。そこに農業労働者用の移住地を獲得しようとしたのである。同時にまた彼らは、ベルギーにたいするドイツの支配権の樹立を擁護した。[32]

これと密接な関係にあったのは自由保守党で、この党は高級官僚および大地主の一部、すなわちシュレージエン大貴族《マグナーテン》の地位をもつ大地主を代表していた。一九一五年一二月はじめ、自由保守党はベルリンで、二カ月前のドイツ保守党のそれと同じような決議を採択した。[33]自由保守党は「財産と血の大きな犠牲」が払われた以上、その犠牲を無駄にしてはならぬと要求した。

「それ(犠牲)が講和目的として要求するのは、ドイツの権力的地位を完全に強化し、現在ドイツ軍の占領下にある地域をできるだけ固執することによって、現在の領域よりもはるかに拡大されたドイツを実現することであり、またその戦費支出を補償されたドイツを実現することである。」

まったく論議の余地のないのは、国民自由党内部における併合主義的分子の優位である。この党はこれまで「帝国建設と帝国維持の党」であったのに、いまや「帝国拡張の党」と自ら称していた。[34]一九一五年五月半ば、国民自由党の事務執行委員会と邦国および州組織の議長が、ベルリンで会合して政治情勢を検討した。議事録によれば「圧勝を収めるまで戦争を継続する」という断乎たる意志が表明された上に、その席で次のようなことが述べられていた。

「次の要求が一致して表明された。すなわち、わが比類なき陸軍および決死の海軍による巨大な戦果は、政治的にも徹底的に利用しつくされねばならない。とくに西方では、ドイツの権力的地位を海上でも陸上でも安全にし強化するために必要な地域が、政治的・軍事的・経済的に帝国に編入さるべきである。東方では、国境が戦略的に改善されるだけではなく、新たな移住地域も獲得されねばならない。」

かくしてこの党は、一九一八年晩夏まで堅持された路線をここに確定したのである。

戦争目的の論議のなかで、この党の中間派と右派が接近して協調するようになった。党内各派の和解は、一九一五年七月一八日、バッサーマンとシュトレーゼマンが、ライン州とヴェストファーレン州の党指導委員会合同会議で次のように発言したとき、積極的に表明された。シュトレーゼマンは原則をこう確認したのである。

「われわれは、敵が敢えて二度と攻撃できないほどに強くなり、敵を仮借なく弱めなければならない。このためには絶対に、西方および東方での国境改訂が必要である……」

バッサーマン(35)は早くも開戦第一年の冬にこういっていた。

「だが東方では、ロシア民族があふれてゲルマン的世界に流れ込むのを防ぐための柵が構築されねばならない。ドイツ、オーストリア＝ハンガリー、トルコは、このロシア民族の洪水から護られねばならない……」

シュトレーゼマンは最後まで、ベルギーにたいする戦争目的を固執し、また同じように力をこめてロンウィー＝ブリエ鉱床の併合を鼓吹した。

バッサーマン—シュトレーゼマン—ヒルシュは、党の圧倒的多数を代表した。これに対立したのは一小グループであって、これはより穏和な範囲においてドイツの権力と領域の拡大を欲していた。この派の指導者は、デルブリュクの水曜日夕べ《ミットヴォッホ・アーベントクライス》の会の主唱者シッファーであって、この会合で、この派の考えがロールバハやイェックと密接に結びつきながら展開された。このグループは「かつてドイツ民族が支配していた」バルト海沿岸諸州〔ロシア領〕のドイツ帝国への編入と植民地の獲得を主張した。特異な立場をとったのは、フォン＝リヒトホーフェンで、彼はドイツの戦争情勢をいつも悲観的に判断し、現状維持の講和でも儲けものだとみていた。後にフォン＝シェーナイヒ＝カーロラト公が彼に結びついた。

　中央党も、帝国議会における戦争目的多数派の積極的分子であった。その指導者シュパーンは、一九一五年五月一三日、戦争目的多数派を構成する各党指導者と宰相との討議のさい、まさに経済諸団体の代弁者として振舞った。[36] 彼は帝国議会本会議での戦争目的多数派の代弁者でもあったし、一九一四年一二月二日と一九一五年三月一〇日に全ブルジョワ政党の共同声明を読み上げたのも彼で、ここでは自分たちの意見と社会民主党のそれとの相違を明確にしていた。また一九一五年一二月九日、彼は社会民主党の戦争目的に関する質問にたいして、他のあらゆる政党を代表してこたえていた。中央党全国委員会は、一九一五年一〇月二四日—二五日にフランクフルト＝アム＝マインでの会合で、一般的な言い廻しで「東方と西方での」ドイツの強力な防衛が要求されるという決議を採択した。[37] その目的は、ドイツを「再び襲うこと」を「敵」に断念させるにあったし、強力な防衛とは同時に「わが増大する人口にたいする経済的な給養」を保障することであった。シュパーンは、経済諸団体の代弁をすることによって、その一般的な要求を具体化した。マティーアス＝エルツベルガーは、舞台裏で多くの意見を表明してシュパーンの活動を助け、その上しばしば外交的触角の接触のさいに、帝国政府指導部の公式代弁者としての資格で行動した。すでに一九一四年九月二日、エルツベルガーは宰相宛に親展書簡を書いて、その中で、達成せねばならない戦争目的についての彼の見解を表明していた。「ヨーロッパ大陸にたいするドイツの軍事的覇権を永遠に確保できるように、戦勝の結果を十分に利用することがさし迫った義務」である(38)、と。

中央党の大多数は、開戦第三年にいたるまでは、戦争目的問題では一致しており、原則的には領地獲得に賛成していた。にもかかわらず二つの傾向が区別される。シュパーンは「ケルン国民新聞《フォルクスツァイトゥング》」を中心とする極端派の指導者で、エルツベルガーも一九一六年まではこの派に属していた。穏健派は「ゲルマニア」を機関紙としていた(39)。

進歩人民党員である左派自由主義者は、党機関の公式意見発表の際には、他のブルジョア政党ほどには極端でも露骨でもなかった。また注目すべきことには、一九一五年五月一三日の宰相とブルジョワ大政党との会談に参加しなかったことである。それでもやはり、一群の著名な代議士たちは、戦争の進展とともに戦争目的を支持し、とくに何らかの形での併合を認めた。もっとも、その支持の程度には人によって強弱の差があったが。このうち最も重要な発言者はフリードリヒ＝ナウマンで、彼は一九一四年末、ドイツがフラマン語地方を、フランスがワロン語地方を得る、という形でのベルギーの分割を説いていた。一九一五年一二月、ナウマンは帝国議会で「中央ヨーロッパ」のために、コングレス＝ポーランドと他の国境地帯とをドイツの下におくことを主張した。

開戦第一年には進歩人民党の帝国議会議員団は、戦争目的多数派にしがみついていた。党の中央委員会は、自党の見解を一九一五年一二月五日にまとめた。委員会は「敗北しているにもかかわらず……われわれに対して講和条件を指定するという敵側の不遜な要求にたいして」抗議し、「講和条件は、ドイツ帝国に……うまくいって精々戦前の状態への復帰といったようなものではなく、むしろ外敵の攻撃にたいする永続的な防衛と、自らの権力、繁栄、領土——自らの安全のために必要とされる限りでの——の絶えざる増大とを、もたらすものでなければならぬ」という確信を表明した。(40)

ドイツ帝国議会での併合意欲の頂点と、いわばその体系化とを示すのは、進歩人民党を含む全ブルジョア政党による一九一五年一二月九日の周知の声明であった。これは、併合反対の意志を表明した社会民主党の質問にたいする返答としてなされたものであった。中央党政治家シュパーンが、戦争目的多数派の決議を読み上げ、その理由をこう説明した。

「たとえ敵側が戦争を耐えぬこうと改めて誓い合おうとも、われわれは、堅く団結し、平静に、決然として、平和交渉が可能になるような時期の到来を待つことにしよう。そして、この平和交渉に際しては、ドイツの軍事的・経済的・財政的・政治的利益が永年にわたってすべて完全に、あらゆる方法によって承認されねばならないし、そのために必要な領土獲得もまた承認されねばならない。」

この一九一五年一二月九日の決議の特別の意味は、宰相がブルジョワ政党議員団の代表と一一月二九日、一二月二日の二回にわたる秘密予備会談で、帝国議会における各種の行動と各人の役割の分担とを細心に相談し合った後に、決議が行なわれたことにある。(41) このとき宰相が言及した正しい「帝国議会の運営」なるものの本質は次の点にあった。すなわち、戦争目的多数派を構成するブルジョワ政党はその決議のなかで、宰相が周知の政治的理由からこの時点では暗示するに止めようと考えたことを、正確に言明したという点にあったのである。社会民主党は採決のさいに、代弁者シャイデマン(42)が適度の反対を表明したが、それは労働者階級の間に併合主義反対の気分が強いので安全弁を開いておくという意味からであった。

戦時中の社会民主党のさまざまな質問や抗議声明のために、多数派社会民主党は原則的には併合に反対しているという評判をとっていた。これは、同党の外部にたいする公式声明については正しいが、党の内部では、かなりの数の指導的人物は「適度の戦争目的」を少なくとも暗黙のうちに甘受し、多くの者はこれを肯定すらしており、右派になればなるほどますますこれを積極的に支持していた。ともかく、ベルリン警視総監の報告によれば、一九一五年には党幹部の大多数はフランドルとポーランドの併合を全面的に支持した[43]。戦争中、一般社会の間によく知れわたっていた社会民主党右派の指導的人物の一連の言明は、この報告の正しさを確認している。とくに「社会主義月報《ゾツイアリステイツシエ・モナーツヘフテ》」、および政府の財政的支持を得てパルヴス＝ヘルファントによって創刊された新雑誌「鐘《グロツケ》」をそれぞれ中心とする二つのグループは、多かれ少なかれ公然と併合主義の信条を表明した。ノスケ、後にはアウグスト＝ヴィンニヒも[44]、クーアラントを併合し、移民を送ってそこをゲルマン化することを提唱していた。

オットー＝ランツベルクは、社会民主党国会議員団会議で、ベルリン警視総監、社会民主党はポーランド併合を支持しているといった意味を正確に表現した。ランツベルクは同志に修辞的疑問を発してこういった。

「東方におけるドイツの防衛をさらに改善するために、実際にナレフ河の線の併合が要求されたとしたら、ドイツ人のだれがこれに異議を唱えることができるであろうか？」

だが、ゲオルク＝レーデブーアがこれに批判的にこたえたように、ナレフ河の線の併合は、またスヴァウキとヴィスワ(ヴィスツラ)河左岸のポーランド国境地域との併合を、必然的にともなうこととなるであろう。レーデブーアは痛烈にこうつけ加えていった。

「〔社会民主党〕議員団多数派の代弁者は、閉された戸の背後では最も危険な性格をもつ併合計画にあえて参加しながら、他方では公衆に対しては、自分たちは併合には反対なのだ、と請合ってきた。今までのところは、このやり方でうまくやってきたのだ。」

ロシアの二月革命が起こった後になってやっと、シャイデマンは、動揺しはじめた労働者階級の圧力で「無併合と無償金」というロシアのスローガンをとり上げ、非常に力をこめて宣伝したので、このスローガンは以後「断念の平和」を意味するようになった。しかし、併合の企てにたいして多くの抗議をしたにもかかわらず、多数派社会民主党の政策は、結果としてはこれを寛容していた。というのも、政治的結果をともなうほどのエネルギッシュな形で、あえて拒否の態度を表明したことなど一度もなかったからである。

戦争目的多数派の圧倒的陣営と社会民主党の生ぬるい態度にたいして、わずかな平和主義的ブルジョワ＝グループと左翼急進的革命家の小グループとの断乎とした原則的な反対の態度が際立っていたが、それは「無視しうる少数派」にすぎなかった。事実、彼らの抗議は、厳しい検閲を通過した上で一般社会に報道された限りでは、世論にも帝国政府指導部の意志決定にも、ほんのわずかの影響すら与えることができなかった。検閲は、彼らの代弁者の口を大幅に封じ、左翼反対派の最も急進的な代表者カール＝リープクネヒトは、一九一六年五月以後要塞に禁固されていたのである。

ドイツの王侯諸邦国、その特殊利益と併合政策

ドイツ帝国内諸邦国の王侯の戦争目的問題への積極的参加は、「中央集権主義の高まり」にたいする不安によるものであった。その高まりは、開戦当初の数週間の感激のなかに現われ、戦争が勝利に終ればさらに高まるように思われた。予想されたプロイセンの権力増大にたいして、邦国王侯はひたすら自分の邦国の領土拡張によっ

て自分の権力増大を保障し、その地位の安全をはかろうとした。かくしてのみ王朝支配と各邦国本位の原則が堅持できる、と思っていたのである。

すでに一九一四年八月一五日、バイエルン王ルートヴィヒ三世は、次のような邦国の要求を通告した。「エルザス－ロートリンゲンの分割、ベルギーの抹殺、ドイツのライン河口領有[45]」。コブレンツの大本営でルートヴィヒ三世は、バイエルンの重要な戦争目的として、南ドイツ経済のためのライン河から大西洋への自由な交通、全エルザスのバイエルンへの編入を宣言した。しかし、ルートヴィヒ三世だけでなく、ヴェルテンベルクのヴィルヘルム二世も、ドイツ軍の勝利の進撃に力を得て、バーデン大公フリートリヒ二世と同様、戦争による人員と資材の犠牲の補償を要求した。だが、彼らはバイエルンの計画にたいしては非常に消極的であって、全エルザスのバイエルン編入については「最大の懸念」を表明した。バイエルン首相ヘルトリング伯爵は、かような他の邦国の拒否的態度を認めて、そのような要求を和げようとしたが、それは同じ目的をより柔軟な形式で追究しようとしたにすぎなかった。バイエルンは、その計画をすでに八月一五日に声明していたから、ヴィルヘルム二世〔皇帝〕が考えていたようなプロイセン式なエルザス－ロートリンゲン問題解決法は、バイエルンの主張が多くの王侯国に支持される状況にあっては、大きな困難に直面した。この必然的結果が、いわゆるダルヴィッツ計画、つまりエルザス－ロートリンゲン州総督の計画で、両者をともに満足させようという解決法であった。すなわち、エルザスとベルギーを組み合わせ、その際に、プロイセン、バイエルン、バーデンでエルザス－ロートリンゲンを分割する。プロイセンは、ロートリンゲン（ロンウィ－ブリエもともに）のほか、ベルフォールからシャルルヴィユにいたるヴォージュ山脈の西側斜面をシュトラスブルクへの通路とともに受け取り、バイエルンはエルザスの北半、バーデンはその南半を得る。かくて、ドイツ帝国の決定的防衛力たらんとするプロイセンの目的は保障されることになる、[46] というものである。

エルザスにたいするバイエルンの要求を実現するための前提をつくるべく、バイエルン政府は、その戦争目的政策において――戦争の全期間を通じて――プロイセンの関心をベルギー、後にはクーアラント、リトアニアに向けようと努力し、皇帝、宰相、参謀本部にたいして、そういう意味の圧力をかけていた。[47]

一九一四年一一月一五日、ベートマン＝ホルヴェークは、バイエルン首相宛書簡で、戦争目的の要求にみられる「夢想《ユートピア》」に強く反対した。彼自身は「北海沿岸にたいするドイツの領土的要求の貫徹、何らかの形でのベルギーにたいする軍事的後見の引受け、およびベルギーとの緊密な経済的関係の樹立に着手すること」を考慮していた。しかし、彼はベルギーを併合することは社会的・内政的な理由から拒否した。[48] だが、バイエルン王はベルギー〔併合〕の断念を甘受しようと思わず、宰相が「尚早の」講和を締結することを恐れた。このために彼は、首相ヘルトリングが一一月二八日ベルリンで宰相と交渉するに際して次の基本線を指示した。[49]

「(1) ドイツ民族の途方もない犠牲と激しい情熱にふさわしい成果を獲得するまで、持ちこたえねばならぬ。

(2) エルザス＝ロートリンゲンは、バイエルンの利害を十分に顧慮した形で、分割しなければならぬ。

(3) ベルギーは、独立国家として存続さるべきでなく、ドイツの王侯国の一つに編入されねばならぬ。プロイセンに編入されないときはバイエルンに編入される。」

エルザス＝ロートリンゲンの可能な限り広い地域をバイエルンが併合することを目的とすること、――これは南ドイツ経済のために海洋への安全な出口を求める願望と結びついていた――このために必要なプロイセンとの了解が、バイエルンの戦争目的政策の基本線であって、一九一五年春の皇太子ルプレヒトの覚書に、非常に興味深い構想が示されていた。[50] ルプレヒトの覚書とは、ベルギー問題に関するベルギー総督フォン＝ビッシングの覚書にたいする意見の表明であった。ベルギーのドイツへの編入は、国家制度上明確に定義された編入という形をとるよりも、経済的・軍事的な編入という形をとるべきだというビッシングの提案――ベートマン-ホルヴェークの考えに非常に近い――を、ルプレヒトははるかにこえて、ドイツ帝国の制度と国境の変更とを彼は要求した。ベルギーと北フランスのフラマン語使用地域を得て拡大したオランダと、ベルギー領ルクセンブルク州の南東部を得て拡大したルクセンブルク〔大公国〕とが、新しい邦国としてドイツ帝国に加えられる。プロイセンは、残りの北フランス一帯、リエージュとナミュールを含むワロン語使用地域、マーストリフト付近の現在オランダ領の突出部分を得、ロートリンゲン〔フランス領〕の残部〔ロンウィーブリエ〕はエルザス-ロートリンゲンとともに分割される、というのである。この覚書は、プロイセンのエルザスにたいする要求を放棄させ、その代りに、たとえ制限付きではあれ、ベルギーにたいする要求を促進させようというバイエルンの努力の一環であり、ルプレヒトにあっては、プロイセン・バイエルン・オランダという一種の三元主義によって、ドイツにおけるプロイセンの覇権を打破しようという明白な目的をもっていた。

ルプレヒトは、個人的にはすでに一九一五年末に、ドイツが勝利の平和を達成しうる可能性を疑っており、穏和な政策を代表していたとはいえ、やはりエルザスをねらうバイエルンの戦争目的は、同国の「組合せ」の政策――それがプロイセンの領土ないし勢力範囲としてのベルギーとの組合せであれ（場合によっては東方での単独講和の際の）、または〔プロイセン領〕クーアラント、リトアニアとの組合せであれ(51)――とともに、戦争を通じて主張され、ドイツの戦争目的政策の形成に際して併合を促進する要素として作用した。

かかる比較的大きな王侯家が、各邦国自身の利益をはかるために提出した要求と著しく異なるのは、若干の全ドイツ主義的な小王侯の意図であって、彼らはドイツの世界強国としての地位が、ヨーロッパで覇権をにぎり、海外に大植民地を獲得することによって、保障されるのを望んでいた。オルデンブルク大公フリードリヒ＝アウグストは、ドイツがヨーロッパで強国としての地位を確立するには、フランスがドイツの属国に変えられること、すなわち北半の共和国と南半のブルボン王国に分割されること――彼はこの計画にバイエルンのルートヴィヒ三世の支持を得ようとした――が必要であるとみた。このほか一九一五年春、メクレンブルク大公ヨーハン＝アルブレヒト――彼はまたドイツ植民協会の会長で、一九一七年には祖国党の名誉総裁となったが――は、「無価値な軟弱な妥協」の考えに反対して起草した覚書で、[52]東西での広汎な併合によるドイツの基礎の拡大を要求した。将来のドイツの西部国境は、ベルフォール、エピナル、トゥール、ヴェルダン、シャルルヴィユ、ヒルソン、カムブレー、アラースの諸要塞の西側を走り、ブーローニュの南でイギリス海峡に達し、新たな東部国境は、少なくともリトアニアの一部を含み、コングレス＝ポーランドを横切り、東プロイセンとガリツィヤの直接的結合をもたらすようにする。昔の大公国クーアラント、リーフランド、エストニア――場合によってはウクライナ――は、それぞれ土着の王侯によって支配され、ドイツ帝国に結びつけられる、というのである。この覚書の特殊性は、以上のごとくに前進したドイツの国境が、土着の住民を追い出して、そのあとに、ドイツ民族を移住させることによって保障される、としたことにある。アルブレヒトは、元兵士やロシア内地から追放されたり強制移住させられた「国外ドイツ民族」をそこへ移住させようとした。しかも強制移住を東方だけでなく、西方においても実施しようとしたのである。

「この古いドイツ文化の国(ベルギー)を再び何らかの形で、全体であれ、一部であれ、ドイツ帝国に合併させようと欲するならば、首尾一貫した行動をとらねばならず、異民族であり堕落しているワロン民族をともに引き受けてはならない。彼らは、彼らの友人であるフランス人やイギリス人に委ねて、利用してもらったり、損害賠償にあててもらったりするべきである……」

国民の戦争目的意志の統一性は、それぞれの王侯、閣僚、外交使節、邦国議会によって示された王侯諸邦国の戦争目的によっては、本質的変化をうけることはなかった。ことに最大の邦国プロイセンが、完全に権力拡大を目指していたのだから。

（1）次のすぐれた著作を参照せよ。Ludwig Dehio, Deutschland und die Weltpolitik im 20. Jh., München 1955.

（2）Der Deutsche Krieg, Politische Flugschriften, hg. von Ernst Jäckh, Stuttgart und Berlin 1914 ff.

（3）この表現は Rudolf Kjellén, Die Ideen von 1914, in: Zwischen Krieg und Frieden, Leipzig 1915, H. 29. に由来する。また Klaus Schwabe, Die deutschen Professoren und die politischen Grundfragen des Ersten Weltkrieges, Diss. Freiburg 1958, S. 34 ff. を参照せよ。なお Deutsche Reden in schwerer Zeit, Berlin 1914. には Wilamowitz-Moellendorff, Roethe, von Gierke, Delbrück, von Harnack, Sering などの寄稿があるので参照のこと。同じく Deutschland und der Weltkrieg, hg. von O. Hintze, F. Meinecke, H. Oncken, H. Schumacher, Leipzig und Berlin 1915.

（4）Friedrich Meinecke, Wahrheit und Lüge, in: Die deutsche Erhebungen.

（5）さような考え方は、ウルリヒ＝フォン＝ヴィラモーヴィツ－メレンドルフの起草した檄文に、具体的かつ政治的に有効に表現されていた。これは一九一四年一〇月はじめ、先ず九三人の指導的なドイツの学者に署名され、後にはディートリヒ＝シェーファーの熱心な勧誘で約四〇〇〇人の署名を得、おおよそドイツの全教授の支持を得たものである。この「九三人の宣言」は外国では、ドイツ知識人が一致して軍国主義を公言したものとして評価され（この檄文を「ドイツの最大の犯罪」と称したクレマンソーを参照）、とくにアメリカでは戦後にいたるまで憤激をひきおこしていた。M. Lenz, Der deutsche Gott, Südd. Monatshefte, Sept. 1914.

（6）全ドイツ連盟に関する文献については参照、Kruck, a. a. O., S. 241 ff.

（7）Axel Ripke, Das Erbe von Agadir, in: Der Panther, 3. Jg., 1915, Heft 1, S. 1 f.

（8）Justus Hashagen, Deutscher Imperialismus, in: Das größere Deutschland, 3. Jg., 1916, S. 673 ff.

(9) „Darius", Ziele des Krieges, in: Die Grenzboten, 74 Jg., Nr. 6, 10. 2. 1915, S. 161 ff.

(10) Adolf Grabowsky, Die neue Weltmacht, in: Das neue Deutschland, 4. Kriegsnummer, 8. 10. 1914.

(11) Ders., Der innere Imperialismus, ebenda, 8. Kriegsnummer, 27. 2. 1915, S. 217 ff.

(12) Ders., Deutscher Glaube, ebenda, 6. Kriegsnummer, 22. 12. 1914.

(13) 最も有名な人を挙げると、Adolf von Harnack, Ernst Troeltsch, Friedrich Meinecke, Hans Delbrück, Hermann Oncken, Max und Alfred Weber, Schulze-Gaevernitz, Max Sering, Karl Lamprecht, Erich Marcks, Friedrich Naumann, Paul Rohrbach, Ernst Jäckh, Albert Ballin, Krupp von Bohlen und Halbach, Walter Rathenau, Arthur von Gwinner, Max Warburg, Georg Solmssen, Karl Helfferich, Franz Urbig, Bernhard Dernburg, Carl Duisberg, Robert Bosch. ベートマン－ホルヴェークのもっとも親しい協力者 Clemens von Delbrück, Wahnschaffe, Jagow もこのグループに近かった。

(14) Paul Rohrbach, Warum es der deutsche Krieg ist, in: Der deutsche Krieg, Heft 1, Oktober 1914.

(15) Alfred Hettner, Die Ziele unserer Weltpolitik, ebenda, Heft 64, S. 28.

(16) Paul Rohrbach, Das Kriegsziel im Schützengraben, in: Deutsche Politik, 1. Jg., Heft 6, 4. 2. 1916.

(17) Ernst Jäckh, Mitteleuropa als Organismus, ebenda, S. 1065.

(18) von Schulze-Gaevernitz, An der Schwelle des dritten Kriegsjahres, ebenda, 1. Jg., Heft 36, 1. 9. 1916.

(19) Hans Delbrück, Die Differenzen über die Kriegsziele hüben und drüben, in: Krieg und Politik, Bd. 1, S. 143. 最初は、一九一五年九月 Preußische Jahrbücher に発表、デルブリュックはとくにアフリカでのドイツ帝国建設を主張した(ゾルフ同様)。

(20) DZA Merseburg Rep. 77, Tit. 875, Nr. 10 adh. V, Bd. 2, Denkschrift Schwerin; vgl. auch Geiss, Grenzstreifen, S. 83.

(21) Bericht Serings vom September 1915, in: AA, Wk 20d geh.

(22) Paul R. Sweet, Leaders and Policies, Germany in the Winter 1914–15, in: Journal of Central European Af-

fairs, Vol. 16, Oktober 1956, S. 244 ff.

(23) Egmont Zechlin, Beilage zu „Das Parlament", 21. 6. 1961, „Die Allianz mit dem Judentum", S. 341 ff. Nachlaß Stresemann, polit. Schriftwechsel, Bd. 139, AA. 中の「シュトレーゼマンの覚書」(一九一四年一二月八日、宰相の下における会議についての)は次のものに印刷発表された。Beilage zum „Parlament", 14. 6. 1961, S. 335.

(24) Grumbach, Das annexionistische Deutschland, Lausanne 1917, S. 124 ff. にある一九一五年三月一〇日の請願書。なお以下については次の書による。Kruck, a. a. O., S. 76 f.

(25) DZA Potsdam, RK., Krieg 15, Nr. 2442/12; auch Boelcke, Krupp, S. 143 ff. この覚書でのロシア領バルト沿岸諸州の問題およびポーランド問題の取扱いについては次の叙述を参照。Lilli Lewerenz, Die deutsche Politik im Baltikum 1914–1918, Diss. Hamburg 1958, S. 105 f., und Geiss, a. a. O., S. 48 ff.

(26) 農業省上級参事官シュトゥムプフェ別名エッケハルト＝オストマンは述べる。「諸民族間の闘争にあって大切なのは人口増加のみである。」(vgl. M. Kranz, Neu-Polen, München 1915, S. 69.)同じくフリードリヒ＝ナウマンもその「人口増加政策」との関連でいう「中央ヨーロッパが必要とするのは子供である。子供、子供！」(Mitteleuropa, S. 186.)

(27) さらに詳細には vgl. Grumbach, a. a. O., S. 140.

(28) Denkschrift von Broedrich-Kurmahlen, Das neue Ostland, als Manuskript gedruckt, Charlottenburg 1915.

(29) Delbrück, Rede des Reichskanzlers, a. a. O., S. 129 ff.

(30) この大衆的請願書は一九一七年三月三一日宰相に手交された。シッファーはこのとき解説をした。BA Koblenz, Nachlaß Haller—Baltica, Nr. 5, vgl. Lewerenz, a. a. O., S. 117.

(31) Delbrück, Der definitive Friede mit Rußland und unser Verhältnis zu den Randvölkern, Preußische Jahrbücher 1918, Bd. 172, S. 133. その相対的な現実主義の枠内では彼も、ドイツがポーランドを併合と住民追放とによって敵にまわすならば、この民族をそれと同時に「中央ヨーロッパ」の支持者にすることはできないと、認識するだけの冷静さを持っていた。同様にまた彼は、ブレスト＝リトフスクの講和の後に、ロシア領バルト沿岸諸州において民族自決権を誠実に実施することを望んでいた。

(32) 決議の本文は Grumbach, a. a. O., S. 40. および Hans Booms, Die deutschkonservative Partei, Düsseldorf 1954, S. 126 ff.

(33) Text bei Grumbach, a. a. O., S. 39.

(34) Vgl. den Jahresbericht der Nationalliberalen Partei in Duisburg für das Jahr 1915, in: Grumbach, a. a. O., S. 38 f. 以下の叙述についても同書をみよ。

(35) Die Resolution des Zentralvorstandes der Nationalliberalen Partei vom 15. 8. 1915, in: Wippermanns deutscher Geschichtskalender, 1915, Bd. 2, S. 305.

(36) DZA Potsdam, RK, Krieg 15, Nr. 2442/12. 一九一五年五月一三日、帝国宰相との会談の議事録。また次の書の叙述を参照。Westarp, a. a. O., S. 51 f.

(37) Grumbach, a. a. O., S. 35.

(38) DZA Potsdam, RK, Gr. Hq. 21, Nr. 2476.

(39) Vgl. Hermann Ostfeld, Die Haltung der Reichstagsfraktion der Fortschrittlichen Volkspartei zu den Annexions und Friedensfragen in den Jahren 1914 bis 1918, Diss., Würzburg 1933.

(40) Schulthess, Europäischer Geschichtskalender, 1915, Bd. 1, S. 578.

(41) DZA Potsdam, RK, Krieg 1, Nr. 2398/5, Bd. 6. 帝国宰相の政党指導者との会談議事録。

(42) Vgl. hierzu Philipp Scheidemann, Der Zusammenbruch, Berlin 1921, S. 30 ff.

(43) DZA Potsdam, RK 14, Sozialdemokraten, Nr. 1395/9. ヤーゴより帝国宰相へ、一九一五年八月一八日。

(44) ロシア領バルト沿岸地方でのヴィンニヒの活動については彼の記述 Am Ausgang der deutschen Ostpolitik, Berlin 1921, S. 5 ff. 参照

(45) Karl Heinz Janssen, Macht und Verblendung, Die Kriegsziele der Bundesstaaten (1914–1918), Diss., Freiburg 1957, S. 13 ff. (15. 8. 1914); für Wilhelm II. von Württemberg, S. 22; Ludwig III. und Erzberger, Dez. 1914, S. 32.

(46) Ebenda. 一九一四年一〇月三一日のダルヴィッツの妥協提案 S. 23 f.
(47) Ebenda. ベルギーを「イギリスを手本とするプロイセンの直轄王領植民地」にするというヘルトリングの提案 S. 53.
(48) Ebenda, Bethmann Hollweg an Hertling, S. 26.
(49) Ebenda, S. 27.
(50) GStA München, PA, VII. Reihe, 38, Nr. 20. 一九一五年四月末に成立した。
(51) Janssen, a. a. O., S. 171 ff.「エルザスとロシア領バルト沿岸地方との組合せ」。(「帝国宰相ヘルトリング伯の一九一七—一八年における戦争目的中における連邦主義的原則」についての叙述中にあり。)
(52) Ebenda, S. 59 ff., dazu Anm. 191 und 192. 植民協会会長ヨーハン＝アルプレヒト＝フォン＝メクレンブルクは、さらにまた、中央アフリカにおいて一つにまとまったドイツの植民帝国を要求し、イギリスとフランスはアフリカ大陸から完全に放逐さるべきである、といった。

第六章　一九一五年における政府指導部の戦争目的政策

——沈滞から覇権要求へ——

元来二ヵ月で勝利のうちに終了するはずであった作戦が失敗した後、ファルケンハインによってすぐに気づかれた危険、すなわち消耗戦の危険が、はっきりと現われてきた。(1)ドイツの軍備も国民経済もそれにたいしては全く準備されておらず、この消耗戦がドイツにとって有利な形で終結するという保障も全く与えられていなかった。かかる危険に対処する唯一の可能性は、ドイツの戦闘可能な全兵力を一戦線に集中することにある、と参謀本部は考えた。これは一方の側の敵との単独講和という戦術的方法、すなわち一方の側の敵にたいする戦争目的の暫定的緩和によってのみ、可能であると考えられた。情緒的要素と、——イギリスを信義にもとると咎め、包囲政策の首謀者として弾劾したのは、帝国政府指導部自身であった——戦争遂行のための経済的必要性と、また軍事情勢とは、次のような結論を生んだ。すなわち、戦争の決着を無理やりにつけ、西方における戦争目的を実現しこれを確保するためには、東方での野心を大幅に放棄せねばならない、という結論を生んだのである。

電撃戦失敗後の状態、東方か西方か?

ティルピッツは徹底的に反英的な態度をとっていたので、ファルケンハインに対してロシアとの単独講和という方策を示唆した。(2) フランドルでのドイツ軍の甚だしい損失と東方での著しい困難に直面して、ファルケンハインは直ちにこの構想をとり上げた。長い会談(3)で、彼は宰相に自らの構想を述べたが、宰相はこれを重視し、直ちにベルリンの外務省に伝達した。

「ロシア・フランス・イギリスが団結する限り」とファルケンハインは意味深く述べた「有利な講和が結べるほど〔徹底的に〕敵を打ち負かすことは不可能であろう。いやむしろ、じりじりと精力を使い果たすという危険に陥ることとなろう。ロシアかフランスの何れかが撃破されねばならぬ。先ず第一に努力さるべきこととして、ロシアを動かして講和を結ぶことができたら、フランスとイギリスを打ち負かして、講和を強制することができるであろう。たとえ、日本が海をこえてフランスに来ようと、イギリスがたえず新たな増援部隊を戦線に送りこもうとも。ロシアが講和したら、フランスも甘んじて屈服することは、確実に期待してよい。したがって、イギリスが完全にわれわれの言いなりにならないときは、たとえ数カ月を要しようとも、ベルギーの支持を得て、封鎖し食糧ぜめにすることによって、イギリスを打ち負かすことができるであろう。」三カ国を相手とするこの戦争では軍事的にはもはや勝利は得られない、というファルケンハインの状況判断から、ベートマン－ホルヴェークもまた、戦争をドイツに有利な形で終らせることができるのはたった一つの政治的方策だけである、という結論をひき出した。

「戦争の第一段階でフランスを打倒することに失敗したことと、西方でのわが軍事作戦がいま戦争の第二段階で示しているなりゆきとから判断すれば、三国協商が団結している限り、敵の軍事的打倒がいまなお可能であるとは、私〔ベートマン〕にも思えなくなった。」

このため、ベートマン－ホルヴェークも、ロシアとの単独講和の締結に賛成した。その目的を彼は誤解する余地がないほどの鋭さでつぎのように表現している。

「ロシアとの単独講和が成立した暁には、たとえフランスがひょっとして平和提議をしたとしても、ドイツ側で、それを拒絶した方がよいと考えた時には拒絶することができるし、またもしわれわれが幸運にめぐまれれば、フランスを軍事的に屈服させて、われわれの欲するままの平和をも受諾させることができる。また同時にドイツ海軍が約束を守って〔戦果をあげて〕くれるならば、イギリスにわれわれの意志を押しつけることもできよう。……だからわれわれは、ロシアにたいしては、同国の諸状況を本質的には戦争前と同様にしておく、という代償を払うことによって、西方にたいしては、われわれに都合のよい状態を創ることができる。そうなれば同時に三国協商が除去されることとなろう。」

かくて宰相は、全状況が困難であるという判断を下し、ロシアと単独講和を結ぶために一九一四年八月と九月に決定した彼の本来の東方綱領を断念するにいたった。一方の戦線で勝利を得て、彼にとっては「さらに重要な戦争目的」の貫徹をはかったために、である。(4)

しかし、たとえベートマン－ホルヴェークが、ファルケンハインと意見が一致して、原則的にはロシアとの単独講和を結ぶつもりになったとはいえ、宰相の見解と参謀総長のそれとの間には、やはり本質的な差異がみられた。ベートマン－ホルヴェークは、ファルケンハインが提案したようなロシアの「招待」〔ドイツ側からロシアに講和を提議する〕を拒否したからである。その代りに彼は、ロシア側からの平和のさぐりを待とうとした。政治家ベートマン－ホルヴェークは、ドイツの平和提議が知れわたると、外交上および内政上、非常に危険な影響があらわれるのではないかと考えていた。こうして始められた政策は、開戦当時の目的からの一つの転換を示した。すなわち、主たる敵はロシアであると考える同盟国オーストリア－ハンガリーとトルコの戦争目的に対立して、ドイツが必然的に行なわねばならなかった転換、を示していた。

かような計画にたいする外務省の最初の反応が、そのままこの計画の問題点を示していた。[5] ヤーゴはこう述べた。極度に慎重な方法でなら、同盟国にこのようなドイツの意向についていくらかを打ち明けてもよいであろう。よほど慎重にしないと、オーストリアーハンガリーは軍事的努力をやめてしまい、「ドイツを西方において置き去りにする〔対英仏の戦争に協力しない〕」危険が生じ、同様に新たに味方にした同盟国トルコが「イギリスにたいする戦争でいうことをきかなくなる」危険が生ずるであろうから、[6] と。

両方策──東方でロシアと妥協するか、西方でイギリスと妥協するか──とも、外務省の「強い男」ツィンマーマン次官は、一一月二七日の長文の覚書のなかで断乎として拒否した。[7] イギリスかロシアか、という二者択一のかわりに、彼は、あれもこれも、を主張した。彼は、ロシアとの単独講和という構想を、同盟国オーストリアーハンガリーとトルコにたいする顧慮から全然うけつけなかった。彼は言う。ロシアとの単独講和の締結は、二重王国〔オーストリアーハンガリー〕におけるスラヴ系諸民族の独立要求に刺激を与えるであろう。ロシアはそのような講和をきっと勝利だと解釈し、汎スラヴ主義的活動を再び始めるであろうからである。そうしたら、ドーナウ王国の崩壊は大いに促進されることであろう。ロシアとの単独講和は、トルコにもまた不利な影響を及ぼすであろう。その主たる敵はロシアであるから、トルコはこれを「裏切り」と見るであろうし、「ドイツのイギリスにたいする戦争に際してトルコがいうことをきかなくなる」危険がある。イギリスに対する戦争を「国民感情に訴えて「最後まで」やりぬくことをツィンマーマンは決意していた(ファルケンハインが国民感情に訴えたのと同様に)。この対イギリス戦争のために「われわれはトルコを」必要とする。トルコは、八〇万の兵士、そして艦隊、さらに聖戦《ジハード》の宣言によってオリエントやアフリカのイスラム教徒を奮い起たせる道義的力をもっているから、必要なのである。しかし、戦争が終っても真にロシアが弱められなかったならば、オリエントにおけるドイツの重要な経済的利益は、ロシアによって脅かされるであろう。というのは、ロシアもまたここで以前の政策を再び実行に移し、小アジアにおけるドイツの活動領域をいたる所で侵害するであろうから、と彼の覚書はのべている。

ツィンマーマンは、圧倒的な力をもつ強力なスラヴ帝国(バルカンおよびドーナウ王国のスラヴ人とから成る)の危険に心を悩ませた。その圧力にドイツは対抗し得ないというのである。まさにこの戦争で「ロシアとの決着」をつけずに平和を結ぶとすれば、——その平和でドイツはひょっとするとオーストリアの東ガリツィヤを犠牲にすることになるかも知れないのだが——それはたんに一時の休戦にすぎず、必然的に数年ならずして第二の戦争をはじめなければならなくなるであろう。こう考えた彼は、イギリスとロシアとを同時に打倒することを、全力を挙げて主張した。ロシアとの単独講和は、西方での勝負の決定を容易にするものではなく、その反対に、同盟国や中立国にたいする反作用のために、むしろドイツの勝利を危くするであろう。このため彼は、西部戦線ではまず防禦戦を行い、全力を傾注して東部戦線で決戦を挑むことを提案した。ポーランドの占領とガリツィヤの掃蕩によって、彼は、中立国の獲得——ブルガリアとルーマニア、たぶんスウェーデンもまた——ができるのではないか、と期待したが、その際にはロシア国内におけるドイツの、すなわちドイツに指導される革命促進活動の成功によって支援される必要がある、と考えた。それゆえに彼は、ロシアとの単独講和に強く反対し、その代りにフランスとの単独講和を戦術的方策として考慮するべきだ、と主張したのである[8]。

この計画のために必要な軍事力がドイツ側に十分には存在しないときにのみ、同盟諸国と一緒になって、ロシアとの単独講和を結んでもよい。だが、講和のイニシャティヴはいずれにしてもロシア側にとってもらわなければならない。ロシアによるそのような講和への「招待」は、ドイツがセルビアを打倒した時にきっと実行されるにちがいない。ツィンマーマンはこう信じた。そしてこの場合には、ドイツはロシアにたいして「安価な講和条件、すなわちドイツとドイツの同盟諸国にたいするロシア領土の現状維持」と「控え目な戦争償金」を許可するであろうが、この代りに全力を西方に向けることができるという利益を得ることになる、というのである。

ベートマン＝ホルヴェークの構想、東方での単独講和
——西方での勝利の平和

この間、大本営では一一月二四日——折よく——新しい講和仲介の提議が到着し、検討されていた。というのは、アルベルト＝バリーンが、親しくしているコペンハーゲンのデンマルク東アジア商船会社取締役で国家顧問官のアネルセンと行なった会談について、皇帝に報告したのである。アネルセンは、恐らくはバリーンの勧めで、デンマルク国王クレスジァン〔クリスチャン〕を説いて交戦諸国支配者の間に講和交渉の道をひらく考えに賛成させた。そこでアネルセンは、クレスジァン国王の名において、次のように問い合わせてきたのである(9)。

「デンマルク国王が、イギリス国王とロシア皇帝との下に赴いて『ドイツ皇帝陛下に講和の仲介を申出る』ことの同意を請願することを、ドイツ皇帝陛下は諒解して下さるか(どうか)」

このさい、クレスジァン国王は、ロンドンとペトログラード〔旧ペテルブルク〕での接触を、全く自分自身の発議によるものとして行なうこと、ヴィルヘルム二世には前もって知らせていないという形をとること、を保障した。

これこそ、帝国宰相が最悪の軍事状況にあるいま、ドイツの戦争目的問題にたいしてあらためて、まず具体的立場をとらねばならなくなった理由であった。六日前ファルケンハインにたいして行なったのと同様に、ベートマン-ホルヴェークは、平和提議へのドイツのいかなる発議をもあらためて拒否した。[10] 軍部とは反対に、宰相はこのためクレスジァン国王への返答を「東方での決着がつくまで」延期することを勧めた。だが、デンマルク王家の出であるロシア皇大后を通じて、ロシア側から提案がなされた場合には、彼は次のように答えることにした。

「ドイツは防衛戦争を遂行している。したがって、完全な損害賠償と、敵の三国による新たな襲撃にたいする安全とを保障するような平和が提議されたならば、これを検討する用意は常にある。」

この「新たな襲撃にたいする安全」という返答によって、ベートマン-ホルヴェークは、一九一四年九月九日のジェラードの最初の講和仲介提議に関する討議のさい、すでに表明した現状復帰は不可能であるという考えに、再びかえっていた。同様な考えを宰相は、一一月一五日にはヘルトリングに、同月一九日にはファルケンハインに対して述べていた。

本来の作戦計画が失敗した後のこの最初の講和を目的とする接触のさいに、早くもベートマン-ホルヴェークの戦争目的政策の矛盾が明らかとなった。一方では彼は、ドイツの軍事力はあらゆる戦線で同時に勝利をかちとるには、もはや十分でないとして単独講和を欲した。他方では、単独講和を結ぼうと思っている相手にたいして、併合——控え目なものであれ——と多くの間接的「保障」——彼がドイツの安全と将来の強国としての地位のために必要とみなした保障——を要求した。ベートマン-ホルヴェークは、戦争中その任についていた限り、単独講和の可能性を待ちもうけていた。だが彼は常に、完全に敗北した敵のみが受諾できるような条件を、これに付していたのである。さらに、全般的講和を拒否しながら単独講和を試みたのは、彼にあっては、敵の連合を破砕し、残る敵に決定的な打撃を与えるための、戦略的方法としてであったことを忘れてはならない。宰相に特徴的なのは、この構想を放棄しなかったことである。極秘の会談においてすら彼は、自分の目的について常にあいまいな、半ばヴェールで覆われて、事柄を何気なく表現するような言い方で語ったが、こうして彼はせき立てるものを満足させ、ためらうものを落着かせ、自ら出来る限り広汎な行動の自由を確保しておこうとしたのである。

一九一四年一二月彼は、今度はヘルトリングに最小限綱領[11]を示した。ベルギー併合を欲する人びととは反対に、彼はより穏健な、抵抗をあまり起させないような支配形態、すなわちこの地方を経済的・軍事的・政治的にドイツに結合する支配形態で満足し、この綱領のために軍当局、ドイツ帝国各省、プロイセン各省に、同地の支配形態の詳細な形式を作成させた。まさにこの目的とロンウィーブリエの獲得とを確保するために、彼は東方では国境帯状地帯の獲得で満足しようとした。一九一四年一二月六日の東部戦線軍司令部での会談で、ベートマン－ホルヴェークはヒンデンブルクに、ドイツ国境の完全のため必要とみなす領土獲得の範囲を明確にするように委託した[12]。ヒンデンブルクは早くも一二月一一日に地図を添付してこの委託を果した。

かくして、単独講和の構想と同時に、いわゆるポーランドの国境帯状地帯という考えも生まれた。その地帯の直接併合は、軍事的目的たるポーランド要塞線の占取、ドイツ民族の移植地の獲得、上シュレージエンでの工業地帯と地下資源の獲得などと並んで、次のことをとくに目的とした。すなわち、その地帯に住むポーランド人とユダヤ人を強制的に追い出した上で、ドイツ人とくに昔ロシア帝国内に集団移住したドイツ人をよび返して移植させ、ポーゼンと西プロイセンのポーランド住民と、将来建設される予定のポーランド国家との間に柵を設けること、を目的としたのである。

帝国政府指導部、軍部指導部、諸王侯邦国、同盟国、経済諸団体の間のかような内密の会談につづいて、「主敵」イギリスにたいする憎悪の大波がまき起こり、その憎悪は、イギリスを封鎖あるいは上陸作戦によって屈服させるべきだという、多かれ少なかれ全ドイツをとらえた一種の「催眠術にかかった状態[13]」のなかで、頂点に達した。ドイツが西方での目的のために〔同盟国を〕裏切るかも知れない、と懸念したオーストリアの外交官は、上述のようなドイツの戦争目的が変化するかも知れないと予測して、オーストリア＝ハンガリーとトルコにとって当然のことではあるが、ロシアを不倶戴天の敵として打ち負かすことを、繰り返し断乎として迫った。オーストリアは、ドイツの努力する単独講和が自らの犠牲、つまりロシア占領下の東ガリツィヤの放棄によって、購われるかも知れないと恐れたが、これはさして不当なことではなかった。このためオーストリアは、さような単独講和の妨害に全力をあげてつとめたが、そのさい外務次官ツィンマーマン――ホーエンローエによれば[14]「対外政策においてはその地位に相当する以上の指導的役割を果した」――の支持を得ることを期待していた。

オーストリアの妨害にもかかわらず、ベートマン＝ホルヴェークは、さらにロシアにたいする単独講和の探索[15]をさまざまなルートを通じて行なった。例えば、親独的とみなされたロシアの前蔵相ウィッテ伯爵――彼は早くも一九一五年三月はじめに死去したが――を通じての活動、またバーデン大公妃のロシア皇后への――皇后の兄であるヘッセン大公を通じての――書簡による働きかけ、ロシアの実業家や、ドイツ婦人と結婚してストックホルムに住む前大蔵次官コルイシュコのようなさまざまな政治家を仲介とする活動など。かかる講和への道をひらくあらゆる試みのさい明らかになったことは、ロシアがドイツ側の財政的・経済的要求[16]に対して不安を抱いていたことで、ノーベルなども言ったように、ドイツでは銀行家が国政に決定的影響を持っているとロシア側では考えていたし、この点ではオーストリアも同じような見解をもっていた。

最も重要な単独講和の試みは、アネルセン使節団であった。これはクレスジァン国王によってロンドンに派遣された。このとき、ベートマン－ホルヴェークは、敵の連合を破砕する戦術的方法としての単独講和だけに関心を持っていた。彼がバリーンに一九一五年一月二六日付書簡で述べたように[17]、ロシアはまだ十分「熟し切って」はいないとはいえ、やはり可能な単独講和の唯一の相手方であって、オーストリア－ハンガリーやトルコとの間に困難があろうともそうである、と考えていたのである。

一九一五年三月、ドイツ外交界が、オーストリア－ハンガリーに——イタリア民族のすむ南ティロルをイタリアに譲渡するように——非常に強い圧力をかけて、イタリアの参戦を妨害しようとしたときに、アネルセンははじめてペトログラードを訪れた。そこで彼はロシア皇帝の断乎たる拒否の返答を受けた[18]。皇帝は、同盟国にたいする「裏切り者」になりたくなかったし、ロシアが孤立したさいのイギリスの復讐を恐れたのである。しかしアネルセンは、接触を保ちつづけて六週間のうちに再び訪れるように、と励まされた。彼が帰ると、報告のためドイツ宰相およびドイツ皇帝から個人的に引見された。ベートマン－ホルヴェークの構想の連続性は、皇帝がアネルセンとの会談のさいに基礎とした宰相の助言からも明らかである[19]。

「われわれは、やむを得ずに防衛戦争を行なっているのであって、侵略戦争をしているのではない。しかも、東方でのわが状態は非常に有利であるから、講和提議をする理由がないほどである。われわれは、いつまでもわれわれの安全を保障するような平和を得なければならぬ。かかる保障をもたらし得るのはただ、ドイツ民族がその蒙った莫大な犠牲を完全に償ってもらったと感じ、またそう認めるような講和のみである。」

同じ頃、すなわち一九一五年三月および四月、宰相は、単独講和の噂や内政改革の予告によって動揺しはじめた帝国議会の戦争目的多数派や経済諸団体と対立状態にあった。

保守党指導者ヴェスタルプ伯宛四月二五日付書簡によって宰相は、政党や諸団体の感情を和らげ事態を説明しよう試みた。[20] 彼は全ドイツ主義者の極端な要求から身を離し、敵が完全に敗北したときにも「ビスマルクの精神で」「相対的に温健な」政策を喜んで貫徹することを強調し、ベルギーにおけるドイツの利益を確保するために彼が必要とするものを正確に表現した。

「永続的な平和が闘いとらるべきであるとすれば、ベルギーは少なくともわれわれにとって無害なものにされなければならない。将来の国際政治的対立のさいに、イギリスないしフランスが、ベルギーをわれわれにたいして利用し得ないように軍事的・政治的・経済的保障がつくられねばならない。かかる保障は、少なくともベルギーのドイツにたいする軍事的・経済的従属を前提とする。」

宰相の目的は、その当時全ドイツ主義者がいっていたような控え目なものでは決してなかった。一九一五年五月一三日、ブルジョワ諸政党(進歩党を除く)の帝国議会議員団指導者たちと行なった、長時間の会談の中での彼の言明がこれを示している。[21]

一九一四年八月四日の開院式の勅語から出発して宰相はこう断言した。ドイツは戦争前にも、戦争が勃発してからも、征服を目指したことはなかった。だが「状況」は戦争によって「変化」してしまった。ドイツ軍のベルギー通過は「世界史上かつてみないような」憤激をつくり出している、と。ついでベートマン-ホルヴェークは、ベルギーはすでに戦前からイギリス、フランスと「了解」していたと確信すると述べ、四月二五日の要求をくりかえして次のようにいった。

「われわれは――軍事情勢が(それを)可能にすることを前提として――ベルギーを無害なものにしなければならないし、同国が軍事的・政治的にイギリスやフランスに従属するのを阻止せねばならない。どのような方法で阻止するかは次の問題である。したがってイギリスの属国でなしに、むしろわれわれの属国にすべきである。」

軍事的必要性という問題についてベートマン－ホルヴェークは、軍人は彼自身ほどには併合を要求しないという興味ある報告をしていた。彼が述べたように、ヒンデンブルクはただリエージュの併合を欲したにすぎない。ファルケンハインは、それに加えて、フランドル海岸を含むベルギー全土の駐兵権を望んだ。宰相にとって「自明」であったのは、ドイツがベルギーを「経済的に利用」することで、そのさいに彼は関税同盟を考えていた。アントワープの港だけで彼には十分であり、アントワープはイギリスにとっては決して「戦争の対象」になってはいないという楽観的見解を、彼は表明していた。彼はフラマン民族政策について、ベルギーにおける「フランス化された状態に対抗すること」を目標とせねばならない、と明確に述べていた。

宰相はフランスを「同国がそれを悪意にとろうがとるまいが、弱体化」させようと思っていた。この弱体化のために彼は、戦争償金と併合、そして「参謀本部が正しいと考える要求」全てを獲得しようとした。宰相自身、フランスから「なんとしてでもブリエを奪い」、ヴォージュ山脈の国境線を改訂し、出来ればベルフォールをも併合しようとした。――たとえこれが「困難であろう」とも。

ロシアにたいする戦争目的については(ベートマン－ホルヴェークによれば)東方における軍事的観点が、西方におけるよりもさらに重要である。ドイツの経済的利益は「好条件の、非常に長期にわたる通商条約」によって保障されると宰相は考えた。彼は「われわれが軍事的に必要としている地域は法外なものではない」「しかしやはり若干の〔ドイツ民族〕移植地」を含んでいる、と述べていた。

宰相は、イタリアとルーマニアを戦争の局外に立たせることを期待した。さもなければ、ロシアが「われわれの重荷になりすぎる」からである。彼はロシアがなお「優秀な大軍」をもっているとして、その過小評価をいましめたが、にもかかわらず「恐らくこの夏中にロシアは敗北する」と語っていた。――このことを「予言するのは困難」であると付言するだけの慎重さはもっていたにしても。「国民的」政党の指導者たち(その中にはバッサーマンやシュパーンもいた)は、いずれにせよ、ヴェスタルプの述べるように、この日の会合に満足して宰相に別れを告げることが出来たのである。

宰相と政党指導者たちとの会談の数日後、五月二三日にイタリアが参戦したことは、不意に事態を暗くした。そこで宰相は、まさにこの事件のドイツの士気への悪影響に対処する必要を感じて、五月二八日の帝国議会で、熱烈な調子でのべられ、「聖なる怒り」で燃え立った演説――同時代者が「すばらしい、力のこもった、鋼のように鋭い」と感じた――で、はじめてその戦争目的を、彼なりの方式によって国民の前に言明した。(22)

「あらゆる方面から敵に襲われているわれわれの切りぬけねばならぬ危険が、大きければ大きいだけ……われわれはますます耐えぬかなければならない。ついには敵が、孤立してであれ団結してであれ、二度と再びドイツとあえて戦おうなどと決して思わなくなるような、実質的保障と安全を、可能なかぎりすべて獲得し戦いとるまで。」

報ずるところでは、一群の代議士は、ほっと息をつき、「宰相をかくも硬化させた」瞬間を祝福した、という。ドイツのリトアニアとクーアラント攻撃、ゴルリツェとタルヌフ突破戦とともに、ロシア戦線での席捲がはじまり、東部戦線での大攻勢が開始された。ベートマン-ホルヴェークは、戦況が好調なときにのみ、ドイツの安全を保障するような単独講和を結ぶことができる、と極めて深く確信していたので、五月には、ロシアにたいして新しい単独講和の探索(23)をするための有利な状況ができたと考えた。このために彼は、今度はオーストリア-ハンガリーの同意を得ることができた。その当時のオーストリアにはイタリアの防衛の方が緊急だと思われたからである。だが、サゾーノフはロシア帝国議会《ドゥーマ》での演説で、ロシア皇帝の六月一日付デンマルク国王宛電報と同じく、単独講和に関するあらゆる考えをにべもなくはねつけた。

東部戦線では〔独・墺〕同盟軍がともに進撃し、ベルギーではドイツが精力的に政策を推進しているときに、ベートマン－ホルヴェークは、新たに将来のヨーロッパにおけるドイツの地位に関する主要目的を明らかにした。六月五日、プロイセン王国大会議(24)で中央ヨーロッパ計画《ミッテルオイローパ・プロイエクト》が論じられたのである。ここで、ベートマン－ホルヴェークは、ヨーロッパ関税同盟の中心としてのオーストリア－ハンガリーとドイツとの関税同盟という彼の計画にたいして、プロイセン－ドイツ高級官僚のほとんどが冷淡であるのに気づいた。しかし、あらゆる懸念が表明されたにもかかわらず、宰相はその目的を固執した。そのさい、前ドイツ銀行頭取で現蔵相のヘルフェリヒが最も強く彼を支持し、内相デルブリュクは、経済的な不利を認めたけれども、宰相のより高い政治的観点を容認した。

東方でのドイツ軍の前進と同時に、ベートマン－ホルヴェークは、ロシア皇帝の拒否にもかかわらず、ロシアとの単独講和の努力を強め、ロシア帝国議会議員の買収すらも試みた。六月二五日、ベートマン－ホルヴェークはアネルセンに、二度目のペトログラード訪問を切に勧め(25)、ロシア皇帝との会談の基礎としてドイツには次の用意があることを確言した。「ロシアと公正な、われわれ相互の将来を保障する平和を締結する用意がある。この平和は、われわれ両国の隣同志としての利益と権利を擁護し、ロシアが当然所有すべき生活条件を十分に顧慮するはずである。」

ロシアと単独講和を結びたいというベートマン－ホルヴェークの熱望は、一九一五年七月はじめ、新たな頂点に達した。いまや宰相は、コンスタンティノープル駐在大使フォン＝ヴァンゲンハイムの進言にしたがって(26)、フランスやイギリスに頼っていてはロシアの主要戦争目的たるダーダネルス海峡の自由航行を実現することはできないが、ドイツの援助があればそれは可能である、とロシアに示そうとした。ロシアを「平和に傾かせ」ようとするドイツの努力の一環として[27]、ヤーゴはトルコに強く圧力を加えて、四月一八日、海峡にたいするロシアの「経済的・軍事的共同利用の要求」を認めるという内容の決定を、同国政府に行なわせるにいたった。

ベートマン＝ホルヴェークも、ロシアに対して単独講和の提議だけでなく同盟の提議をも行なったオーストリアの参謀総長コンラート＝フォン＝ヘッツェンドルフほど[28]、先走りしたわけでなかったが、やはりこの機会を単独講和に最も有利であると判断していた。単独講和によってのみ、「西方、南方、南東方における」つまりベルギー、バルカン、オリエントにおける問題を最も容易に解決できる。そのような講和への期待は、「われわれがすでにロシアの広大な領域を一方的に勝手に処分してしまった」際には——彼は明らかに全ポーランドとロシア領バルト沿岸諸州を念頭においていた——危くなるのはもちろんのことである、とベートマン＝ホルヴェークはみていた[29]。

しかし、宰相が保障に固執したのは、七月一三日にポーランド国境帯状地帯の規模と性格を確定した会議がちょうど開かれたことの結果であった。ドイツにとって、その国境帯状地帯の獲得は、エルザス＝ロートリンゲンの二倍以上の広い土地をプロイセンが獲得して、その領地を拡大することを意味した。ロシアからのクーアラント、リトアニアの分離という有りうべき事態を考慮しないにしてもである[30]。

しかし、八月三日にロシア皇帝の第三回目の拒否の返事が到着して、これまでのドイツの単独講和の努力を全て打ち砕いた。一九一五年八月九日の日曜日に、アネルセンがベートマン＝ホルヴェークとバリーンをベルリンに個人的に訪れたとき、アネルセンは、ロシア側がクーアラントもポーランドも本来のロシアとは見なしていないので、まだ、戦争に負けたとは考えておらず、さらに、ロシアの国土は広大な奥行きをもっているので、まだ戦争にたえうる状況にあると考えている、と報告した[31]。

ロシア皇帝の「拒否」と東方での前進、またもや東方も西方も

ロシア側からいかなる快諾も得られなかったので、ベートマン－ホルヴェークは、数カ月来抱いてきた単独講和の期待を失い、ふたたびロシアを弱体化させて〔東方へ〕押し戻すという構想に立ちもどった。ベートマン－ホルヴェークの構想には、いつでも東方政策についての二つの可能性が並存していた。その一つはロシア問題の大解決で、つまり衛星国政策によるロシアの徹底的な押し戻しであり、それは、ロシアの革命促進、叛乱化、軍事的降伏によって達成される。もう一つは小解決で、この政策はドイツの軍事的状況が停滞し、全般的状況が困難化したさいに、いつもとられるもので、ロシアとの妥協をはかる政策であり、最小限度の直接的な軍事的保障をドイツが得るにとどめる政策である。

ワルシャワ陥落の前日、八月四日に、宰相はファルケンハインと会談した。(32) ロシアにやはりまだ単独講和の用意があるならば、「より安あがりな〔ロシアにとって損害の少ない〕」平和を与えるべきであろう。すなわち「われわれにとって必要な戦略的な国境改訂」を除いて、ポーランドをロシア側に返還する。しかし、ロシアが軍事的に敗北し、国内に革命が切迫して講和せざるを得なくなった場合には、ベートマン－ホルヴェークはポーランド地域について二つの可能性を考えた。「ドイツまたはオーストリア－ハンガリーと同盟および軍事協定によって密接に結びつけられた独立のポーランド王国を成立させるか、あるいはコングレス＝ポーランドの大部分がガリツィヤとともにオーストリア支配下の従属国家という形で統合されるか」である。

ドイツ帝国政府指導部の目標の急旋回を、オーストリアのホーエンローエ大使は直ちに感知した。(33) この時期の

「まさしく想像を絶する」戦果をみて、ホーエンローエは、ロシアに講和をおしつける「恐らくは最後の機会」を求めた。中欧列強は――こう彼は宰相にいった――ポーランドとバルト沿岸諸州の獲得によって、ヨーロッパにおけるロシアの勢力を打破するという目的に、すでに非常に近づいている。衛星国政策に関しては、ホーエンローエは、東ガリツィヤとブコヴィーナを、場合によってはロシアの国境帯状地帯と結合し、二重王国内に新たな帝国直轄地域ウクライナを形成することを要求した。これを中心として、ロシアが崩壊したときには、オーストリアの勢力下に自治国ウクライナを将来成立させようというのである。ロシアを東方に押し戻すという目的は、中欧列強の死活に関する重大事と思えたので、彼はこの目的を達成するためにドイツがイギリスと妥協することを要求した。

しかし、ベートマン-ホルヴェークは、まさにイギリスにたいする妥協の用意を全く欠き、東西におけるその目的を固執した。ヘルファント指導下のロシアの革命促進活動が新たに積極的にはじめられ効果も著しいという、コペンハーゲンのブロクドルフ-ランツァウからの報告の影響をうけて、宰相は一九一四年九月の大解決に完全に立ち戻った。皇帝への報告書で、[34]一九一五年八月一一日、彼はこう書いた。

「ロシア自体における軍事情勢と内政上の諸事件とが発展して、同国の西部領域を剝奪しモスクヴァ人帝国を東方へ押し戻すことが可能になったとすれば、東方で〔ドイツが〕この恐しい勢力による圧迫から解放されるということは、努力に値する目的――この戦争の莫大な犠牲と法外な労苦に値するような目的――として考えられてもよいと思われます。」

早くも八日後の八月一九日、ベートマン-ホルヴェークは、九月綱領をふたたびとり上げて、その輪郭を帝国議会[35]でさらに明確に説明した。ドイツがロシアとの単独講和に努力しているという報道(この報道の背後にはベトログラード駐在イギリス大使がいたと想像された)に直接刺激されて、ベートマン＝ホルヴェークは、国民の「気分を高揚させ」、大利益団体や戦争目的多数派政党の彼に対する不信感をなだめようとしたのである。彼の演説は「第一級の出来ばえ」と評価され「嵐のような、長く続いた喝采と拍手」でむかえられた。

「諸君、われわれはこの戦争を、真に罪のあるかの諸民族が講和を求めるまで、戦いぬく決意である。すなわちフランスの陰謀、モスクヴァの征服欲、イギリスの後見などから解放された新しいヨーロッパへの道が開けるまで戦いぬく決意である。」

他の列強を押し戻すことが、ドイツを優勢な地位につけることになり、かつ過去との断絶を意味することを、ベートマン＝ホルヴェークは公然と言明した。

「新しい事態が生じなければならぬ！　ヨーロッパにいつか平安が訪れるとしたら、それはただドイツが強力にして不可侵な地位を得たときにのみ訪れることであろう。(喝采)……イギリスの勢力均衡策は消滅しなければならない。……ドイツは、その地位を確立し、それを固め強化して、他の列強が再び包囲政策を遂行しようとすることを断念させせなければならない。」

同じ演説で、宰相は公けにははじめて、ポーランドをロシアの軛から「解放」することを明らかにした。「われわれは、同盟諸国とともに、ほとんど全ガリツィヤとポーランドを手に入れ、リトアニアとクーアラントをロシアから解放した……イヴァンゴロド、ワルシァワ、カウナスはすでに陥落した。」この日に実現したコングレス＝ポーランドの東部国境占領は、ポーランド人とドイツ人との古くからの対立を清算していくような発展の開始を示している、と。しかし、東方にたいしてだけ、宰相の演説が向けられていたのではなかった。演説の大部分は、これまでドイツがたえず求め、しかも決して得られなかったイギリスとの友好についての、はげしい痛烈な苦情に外ならなかったのである。

八月一九日、帝国議会で表明されたポーランド、クーアラント、リトアニアの「解放」は、この間、七月二五日のワルシャワ総督府の設置と北東行政管轄区域の設立準備とによって、ドイツの政治の堅固な構成要素となりはじめていたし、すでにこの演説の六日前にはドイツ側同盟諸国間の交渉対象[36]となっていた。ポーランドは、今や戦利品とみなされ、ドーナウ王国でのドイツ人の地位がこのため脅かされないことを条件として、オーストリアーハンガリーに編入されることになった。オーストリアのこのような利得にたいするいわば代償として、ブリアン〔オーストリアーハンガリー帝国外相、フランスの後の外相ブリアンと同じ表記になるので、ときどきその相違を付記する〕は、ドイツがバルト沿岸諸州を手に入れることを提議し、ベートマン－ホルヴェークになおもその獲得に反対しつづけるかどうかを質した。「ベートマン－ホルヴェークはこれに反対すると答え、戦略上・経済上この二つの問題は内的に関連していると付言した。」かくして新たな東方国境は、レヒェンベルクがすでに一九一四年八月に要求したような形で、――これまでいわゆる国境帯状地帯として直接併合を予定されていた地域をはるかにこえて構想されたのである。

七月には、ロシアとの単独講和という戦術的方策が前面に出ていたが、〔東部戦線でドイツ軍が前進した〕数週間後には、東方稜堡によるドイツのヨーロッパでの地位の強化が、ドイツ政治の支配的要素となっていた。

ドイツの権力的地位の基盤としての中央ヨーロッパ《ミッテルオイローパ》

ドイツ帝国政府指導部の政治的意志形成が新たな段階に入ったのは、一九一五年八月末、参謀総長が全般的戦況を評価するさい(37)、ロシアは最近四週間の打撃によって「非常に弱体化したので、近いうちにはわれわれにたいして重大な脅威となり得ない」と簡潔に確認したときであった。しかし彼は、西ヨーロッパ列強がドイツにたいして「計画的に遂行している消耗戦」に期待をかけていることを心配した。このため彼は「中央ヨーロッパ諸国《ミッテルオイロペーイッシェ・シュター》家同盟《テンブント》」の形成を望んだ。これは彼によれば、ドイツ帝国、オーストリア－ハンガリー、ブルガリア、トルコが長期の攻守同盟を結んで連合する、というものであった。ファルケンハインにとっては、中央ヨーロッパ諸国家同盟は、イギリスがドイツに対する消耗戦にかけた期待を、打破するための政治的－心理的方策であったから、それだけにこれにさらにスウェーデン、スイス、出来ればギリシアなど他の国が加えられることを望んだ。そうすれば、このように大きな枠の中でポーランド問題が容易に解決できると、思ったのである。

ベートマン－ホルヴェーク(38)は、皇帝の同意もすでに得ていたファルケンハインの中央ヨーロッパ計画《ミッテルオイローパ・プラン》を、きっぱりと拒否した。この案によっては、敵の戦力も弱められないし、自国の戦力も実際には強化されない、というのである。

「中央ヨーロッパ」を「もっぱら」「戦争の一方策」と考えていたファルケンハインと反対に、ベートマン－ホルヴェークにとって、それはドイツの政治の目的そのものであった——ただし戦争の結果達成さるべき目標としてである。

八月末、ファルケンハインは、ロシアは非常に弱体化したので「近いうちにはわれわれにたいして重大な脅威となり得ない」という意見であったが、八日後には(!)翌年春のロシアの攻撃を恐れていた。このため彼は、あらゆる可能な手段を利用しつくそうとした。そして、ポーランド住民をドイツの味方につけ、同民族中の「兵役服務可能者」を利用しつくし、政治的・道徳的利益——ポーランド人がロシアに対抗する態度をとることによる利益——を獲得するように政治家に要求した。[39]
だがベートマン‐ホルヴェークは、国際法を顧慮し、ポーランドの人的資源の利用が戦争遂行に大いに役立つかどうかを疑った。[40]
この間、ロシアの押し戻しと弱体化というベートマンの構想は、ヤーゴ外相によって精力的にとり上げられた。ヤーゴは、上層部内では——「世界計画」におけるツィンマーマンと同じく——東方政策の、すなわちロシアの危険とその人種的・文化的な異質性という固定観念に根差す東方政策の、推進力とみられていた。一九一五年九月二日、ヤーゴは長文の覚書[41]——これも皇帝の完全な同意を得た——の中で、ポーランド問題についてこう述べた。
「巨大帝国ロシアは、無数の人的資源をもっていること、経済的に強化される可能性があること、膨脹への傾向があることによって、これまで悪夢のように西ヨーロッパにのしかかっていた。ピョートル大帝およびこれに続いたドイツ系王朝が、同国に与えた西ヨーロッパ文明の上塗りにもかかわらず、同国の文化は基本的にはビザンティン的・東洋的であり、西欧のラテン文化とは異なっている。またロシア民族は、スラヴ的・モンゴル的人種であって、西欧のゲルマン的・ロマン的諸民族とは異質であり、これに対立している。」
西ヨーロッパにたいする抗議運動としての汎スラヴ主義は、「ドイツとロシアの王朝間の伝統的友好関係」を掘りくずした、とヤーゴは続ける。今や
「ロシアという悪夢を東方へ、すなわち少なくともミタウ(エルガヴァ)市——ブク河の線の背後にまで、押し戻すことを、願わしい戦争目的と見なさなくてはならない。」
どんなことがあってもドイツへの「侵入口」を、ロシアに自由に使用させてはならない。——ちょうどコングレス＝ポーランドがプロイセン‐ドイツの領内に深く切りこんだ侵入口となって、大きな脅威を与えて来たよう

な具合に。さらに「ポーランドがロシアから切り離された時にのみ、クーアラントがロシアから切り離される。」ヤーゴが、たとえポーランドをロシアに返還することがポーランド問題の最も簡単な解決であろうとも、返還することは不可能だ、と思ったのはこのためである。

ポーランドの完全独立などは問題にならない。なぜならば、この国は「ロシアとドイツとの間の有用な緩衝国」となるために必要な、軍事的保障を提供できないからである。しかしポーランド併合は、数百万人の異民族の臣民をかかえこむことになるので、ドイツにとって国民的不幸である。またプロイセンの宗主権下での自治国家の形成も同様である(ヤーゴは一九一五年九月二日にはまだこのように考えていた)。

残された解決法としては、ただオーストリア宗主権下の自治国ポーランドのみであった。しかし、そのような編入に際しては、ドーナウ王朝におけるドイツ人の圧倒的勢力の確保ということを条件としなければならない、とヤーゴは考えていた。もっともそのさい、いわゆる準二元主義[42]の方法でこれが達成されるかどうか、という問題は未解決であったが。一八〇〇万人のポーランド人をかかえこめば結局はやはり一種の三元主義が発展するであろう、とヤーゴは考えた。オーストリア全国家の崩壊は、遷延させられるだけで止めることはできないであろう。そのときは、オーストリアのドイツ人諸州は、ドイツに帰属するであろうから、このときに備えて、ドイツ人は同国内で力強く生活力が旺盛な状態を保たねばならない。とくにチェコ分子を押し戻さなくてはならない。——したがって将来の大ドイツ帝国は、プロイセン-ドイツにライタ河以西のオーストリアを加えたものから成り立つ——ハンガリーは独立し、自立のポーランド国家は恐らくドイツに依存することであろう。

さらにこれ以上に、ヤーゴは、ゲルマン式ポーランド問題解決方法の第一歩として、将来のポーランドにおけるドイツの経済的・軍事的利益の保障を要求した。ヤーゴは、ポーランドがオーストリア-ハンガリーとは別の関税地域に止まるべきだと考えた。そうすれば、ロシア帝国へのドイツの輸出の四分の三を占めるポーランドへの輸出は確保されるからである。彼は、国境帯状地帯の割譲と、そこから追い出されることになるポーランド人とユダヤ人を新ポーランド国家が受け容れることを、繰り返し要求した。しかし、ヴィルヘルム二世は、[43]オーストリア式ポーランド問題解決方法を、オーストリア＝ハンガリーとドイツとの軍事協定をあらかじめ結ぶことに、はっきりと依存させた。この協定によってドイツは、

「オーストリア軍の再編と改善にたいして決定的な影響力をもつべきであり、同時にまたヴィスワ河の線とその要塞にたいして共同管理権をもつべきである。この要塞は、西プロイセン、ポーゼン、シュレージエンの前面にあるというその位置のゆえに、オーストリアの利害ではなしに純然たるプロイセン的利害をもち、わが東部国境の掩護をおそらくは形成しうるものである」〔とヴィルヘルム二世は考えた〕。

ドイツの国家元首のかかる考慮のなかに、世界で唯一の味方を維持し結束を強めるために、ドイツが組織しまた浸透しようと考えていた同盟国オーストリア＝ハンガリーにたいする関係の変化が認められる。

ポーランドについての構想は、何らかの形でドイツに編入さるべきバルト沿岸諸州にいたるまで、ドイツの国境を北方に前進させ移動させるという着想をうんだ。ヤーゴは、一般にはもっぱらルーデンドルフ、ヒンデンブルク両将軍の主張と考えられている北東政策の担い手であった。両将軍は、長く直接的併合という目標を堅持したが、ベートマン＝ホルヴェークとヤーゴに特徴的なのは、間接支配の形態を好んだことであった。

ベートマン＝ホルヴェークは、一九一五年九月二日のヤーゴの覚書に、九月一一日付の添書を付して[44]ファルケンハインに送ったが、ここではポーランドのオーストリアへの編入というヤーゴの提案を次の理由でとり上げていた。つまり「われわれが政治的・経済的・軍事的利害にもとづいて提起せねばならない要求を、オーストリア

側で満足させることを条件とすれば……とにかく一番不利でない解決」であるとして。だがこの場合保障さるべきは、「ポーランドを編入することによって、オーストリアの国家的生活の上で〔オーストリア内〕ドイツ系分子の勢力が弱められずに、かえって強められ」ること、経済的には、現状がドイツにとって不利な形には変えられないこと、であるとのべて、宰相は、「何はさておいても」重大視すべき軍事的条件について、ファルケンハインに意見を求めたのである。(45)

だが、ファルケンハインは、(46)オーストリア＝ハンガリーとドイツとの密接な軍事的結合を拒否した。彼は、オーストリアを「腐肉」とみなし、オーストリア軍を「たるんだ」「だらしのない」軍隊とみなしたからである。ところが、軍事協定を結べばオーストリアは強くなり、オーストリアが「われわれと絶交し、次の戦争ではわれわれを敵にして戦う」ようになるから、ドイツは近いうちに「覇権のための闘争」をオーストリアとしなければならないであろう、と。このような返答を受けたにもかかわらず、ベートマン＝ホルヴェークはプロイセン陸相〔フォン＝ホーエンボルン〕に支持されて自らの路線を固執した。(47)

一〇月一三日と一五日の宰相と参謀総長との会談で、(48)ベートマン＝ホルヴェークは、さまざまの反対にもかかわらず、ドイツとオーストリア＝ハンガリーの経済的・政治的・軍事的な緊密な結合にもとづく、新ヨーロッパの形成――西はドイツと結びついたベルギーによって、東はドイツの新しい北東国境に隣接してドイツと結合したポーランドによって保障された――という理念を貫いた。

ポーランド問題の無理矢理な解決は、予定されるオーストリア＝ハンガリー外相ブリアン男爵の訪問を前に――一一月一一日にベルリンを訪れるはずであった――ベートマン＝ホルヴェークによってはじめられた。(49)ファルケンハインは、ついに一〇月三〇日、軍事協定に同意したが、一方ヤーゴは九月二日の構想を深め、いまやポーランド問題を、できる限り密接なドイツと「(オーストリア－ハンガリー)王朝との結合」が必要とされている全ヨーロッパ問題に付随するものとしてしかみなくなった。またもヤーゴ[50]は、この戦争をゲルマン民族とスラヴ民族の衝突として把握して次のようにのべた。

「ゲルマン的世界とスラヴ的世界との衝突が起こってしまった以上、ロシアでは汎スラヴ主義的傾向がなお一層はげしく発展して、われわれがかつてペテルブルクと結んでいた伝統的な王朝的親善関係は完全に葬り去られ、ロシアは将来にわたってドイツの敵となることと考えられる。歴史的な発展が、われわれを西ヨーロッパ文化の担い手として、エルベ河からオーデル河へ、さらにヴィスワ河へと、スラヴ主義に対抗して前進させたのであるから、半アジア的モスクヴァ人帝国のブク河の彼方への押し戻しが絶対に必要であるのかどうか、熟考してみなければならない。」

ドーナウ王朝にポーランドを委ねることは避けがたい。何故ならば、ドイツはヨーロッパの他のすべての大国の絶えざる敵対と、自国の孤立という脅威とに直面して「この大戦でこれまで以上に解きがたく同盟国オーストリアーハンガリーに結びついており」かつオーストリアーハンガリーを「バルカン、トルコへの仲介者として」必要とするからである。

ヤーゴは、ここでファルケンハインと一致して、「かつてビスマルク公が欲した一般的防禦同盟」のような、より緊密な形での同盟を主張した。かかる政治的同盟は、具体的な軍事協定の基礎となるべき、両帝国の緊密な経済的結合を必要とするであろう。

ヴィーン駐在ドイツ大使[51]は、一〇月二九日、オーストリアーハンガリー問題のすべてをドイツのオリエント政策に従属させて欲しいと思った。彼は言う。ポーランドをオーストリアへ譲渡することは、オーストリアーハンガリー国家全体をドイツに縛りつけることになる。

「われわれがポーランドをオーストリアに決定的に委ねない限り、ポーランドを含む全オーストリアを味方として確保するために必要とする切札を、また軍事的・経済的観点からドイツが必要としている保障をオーストリアから入手し得る切札を、ドイツが使わずににぎっているわけである。ポーランド問題に決着をつける前に、かかる保障を確保することが、依然として必要であると私はみなしている。……」

ドイツが必要としているのは、いうまでもなく、ポーランド「とくに将来のポーランドとロシアの国境地帯における」ドイツの軍事的影響力の確保である。こう述べて最後に大使は、目前にひかえたベルリンでのブリアン〔オーストリア－ハンガリー外相〕との会談のさい、宰相に毅然とすることを要求した。「軍事的・経済的にもっとも緊密に合体してのみ、この王国とわれわれとの不変の結合と、同時にオーストリア内でのドイツ系分子の強化とが達成(される)。」(52)(傍点は引用者)

これに同意して、ヤーゴは一一月六日、「この王国を将来とも味方につけていく上で必要な、軍事的・経済的分野での保障を、オーストリア－ハンガリー政府から得るまでは」ドイツが、占領下にあるロシア領ポーランドを譲渡する必要はない、と述べたが、これは中欧思想《ミッテルオイローパ・イデー》が一九一五年一一月に、経済的利害関係者や軍事専門家のあらゆる反対にもかかわらず、ドイツ帝国の政策決定をいかに支配していたか、を示している。当時大いに耳目を聳動させたフリードリヒ＝ナウマンの中央ヨーロッパに関する書物は、このような状況にあっては、注目に値するけれどもやはりまさに非現実的な思想としてしか受け取られなかった。

東方に対する「保障と安全」、「ゲルマンのオストマルク」としてのオーストリアーハンガリー

一九一五年一一月一一日、ベルリンでのベートマン－ホルヴェークとブリアン〔オーストリアーハンガリー外相〕との会談では、「一般的問題とともにオーストリア式ポーランド問題解決方法が、中央ヨーロッパ計画《ミッテルオイローパ・プロイエクト》の現下の主要問題」とされることになっていた。オーストリア式ポーランド問題解決方法の同意を得ようとしてベルリンを訪れたブリアン男爵は失望した。彼のみるところでは、ベートマン－ホルヴェークは、その目的を西方でも東方でも非常に「ごま化し」「隠し」ていたが、しかしまた、非常に「現実的」で「明確」でもあり、特に一九一五年のドイツの可能性に〔その目的を〕よく適合させていた。

一一月一一日の会談は、オーストリアーハンガリーにたいしてその「中央ヨーロッパ計画《ミッテルオイローパ・プラン》」を貫ぬこうとするドイツ帝国政府指導部の精力的な試みであった。両同盟国の指導的政治家の報告[53]を比較すると非常に興味深い。帝国宰相は、戦争の勝負をともにしているという理由で「政治的・経済的・軍事的な分野で条約上の結びつきを完成した」両帝国の緊密な結合を要求し、「かかる結合は、われわれの敵にたいしても彼らが考慮しなければならぬ国際政治の不変的な要素」となることであろう、とした。ドイツ帝国宰相のこの非常に簡潔な報告にたいして、われわれはブリアンの遙かに詳細な叙述から次のことを知ることができる。すなわち、ベートマン－ホルヴェークが両帝国の永続的な制度的な結合に関する一八七八―七九年のビスマルクの諸計画に言及したこと、また彼は、協商諸国は敗北した後までもわれわれに敵対を続けるであろうから、その絶えざる脅威に対抗するため

にも新しい結合形態が必要である。「征服し難い中央ヨーロッパブロックの形成によってのみ」ドイツは敵側三国の新たな攻撃を予防できるし、また同時に「平和が確保された時期になれば、このブロックがあらゆる発展の可能性に対して道を開く」ことになるのだ、と説いた。ブリアンによれば、政治的・軍事的問題とともに、宰相は両国の経済的統合の問題にますます深入りしたのである。(54)

ベートマン－ホルヴェークの報告によれば、ブリアンは彼の提案に「完全に」賛成したが、そのさいにブリアンは期待される軍事的行為に関してオーストリア－ハンガリーの財政力の弱さを指摘した、ということである。これに反してブリアンの述べるところによれば、ブリアンは全構想に賛成するさい、政治的・軍事的領域については留保を行ない、経済的領域では関税計画の実施可能性、とくに中立国にたいするそれについて疑念を表明した、ということである。

注目すべきは、ブリアンがドイツ側の報告では沈黙している点を明確に述べていることである。すなわち、両政治家は「勝利を収めた場合には戦争目的は両国の本質的利益という点に厳密に限定すること」で一致した。そのさい、両者は、一九一五年末の世論の動向に完全にしたがって、軍事作戦を継続すれば敵側が平和を求めてくるものと期待したが、自からは平和を求めようとしなかったのである。だが、ベートマン－ホルヴェークは、かかる一般的同意以上にはなんの言質も与えなかった。すでに最も重要な戦争目的たるポーランド問題でも衝突は起こっていた。西方ではすでにベルギー併合について内治外交上の困難が顕著になりはじめていたので、ひとりオーストリアだけが戦勝の代償としてかなりの領土を獲得して凱旋するのに、ドイツはほんの僅かの領土を得るにとどまるか、または全くなにも得ない、というのではドイツの世論は、承知しないであろうとベートマンは言った。この脅迫的な言葉に極度に驚かされたブリアンは、すでに解決済と考えていたオーストリア式ポーランド問題解決方法が危くなったことを認めた。というのも、ドイツがポーランドを万一譲渡するさいになんとしてでも保持しようとした条件は、オーストリアの領有するポーランド内において、ドイツが決定的な地位を得ることを許すという条件である。ベートマン－ホルヴェークは次のように要求した。(1) 戦略上の国境修正(「ドイツ側国境線の改善に必要なスヴァウキ県の一部、クーアラント、リトアニアに隣接する地域のほかに、さらにドイツにとって経済的に非常に有用なポーランド〔オーストリア領有予定の〕の若干の地域」)、(2) ポーランド経済の交通経済的基礎を完全にドイツに依存させるような、さまざまの広汎にわたる保障[55]。ここにブリアンは直ちに、ポーランド経済圏を完全に所有しようというドイツの隠された意図を認めた。だが、土地の領有にともなう社会的・政治的問題は、オーストリアに転嫁されることになる。このような状況にあってはポーランドの領有が自分の王朝にとって一般に望ましいかどうか、ブリアンには疑わしく思われた。

「ポーランドよりもさらに不明瞭でかくされた宰相の態度は、ベルギーとバルト沿岸諸州とにたいする彼の態度であるように(ブリアンには)思われた。」ドイツは確かにベルギーの直接併合を断念しているけれども、ベルギーにただ「外見上の独立」を残すような「制度」をつくって「干渉」しようとしていると、ブリアンは考えた。ここでも彼は、内政上の問題や併合にともなう不利益を引き受けないで、その地の経済的能力を利用しつくそうというドイツの願望をみた。西方では得るところがないという懸念があるために、ドイツは東方にその代償を求めようとして今や一生懸命に努力していると、ブリアンは考えた。ベルギーとポーランドの組合せ、バルト沿岸諸州の問題と並んで、ドイツの戦争目的の第四の討議主題としてバルカンが登場した。ドイツ政府は、一般的にはオーストリア－ハンガリーがバルカンに圧倒的な利害関係をもっているのでその利害関係にしたがって同地の関係を調整する権利を認めた。けれども個別的には、ブリアンが述べているように「いたるところで一定のドイツの希望ないし留保が主張され」た。セルビア戦線での勝利とともに「ブルガリア、トルコとの連絡というドイツの南東ヨーロッパにおける主要目的」が達成されると、ベートマン-ホルヴェークは、セルビアとの単独講和を迫り、セルビアとモンテネグロとを統合し、この統合をもととして急速に講和を実現するのが最良ではないか、と提案したのである。

「本質的問題について完全な了解」を得たことに「深く満足し」て、ベートマン-ホルヴェークは、この東方での勝利後における基本的な会談を終えた。ブリアンは、自ら述べるように「全くそのような満足は感じなかったが、同様に満足の意をともかく表明した。」

一一月一三日のヤーゴの建白書(56)は、ドイツの中央ヨーロッパ計画《ミッテルオイローパ・プログラム》をオーストリア-ハンガリーにたいして公式に通告したものであった。ドイツはすでにオーストリア側のこれにたいする基本的同意を得ていると信じて、長期にわたる、恐らくは期限三〇年の政治的・経済的・軍事的性質の条約によって「形式上、実質上」それを実現しようと考えていた。ヤーゴは、ライタ河以西のオーストリアでドイツ民族が優越した地位を維持することの保障をくりかえして要求した。「これによってオーストリアのスラヴ化の前進を阻げ、ゲルマン系分子に対しては、ゲルマンのオストマルクとしてのオーストリアの利益にふさわしい指導的地位を、再び与える」というのである。軍事的な協定とそのための会談は、軍事当局に委ねることになった(すなわちファルケンハインが示唆したように、政治的・経済的条約が締結された後になってから)。一八七九年のドイツ・オーストリア・ハンガリー条約は、ヤーゴの見解では、本質的にはロシアにたいする防禦条約にすぎなかった。今やドイツ政府が今後のあらゆる交渉の基礎として望むのは、「将来締結さるべき講和条約およびそれに対応するドイツ・オーストリア同盟の内容の拡張を基礎とする相互の所有物の保障」であった。

オーストリア－ハンガリー政府[57]は、基本的には同意したけれども、同国にたいする政治的不信の表明であるところのスラヴ化の前進という考え方を拒否して、オーストリアが現に実行している信頼し得る同盟政策なるものは、マジャール人とドイツ人との優越だけに立脚しているものではない。オーストリアはたんに「ゲルマンのオストマルク」であるだけでなく、オーストリア内のスラヴ人は基本的に反ドイツ的ではない、と主張した。

一一月一一日の会談の仕上げとなる、この覚書交換によって、両国の結合関係をさらに詳細につくり上げる問題は関係部局専門家に委ねられた。さしあたって経済専門家たちが、すでにここで交換された経済政策上の覚書にもとづいて、一九一六年一月から何回も会議を開いた。

この頃、東方での単独講和の構想は、大幅に後退した。確かにベートマン－ホルヴェークはブリアンにこういった。「ロシアが間もなく単独講和を提議し、そして全般的状況からみて、それを受け入れた方がよいと思われるような事情になったとしたら、講和〔交渉がすすめられるであろうが、それ〕はポーランドが返還された場合にのみ結ばれるであろう」と。だが、皇帝ヴィルヘルムは、半ばロシアにたいする失望から、半ば新たな勝利感に酔って、ベートマンの言葉について次のようにつけ加えた。「そんなことは考えるな！　そんなことをする時機は過ぎ去った！　今となっては余は賛成しない！」多くのドイツの血が流されているのだから「ロシアとの単独講和のさいですら、もはやもとへもどることは許されない[58]」と。

ベルリン駐在オーストリア－ハンガリー大使ホーエンローエ[59]の、今や中欧列強の側から平和提議をなすべきであるという進言は、ベートマン－ホルヴェークとファルケンハインとの重大な衝突をもたらすにいたった。というのも、将軍は、宰相が外ならぬ内政上の理由から平和提議をしようとしている、とみなしたからである。ファルケンハインの深刻な悲観主義は、成果はあったが損失も大きく、しかも最後の決着のつかなかった、この一九一五年という年の終りに執筆された文書[60]に表現されている。このなかで彼は、平和を結ぶ覚悟と最後まで戦いぬく意志とのどちらかをドイツが選択できるとは考えていなかった。「実際のところ、われわれはそのような選択などすることはできない。欲すると否とにかかわらず、後の道を善かれ悪しかれ、最後まで行かざるを得ない。」現在問題になっているのは「かつてわれわれが考えたような」戦争でなく、生死をかけた闘争である。あらゆる平和への意志表明は戦い抜く意志を弱める危険があり、また軍事情勢からみても正当化されない、と彼は述べた。ベートマン－ホルヴェーク[61]もまた、全体の状況についてなんの幻想ももっていなかったが、彼は軍部の、ほとんど宿命論的な意見とは別に、外交的な平和の可能性を認めていた。彼は、確かに自分の方からは平和提議をしようとしなかったが、「わが敵の側にみられる平和への意志を支持し」ようとした。こうして軍事的努力と並行して、敵の力を弱めるのに役立つ武器はすべて利用しようとしたのである。

いろいろな平和の探索を続けていくうちに、積極的な戦争目的の総体が、非常にはっきりと具体的な形をとってきたが、このことを示すのは、一九一五年一二月九日の帝国議会でのベートマン－ホルヴェークの第二の演説[62]であった。そこで彼は、ブルジョワ政党の嵐のような喝采の下で、ドイツの平和のための要求を次のように述べたのである。

「帝国政府は、いかなる保障を例えばベルギー問題で要求するか、いかなる権力の基礎をこの保障のために必要とみなすか、について私は具体的には説明できない。しかし、次の一事だけはドイツの敵たちもはっきりと知っておかなければならない。すなわち、彼らがこの戦争をより長く、よく激しく戦えば戦うほど、それだけわれわれの必要とする保障は増大する、ということである。……東方でも西方でもわれわれは、現在の敵国が、ドイツへの侵入口を自由に使用することを許すわけにはいかない。その侵入口を通って、今後とも彼らは、あらためて、さらに鋭い形でわれわれを脅かすことができるからである。」

かかる定式化は、戦争目的多数派の指導者と立ち入って予備会談[63]をした結果として生まれた。その際に、宰相と諸政党とは、国民の志気を維持するために、戦争目的の出来るだけ具体的な表現が演説中に行なわれなければならない、という点で原則的に一致したのである。だが、宰相の定式化は、この頃なされていたベルギーとの単独講和交渉を阻げないように、全く意識的に漠然とした形をとっていた。

(1) E. v. Falkenhayn, Die Oberste Heeresleitung, 1914–1916, Berlin 1920, S. 20 f.

(2) A. v. Tirpitz, Deutsche Ohnmachtspolitik im Weltkriege, Hamburg 1926, S. 167. 一九一四年一一月一五日、ファルケンハインとの会談についてのティルピッツの記述。なおS. 161. 一九一四年一一月一〇日ホプマンよりカペレ宛書簡を参照。ヤーゴはティルピッツに賛成している。

(3) AA, Wk 2, geh., Bd. 1. ベートマン－ホルヴェークのツィンマーマンに宛てた一九一四年一一月一九日付の詳細な書簡(彼のファルケンハインとの会談についての報告)。これについては、なお、以下の叙述を参照のこと。Paul R. Sweet, Leaders and policies, a. a. O., S. 229 ff.

(4) Wien PA, Karton rot 500, XLVII, Krieg geh. 一九一五年八月一三日ブリアンとベートマン－ホルヴェークとの会話についての八月一四日付覚書。

(5) Ebenda. 帝国宰相より外務省へ、一九一四年一一月二六日。また Wien PA, Karton rot 500, XLVII, Krieg geh. ホーエンローエとツィンマーマンとの一九一四年一一月一日付会話を参照。

(6) AA, Wk 2, geh., Bd. 1. ヤーゴより帝国宰相へ、一九一四年一一月二六日。

(7) AA, Wk 2, geh., Bd. 1. ツィンマーマンよりベートマン－ホルヴェークへ。

(8) 戦争が「人気のない」フランスは、ツィンマーマンには「ドイツにとって有利であるだけでなく長期的な平和をも期待できるほど、ことほどさようにすでに弱くなって」いたのである。

(9) AA, Wk, Gr. Hq. 21, Bd. 1. ベートマン－ホルヴェークから外務省へ、一九一四年一一月二五日。同上書、ベートマンから外務省へ、一九一四年一一月二六日も参照せよ。AA, Wk 2, geh., Bd. 1. vgl. ges. Kopenhagen; D II 1 Misson Andersen.

（10）AA, Wk, Gr. Hq. 21, Bd. 1. ベートマン－ホルヴェークから外務省へ、一九一四年一一月二四日。

（11）Janssen, Bundesstaaten, S. 29 f. 一九一四年一二月一日、二日、三日のヘルトリングとベートマン－ホルヴェークとの会談についてのヘルトリングの記録。GStA München, Reihe VII, 54. なお、次のものを参照のこと。Geiss, Grenzstreifen, S. 72.

（12）Ebenda, S. 73 in: DZA Potsdam, RK, Krieg 15, Bd. 1, Nr. 2442/10. ヒンデンブルクから宰相へ。宰相の一九一四年一二月一三日付返事。

（13）Wien PA, Karton rot 842, Krieg 4a, Allgemeines 1914–1915. 一九一四年一二月八日付、ブラウンのドレスデンからの報告。ベートマン－ホルヴェーク自身一九一四年一二月四日の帝国議会演説で（八月四日の演説とは反対に）反英感情を公然と見せていた。

（14）Wien PA, Karton rot 500, XLVII, Krieg geh. 一九一四年一二月二一日、ホーエンローエの記録。

（15）AA, Wk 2, geh., Bd. 1. 一九一四年一二月二五日、ベートマン－ホルヴェークからバリーンへ。なお次に収録されている一九一五年二月一日付の記録をみよ。Wien PA, Karton rot 949, Krieg 25a, Friedensverhandlungen.

（16）AA, Wk 2, geh., Bd. 3. ルーツィウスのヤーゴに宛てた個人的書簡、一九一五年二月一八日。ebenda. 一九一五年三月六日、ベートマン－ホルヴェークよりコペンハーゲン公使館へ。さらにパラヴィチーニのフォルガーチュにたいする一九一五年一月六日の発言を参照。「そこ（ベルリン）には真の政治家はいない――このことはますます明らかになってきたが――。その代りに大工業家や銀行家が主役を演じている。」Wien PA, Karton rot 949, Krieg 25a.

（17）AA, Wk 2, Bd. 2.

（18）AA, Wk 2, geh., Bd. 3. ブロクドルフ－ランツァウから外務省へ、一九一五年三月一〇日。ebenda, Bd. 4. 一九一五年三月一一日。Wien PA, Karton rot 949, Krieg 25a, Friedensverhandlungen. にもまた一九一五年三月一二日、ホーエンローエの報告がある。アネルセン使節団についてのドイツ側文書は主として次の二系列にある。AA, Wk 2 und

AA, Wk, Gr. Hq. 21.

(19) AA, Wk 2, geh., Bd. 4. ベートマン-ホルヴェークからトロイトラーへ、一九一五年三月一八日。

(20) Westarp, Konservative Politik, S. 48 f. に収録されている。さらにベートマン-ホルヴェークのベルギー構想についてのヴェスタルプの印象を参照。「ベー(トマン)がついに……ベルギーに関する意見を表明したことがいまや、より重要だ。私のみるところではそのやり方にもはや異論の余地はない(!)。そこに私は進歩と成果を認めるのだ。」ヴェスタルプのハイデブラント＝ウント＝デア＝ラーザへの手紙、一九一五年四月二五日。ebenda, S. 49 f.

(21) DZA Potsdam, RK, Krieg 15, Bd. 3, Nr. 2442/12. 要約され、後になって作成された報告は、Westarp, a. a. O., S. 51 f.

(22) Friedrich Thimme, Bethomann Hollwegs Kriegsreden, Stuttgart-Berlin 1919, S. 35. ベートマン-ホルヴェークの帝国議会演説についての理解の仕方については以下もまた参照のこと。AA, P. U. A., Gutachten Hobohm, 2. Teil, S. 413, XXV.

(23) AA, Wk 2, Bd. 7. チルシュキよりヤーゴへ、一九一五年五月二五日。ebenda, Bd. 8. ヤーゴよりヴァンゲンハイムへ、一九一九年(日付なし)。Bl. 81. これによればドイツは、オーストリア-ハンガリーがロシアに接近する可能性を示している以上、平和の探索を留保しつづけねばならぬ、ととかれている。オーストリア-ハンガリーの同意については以下を参照。Wien PA, Karton rot 949, Krieg 25a, Friedensverhandlungen. コンラートよりブリアンへの手紙にたいするトゥーンの意見(一九一五年五月一九日)。ebenda. すでに一九一五年五月五日付のパラヴィチーニの意見。ともに海峡問題についての妥協に賛成している。

(24) DZA Potsdam, RK, Handel und Gewerbe 11, Bd. 2, Nr. 404. 会議議事録。

(25) AA, Wk 2, geh., Bd. 8. 帝国宰相より外務省へ。

(26) AA, Orientalia Generalia 5, Bd. 18. ヴァンゲンハイムから外務省へ、一九一五年三月一〇日。なお、AA, Wk 21, Bd. 2, Friedensverhandlungen. ヴァンゲンハイムから外務省へ、一九一五年三月二九日。

(27) AA, Wk 2, Rußland, Bd. 9. ヤーゴの建白書、一九一五年七月八日。以下の叙述については、AA, Orientalia Genera-

lia 5, geh., Bd. 18. ペラ大使から外務省へ、一九一五年四月一八日。
(28) AA, Wk 2, Rußland, Bd. 9. コンラートからブリアンへ、一九一五年七月二一日。
(29) Ebenda. ベートマン－ホルヴェークの記録、一九一五年七月二三日。
(30) DZA Merseburg Rep. 77. TA. 1884 Nr. 1, Bd. 1, Die staatsrechtliche Gestaltung Polens.
(31) Wien PA, Karton rot 949, Krieg 25a, 3. 8. 1915. 一九一五年八月九日のバリーンの記録は、AA, Wk 2, Rußland, Bd. 9.
(32) AA, Wk 2, Bd. 9. ベートマン－ホルヴェークからファルケンハインへ、一九一五年八月四日。
(33) Wien PA, Karton rot 842, Krieg 4, Allgemeines 1914–1915. ホーエンローエからブリアンへ、一九一五年八月九日。
(34) AA, Wk 11c, Bd. 8. 帝国宰相から皇帝へ、一九一五年八月一一日。AA, Wk 2, geh., Bd. 10. ブロクドルフ－ランツァウから外務省へ、一九一五年八月一〇日。
(35) Thimme, a. a. O., S 57 ff. なお次のものを参照せよ。Wien PA, Karton rot 842, Allgemeines 1914–1915, Preußen, 一九一五年八月二三日、ホーエンローエの報告。
(36) AA, Europa Generalia 79, Bd. 1. 一九一五年八月一三日、ベートマン－ホルヴェークの記録。ebenda, geh. ヤーゴからチルシュキへ、一九一五年八月一八日。
(37) AA, Deutschland 180, Bd. 1. トロイトラから帝国宰相へ、一九一五年八月三〇日。かかるロシアの評価は一年後の一九一六年八月には、ベートマン－ホルヴェーク自身が連邦参議院で認めざるを得なかったように、重大な敵陣営の過小評価であることが明らかになった。
(38) Paul R. Sweet, Germany, Austria, Hungary and Mitteleuropa, August 1915 bis April 1916, in: Festschrift für Heinrich Benedikt, hg. von H. Hantsch und Novotny, Wien 1957, S. 182.
(39) AA, Deutschland 180 geh., Bd. 1. ファルケンハインからベートマン－ホルヴェークへ、一九一五年九月八日。
(40) Ebenda. ベートマン－ホルヴェークからファルケンハインへ、一九一五年九月一六日。
(41) Ebenda. 一九一五年九月二日、ヤーゴの記録。

(42) Wien PA, Karton rot 500, XLVII, Krieg geh. ブリアンとベートマン－ホルヴェークの会談についての一九一五年八月一四日の記録。ブリアンは言う。「帝国の二重構造（つまりライタ河の彼方のハンガリーとライタ河の此方のオーストリアとボヘミアから成る）は第三の平等の権利をもつ国家の編入を許さないし、したがって所謂三元主義は認められない。」考察さるべきはただ「非常に広汎な自治を有する」「オーストリア支配下のポーランド王国」を「完全に既存の二元主義の枠内で実現するための調整」にすぎない。

(43) AA, Deutschland 180 geh., Bd. 1. 一九一五年九月二日付ヤーゴの覚書にたいする皇帝の欄外書き込み。

(44) Paul R. Sweet, a. a. O., S. 190.

(45) ベートマン－ホルヴェークはオーストリア－ハンガリーとドイツとの密接な連繋という主張を基礎づけるために「ドイツ・オーストリア関係覚書」を引用した。この主たる執筆者はウィーンの歴史家ハインリヒ＝フリートユングであった。フリートユングはオーストリアの一グループの代表であって、このグループとは「非常に民族主義的であったが党派的な意味でのドイツ民族至上主義でなく、他方では社会改良主義的であったがやはり社会主義でなかった。」この覚書の主要部分は両同盟国の密接な連繋の可能性を追究していた。ここで特徴的なのは、政治的（二五年間の攻守同盟）、軍事的（両軍のさらに緊密な統合）、経済的（関税・通商同盟）な観点のそれぞれが截然と分離されていたことである。この覚書はライプツィヒで印刷され市販されなかった。AA, Deutschland 180 geh., Bd. 1; Sweet, a. a. O., S. 184 ff. 参照。

(46) AA, Deutschland 180 geh., Bd. 1. ベートマン－ホルヴェークからヤーゴへ（ファルケンハインとの会談についての報告、一九一五年一〇月一三日）。

(47) オーストリア式ポーランド問題解決方法のための条件としてベートマン－ホルヴェークは次のように報告していた。

「(1) 広汎にわたる国境修正（カウナス〔コヴノ〕、グロドノ、オストロウェンカ、プウォツク、ヴァルタ〔ヴァルテ〕河の線）

(2) オーストリアの領土拡張の代償として、また併合主義的目的からリトアニア、クーアラント

(3) 軍事協定……」

(48) 註(46)参照。また Sweet, a. a. O., S. 192 ff.

(49) Sweet, a. a. O., S. 194.

(50) AA, Wk 20c, geh., Zukunft Polens, Bd. 1. 一九一五年一〇月二五日付、ヤーゴの記録。なお、次の個所にもある。DZA Merseburg, Rep. 77, Tit. 863 A, Polenpolitik.

(51) AA, Wk 20c, geh., Bd. 1a. チルシュキからヤーゴへ、一九一五年一〇月二九日。

(52) Ebenda. ヤーゴからチルシュキへ、一九一五年一一月六日。

(53) Wien PA, Karton rot 501, XLVII. ブリアンの記録、一九一五年一一月一四日。同じく AA, Österreich-Ungarn 23, Bd. 1. にヤーゴの一九一五年一一月一四日の記録がある。また、AA, Wk, 20c, geh., Zukunft Polens, Bd. 1a.

(54) ブリアンによれば、宰相は同時にまた、新たに決定される予定の関税をもとにして新しいブロックをつくり、これを他の列強にも無理に承認させる方法をも提案した。他方で彼は、他国とドイツとの最恵国待遇協定にもとづく通商条約をどうしても廃棄したくないと望んだ。平和交渉のさいにドイツはイギリス、フランスにたいして、母国と植民地間の特恵関税制度の廃止を要求するであろう。予想通りその要求は拒否されるに違いないから、ドイツ－オーストリアの新制度は容易に承認されることになる、というのである。

(55) AA, Österreich-Ungarn, 23, Bd. 1. ヤーゴの建白書、一九一五年一一月一三日。

(56) Wien PA, Karton rot 501, XLVII. ヤーゴの建白書、一九一五年一一月一三日。

(57) Ebenda. ブリアンの備忘録、一九一五年一一月一四日。

(58) 註(53)ヤーゴの記録、参照。

(59) Wien PA, Karton rot 501, XLVII. ホーエンローエからブリアンへ、一九一五年一一月二四日。ホーエンローエはイギリスの講和準備の「確かな兆候」を認めたと思った。

(60) DZA Potsdam, RK, Gr. Hq. 21, Nr. 2476. ファルケンハインから帝国宰相へ、一九一五年一一月二九日。

(61) Ebenda. 帝国宰相からルクヴァルトへ、一九一五年一一月三〇日。

(62) Thimme, a. a. O., S. 87.

(63) DZA Potsdam, RK, Krieg 1, Bd. 6, Nr. 2399/5. ヴァーンシャフェによる議事録。

第七章　一九一六年における政府指導部の戦争目的政策

――東西における単独講和の探索――

一九一五年一一月末から一九一六年二月にかけて、帝国政府はベルギー国王と単独講和交渉を行ない、全面講和が締結される以前にベルギーの間接支配を達成しようとはかった。この講和達成の努力は、探索の域を越えて実質的な交渉に発展し、東西における単独講和のあらゆる試みの中で最も具体的なものとなった。

西方に対する「保障と安全」、国王アルベルトを通じるベルギーとの単独講和

リエージュ陥落ののちドイツ政府は、一九一四年八月のうちに、ベルギーに対して申し入れを行なった。しかしアルベルトは、ベルギー人の意見からすればドイツの占領権力への自発的な屈服はその中立の放棄と同じことであったが故に、それを受け容れることはできないとして、これを拒否した。(1) 新たな交渉への刺激が与えられたのは一九一五年夏エルツベルガーによってであった。バイエルン首相ヘルトリングが彼の提起を取り上げ、一九一五年八月一一日にこれをベートマン＝ホルヴェークにまわした。そのさい彼は同時に、ヴィッテルスバハ家のうちの大公家と〔ベルギー〕国王アルベルトとの王朝的なつながりを利用するよう要請した(2)〔ヴィッテルスバハ家

は王家と大公家とに分れる。ともにビルケンフェルト系プファルツ伯のクリスティアン一世（一六五四年死去）から出ており、一七九九年にそれぞれが、バイエルン選帝侯家〈王家〉と大公家の地位を得ている。この大公家のエリザベートがベルギー王アルベルトの王妃となっており、彼女の妹マリー＝ガブリエーレは一九一二年死去したが、バイエルン皇太子ルプレヒトの妃になっていた」。宰相は折り返しこの可能性に歓迎の意を表明し、適当な仲介者を見つけるようヘルトリングに依頼した。ヘルトリングは宰相に対してすでにベルギー王妃エリザベートの姉ゾフィの名を挙げており、困難な外交上の使命は、しぜん彼女の夫テリング゠イェテンバハ伯に委ねられた。

テリングは、明らかにきわめて速やかに、帝国政府指導部の委任のもとにベルギーとの連絡をとることができた。一九一五年一一月二四日と二五日、テリングとベルギー国王の委任を受けたヴァクスヴァイラー教授とはチューリヒではじめて会った(3)。テリングは（あらかじめ）ベルリンから、控え目な態度をとって自分からは提案を行なわないよう、なかんずくその使命が官辺に発するものであることを決して悟らせないように、と厳しく指示されていた。ヴァクスヴァイラーは、義兄テリングに宛てた国王アルベルトの親書を手交したが、その内容は、ドイツ政府によるベルギー外交文書の公表に結局のところその底流として存在した、戦前のベルギーの非中立的態度に対するドイツの非難に対して、力をこめてかつ詳細に異議を唱えたものであった(4)。アルベルトの書簡は、自国の中立をいかなる側に対しても擁護すべきベルギーの責務と道義的権利との雄弁な弁論であった。そして、この目的のためにその軍隊はドイツに対して戦っているというのである。

国王アルベルトがこのように断乎として王の中立の原則を擁護していたので、ドイツ側の仲介者が、ベルギーをドイツの戦争目的と考える官辺の考えを基礎としたドイツ・ベルギー間の諒解の条件を提示するや否や、見解の不一致は表面化せざるをえなかった。実際にかかる状況がすでにチューリヒでの最初の折衝で現われていた。

国王アルベルトの態度に対応して、テリングは中立という原則の除去に彼の努力を集中した。彼はベルギー側の会談相手に対して、ギリシアの例をさし示しながら、「中立原則の維持が小国にとってもはや望ましいものではなく、むしろ有害ですらある」ことを示唆しようとした。この前提から首尾一貫して出て来るのは、ドイツの安全に対する保障をベルギーにおいて得たいというドイツの希望であり、テリングはそれを、すでにここで驚くべき率直さでもって述べた。すなわち、ドイツ軍の占領・通過権、ドイツによるベルギーの鉄道の管理、ドイツ関税同盟へのベルギーの合流。(5) テリングは、ベルギーの戦略的に重要な地域のドイツへの併合の望みすらほのめかした。ベルギーにはその代償として、ベルギー・フランス国境地帯、すなわちシャルルヴィル北方のミューズ河角、モブージュの端、それに場合によってはフランス領フランドル地方のベルギーへの割譲が約束された。

ヴァクスヴァイラーは、ドイツの「期待」を断乎として拒否し、ベルギーの中立、主権、領土保全を将来における両国間の関係の実りある発展の前提とするという見解を堅持した。彼はたしかに、フランスに対するベルギー国境の「改善」が理論的には望ましいことを認めたが、しかし彼は、国王がかかる「取引き」に対しては、コンゴ植民地のドイツへの移譲に対してと同様、心を動かされるかどうかは疑わしいとした。それはともあれ、テリングはこの最初の接触から、ベルギー国王の非常な用心深さにもかかわらず、その中立の態度を揺り動かすことは可能と思われる、という印象を受けた。

一九一五年一一月二九日の二回目の折衝では、その間にベルリンに行っていたテリングが、ベルギー側にドイツ帝国政府の正式の条件をもたらした。それはヤーゴないしベートマン＝ホルヴェークが彼に列挙したものであった。(6) 一方のヴァクスヴァイラーは、明らかに、これまで以上にドイツ側の仲介者の意を迎える態度をとるようにという指示を受けていた。ともあれ両仲介者は、細部の突っ込んだ議論ののち、その後の交渉の基礎をなすべ

きものと考えられたところの仏文の条文について合意を見た。(7)

その文書は序言ともいうべきものの中でつぎの原則を確定した。

「ドイツはベルギーを併合しないであろう。ドイツは、イギリスおよびフランスから攻撃された際の保障を得ることなしには、いかなる種類のものであれ、決して講和を締結しないであろう。この保障はベルギー領内においてつくり出されなければならない。それがいかなるものとなろうとも、それは王国の完全な国内自治を尊重し、同国の行政に対する干渉をもたらすことはないであろう。」

諒解の基礎は、ドイツ側の要望によれば、次の諸点を含むものであった。

(1) ベルギーの中立の放棄。

(2) ドイツ軍の通過権。

(3) 特定の、ドイツの防衛にとって戦略的に重要な地点の占領権。

(4) 戦略的に重要なベルギーの鉄道路線の管理へのドイツの参加。(ひとつの可能な形式は、ドイツが過半数の株券をもつ株式会社の設立であろう。)

(5) ドイツとの経済的連盟へのベルギーの加入(経済的協商)。

(6) 一定の国境地帯のドイツへの割譲。それに対してベルギーは代償を得ることも可能である。

ヴァクスヴァイラーが暫定協定の作成をいとわなかったことから、ベルギーの中立を除去しうるというテリングの楽観論は強められた。いまになってからテリングが見るところでは、第一回目の折衝でヴァクスヴァイラーが中立に固執したのは、ベルギーの側で、同国が「ドイツの意志に全く従属させられる」危険を冒すこととなるような「広汎かつ徹底的な[ドイツの]要求」を、おそれていたからであった。それに対して、テリングがベルギー全国土の併合をドイツが断念する旨を表明したことは、ヴァクスヴァイラーに「一定の安堵と満足の念」をよびおこした、というのである。ドイツ側がベルギー側の反応を正しく再現しているにせよ、あるいは希望的観測から過剰解釈しているにせよ、決定的なことは、このようにして交渉の中心におし出された併合の断念に対して、テリングが重大な条件を付けていたことである。すなわち、外務省に対してテリングが行なった報告によると、彼が表明したのは、単に、ドイツは、「ドイツが提出せざるをえないと考え、かつ、今や大略のところではあるがベルギー側に伝えている諸要求が、ベルギー側によって実現された場合、ベルギーを併合する意図をもたない」というただそれだけのことであった。見かけ上の譲歩と暗々裡の威嚇とのこのような混合は、一九一四年ベルギーに対する降伏勧告とともに始まったものであったが、それはその後もドイツの政策の構成要素であり続けた。すなわち、ドイツによる併合の断念にドイツが拘束されるのは、全体として「ベルギーの経済的征服」とその政治的、軍事的従属とをねらったドイツの他の諸々の要求に、ベルギーが従ったときだけだ、というのである。

テリングは、ヴァクスヴァイラーに対してはドイツの要求の「大略」しか話さなかったが、彼自身は、二つの重要な点を明らかにすることをドイツ官辺に提案している。すなわち彼は、外務省に対して、通過権および占領権問題についてのドイツ軍部の態度をもっと明確にするように要望した。彼はさらに、ベルギーのドイツに対する戦争償金を見合わせるようにすすめ、逆に、ベルギーに対して財政的な損害弁償を「われわれの敵の負担で」与えるようにすすめた。テリングは、ドイツのベルギー政策を原則的に承認しつつも、「ベルギーは新体制のもとで以前よりも有利な状態にある、と将来どのベルギー人でも言わざるをえない」ように、ドイツの権力を巧妙かつ柔軟に行使することを勧告した。全体として、ドイツ側が、テリングとヴァクスヴァイラーとの二回目の折衝ののち、国王アルベルトを中立からひきはなすというその目標に著しく近づいたという感じをもったとしてもそれは当然のことであった。ヴァクスヴァイラーが自分の方から、ドイツによる予期される部分的併合の代償としては、フランスとオランダを犠牲とした領土の一定の拡大が望ましいと述べたことから、いよいよもってそうであった(シャルルヴィル北方のミューズ河の線、モブージュ地方、ルベとトゥルコワン地方、また、オランダ領のスヘルデ河口左岸地方)。

ベルギーの妥協的な態度の、この最初の直接的な徴候ののち、一九一六年一月五日および六日のテリング、ヴァクスヴァイラーの第三次会談は、ベルギーの――見かけ上ないしは実際の――譲歩の頂点を示している。[8] ヴァクスヴァイラーは、帝国宰相に示すようにと明確に指示された国王アルベルトのテリング宛親書[9]のほかに、ベルギーの正式の対案[10]を交渉に携えてきた。この対案は、アルベルトの書簡そのものよりももっと明瞭に、テリングの表現に従えば、「ベルギーの中立の原則の放棄およびベルギーの国民感情を十分に尊重した形でのドイツへの依存」を受け入れる用意のあることを表明していた。

ベルギー国家の全伝統と訣別した、この、及ぶところの大きい措置の理由として国王が挙げたのは、一九一四年八月の経験であった。すなわちそれは、一八三〇―三一年の建国当時にベルギーにその意に反して課せられた中立が、ベルギーを大国間の戦争から引き離しておくことに失敗したことを明らかにしたのであり、したがって同国は、運命的に他の解決(disposition)に導かれることとなるであろう、というのである。[11] 憲法にたいする自分(アルベルト)の宣誓、そして人間および国王としての自分の良心は、しかし、ベルギーの国民感情を傷つけ、その結果として君主制を危うくすることのないようにという理由だけからも、ベルギーの完全な主権と国内行政とを侵害するような、すなわち、何らかの形で従属の刻印(témoignage quelconque d'inféodation)を帯びているような協定に自分がかかりあうことを禁じている。終りに国王はその譲歩のぎりぎりの限界をあらためて一つの文章で輪郭づけている。

「したがって、ドイツの西部国境を保障するということが、ベルギーの政治的・経済的独立やその領土の不可侵性を侵すものではないということにドイツが同意するそのときは、貴君(テリング)の言及している(ベルギー国民の)不安は消滅することとなろう。」

幾分かは自分の顔をつぶさないために、アルベルトは、ドイツ・ベルギー間の諒解は対等のパートナー間の防衛協定という形でのみ可能であると考えていた。それに対応して、国王はドイツ側に、住民の感情に鑑みてドイツの占領権を断念し、その代りに、ベルギー・フランス国境の近くのフランス領内にあるジヴェ、モブージュおよび場合によってはコンデの占領で満足することを勧告した。アルベルトは、これらの都市との迅速な連絡を保障する鉄道路線をドイツの監督下におく用意があった。

さらにベルギー側は、リエージュ、ナミュール、アントワープの要塞の廃棄を申し出た。そこにはなお小規模の守備隊をおくことしか望まないというのであった。こうしてベルギーの提案からは、次のような協力関係、すなわち、「ドイツには王国の南半分のいわば軍事的防衛が特に委ねられ」、他方「北半分の防衛は主としてベルギー軍の任務」であり続けるという協力関係が帰結されよう。ベルギー側は直接的な関税同盟はあまり有利でないと考えていた。しかし、現行関税率を修正し、さらに「労働者保護の分野での改革立法」を一定期間内に導入する用意のあることを明らかにした。

テリングがベルギーの提案を外務省に提示したさい、それに付したコメントの中で、このドイツ側の仲介者は、すでに、提案をドイツに有利な形に拡張する可能性をスケッチしている。すなわち彼は、将来の防衛協定の枠の中で、北海沿岸でも防衛措置については、ドイツ側が監督権を手に入れることができるとしたのである。彼はさらに、ヴァクスヴァイラーが、この点では特にそうする権限を与えられてはいないようだが、コンゴ植民地の分割を提案した、と報告している。ヴァクスヴァイラーによれば、ドイツはそのさい、自己の手にはいる部分を購入すればよい、というのであった。

戦争目的政策の――なかんずくその目的の規模の――評価にとって、ドイツがベルギーを同盟の対等のパートナーとして獲得することで満足するか、あるいはその意向がこれを越えたものであるかを見ることは重要であろう。この問いへの答えは、ベルギーの一月五日の提案および要望に対するドイツ帝国政府指導部の公的な意見の表明から明らかとなる。この意見の表明は、ドイツ側の仲介者テリング伯がチューリヒでの二月二五日のヴァクスヴァイラーとの第四次会談に携えてきたものである(12)。それはドイツ・ベルギー単独講和の交渉続行の基礎をなすものと考えられていた。そしてこの回答には、ベルギーに対するドイツの意向がはっきりと浮き出ている。ベルギーに対する戦争目的についてのドイツ帝国政府指導部の極秘の計画を知る者にはとくにそうである。この文書を読めば、ドイツ帝国政府指導部が対等者間の同盟の原理に不満足であったということは、疑いをいれない。その意図するところは、政治的・軍事的・経済的分野での、ベートマンが常にいうところの、「現実的な保障」の助けをかりて、ベルギーを国際法的関係というより国法的関係において従属させることであった――ポーランドに関して、そして(「中央ヨーロッパ」というスローガンのもとに)オーストリア－ハンガリーに関して、計画されていたと全く同様に。帝国政府指導部の立場は、テリングのヴァクスヴァイラー宛書簡という形において、はっきりと示されている。すなわち

「……ドイツ帝国政府指導部は、ベルギー国王アルベルト陛下のベルギーの中立破棄の決定を歓迎する。この原理の放棄は、ドイツ・ベルギー間で懸案となっている交渉の実りある続行の前提をなすものである。

あらゆる内政問題におけるベルギーの完全な自治は同国が保持しかつそれを保障される。

ベルギーのこれまでの領有状態の不可侵性の維持については、この問題の解答はひとえに、ベルギーが、以下の陳述の中で記されるドイツへの依存、すなわち、ドイツ帝国政府指導部の要望にあい応ずるごときドイツへの依存を、どの程度まで引き受ける用意があるかにかかっている。このことは、ベルギーのヨーロッパにおける領有についても植民地の領有についても該当する。

ベルギーの軍事的防衛は、向後主としてドイツに委ねたままにすべきである。ベルギーは、したがって、国内秩序の維持の任務にあたる民兵隊の維持に自己を限定することになるであろう。現在の要塞は廃棄される。ドイツは軍隊の自由通過権および任意の占領権を要求する。後者の実際の行使は、ドイツとベルギーとの関係がどのように展開するかという問題にかかわっている。事情次第で、その寛大な使用がなされることを確約しうる。いかなる事情があろうともドイツ帝国政府はベルギー沿岸に拠点を一つうち立てる可能性を要求する。この……保護のためにゼーブリュへ〔ゼーブリュージュ〕―ブリュへ港―オストエンデ〔オステンド〕の三角地帯を含めて……(解読不可能)。ここは、場合によっては相当期間にわたる租借が考慮されうる。ドイツはフランス領内の若干の地、たとえばジヴェ、モブージュ、コンデを軍事的拠点として整備すべきである、というベルギー側からなされた提案は、不適当として却下される。

ドイツは、軍事的安全保障の理由から、ベルギーの鉄道幹線とアントワープの港湾施設とに対する監督権を、株式会社の設立およびその株式の六〇パーセントのドイツ帝国への無償譲与という形式において要求する。スヘルデ河口左岸のオランダ領地帯の取得はさしあたり約束しえない。ドイツに対するベルギーの可能なかぎり緊密な関税結合がドイツ側からは望ましい。その詳細についてはなお合意がなさるべきであろう。

ベルギーが一定年間のうちに労働者保護の分野での改革立法を導入する用意があることを明らかにした一九一六年一月五日の声明は知っている。この問題についての約束の声明は、締結さるべき講和条約の中に取り入れられなければならないであろう。」

あらゆる点でドイツの覚書はベルギーの提案を越えるものであった。これまでの内々の計画に対して新しいものは、ただ若干の細目だけであった。より重大なのは、ヨーロッパとアフリカにおける領土の領有の問題と、占領権の実際の行使の問題、という決定的な二つの問題についてのドイツの条件の規模は、ベルギーのドイツへの依存の程度による、とした原則であった。

この文書は、しかしながら、テリングがベルギー側の会談相手に予定通りそれを手交することを敢えてしなかったので、直接の政治的作用はもたなかった。二月二五日および二六日のヴァクスヴァイラーの態度から、テリングには、ドイツ政府の要求細目を渡さずに取っておくことが得策と思われたのである。というのは、この間に、単独講和を結ぶための純王朝的な交渉は、ベルリンにとって得るところが少ないということが明らかになっていた。何らかの秘密漏洩の結果、ベルギーでも協商諸国でも、動揺がまきおこされた。協商国側は、ドイツ・ベルギー単独講和のおそれに二重の行動で対抗した。まず、ベルギーに対する二月一四日の声明(13)。これに対してベルギー内閣は同日回答を与えたが、この回答は、テリングが二月二五日の新たな折衝の冒頭にヴァクスヴァイラー教授に述べたことばに従えば、ドイツ政府の「感情を害した」のであった。〔第二の行動として、協商国は、カーゾン卿に特別な使命を与えて、二月一五日アルベルト王を訪問させた。――本書第一版より追加。〕たしかにヴァクスヴァイラーは、テリングの詰問に対して、これらの事がドイツ・ベルギー間の意向のさぐり合いといささかでも関係があること、また秘密漏洩の源がベルギー側にあること、に異議を唱えた。国王、王妃、そして彼自身しかそれを知らず、内閣は外相ベイアンスすら知らないからである。しかしテリングは彼の言を信用せず、交渉の断絶をもって威嚇し、そしてそれは、実際そうなった。それ故、予定されていた、ドイツ側の正式の条件の手交には至らなかったのである。当初ドイツ側に有望と見えたアルベルトとの交渉は、かくて挫折した。そして、テリングとヴァクスヴァイラーとが、五月はじめにさらに会うことで一致したことは、外交上のジェスチャーをほとんど出るものではなかった。そして事実、この会見は行なわれなかった。(14)

国王アルベルトは、ドイツの一時的な優勢——東方での征服(ポーランド、リトアニア、クーアラント、セルビア)と予想される西方での攻勢——に強い印象を受けて実際に自国のドイツへの依存を計画したのか、それとも、ドイツの「保護」とベルギーに対するその意向の規模を知るだけのために単独講和交渉をはじめ、そして故意の秘密漏洩で再びフリーハンドを手に入れることができたのか。ベルギー国王の動機が何であったにせよ、ここで取り扱っているドイツの戦争目的政策の脈絡からいえばベルギー内部の問題は副次的な意味しかもっていない。

すでに一九一六年四月に、ヴァティカンからベルリンに、ベルギーの主権とその領土の不可侵性の基礎の上でドイツとベルギーとの間を仲介する申し出がなされた。ローマのこの提案をドイツは拒否しえない、とテリングは信じた。しかし、彼が望んだのは、ドイツは教皇庁の協力を、ドイツとベルギーとの間の交渉を提起しその手引きをすることに限定しなければならない、ということであった。ともかく外務省には——国王アルベルトとの交渉でのその態度に照応して——、もしドイツがベルギーを経由する新たな攻撃に対して十分な保障を得られるならば、ベルギーは存続させる、という漠然とした声明をする用意しかなかった。(15)

この交渉の過程で、ドイツ帝国政府指導部は教皇に、中央党の政治家エルツベルガーを通じて、一九一六年六月一〇日、「教皇猊下を通じる講和交渉に原則的に応じる用意があること」を伝えた。(16) 四日後エルツベルガーはふたたび、「官辺の明白な委任のもとにではなしに」、ドイツは教皇による妥当な講和の仲介について交渉する用意がある旨の「当地の決定的な官辺の意見」を教皇の私設秘書に伝えた。そのさい彼には、ベルギーが、「教皇猊下が平和をもたらすべく梃子を入れ」うる最初の地点であるように思われた。

エルツベルガーの考えでは、ベルギーは、(1)その領土を削減されることなく保持し、(2)その全き主権を維持しなければならない。国王アルベルトは復帰してよく、「対外的な外交使節派遣権は存続する。」しかしベルギーは国内的には、フランス語使用行政地区とフラマン語使用行政地区とへの分割を受け入れなければならない。ドイツ軍政府はフラマン人に、学校、出版、公用語等において母語を保障する。ドイツは、ワロン人によるフラマン人のフランス化をもはや許容しえない。「ワロン人はその多数がフリーメーソンか社会民主主義者で、くり返しフランスに倣って無神論的共和国に傾くのに、フラマン人は信頼のおけるカトリックである。」(3)「国内行政では、ベルギーは全く自由である。特に宗教・学校関係の規制は、全くベルギーの判断に委ねられる。」ドイツの「従属国」としてのベルギーの将来の地位は、「ドイツの反対要求」の中であからさまに明らかとなった。

「(1) ベルギーはドイツとの攻守同盟を、しかも永久にわたって、締結する。……
(2) ベルギーはルクセンブルクと同様、ドイツとの関税同盟を締結する。
(3) ベルギーの鉄道は、プロイセン－ヘッセン鉄道連合に加入する。ベルギーにあるすべての鉄道は、私有鉄道、国有鉄道の如何を問わず、敏速に統合されて一つの株式会社をつくり、プロイセン鉄道管理部に緊密に結合して活動するものとする。……
(4) ドイツは、新たに戦争が起こった場合にそなえて、阻げられることなきベルギー通過権を得る。ベルギーは現存の要塞を破毀する義務を負い、かつ、軍隊を保持することを必要としない。

(5) コンゴにおけるベルギーの植民地領有については、なお特別のとりきめがなさるべきであろう。そのさいコンゴがベルギーに属するかそれともドイツのものとなるかは決定的なことではないであろう。というのは、他の諸提案が実施されるならば、アフリカにおける関税・経済同盟が、まさしくドイツとベルギーの本国間のそれと同様に、実施されることとなるであろうから。」

すべて、これらの条件は、ベルギー国民の、特に経済的な利益となるだけであろう。そしてこれらの条件を基礎として、両国民は、「親友」となることができるであろう。しかしドイツは、戦争が続きイギリスとの決着がつかない間は、「通過・占領権」、とくにベルギー沿岸利用権を要求しなければならない。

エルツベルガーは、「この条約が成立するとなると、それはドイツの観点からは十分とはみなされないであろうが故に、ドイツのきわめて広汎なサークルの間からおそるべき騒ぎがまきおこるであろう」、と指摘した。彼自身、ベルギーおよびフランスに対する〔ドイツ政府の〕条件を「きわめておだやか」なものと判断していた。

(フランスに対する条件とは、)

「(1) ヴォージュ山脈における国境の改善……(山脈の西斜面で)。

(2) メッツ後方のブリエとロンウィの鉱石盆地の獲得。ひとつにはドイツがすでに有している鉱石盆地を守るため、またひとつにはドイツの将来を保障するために。

(3) 戦争償金。

(4) ドイツの植民帝国。」(すなわち、フランスの犠牲において、かつ、その他の国の植民地領有権の移動に対するフランスの同意によって。)

フランスとの、急進社会党を通じる、単独講和

フランスでの一年半の宣伝ののち、一九一六年五月末、「統一社会党とともにフランス議会の多数派」を形成している「フランス急進党の卓越した一員」が、ベルンのドイツ公使ロンベルクを通じてドイツ側の一仲介者と関係をつけ、「自分の党が政権についた場合、単独講和を締結し両国の永続的な諒解の道をひらくこと」を提案した。[17] その前提は、彼によれば、ドイツ側が自分の党に十分に「名誉ある講和条件を確約する」ことであり、フランスが「敵国側の連合を粉砕したことによって」ドイツに対してなす「貢献に対して」一定の代償を受けとることであった。ロンベルクは、この在野政党によってしかかる(講和への)転換は達成されえないが故に、ここにフランスとの諒解の唯一の機会を認めた。彼によれば、その前提は、ドイツ側がフランスの意向を大いに迎え入れることであった。

しかしかかる譲歩は、ドイツ参謀本部の立場によって閉ざされていた。[18] すなわちファルケンハインは、ベルフォールの割譲を、ロンウィ-ブリエ防衛のための高地、すなわちドゥオモンの制圧高地とともに要求した。宰相ベートマン-ホルヴェークは軍のこの要求に従った。そして彼はさらに、戦略上の観点をも越えて、フォン＝ロンベルク男爵に次のような註文を与えたのであった。[19]「糸を切らさないように、しかしそのさい、わがほうに対してなされた提案に対してはなんの保障も与えないように」と。この註文は、ベートマン-ホルヴェークの思想と行動、その、真の「円の求積法(＝不可能な課題)」を求める格闘を、きわめて特徴的に浮き彫りするものであるが、ロンベルクは、それが自分を「ほとんど不可能な課題の前に立たせる」[20]ことを絶望をもって確認しつつも、

それに立ち向かっていった。彼がフランス側に軍司令部の要求を伝えるならば、「一般的な空語」への限定と関係の断絶とがもたらされるであろう。彼のこの考えは、スイス外務大臣で、長年にわたってパリ駐在のスイス公使を勤めたホフマンによって、すでに裏書きされていた。そしてロンベルクの考えでは、少なくとも「見かけ上の譲歩」が認められるべきであった。ロンベルクは、「上エルザスでのフランスに有利なわずかな国境調整、および場合によっては、アフリカでの領土交換取引と引き替えに、ブリエ盆地と著しい額の戦争償金とを得ること」ができる。——しかし決してそれ以上をフランス側に要求してはならない、さもなければすべてがぶちこわしである、と主張したのである。彼は宰相に、力をこめて、フランスとの諒解から出てくるもろもろの可能性を指摘した。

「一方においてフランスとの単独講和の途方もない利益、すなわち、それによってわが国に一挙に勝利と遠大な戦争目的の達成とが確保され、数え切れない人間の生命と何十億〔マルク〕とが節約され、そしてわが国民が悩んでいる窮迫の一大部分が直ちに除去されるであろうことを考え、他方でまたもろもろの危険、すなわち、これまでと同じ条件のもとで、そして敵国側の連合が存続するという条件のもとで戦争を継続すれば、戦後になっても軍事的、経済的な面で潜在的に残り続けるであろうもろもろの危険、を考えますとき、私は、わが陸軍最高司令部の拒否的態度にもかかわらず、私は閣下に対して、私の提案をあらためて真剣に考慮されることをお願いいたすべきであると信じます。」

ベルリン滞在のさいロンベルクは、軍部や議会右翼ですらが、その至上の「戦争目的」が「敵国側の連合を粉砕すること、そしてそれ以上に、イギリスとの根本的な決着をつけることである」が故に、自分の提案に対して反対しないであろう、という印象を得た。彼によれば、この講和交渉を「単に軍事的な考慮に規定された、フランスに対する非妥協的な態度で」さまたげ、その上、「戦争の無際限の延長と並んで、(ドイツを)新たなヴィーン会議の危険にさらす」人たちは、重大な責任を引き受けることとなるのであった。かかる言葉遣いは、未だかつて、一外交官が宰相に向かってほとんど一度も敢えてしなかったところである。

宰相は、ヤーゴを通じて、ドイツは提案に応じる用意のある旨の回答を行なった。(21) しかし、ロンベルクにとって途方もない要求と思われたものが、ヤーゴにとってはあらゆる諒解の自明の前提と思われた。すなわち、戦略的前進地帯を含むロンウィーブリエがこれである。〔ヤーゴによれば〕フランスが単に戦線を離脱するだけではもはや不十分であった。ドイツが「戦況に鑑みて」――この言葉は、六月八日、ヴェルダンの戦いの膠着の中で発せられたのであるが――、比較的妥協的な条件の下でフランスとの単独講和を締結することを決意したとしても、それはひとえに、敵側の連合を粉砕し、そしてさらに、それを越えて「フランスとの、将来にもわたる、永続的な諒解の道を開く」ためであった。イギリスに対抗するフランス－ドイツ同盟への第一歩としての単独講和だけが、ドイツにとって意味をもつのであった。これが達成されないならば、ドイツは、「わが国の戦争目的をフランスの完全な打倒とその犠牲によるわが国の損害の弁償に求める」ほかはない。すなわち、ドイツが戦後にイギリス－フランス連合の存続を予期せざるをえないのなら、ドイツは、少なくとも両連合国のうちの一国をできる限り弱体化させるほかなく、そしてその一国とは、事情の赴くところ、フランスであろう。

ドイツの提出する条件にもとづく単独講和は、単に戦争中の戦術的政策たるにとどまらず、なかんずく、同時に勢力配置の新秩序の礎石となるべきものであった。ロシアとの単独講和がフランス－ロシアおよびイギリス－ロシアという橋を粉砕すべきものであるのと同様、フランスとの単独講和もまたフランス－イギリスという橋を粉砕すべきものなのであった。

この基礎の上に立つ平和の探索がなんの成果もあげないままに日時が経過している間に、「(ロシアにおける)オーストリアの敗北とその後のルーマニアの〔英仏側に立っての〕参戦とは、ソンム河畔およびヴェルダンでの、〔英仏側の〕成果と合して」、五月および六月にはなおフランスに存在していた平和への気運を背後におしやってしまった。(22) にもかかわらず外務省は、以前の指令をあらためず、ひき続き「相当の領土拡大」を単独講和交渉の条件として要求した。ロンベルクは、しかし、それを伝えることはできない旨を表明した。何故なら、「かかる通告を行なえるような状況には(フランスは)まだまだとてもなっていない」からである。同じ書簡の中でロンベルクは、スイスにおける教皇の代理人マルケッティ司教猊下の次のような勧告を伝えた。すなわち、中欧列強がその軍事的成功の頂点、たとえばブカレスト進入にさいして、中立国を通じて講和の申し入れを発すべきこと、その核心は、「ベルギーおよびフランスにおける現状の回復と、セルビアに国家的独立を再び与える」用意があることの表明でなければならないこと、しかも、「安全保障ないし領土の割譲の実施ということを、それが相互の領土交換に基づく国境の修正という形態においてだけであれ、暗に指すような制限」を全く付さないこと。以上が勧告の内容である。この勧告は、同時に、結局のところ、エルツベルガーが一九一六年六月のゲルラハ司教宛書簡の中で提示した、広汎な諸条件をともなう諒解の基礎に対する回答でもあった。(23)

このように、急進社会党との間の平和探索は何らの成果をもたらさなかったが、新しい帝国大臣〔外相〕ツィンマーマンは、ロンベルクとマルケッティの警告にもかかわらず、一九一六年一二月一二日——ドイツの「講和提議」公布の日——に、この夏、講和に関心を有するフランスの別のグループとの交渉に向けたのとほとんど同一の条件をくり返した。(24) 最小限の要求として彼が挙げたのは、前任者ヤーゴと同様、ブリエ盆地の割譲、植民地の譲渡、および戦争償金であり、この償金は、「何らかの方法でカムフラージュされて、それによってフランスの虚栄心が受け入れうるものとされてよいであろう。」「これらの諸点は、戦況とわが国民の重大な犠牲とが、われわれに正当な権利として与えた最小限の要求である。」

大陸ブロックを求めて、日本を通じるロシアとの単独講和

すでに一九一五年一月、ストックホルム駐在の親独的な日本公使内田は、その地のオーストリア公使に、日本はイギリスとの同盟の満了(一九二一年)ののち、その外交関係の方向転換につとめるつもりである旨を明らかにした。(25) この年の春と夏には、この打ち明け話をもととして――とにかくドイツ公使フォン゠ルーツィウス宛の政府の訓令によれば――、日本のロシアに対する軍需品の供給をできれば遅滞させあるいはこれを阻止することが問題となっていた。さらに立ち入った問題を考慮に上せたのは、一九一五年七月、アルベルト゠バリーンがはじめてであって、このとき彼はベートマン-ホルヴェークに、ロシアは平和を望んでおり、イギリス-日本という鉄《やっとこ》の圧力をうけて戦い続けているにすぎない、と伝えた。一九一五年一一月に再度なされた日本の提起は、ドイツ-日本の平和探索を活気づけ、当時ストックホルムのドイツ公使館に財政専門家として配置されていたフリッツ゠ヴァールブルク(著名な銀行家マクス゠ヴァールブルクの兄弟)が内田と会うきっかけとなった。しかしこの頃は、外務省のツィンマーマン次官はまだ、日本の青島割譲の要求に譲歩する用意をもたなかった。

ドイツ自体から問題を提起したのは、ティルピッツであった。彼は、イギリスに対してその敵対的態度をとっていたので、すでに一九一五年八月、宰相に提議してドイツの日本およびロシアとの同盟を論議に上せていた。この同盟はその鋒先をイギリスに対して、そして――周知のごとき日本とアメリカ合衆国との緊張から――結局

はまた北アメリカに対しても、向けることになるであろう、というのである。[26] ドイツ－ロシア－日本同盟の考えは、一九一六年春、フーゴ＝シュティンネスの取り上げるところとなった。彼はストックホルムで、日本公使と話し合いをもつ機会を見出した。ドイツ公使フォン＝ルーツィウスは一九一六年四月一日、この話し合いに割ってはいり、「私人」として日本公使に、ドイツと日本との間には戦争にもかかわらず架橋しがたい対立は存在しないことをほのめかした。[27] ルーツィウスとシュティンネスは、単独講和への「望み」を開陳しないよう努めていたが、しかし彼らは、次のような「私的見解」を表明した。「平和への第一歩は、たとえば、聖ペテルブルク（ペトログラード）における東京政府（代表）の働きかけに促されて、ロシアが権限を有する人物をストックホルムに送るようになる、というようなことを通じてのみ踏み出されることであろう。」この人物は、さしあたりは公的な委任なしに、ドイツおよび日本の関係者と連絡をとるべきものとされた。

〔一九一六年〕四月には、ストックホルムの日本公使はなお明確に、ドイツを一方の側とし日本およびロシアを他方の側とする単独講和を拒否した。そのさい彼は、一九一四年九月五日のロンドン協定と、なお五年間継続するイギリスとの同盟条約とを引き合いに出した。しかし彼は、五月七日の再度の会談では、会談相手のシュティンネスに——しかしながら自国政府の認可なしにであったが——、イギリスとの同盟はドイツ、ロシア、日本間の即時の同盟交渉を何らさまたげるものではない旨を伝えた。内田がドイツとの即時の講和の反対給付として要求したのは、単に、太平洋諸島と、青島におけるドイツの領地との、割譲だけであった。[28]

これまで交渉の推進力として立ち現われていたのはシュティンネスであった。彼は、ドイツがその西方での目的確保を強行することができるよう——そしてこうして自分自身の事業上の利益が守られ続けるように、ロシアとの同盟を迫っていたのである。これに対してヤーゴは一九一六年五月八日付の詳細な私信の中で抵抗したが、この私信は、電信による同時の訓令と同じく、公使に対して交渉続行の指示を与えたものであった。[29]

「シュティンネスという小僧は、わが国の政策を全く自分の利益圏の中に無理やり押し入れたがる乱暴者である。ロシアと同盟してわが国を西方との根本的対立に持ち込もうとするのはそのためなのだ。」

ヤーゴはたしかに、ロシアとの同盟を戦術的理由から直接は拒否せず、したがってルーツィウスに、事情如何ではこの考えにいささか「媚を呈する」自由を与えた。しかし彼にとって好都合なのは、ドイツとロシアとの間の中立条約であった。ヤーゴは内田の打ち明けにきわめて大きな意義を帰したので、彼はこれを機に、ルーツィウスに戦中および戦後の勢力配置に関する自分の考えを述べると同時に、日本を動かしてかかる行動をとらせた契機の分析を行なった。東西に対するフリーハンドは、ヤーゴが交渉の中で守りたいと欲したところであった。そしてそれ故に彼は、シュティンネスを遠ざけておきたかったのである。

提起されたロシアとの同盟を拒否する理由としてヤーゴが挙げたのは、国内の動揺で弱体化された国は無力な同盟国でしかなく、そういった同盟国ならドイツはもう十分もっている、ということであった。それに反して、ロシアとの中立条約はフランスを麻痺させ、ドイツとも諒解を遂げることを同国に強いることであろう。彼は日本との同盟に対しては、それによってドイツが極東における日米の緊張の場にまきこまれるが故に、期待するところはさらに少なかった。

「ロシアとの同盟を、イギリスの終焉をもたらすためだけに、あらゆる犠牲を払っても追求する人びとの一員では自分はない。ロシアは弱体な側の出廷者であり、イギリスを『圧伏すること』は諸氏が考えておられるほど容易ではないのだ。そしてドイツは、重工業の利益だけをその目的とすることはできない。」

ヤーゴ、皇帝、宰相は、「ペテルブルクでの日本の行動が即刻始まり、日本がわが国にロシアとの講和をぐずぐずしないで周旋した」ときにのみ、ドイツの東アジアにおける領地を日本に割譲することに同意しようと考えていた。かかる要求の背後には、迫りつつあるロシアの攻勢をロシアとの単独講和によってさえぎろうとする願いがあったのである。(30)

ドイツ帝国海軍大臣でフォン＝ティルピッツの後継者であるフォン＝カペレ提督は、上述の極東での割譲に同意した。それによって、日本との講和も、「わが国に有利なロシアとの単独講和」も確保されうるものなら、そこには、カペレの見るところでは、「戦争を全体としてわが方の勝利のうちに終結させる、したがってそれに比すれば割譲の不利益は背後に退かざるをえないような、きわめて意味深い機会」があったのである。(31)

いうまでもなく、数日後にはドイツの希望はついえた。一九一六年五月一七日、日本政府はストックホルムの自国公使を見捨てて、単独講和へのドイツの触手にきっぱりと決裂を宣言した。東京は、日本の講和交渉への応諾を同時に協商諸国にも通知することが可能な場合にのみ、ドイツの講和交渉にはいる用意がある旨を明らかにした。これに対してドイツ皇帝は激烈な欄外註を記した。(32)

「単独講和がなされえない限り、こんな下らないことはすべてどうでもよいことだ。そんなことなら、ぶんなぐったほうが多く手にはいる。仲介者として彼ら(日本)が必要なのは、全面講和のためではないのだ。」

日本とロシアとを敵国側の連合から抜き取るという単独講和の直接の目的と並んで、ドイツ指導部は、それによって戦後の勢力配置の新秩序の基礎をおこうと試みた。かかる新秩序の基礎は、すでにルーツィウスと日本の内田公使との間の話し合いの中で明らかになっていた。ルーツィウスとヤーゴとは、中立条約からは多くの場合、同盟が発展するものなので、そのような条約で十分であると考えていたが、実際は、シュティンネスの言によれば、同盟という考えがベートマン－ホルヴェークおよびヘルフェリヒと〔外相の間で〕話し合われていた。

その条件が定式化されたのは、外務省の二つの専門担当者の草案、すなわち五月八日の比較的短いものと、五月一七日のきわめて詳細なものとの中においてであった。(33) 前者は日本による講和の仲介の条件に限定されていたが、後者は、その核心においてこの条件を取り入れつつ、それをイギリスおよびフランスとの講和という第二の局面のために拡張したもので、最初の日露単独講和行動とは鋭く断絶したものであった。この第二の局面は、内田とルーツィウスがすでに考慮に入れていたところであって、彼らは、この課題にはスウェーデンのヴァレンベルユ外相がふさわしいと考えていた。しかし決定的なことは、五月一七日には、日本およびロシアとの講和条約のための個々の条件と並んで、イギリスおよびフランスとの講和の条件もとり上げられたことである。そのほか、さらに、主としてイギリスを敵とする将来の同盟条約と秘密条約の草案も定式化されていた。

この交渉が失敗したのは、ドイツ指導部が東方との講和ではなしに西方との講和をとったからではなく、講和の締結が一国ずつを相手につぎつぎに行なわれることが保障される限りでのみ、東方との単独講和を追求しようとしたドイツの意志によるものであった。全面講和のための交渉は、ドイツの「忌避」するところであった。東方の中立化が「フランスの麻痺」、したがってまたイギリスの孤立化と講和への意志をもたらす、という講和締結の順序だけが関心の対象であったのである。

ドイツは、日本が協商国側の同盟から名誉ある形式で離脱できるようにと、ドイツ・日本・ロシアの諒解ののちに全面講和を仲介する任務を日本に委ねた。日本は、――と〔外務省の専門係官〕ケムニッツはその草案の中で定式化した――、「中欧列強の……最小限の要求の受諾」を西側諸国が行なうように仲介することを引き受ける。「これを後者が拒否するなら、中欧列強は日本の従来の同盟国に対して完全なフリーハンドを得るし、日本はその同盟国への支援を一切さしひかえる。」

五月八日の第一稿では、ドイツの日本への給付として——帝国海軍省の同意を得たのち！——、「青島、および日本に占領された南洋のドイツ領の割譲」と、ドイツによる、「ロシアの勢力範囲にはいる部分を除いた中国を日本の保護領とすることへの諒解」とが提示されていた。それに対して日本は、ロシアとドイツとの、次のような基盤に立つ講和を仲介すべきものとされた。

「(a)　ロシアは、ポーランド、リトアニア、クーアラントを割譲し、ペルシアのクルディスターン、ルリスターン、フゼスターンがトルコ領となることに同意する。ロシアはバルカンに関与しない。トルコにおけるカピトゥレーション〔中近東諸地方でヨーロッパ列強が、自国民の犯罪や法律問題を領事裁判によって裁く特権〕の廃止に同意する。

(b)　ロシアは、トルコ領アルメニアの同国の征服した部分、ペルシアの残部、東トルキスタン〔天山南方の新疆〕、青海、ジュンガル〔天山北方の新疆〕、外蒙古、北満州、甘粛、陝西を得る。同国は、個々の戦艦のダーダネルス・ボスポルス両海峡通航権を得る。」

日本自身は、中国におけるドイツの既存の経済的企業の安全とドイツ商業の最恵国待遇を保障し、そのほか、オランダ領インド〔ネシア〕が日本の勢力範囲でないことを承認すべきである。日本はドイツと、イギリスおよびフランスに対抗する防衛同盟を、戦争の終結後に、遅くとも日英同盟条約の満了後には締結すべきである、とされた。ロシアに対する具体的条件は、ロシアをドイツの東部国境から押し返すという考え、そしてバルカンにロシアが関与しないことを要求するという考えが、ロシアとの和解に努力している際ですら、ドイツの戦争目的政策の確固たる構成要素をなしていたことを示していたのである。

強力な外交活動のさ中に作成された、より詳細な五月一七日付の草案は、ドイツがロシアへの代償として、同国によって占領されたトルコ領アルメニアのほかに、同盟国のかなりの地域、すなわち東ガリツィヤのロシアが占領した部分を提供している点で、ロシアとの和解に考慮を払ったものであった。否、「必要な場合には、リヴォフを含む東ガリツィヤの全ルテニア人地域、また、ブコヴィーナのルテニア人部分の割譲を認めるべきである。ブコヴィーナのルーマニア人部分はそのときルーマニアに帰属する。」その他同草案は、すでに挙げた、クーアラント、リトアニア、ポーランドについての「ロシアへの要求」をとり入れていた。ドイツ自身は、「必要な場合は」クーアラントおよびリトアニアの併合を放棄することにしたが、しかし、「ニイェメン河―グロドノ―ブレストーリトフスクーブク河上流の全線の西側(上記二都市を含む)」の地を要求した。「(ポーランドに関する)協定は、ドイツとオーストリアーハンガリーにまかされる。」一九一四年の末以来ドイツ指導部の念頭を離れなかった集団移住の考えも出て来ていた。すなわち、ポーランド人は「プロイセンの東部辺境」(新旧国境地帯での)から新ポーランドへと東方に移住させられ、それに代って「ロシアから帰還するドイツ人移民およびその他のドイツ人植民者」がこの空になった土地に入植させられるべきであり、こうして、「プロイセン東部辺境のゲルマン化」が促進され、「ドイツ人とポーランド人の混合状態が可能なかぎり排除」さるべきである、というのである。セルビアの問題も、オーストリアーハンガリーとブルガリアとの個別交渉に留保された。モンテネグロは、オーストリアーハンガリーと攻守同盟を形成し、かつ、オーストリアーハンガリー関税連盟に加入すべきものとされた(34)。ロシアは、バルカンからと同様にトルコから、またイギリスは、ペルシアから、駆逐さるべきであった。ドイツは、トルコを通じてオリエントにおけるその勢力圏の拡大を達成し、同時に、来るべき石油の発掘への保障を得るべきである。そのさい(第二稿において)、トルコはペルシアの三州を併合してよく、ロシアはその残部とそれにアフガニスタンを勢力圏として得るべきである。中国におけるロシアの勢力圏は、ドイツの明確に承認するところであり、日本の勢力圏も同様である。同国は日本に対して、青島条約で獲得した山東での権利をさらに委ねる。日本およびロシアとの将来の通商体制は最恵国待遇にもとづくものとなるべきであるが、しかしそれは、ドイツとオーストリアーハンガリーとの間の特恵関税──中央ヨーロッパ──に触れてはならない。

講和の基礎についてのこの草案は、ドイツが追求していた、東方、西方、そして海外における、その大国としての地位を鋭くかつ明瞭に物語っている。フランスやイギリスは、ルクセンブルクがドイツ帝国に併合され、かつ、それに境を接するベルギーのアルロン地方がルクセンブルクのものとされることに同意しなければならない、とされた。イギリスはベルギーの次のような変形に同意しなければならない。すなわち、「ミューズ河にいたる、リエージュとナミュールを含む、ベルギー」はドイツのものとなる。ワロン人地帯の最大部分(ムナンーナミュールージヴェの三角地帯)は、「ドイツの給付」として、フランスに帰属する。新しい国境は、ミューズ河の東をジヴェからロクロワへ、そしてそこから南東へエテンとノムニにかけて走ることとなろう。それによってフランスは、ロンウィーブリエ鉱区を戦略的前進地帯とともに割譲しなければならない。ベルギーの、フラマン人が優勢な部分は、「フランドル公国《ヘルツオークトウム》」としてドイツに依存しつつ「自立」し、グラヴリヌにいたるフランス領フランドルを合せて拡大され、そしてオランダとの領土の交換で得るリムビュルフを通じてドイツ帝国と結合されるべきである。(35)「ドイツはアントワープ、ゼーブリュへ、ダンケルク(ドゥイネケルケ)の占領権を得る。」領土の交換を通じて、スヘルデ河南岸をフランドルへ割譲することを、オランダにすすめて実行させることができると期待されたが、それは、アントワープがフランドルの諸港とともに軍港となることができるようにするためであった。(36)

中央アフリカ植民帝国については、ケムニッツは次のように考えていた。すなわち、「ベルギーのコンゴ植民地はドイツが得る。」「やむをえない場合には、ベルギー領コンゴはフランドルに委ねられるべきである。」同様に、フランスは、フランス領コンゴおよび、オボク、ジブチを含むフランス領ソマリランドを割譲する。(ソマリランドは「やむをえない場合は断念してよい。」) そのかわりに、フランスはトーゴを、イギリスはドイツの南洋の領地を得る。イギリスによるエジプト併合は承認される――しかし同国は、そのかわりに、大陸および海外における諸協定に加入しなければならない。「イギリスはドイツに、(カメルーン西境の)ジョラ地方、ウォルフィシュ湾、ザンジバルおよびペンバ、イギリス領ソマリランド、ソコトラ(島)、そして(インド洋にあって良港をもつ)チュサン諸島(東シナ海の舟山列島の誤りか)を割譲する。(イギリス領ソマリランドとソコトラとは、必要な場合は断念してよい。) イギリスはトルコにシナイ半島をほぼ東経三三度まで割譲する。」ドイツが少し前の一九一六年三月九日に宣戦したポルトガルからは、ドイツは、「アフリカと南アメリカへの途上の石炭・電信根拠地」として、マデイラないしヴェルデ岬諸島の割譲を要求した。同様に、サントゥメ島、プリンシペ島、および「ドイツ領南西アフリカと従来のベルギー領コンゴ植民地とを結びつけるもの」として、アンゴラの内の南緯一四度の南、東経一八度の東にある部分の割譲が要求された。(「必要な場合」はこれを断念してもよい。) こうして、ここでも、すでに一九一四年におけると同様、中央アフリカ植民帝国の目標が立てられていたのである。

戦後にありうる、同盟関係の根本的な変形と新形成への見通しは、条約草案の第二部に記されている「同盟・中立条約」が与えている。それは、日本、ロシア、ドイツの相互の諒解を基礎としてうちたてられた秘密協定の体系であって、これはドイツを、イギリスおよびフランスに対して、しかしまた場合によってはオーストリア－ハンガリーおよびロシアに対して、保障すべきものであった。もしドイツがイギリスに「攻撃される」ならば、同国は日本およびロシアから武力援助を得るべきである。他方、もしもドイツがフランスだけに攻撃されるならば、ロシアは中立を保たなければならない。オーストリアーハンガリーないしロシアがドイツを攻撃するならば、日本はドイツに武力援助をすべきである。ここに定式化された構想は、ドイツが志向している将来の世界強国の地位の少なくとも一つの形態であって、これは、予想されるイギリスとの第二次の戦争という視角に完全に立つものであった。ドイツ－日本枢軸に立つ勢力再編成は、参謀総長モルトケが一九一四年八月二日、即興的な対イギリス世界戦争プログラムの中で帝国宰相に提出した計画の継続とみなされなければならない。そしてそれは、変化した情勢のもとで一年ののちに、合衆国がドイツと国交断絶したのちに、しかも同国がイギリスの指導する協商に参加する以前に、日本をドイツの側にひきつけて、合衆国およびイギリスとの戦争に日本を引き入れようとする、ツィンマーマンの試みの中に現われることとなる。そのさいツィンマーマンの計算は、日英同盟のもとで隠蔽されているイギリス－日本の対立をアメリカ－日本の公然たる対立と同様に活用することであった。

話し合いは、五月一七日ののちにもなお、最初はシュティンネスとコルイシュコとの間でストックホルムにおいて、次いでまたフリッツ＝ヴァールブルクと二名のドゥーマ代議士の間で、行なわれたが、それは拘束力のない性格しかもたなかった。(37) そうこうする間に、日本がロシアに(そしてそれによって連合国に)ドイツと日本との話し合いについて打ち明けたことがドイツに知れた。(38) そこでヤーゴは、「(ロシアに)単独講和の用意があることが明らかになる前には」コルイシュコとシュテュルマー〔一九一六年二月二〇―一一月二三日、ロシア帝国首相〕との間の通信の継続は無意味であると表明した。ついに六月二五日には、――その間にブルシーロフの攻勢が開始されていた――、ツィンマーマンは、「ロシアと(そして日本とも)の諒解を推進する」いかなる動きも危険であると判断した。(39)

シュティンネス・コルイシュコ間の話し合いの過程で、シュティンネスはベルリンにおいて、ドイツの「対案」

を「とり出し」ているはずである。(40) どんな案をベルリンが考えていたかは、いま分析したケムニッツの基礎草案だけでなく、ちょうど一カ月後の、エルツベルガーのゲルラハ宛書簡――これはすでにベルギーおよびフランスに対する単独講和の探索を考察したさいに挙げたものである――が示している。(41) その要求は、重ねて、ドイツの戦争目的の統一性を確認させるものである。すなわち、

「(1) ロシアのバルト沿岸諸州のクーアラントとエストニア(!)とは、ドイツのバルト沿岸諸州に加えられなければならない。

(2) 全くカトリック的な住民をもつリトアニアは、同様にロシアから分離され、多分ドイツの公国《ヘルツォークトゥム》として、あるいは州としてプロイセンに加えられなければならない。

(3) ポーランドは主権国家となるべきであって、その細部については、ドイツとオーストリア－ハンガリーとが諒解しあうべきである。」

さらにロシアは、適当な戦争償金を支払い、かつバルカンをオーストリア－ハンガリーとドイツに委ねるべきである。その分割については、両国が諒解しあうこととなるであろう、という内容である。一九一六年夏の大きな危機を通じて、これらの目的は堅持された。このことは、予期される講和交渉のために定式化された一九一六年晩秋の戦争目的プログラムが示すこととなる。

「独立」ポーランド、オーストリア－ハンガリーとの協定

すでに一九一五年一二月および一九一六年一月にくっきりと目立ちはじめたドイツのゲルマン式ポーランド問

題解決法への方向転換は、ヤーゴがヴィーン駐在大使フォン＝チルシュキに宛てた一九一六年二月一六日付の訓令(42)にそのもっとも断乎たる表現を見出した。彼は、ドイツがこれまで「ポーランドの将来に関する拘束力ある態度決定」を行なっていないこと、オーストリア＝ハンガリーへの合併の可能性は、むしろ経済的、軍事的、政治的性質をもつ諸条件に依存させてきていること、から出発する。ヤーゴは、オーストリアが自国を単なる「ゲルマンの東部辺境」と見なすことを拒否している点を確認して不満の意をあらわに示した。(43)ヤーゴは、オーストリア＝ハンガリーがオーストリア式ポーランド問題解決法に対してドイツが要求している保障をこれまで与えていないが故に、ドイツと固く結合するポーランド国家の設立をドイツの政治の必須の目標とする、とのべた。チルシュキはヤーゴから、オーストリアをいたわりつつ同国に新しい解決法への心構えをさせるように、という明瞭な委任を受けたのである。

その後間もなくベートマン＝ホルヴェーク(44)は、——明らかにそのフラマン人政策と並行して——〔ドイツ側のワルシャワ〕総督に、このドイツに依存する将来のポーランド国家のために、親ドイツ的なポーランド人の運動を喚起するように勧告した。しかし総督ベーゼラーはこれを、ドイツの占領権力の立場とプロイセン＝ドイツの伝統とに一致しないとして拒否した。彼によれば、ドイツに対して、根底においては、これまで通り敵対的なポーランド人の空気を変えることは、見込みがないし、ドイツの政治にとって、とくに重要でもない。ドイツへの結合は常に「強制」されるしかない、というのである。六月にドイツ占領権力によって「ポーランド国家復興クラブ」として承認されたストゥドニツキを中心とする親ドイツ派は、いつもさしたる意義をもたないままであった。

同じ頃、ドイツ外務省は、その育成した「ロシア異民族連盟(45)」を通じて、民族性の思想をロシアおよびアメリカに対するドイツの戦争目的政策に役立てようと努めていた。これは、ツィンマーマンの指導下に、中央のナドルニ、ベルゲン、ヴェーゼンドンク、ケムニッツ、ベルンのロンベルク公使、ストックホルムのルーツィウス公使の協力をえつつ、バルト・ドイツ人たるフォン＝デア＝ロップ男爵とベルンハルト＝フォン＝ユクスキュルとによって進められた。彼らは、ウィルソン大統領に宛てたこの連盟の呼びかけを準備し、そしてこれを「公表した」。この呼びかけは、既存の亡命者組織を味方に獲得することにある程度成功し、また、エストニア人やウクライナの社会主義者やの場合のように、支持を拒まれたところでも、独自の立場をとる人びとが喜んでこれに署名した。そのさい、「このアジテーションによって、イギリスおよびアメリカの内部において、反ロシア的な気持をもつ一定の有力者層の意を迎えること(46)」が期待されていた。その呼びかけの中でロシアは、何十年にも及ぶ諸民族の言語、文化、宗教、権利、自由の抑圧を告発され、ロシアによる自治の約束は、将来の約束までを含めて、何ら信頼をおきえないものとされた。外務省はかかる活動によってあらためて、国際政治において決着をつけるための戦術的方策としての、決して中断されたことのない革命促進の仕事を、活用しようとしたのである。

直接的な併合と従属国の設立とを目指すドイツの東方政策について、宰相は、四月五日の帝国議会での演説の(47)中で、「連盟」の主張する解放テーゼの立場に立って精しい発表を行なった。この発言にきっかけを与えたのは、イギリス下院における一九一六年二月二三日の講和討論であった。このときアスキス首相は、ベートマン－ホルヴェークを、一二月九日の帝国議会演説におけるその発言、特にベルギーに関するその発言をとらえて激しく攻撃し、ベルギーを原状に完全に復帰させること、そしてフランスには攻撃に対する十分な保障を与えること、さらにはヨーロッパの中小諸民族の権利を保障することを、「プロイセンの軍部支配」を廃絶することとともに要求した。四月五日、セルビアが軍事的に制圧され、西方諸国のダーダネルス作戦が失敗し、ロシアおよびイタリアの攻撃がしりぞけられ、そしてヴェルダンに対する攻撃が有利に展開するかに見えたとき、宰相は、一九一五年一二月には比喩的にしかほのめかさなかったもの、すなわちベルギー、ポーランド、クーアラント、およびリトアニアを、はじめて名指しで呼んだ。ベートマン－ホルヴェークは今や、アスキスの主張した民族性の原理をたてにとって、

「ポーランド人であれ、リトアニア人であれ、バルト人であれ、あるいはラトヴィア人であれ、ドイツとその同盟諸国が解放した、バルト海とヴォリューニア沼沢地との間に住む諸民族を、ドイツが自発的に再び反動的なロシアの支配に引き渡す」

ことを否定した。同様に彼は、ドイツが「その上で自国民の血が流された西方の占領諸地域を、わが国の未来の完全な保障なしに放棄する」ことを拒絶した。

「わが国は、ベルギーが英仏の従属国になることと、それが軍事的、経済的にドイツに対する外堡として完成されることとがないように、現実的な保障をわが国のためにつくり上げるであろう。ここでも旧状への復帰はありえないのである。」

その上ベートマン－ホルヴェークは、彼がすでに一年半このかた手を染めていたフラマン人政策をはじめて公けに示唆し、ベルギー問題に新しい局面を持ち込んだ。ポーランド問題でもベルギー問題でも、巨大な出来事が起こってしまったからには、旧状への復帰はありえない、というのである。

四月五日の宰相の帝国議会演説が、プロパガンダによってドイツ国民の戦意を高揚する試みとしてのみ理解されてはならないということは、同じ一九一六年四月におけるドイツとオーストリアとの話し合いの再開のさいに明らかになった。

一九一五年一一月の話し合いでは、ドイツ帝国指導部の意図はなお幾分「おおわれて」いたが、オーストリア外相ブリアンは今、ベートマン－ホルヴェークのポーランド問題についてのあからさまな主張――それは、その上に「中央ヨーロッパ」および東方の他のすべての問題と緊密に結びついていた――に直面することとなった。宰相はヴィルヘルム二世に、四月一〇日、解決の三つの可能性について報告した。[48] すなわち、

(1) モドリンを含む国境帯状地帯をドイツに割譲する(すなわち、ワルシャワをドイツの大砲によって制圧する)という条件のもとでのオーストリア式ポーランド問題解決法――これはしかし、ベートマン－ホルヴェークの考えでは、第四次ポーランド分割と同じことになるのであり、二五〇万の、ポーランド人と「劣等な」ユダヤ人とを引き受けることとなるのであった。

(2) オーストリア－ハンガリー、ドイツ間での、〔現在の〕占領地域の境界に基づく、ポーランド分割、そのあとで(ドイツ軍占領地を基礎として)ドイツに従属する「ワルシャワ大公国」を設立する。

(3) 全コングレス＝ポーランドを自治国とし、これをしっかりとドイツへ従属させる計画。

第二および第三の解決法がドイツ東部国境の絶対的な軍事的保障を提供できるという状況の下にあって、ベートマン－ホルヴェークはこれら二つの解決を、それがオーストリア皇帝フランツ＝ヨーゼフの最も厳しい拒否にあうことを知りつつも、はるかによいものとして選びとった。「多分その痛みは、(オーストリアの皇子たる)大公の一人を未来の自治国の君侯とすることを提案することによってやわらげられよう。」と彼は希望した。そして彼は、そのような人として、親ドイツ的として通っているカール＝シュテファン大公の名を挙げた。こう言いたくもなるというものである。「オーストリアには大公《エルツヘルツォーク》を、ドイツには鉱石《エルツ》を！」と。

(ドイツ)皇帝の同意を得たこのプログラムは、一九一六年四月一四―一五日にベルリンにやって来たブリアン

に不愉快な印象を与えた。会議は完全な対立に終った。(49) ヤーゴは皇帝に対して、ガリツィヤを含む、ドイツ支配下のポーランド自治国の樹立を要求したのである。ベートマン－ホルヴェークは、ドイツ式解決法の理由として軍事的論拠を提出しただけでなく、なかんずく経済的にこれを理由づけた。その他の点ではこの国家は――とブリアンはドイツの意図を分析している――、「独自の君主のもとで独立国となり、民族的な生活を十分に享受することができよう。」ベートマン－ホルヴェークは――と彼は論結する――、ポーランド「併合という悪評」を避けたいのである。何故ならば、今はもはや併合の時代ではなく、中小諸国家の大国への密着の時代だからである。

ドイツは、自分自身がベルギーにおける不確かで定かならぬ「保障」と、せいぜいのところバルト海沿岸地方とリトアニアでの国境の調整をかちうるだけなのに、自分の同盟国が豊かな土地を得て、そのために戦争の結果強化されて立ち現われることを許すことができない。ドイツの「世論の命令」を、自分は、のがれることができない、と帝国宰相は理由づけるのである。

ブリアンはベートマン－ホルヴェークの要求をその論拠ともども憤激して拒否した。彼がなかんずく却けたのは、それが併合ではないという主張であった。彼は、「軍事的、経済的に拘束されたポーランド緩衝国家は、ドイツの強力な拳の中では、きわめて速やかにドイツ直轄の領域とほとんど異ならないものとなろう。」と確言した。しかしとりわけこの解決案がオーストリア－ハンガリー君主国に耐えがたいのは、彼によれば、次の理由からであった。同国内のポーランド人は、「その民族の大きな部分を憎むべきプロイセン化に委ねた」ことで君主国を決して許さないであろう、そして彼らには、「ゲルマン化へのおそれ」と永続的な分割へのおそれから、ロシアへと傾くことのほか、逃げ場がないこととなるであろう、というのである。そしてブリアンは、「小さく貧しい国々」たるセルビアとモンテネグロでの「国境の修正」と、ドイツのクーアラント、リトアニアでの取得（一四万七〇〇〇平方キロメートル）およびポーランドの支配（一二万七〇〇〇平方キロメートル）、その他ドイツがベルギーで確保すべき政治的、経済的利益とを対比して、その差引勘定書を作成した。ベートマン＝ホルヴェークは、（二日目に）次のように答えた。ドイツは単にスヴァウキ、クーアラント、カウナスの三県とグロドノ、ヴィルニウス両県の一部、合わせて約六万平方キロメートル、住民約三〇〇万を帝国に合併しようとするのみであり、「残りは、可能なかぎり、計画されている緩衝国家に合併されることとなろう。」と。――実際にはこのことは、約三万平方キロメートルのポーランド国境帯状地帯（比較のために挙げれば、エルザス＝ロートリンゲンは一万四〇〇〇平方キロメートル）をこれと合わせれば、五〇〇ないし六〇〇万の住民をもつ九万平方キロメートル、すなわち現在のオーストリアの大きさ（八万四〇〇〇平方キロメートル）の領域を直接併合することを意味していた。さらに、残りのポーランド国家約九万五〇〇〇平方キロメートルがドイツの間接的な支配下にはいるが、これと国境帯状地帯を合わせると、ほぼ現在のチェコスロヴァキアの大きさの領域となるわけである。

両政治家の観点の不一致から、協議は成果なく終った。ベートマン＝ホルヴェークの新しい態度を強めたのは、フォン＝ベーゼラー総督であった(50)。すなわち彼は、ドイツに最も緊密に依存し、かつ、オーストリアの占領地域とガリツィヤとを含む、彼のいわゆるポーランド「国民国家」をあらためて要求したのである。彼にとってこの新しい国家の前提は、「形成さるべき中央ヨーロッパ諸国家同盟との政治的、軍事的、経済的な……最も緊密な結合」であった。オーストリア＝ハンガリーは彼によって南東に向かうことを指示された。ドイツはこれに対して、リトアニアとクーアラントのほかに、自国の直接の防御のために、国境帯状地帯および、さらにそれを越えて、（ドイツという堡塁の）斜堤として「〔ドイツの〕同盟国およびロシアに対する防壁としてのポーランド」をもつこととなろう、とベーゼラーは要望した。

これに対してブリアンは、ベートマン＝ホルヴェークが六月三日カール＝シュテファン大公に、ドイツに依存する新ポーランドの王冠を申し出たあと、六月六日の覚書の中で自己の見解を堅持した。六月初め、オーストリア戦線がブルシーロフ攻勢の衝撃のもとで崩壊したことが、決着をもたらした。六月一九日、ヤーゴ(51)はオーストリア戦線の再度の敗北を指し示し、これがまたもやドイツ人の血をもって支えられなければならないことを指摘した。「この事実が、最も明瞭な言葉を語っている。そしてブリアン男爵もこれに眼を閉ざすことはできないであろう。そしてわれわれはそこから結論を引き出さなければならない。」

七月におけるオーストリア戦線の崩壊からコンラートとファルケンハイン(52)はポーランドの兵役服務可能な男子の徴募を求め、その前提として、どのような形態のものであれ、国家の創設を必要と考えて、それを勧告した。

ドイツの世論のあいだでは、ポーランド問題は当初はわずかな関心しか呼ばず、むしろそれはプロイセンの問題と感じられていたが、オーストリアの大使の観察によれば(53)、「農業家」の間でも「工業家」の間でも「資源に富んだ領土の所有」への関心がますます強まって来て、それはますます「誘惑にみち、利益を約束する」ものと思われるようになった。そのことは、帝国内務省やプロイセンの経済関係部局専門家でも同様であった。いずれの場合にも、オーストリア大使の観察するところでは、ドイツの関係筋は、コングレス＝ポーランドの経済的に最も価値ある部分、すなわちワルシャワ、ウッチ、ラドム、ピョトルクフ、キェルツェ、ドンブロヴァ＝グルニチァ盆地をねらっていた。ドイツは、ポーランド国家がどのような形をとるにせよ、これを自己の目的のために事実上確保することに努めていた。ひとつには関税と、ロシアへの妨害なしの通過運送の恩恵とによって、またポーランド産原料の確保によって、あるいはまたポーランドの鉄道および国内水上交通の、「ドイツ資本の排他的指導下における」統合によって。このような鉄道、道路、水路、郵便、電信の支配と並んでドイツが望んだのは、排他的な軍事主権を保持することであった。

（オーストリア）大使の以上のような観察が、四月の交渉の前、とりわけその後のドイツの意図と一致していたことは、ヤーゴがチルシュキ大使に宛てた一九一六年五月二九日と六月一九日付の二つの訓令[54]が示している。これらの訓令は、ポーランド問題を、四月会議が結論を出さずに終ったのちにも同盟国間で進捗させ、ドイツ式な解決方法を非妥協的に強行しようとするものであった。

戦後における全ヨーロッパの国家的再編成に際して重要なことは、「人間の考えの及ぶ限りで、わが国の将来を保障するごとき状態をつくり出す」ことである、というのがヤーゴの究極の原則であった。彼によれば、オーストリアの最近の敗北のあとでは、ドイツの東部国境の防衛をオーストリア国家の手に委ねることは不可能なことであった。

これらの長期的見地に立った考慮はすべて、じきに軍隊問題の影におおわれることとなったが、それはとくに、――ベートマン－ホルヴェークが七月二三日ヤーゴに伝えているごとくに[55]――、オーストリアで「兵役服務可能な男子」が尽きたからであった。ドイツでは、政府指導部、参謀本部、総督は、とるべき方向について意見が一致していた。それをベートマン－ホルヴェークは、連邦参議院の委員会の席上[56]で次のようにまわりくどく述べている。

「わが国は、ポーランドを消化することはできない。それ故、自立した緩衝国家をつくる以外に道はないのであるが、それ［ポーランド］はドイツの統治権のもとにとどまらなければならない。新しい国家はポーランド的たるべきであって、ゲルマン的たるべきではない。しかしポーランド軍は、協定によって、ドイツ軍に編入されるべきなのである。」

この目的は、ドイツがもとより当面は達成しえないところであった。ヴィーンにおける一九一六年八月一一日と一二日の交渉[57]でベートマン－ホルヴェークは、オーストリア外相ブリアンの抵抗に余儀なくされて、妥協に応ずる用意を示さなければならなかった。この妥協は――少なくとも対外的には――「世襲の君主制と立憲的体制を有する自主的なポーランド王国が樹立される」べきであるという「双方の諒解」を表明するものであった。対外政策の面では、ポーランドは「両帝国の同盟に結合」さるべきであって、「独自の対外政策」は行なわないものとされた。ドイツの要望に対する唯一の譲歩は、創設さるべきポーランド軍の監督と最高指揮とが「統一的でかつドイツに帰する」よう保障するというブリアンの約束であった。他方、必要とされているポーランドとの軍事協定の締結は、「中欧列強の双方の側からなされ」なければならないものとされた。経済的にはとくに、創設さるべきポーランド鉄道会社の株式所有に関して、両帝国は同等の権利を有するものとされた。かくてドイツの優越的支配にかわって、軍隊に関してだけドイツ側が一定の優先的地位をもつという形における、一種の共同統治が立ち現われた。新たに創設さるべき国家の究極の運命は、両同盟国の相互関係の発展に依存しなければならなかった。実際には、ドイツが一九一七年五月、ポーランドで優越した勢力を確保することができたのである。

第三次陸軍最高司令部の任命

東部におけるオーストリア戦線の崩壊、西部における講和の探索の挫折、ロシアにおける内政上の困難と平和の気運についての報告――七月二三日には外相サゾーノフに代ってシュテュルマー首相が外相となった――などの情勢から、ベートマン－ホルヴェーク[58]は、一九一六年八月半ば以来再び、その全精力を集中して、政治的にも、軍事的にも、戦争の決着を東部に求めようとした。同様に皇帝[59]も、ドイツの東西における防衛が期待通り勝利したあかつきには、「ロシアは戦争の継続がいやに」なり、ドイツは、「ロシアとの単独講和に達することができる」ものと予期していた。それ故彼は、当時、「ポーランドに関する計画の公告によって新しい隔ての壁が」ドイツ－ロシア間に現われることのないよう望んでいた。皇帝は、ベートマン－ホルヴェークがすでに長い間擁護していた次の観点に完全に立っていた。

「ロシアを軍事的に抑えこみ、これを敵側の連合から追い出すこと、そうなれば多分フランスもそのあとを追い、わが国はイギリスに対し行動の自由を得ることになる。」

その二週間前の七月二八日、ベートマン－ホルヴェークは、ファルケンハインに反対する本式の陰謀[60]によって――この参謀総長に対する西部の軍司令官たちとドイツ帝国内諸邦国の不満を利用しつつ――、冷遇されて東部戦線北半の指揮をとっていた、国民に人気のある英雄ヒンデンブルクとその協力者ルーデンドルフに、ドイツ東部戦線の事実上の総司令官(と副司令官の地位)を委任することに成功し、両将軍の冷遇に終止符を打った。その後、ファルケンハインは、その予期しなかったルーマニアの参戦の結果解任され、ドイツ軍統帥権は、一九一六年八月末に、東部軍総司令官とその総参謀長に委ねられることとなった。

ファルケンハインは、皇帝の構想に同意していたにもかかわらず、決着を東部に求めることを望まず、攻勢を続行することによって西部の敵を消耗させることを望んでいた。ベートマン－ホルヴェークは、これに対して、皇帝の情勢判断と全く同意見であった。

「ヴェルダンに対するわが方の突撃と、これと並行する、ティロルにおけるオーストリアの作戦行動とによってフランスを講和に導くという計画が、フランスの予期せざる抵抗力とロシアの意外な突撃力、そしてオーストリア軍の大失敗によって挫折した以上、決着はこれまで以上に東部に存する。」[61]

ベートマン＝ホルヴェークは、八月一九日のプロイセン王国閣議で、西か東かを選ぶことのできるような幸運な状態には自分はいない旨を述べていたとはいえ、彼は、ロシアが――ストックホルムの情報によれば――三度目の冬季戦役をもちこたえられそうもないので、ロシアと単独講和を締結できることを期待していたのである。

ところでヒンデンブルクとルーデンドルフとは、ベートマン＝ホルヴェークにとって、東部戦線に決着を求めて、これを戦いとるはずの、東部戦線派の人びとであった。それにベートマン＝ホルヴェークは、ファルケンハインの失脚によって、皇帝と再び個人的に近づきとなることを期待することができた。ツィンマーマンとルーデンドルフとの結びつきは、外務省と軍の頂点の新しい人びととの間の構想の共通性を示すものであった。

彼らはなかんずく、ドイツの大国としての地位の東西ヨーロッパにおける上昇と世界強国としてのその地位の確保という目的で一致していた。ルーデンドルフの政治は、たしかにその方法において、ベートマン＝ホルヴェーク、ヤーゴ、ツィンマーマン、ヘルフェリヒ、そしてのちにはキュールマンのそれよりも、厳しく、非弾力的で、より無礼で、より有無をいわさぬ性格のものであった。しかしそれは、一九一四年九月に構想されたドイツの意図と、これまで伝統的に認められていたほど根本的にはかけはなれたものではなかった。ヒンデンブルクは、マクス＝ホフマンによって非常に低く評価されているが[62]――「この人物はあまりにも情ない仲間なのである、この偉大なる最高司令官、国民の偶像は。」(「自分自身ではかくもわずかな精神的、肉体的努力しかしていないで、しかも名声を博した男など、未だかつて聞いたことがない。」)――、彼は、その強靭な神経の力であらゆる危機を誤ることなく耐え抜いた人物であった。そしてこの彼にとっては、今次の、あるいはやがては必須となるべき次の戦争において、ヨーロッパにおける大国としてのドイツの地位の基盤を拡大することが、自明のことだったのであった。もとより、彼には、帝国政府指導部の詳細な中央ヨーロッパ計画や間接的な支配行使の意図はほとんど理解しえないところであったが。

（1）Hans W. Gatzke, Germany's Drive to the West, Baltimore 1950, S. 8 f.
（2）AA, Wk 20a, geh., Bd. 1. ヘルトリングから帝国宰相へ。ebenda. ベートマン－ホルヴェークの返書、一九一五年八月一七日。
（3）Ebenda. テリングからヤーゴへ、一九一五年一一月二八日。
（4）Ebenda. 国王アルベルトからテリングへ、註3の書簡の付録、フランス語で四頁。文書の公刊については、Belg. Aktenst. 1905–1914, Berichte der belgischen Vertreter in Berlin, London, Paris. Der Min. d. Äußeren in Brüssel, Berlin 1915.
（5）註3参照。
（6）AA, Wk 20a, geh., Bd. 1. テリングからヤーゴへ、一九一五年一二月一日。
（7）Ebenda. 一九一五年一二月一日の書簡の付録。
（8）Ebenda. 日付なし。
（9）Ebenda, Beilage I.
（10）Ebenda, Beilage II.
（11）Ebenda, Beilage III.
（12）Ebenda. テリングからヤーゴへ、一九一六年二月二九日。その他、ヴァクスヴァイラーのためのテリングの記録。Beilage I.
（13）A. de Ridder, La Belgique et la Guerre IV, Histoire diplomatique, Bruxelles 1925, S. 198–208.
（14）Ebenda. テリングからヤーゴへ、一九一六年二月二八日。

(15) Ebenda. テリングの書簡、一九一六年四月一四日。
(16) AA, Wk 2, Bd. 27. エルツベルガーからゲルラハへ、一九一六年六月一四日。
(17) AA, Wk 2, Bd. 18. 帝国宰相宛報告の中でのロンベルクの総括的叙述、一九一六年六月四日。
(18) ベルフォールについては、ベートマン-ホルヴェークの九月綱領、一九一四年九月九日、をも参照。
(19) 五月一七日付けのケムニッツの草案(註(33))におけるフランスに対する要求を参照。
(20) ロンベルク自身がベートマン-ホルヴェークの行動に「円の求積法」の概念をあてはめた。
(21) AA, Wk 2, Bd. 18. ヤーゴからロンベルクへ、一九一六年六月八日。
(22) AA, Wk 2, Bd. 26. ロンベルクからベートマン-ホルヴェークへ、一九一六年一一月二七日。
(23) 註(16)参照。
(24) Ebenda. 一仲介者の報告、一九一六年一二月一三日。
(25) Erwin Hölzle, Deutschland und die Wegscheide des ersten Weltkriegs, in: Geschichtliche Kräfte und Entscheidungen, Festschrift zum 65. Geburtstage von Otto Becker, Wiesbaden 1954, S. 272.
(26) Alfred von Tirpitz, Erinnerungen, 5. Aufl., Berlin 1927, S. 499. 一九一五年八月二四日の書簡。
(27) AA, Wk 2, geh., Bd. 17. ルーツィウスから外務省へ、一九一六年四月一日。
(28) AA, Deutschland 131, geh. ルーツィウスから外務省へ、一九一六年五月七日。
(29) AA, ebenda, Bd. 18. ヤーゴからルーツィウスへ、一九一六年五月八日。ebenda, Bl. 104 und 105, Tel. Nr. 442 und 443. ヤーゴからルーツィウスへ。
(30) AA, Wk 2, Bd. 17. 陛下の指示に関するベートマン-ホルヴェークの記録、一九一六年五月七日。これに照応して、ヤーゴからルーツィウスへ、一九一六年五月七日(ebenda)。
(31) Ebenda. 「日本問題に対する」カペレの意思表明、一九一六年五月九日。
(32) Ebenda, Bd. 18. ルーツィウスから外務省へ、一九一六年五月一七日。それに対する陛下の欄外書き込み註、一九一六年五月一九日。

(33) Ebenda, Bd. 17. ロシアに対する講和条件の記録、一九一六年五月八日。一九一六年五月一七日の草稿は、AA, Wk 15, geh., Bd. 1. にある。両方ともケムニッツの草稿。
(34) AA, Wk 2, geh., Bd. 20.
(35) AA, Wk 15, geh., Bd. 1.
(36) Ebenda, AA, Wk 2, Bd. 17. 参照。
(37) シュティンネスとコルイシュコ、コルイシュコとシュテュルマーの話し合いについては、AA, Wk 2, Bd. 18. 仲介者のフォン＝デア＝オステン宛書簡、一九一六年五月二三日。
(38) Ebenda. シュティンネスとヤーゴがフェールマンのために、一九一六年五月三〇日。
(39) Ebenda, Bd. 19. 一九一六年六月二五日付けのメモ。オリジナルは、Akte Deutschland 132. にある。
(40) 註(37)参照。
(41) AA, Wk 2, Bd. 27. エルツベルガーからゲルラハへ、一九一六年六月一四日。
(42) AA, Wk 20, geh., Bd. 1a. ドイツの政策の徐々の変化とファルケンハインの態度については、Conze, Polnische Nation, S. 143 ff. 参照。
(43) 一九一五年一一月二四日の帝国宰相訪問に関するブリアンの口述覚書と、ホーエンローエのブリアンへの報告、Wien PA, Karton rot 501, XLVII, Krieg geh.
(44) Conze, a. a. O., S. 146 f. 一九一六年二月二一日、ゲールハルト＝フォン＝ムーツィウスの提言に基づいて。
(45) ロシア異民族連盟に関する文書(AA, Wk 11c, Bd. 11 und 12)、ヴェーゼンドンク宛報告(ebenda, Bd. 11)を参照。三月一〇日に代表されていたのは、ユダヤ人、回教徒、グルジア人、ポーランド人、バルト(＝ドイツ)人、フィンランド人、ウクライナ人であった。のちこれに加わることとなるのは、白ロシア人、リトアニア人、ラトヴィア人、エストニア人、ルーマニア人である。
(46) ヴェーゼンドンク宛報告、一九一六年三月一〇日、註(45)参照。
(47) Thimme, Kriegsreden, S. 90 ff.

(48) AA, Wk 20c, geh., Bd. 1a. ベートマン－ホルヴェークから陛下のためにトロイトラーへ、一九一六年四月一〇日。
(49) Wien PA, Karton rot 501, XLVII, Krieg geh. 一九一六年四月一八日の記録。その他、AA, Wk 20c, geh., Bd. 1a. ヤーゴから陛下のためにトロイトラーへ、一九一六年四月一六日。
(50) Ebenda. ベーゼラーからベートマン－ホルヴェークへ、一九一六年四月二二日。
(51) Ebenda, Bd. 2. ヤーゴからチルシュキへ。
(52) Conze, a. a. O., S. 171 ff.
(53) Wien PA, Karton rot 501, XLVII, Krieg geh. 「ポーランドの将来の帰属に関して、われわれの知るところとなった、ドイツの希望についての記録」、日付なし。
(54) 両訓令とも、AA, Wk 20c, geh., Bd. 2. にある。
(55) AA, Wk 2, Bd. 20. また、同上文書、コンスタンティノープル駐在ドイツ大使宛のメッテルニヒの書簡、一九一六年八月八日、も参照。ベーゼラーについては、Conze, a. a. O., S. 178 f. 参照。
(56) GStA München, PA, VII. Reihe, Nr. 58. 一九一六年八月八日および九日の会議に関する報告。
(57) Erich Ludendorff, Urkunden der Obersten Heeresleitung über ihre Tätigkeit 1916–18, 4. Aufl., Berlin 1922, S. 298 ff. その他、ブリアンからアンドリアンへ、一九一六年八月二四日(Wien PA, Karton rot 501, XLVII, Krieg geh.)を参照。ブリアンが激しく力説したのは、「ポーランドをドイツへの完全な従属下にもたらそうとしたドイツの計画ではなしに、可能な限り広汎な独自性をポーランド国家に確保しようとした自分の対案が採択された」ことであった。ポーランドの主権は、「本質的には」、両帝国とポーランドの間で結ばれる軍事協定によってのみ制限されるべきである。これに反してドイツが望んでいるのは、「ポーランドをドイツの関税領域に含めることによってこれを自国への完全な経済的従属のもとにおいてしまうこと」なのである。これに対してブリアンは、ポーランドの独自の関税領域の形成と、ポーランドに対する両帝国の完全な経済的同権を固守したのであった。
(58) AA, Wk 2, Bd. 20. ベートマン－ホルヴェークから陛下へ、一九一六年八月一六日。
(59) Ebenda. グリューナウからベートマン－ホルヴェークへ、一九一六年八月一五日。

(60) Karl Heinz Janssen, Der Wechsel in der Obersten Heeresleitung 1916, Vjh. f. Ztgesch. 1959, S. 337 ff. とくに S. 360 ff.

(61) AA, Wk 2, geh., Bd. 20. 議事録から抜萃（オリジナルは，AA, Preußen, 11 gth. にある）。

(62) Janssen, a. a. O., S. 348 und S. 366, Anm. 147. を参照。

第八章　ドイツの戦争目的政策の対象㈠
——中央ヨーロッパ、従属国家とゲルマン的北東ヨーロッパ——

ドイツの戦争目的政策は、これまで軍事情勢のいかんによって大いに動揺し、また左右されてきたが、しかしとにかく、まとまりがあって、連続性をもった政策として、ドイツの指導的政治家たちによって、一定の期間をおいて、あるいは公然と、あるいは秘密の言明という形で、発表されてきた。この戦争目的政策は、ドイツの勢力圏内に入った地域と、永続的にドイツの勢力範囲内に編入することが早くから論ぜられてきた地域とに対する、ドイツ側の計画や政治行動を考察すれば、議論の余地がないほどはっきりしてくるのである。

「中央ヨーロッパ」
——アメリカ、ロシアおよび大英帝国と並ぶ世界経済圏としての——

一九一四年八月に、ベートマン・ホルヴェークは併合主義の激昂した波に対抗して「中央ヨーロッパ」という理念を提出して議論の材料とした。(1) この共同体の中核はドイツ・オーストリア・ハンガリー関税同盟によって形成されるはずであり、この関税同盟にヨーロッパ大陸の中位国家や小国が(元来の計画ではフランスも)、合流するはずになっていた。この中欧思想を、ベートマン－ホルヴェークは、プロイセンや個々の利益集団のあらゆる反対に対抗して、彼の在任期間を通じて最後まで断乎として追求したのである。キュールマンとヘルトリングがこの理念にたいして同じく熱心に賛成した。たとえ、西ヨーロッパにおいてはフランスが関税同盟へと合流することが、戦争の経過からみて不可能となり、一方ドイツの東方帝国という理念が、中央ヨーロッパ計画の輝きを奪うようになっても〔なお熱心に賛成したのである〕。

一九一四年九月はじめに帝国内相デルブリュックはベートマン－ホルヴェークから中央ヨーロッパ計画の仕上げを委任された。[2] というのはベートマンは、「中央ヨーロッパ経済関係の新編成」という問題を、完全に秘密のうちに、関係部局の専門係官とのみ討議することと定めて、このような「大問題」にたいして個々の利害関係グループが介入することを極力避けようとしたからである。この際にデルブリュックは、オーストリア－プロイセン通商条約(一八五三年)が結ばれる際にオーストリア側から提出されたが採用されなかった最初の中央ヨーロッパ計画を参照した。九月九日にベートマン－ホルヴェークから送付された戦争目的プログラムに直接に返答する形で、デルブリュックは一九一四年九月一三日に次のように厳密にのべている。

「これまでわれわれは『国家的な事業』を、すべてのヨーロッパ諸国との間に高い通行税や関税協約を結ぶことによって保護しようとつとめてきたが、将来は、ピレネー山脈からメーメル(ニイェメン)河、黒海から北海、地中海からバルト海にいたる広大な地域において、概していえば、〔経済的〕諸勢力の自由な活動という事態が支配的となってくることであろう。……これまでわれわれの経済政策が立脚していた諸前提は、もはや存在していない。われわれはもはや国内市場を支配するためにではなしに、世界市場を支配するために闘争する。そして大西洋の向う側の世界が非常に強力な生産力を発展させる可能性をもっているので、ヨーロッパは関税を統一してこそ、必要とされる強さを獲得してこれに対抗できるのである。われわれは神にたいしてつぎのことを感謝しなければならない。すなわち、戦争の結果われわれは、その成功の頂点を過ぎはじめている経済制度を捨て去る機会と可能性とをもつことができたのだということを――。」[3]

デルブリュックの最初の意見の発表と並行して、一九一四年九月に外務省通商政策局長ヨハネスの提出した覚書が中央ヨーロッパ計画の問題点を示している。この問題点については、この後、数カ月にわたって多くの会議の席上で討議された。[4] ドイツはヨーロッパにおいて、ドイツ帝国が独占的に支配する経済圏を創設して、失われた海外市場の代替としなければならない。しかしながら、かかる「それ自体として」追求する価値のある〔中央ヨーロッパという〕目的にたいしては重大な否定的要素が対立しており、ヨハネスは、この点を宰相にたいしてとくに強く指摘した。すなわち、ドイツの農業経済はオーストリア－ハンガリーの農業圏と合体することによって損害を受けることを顧慮しなければならなかったし、他方では、発達し安定している各種の工業内部の関係と、外国為替確保に際しての過不足問題を顧慮に入れなければならなかった。統合された経済圏を建設するためには、ドイツが犠牲を払わねばなるまい、という難点について、ヨハネスは憂慮の意を表明した。というのは、ドイツの指導権が〔統合経済圏の内部で〕確立してはいなかったからである。関税議会《ツオル・パルラメント》と関税同盟評議会《ツオル・ブンデスラート》という形で関税《ツオル・》同盟《ウニオーン》を組織する問題をとってみても、――彼の信ずるところによれば、ドイツ・ルクセンブルク間の関税同盟組織を、二つの大国間の関税組織のお手本として適用することはできなかった――そこには「中央ヨーロッパ」への道の最大の障害があるように彼には〔後になると、とくにプロイセンの関係部局の専門家にも〕思われた。というのはドイツ－オーストリア関税議会が創設されると、プロイセンの優位〔ドイツ帝政支配勢力の最大の関心事〕が失われてしまうからである。その上に、この関税同盟と中立国、とくにアメリカ合衆国との関係、および敵国であるフランス、ロシアおよびイギリスとの関係をどう決定するかという問題が起こってくるのである。

一〇月中旬にはじまる関係部局専門家との討議では「中央ヨーロッパ」についてつぎのような解決可能な策が決定された。(5) 一、関税同盟――ベートマン-ホルヴェーク、ヘルフェリヒ、シェーネベクとルゼンスキが推進。二、関税連合〔ツォル・ブント〕――関税同盟の際には必要とされている国法上の義務をともなう結合や共通対外関税などをもたない特恵関税に立脚する関税連合。この関税連合思想を関係部局の代表者たちの大部分が支持した。もっとも関税連合の形式についての一致は全く得られなかったのであるが。三、一定の物資についての最恵国待遇という条件をともなった伝統的通商条約政策の維持。その際の関税率の高さは互恵主義の原則にもとづいてそれぞれの国家と協定されねばならない。この提案をデルブリュクと――関税同盟が実施されない際には、という条件で――シェーネベクが支持した。(6) ハーフェンシュタインとジュードもまた従来の通商条約政策の維持を目指した。これらの人たちは自分らの態度を以下のように基礎づけた。ドイツは全世界の市場へと工業的に勢力を拡張しているのだから、ヨーロッパ圏の支配だけに勢力拡張を制限すれば損害をこうむる、というのはヨーロッパはドイツ経済にとってヨーロッパ以外の市場の代理をつとめることができないからである、と。

この観点と並行してオーストリア-ハンガリーと「不可分の関係に立って運命を共にすること」はさけるべきだということもまた主張された。しかしドイツの指導下のヨーロッパ新秩序という大目的については、関税同盟の主張者も関税連合の主張者も同意見であったから、帝国内務省の局長ミュラーは、関税連合政策の目的を「スイス、オランダ、スカンディナヴィア、ベルギー、フランス、スペイン、ポルトガル、オーストリア-ハンガリー、ルーマニア、ブルガリア、トルコの諸国を含むヨーロッパの統合」と規定した。彼はその着想のうち、「戦争が終れば世界列強諸国との経済的な争いがはじまるだろう」という点を強調した。プロイセン商工省の局長であるルゼンスキ(7)は「関税同盟の長所は『単独では、通商政策のうえで、広大な経済地域を所有している国に対して、つねに不利な立場に立たされている』ヨーロッパ諸国を『大国に匹敵する統合された組織』に結合する点にある」と主張した。ルゼンスキと同じく、プロイセン農業・王領・林野省代表者のフォン＝ファルケンハウゼン(8)(関税連合の支持者)は、ドイツ通商政策の目的をつぎのように考えていた。

「大きな、それ自身がまとまった経済組織体をなしているアメリカ合衆国、イギリス帝国、ロシア帝国に対して、ドイツの指導下に立つヨーロッパ大陸諸国、少なくとも中央ヨーロッパ大陸諸国の総体を、上述三大国家と同様な経済的団結組織につくりあげて対抗させること。その際にこの組織は以下の二目標を追求すること。一、この組織の構成国家——とくにドイツ——は、ヨーロッパ市場に対する優越性を確保すること。二、上述の三つの世界強国との間に、通商政策上で相互の市場への乗り入れ条件について闘争を行なう際には、ヨーロッパ関税連合側の全経済が単一の組織体として出動できるように努力すること。」

関税同盟の問題に関しては、関税連合という中間的な路線を追求しているデルブリュクですら、中央ヨーロッパを、将来はたぶん閉ざされてしまうであろう海外販売市場の一種のうめあわせとみなしており、次のように論じた。「そうなった暁には、オーストリア－ハンガリーの経済領域をドイツ工業のために無制限に開拓することが、疑問の余地なしに大きな利益となることであろう」。デルブリュクの第一の顧問官であるフォン＝シェーネベクは「大きな中央ヨーロッパ経済領域をつくり出して、諸民族の経済的生存競争のなかで、ドイツが自己の地位を守りぬけるようにすること、および大英帝国とその植民地、アメリカ合衆国、ロシア、中国を支配する日本など、それぞれがキチンとまとまり力強く行動している経済的な世界強国に対抗して、これらの大国を経済的な無力状態につき落とすこと(9)」を希望した。デルブリュク(10)自身はさらに言葉をすすめて以下のように述べた。すな

わち、三つの既成世界強国に対して

「中央ヨーロッパ諸国が、分裂状態を終らせるだけでなく、経済上および国法上(!)の強固な統合体を形成し、一体となって闘争に耐えぬくことが出来てこそ、はじめて経済上および政治上で大勢力となることができる」と。

かくして中央ヨーロッパ問題の解決策は政治的問題となった。関税連合という思想の代表者たちは「共通の経済的利害を」通じて、「ヨーロッパ大陸内部の政治的対立を相当の程度までやわらげる」ことを希望した。関税同盟を必要とする経済的根拠に関する論争と、彼の構想が、立案している関係部局〔の専門家〕の圧倒的な多数に反対されたこと、にかんがみてベートマン－ホルヴェーク(11)は一九一五年二月一一日に、ヤーゴとデルブリュクに正式命令を下して、最短期間のうちに関税同盟の機構に関する一定の提案を提出することを求めた。プロイセンとドイツ帝国の関係部局〔の専門家〕がその時におよんでも、関税同盟の目的と機構について一致できなかったので、デルブリュク(12)は問題点を要約して「決定は委員会の審議の内部からひき出すことはできない。それはただ『責任のある政治家』の決意によらねばならない」とのべた。

関係部局〔の専門家〕の圧倒的多数がベートマン－ホルヴェークのプランを拒否し、また利害関係をもつ一連のグループがためらったにもかかわらず、ベートマンは「中央ヨーロッパ」計画を固執した。帝国政府大臣のなかでこの計画を無条件で支持したのはヘルフェリヒただ一人であったが、ベートマン－ホルヴェークは一九一四年九月の彼の着想と目的を固執して、その目的を達成する第一歩として、最小限度のところ「統合された経済地域が外部の国々に対して統一的な最低関税を課し、かつ相互の通商では低額な従価特恵関税を課する」ことを実施しようと努力した。彼はドイツ国内に対しては、この計画を引き続いて推進して完遂することを強要し、国外にたいしては、この計画をオーストリア－ハンガリーにたいして目的意識的に貫徹することを強要した。優先制度や二重関税などのごとき解決策が提議されても彼は拒否して、ただ関税同盟という組織問題について考慮することだけを許可した。まず最初の目標としては関税連合を追求し、ついでそれを関税同盟へと発展させようとしたのである。[13]

「関税同盟を実現しなければならない。なぜならば、ドイツはオーストリア－ハンガリーなしには、ヨーロッパにおいても世界においても、大国として存在できないからである。オーストリアと同盟しなければドイツはイギリス（アメリカ）またはロシアに従属してしまうに違いないし、独立した大国としての地位をもはや主張できなくなる」と。ベートマン－ホルヴェークの最も密接な協力者の一人ゲールハルト＝フォン＝ムーティウスは判断した。[14] ムーティウスはオーストリア－ハンガリーとドイツとの軍事的・政治的・経済的な三重の統合が、同時にオーストリア－ハンガリーを維持する手段でもあると考えた。そのうえに、オーストリア－ハンガリーと経済的に結合していれば、もしも同国が崩壊した際にも、ドイツの利益はオーストリア－ハンガリーの後継諸国家においてちゃんと保護されることとなろうと彼は考えた。さらにまたゲールハルト＝フォン＝ムーティウスにとっては、〔オーストリアへの〕軍事・政治・経済的な浸透は〔ドイツにとっての〕文化的使命でもあった。

「古い〔神聖ローマ〕帝国は現在でもなお生きつづけている。東南ヨーロッパ全域がわれらの門前に横わる文化的植民地域である。……ドイツという貴重な存在のための活動舞台を対外的にも創出することが、ドイツの政策の目的でなければならない。イギリスは同国の艦隊によって守られているが、文化的に結合してアングロ＝サクソン世界を形成している諸地域によって、さらに強固に守られている。ドイツのためにも、同じように文化的に結合している諸地域を創出することがわれらの任務である。」

一九一五年六月に関係部局〔の専門家〕と帝国政府指導部との間で、中央ヨーロッパ問題についての対立があらためて調整され、[15] その際にヘルフェリヒがふたたび政治上の理由から宰相を支持したが、その後、一九一五年秋から冬にかけて大国家会議〔プロイセン政府と帝国政府との合同会議〕が開かれた。その席には、ヤーゴ、ツィンマーマン、ヘルフェリヒ、レーデルン、ブライテンバハ、ショルレマー、ジュード、ハーフェンシュタイン、ハインリクス、ヴァーンシァフェなど、プロイセンとドイツ帝国政府の関係分野の重要幹部すべてが参加したが、[16] オーストリアーハンガリーとの関税連合に賛成か反対かについてはもはや論議されず、オーストリアーハンガリーにたいする処理のタクティクだけが確定された。ポーランド問題の調整と並んで、関税連合をスカンディナヴィア、スイス、バルカン、フランスに拡張することが議題にのぼり、自給自足のドイツ経済圏という目標が確認された。ヘルフェリヒは後から提出した覚書[17]の中で、あらためて関税連合に対する自分の態度の理由づけを行なった。ミュラーとヨハネスという帝国内務省と外務省における中央ヨーロッパ計画完成の原動力となっている人物の賛成を得て、ヘルフェリヒは関税同盟によって到達すべき目標をつぎのように確定した。

「関税同盟は条約に参加する国の全領域を融合して経済的な統一を達成することを目的とせねばなるまい。」(傍点著者)

ヘルフェリヒがなによりも重視したのは同盟諸国の長期間の結合関係を確保するという点であった。「ドイツ産業が……数十年にわたってオーストリアーハンガリーで活動し……ドイツ資本が農村において活動できるような」保障を得ることだけがドイツにとって必要だ、と彼は覚書の中で言っている。

以上のような準備の後に、ベルリン政府はオーストリアにたいして一九一五年一一月に、相互の関税特権〔優遇権〕をもつ関税連合——第三国は、この関税連合に加入しない限り許可してもらえないところの関税上の優遇権——を提案した。平和条約においても新しい関税連合の承認を国際的に獲得せねばならない。とくにロシア(ポーランド)とオリエント(バルカン)への能率的な鉄道交通線の建設と、水上交通線の統合とが重視された。「〔ドイツ側の〕強烈な政治的政策と国家権威の全重圧とが対外政策に傾けられたので」——デルブリュク[18]はあらゆる関税統一政策の前提条件としてそうすることを要求した——オーストリア－ハンガリーは、オーストリア－ポーランド問題の解決に際して中央ヨーロッパ問題という目標と対決せざるを得ない立場に追いこまれた。またドイツ帝国政府指導部は中央ヨーロッパについても、既成事実を創ってしまって、国際的な平和条約といえどもそれを後退させえないようにしようとした。宰相と帝国大臣達との協議[19]の際に——ナウマン、バッサーマン、シュッファー、ローラント＝リュッケ(ドイツ銀行取締役)も参加したが、彼らには大綱が示されただけで助言を求められはしなかった——宰相はあせりを示したが、彼は現在が関税連合を結ぶのに、都合のよい瞬間だと考えてせき立てたのである。

一一月末に「関税連合に関してオーストリア－ハンガリーと交渉する為の主旨」が作成されてドイツ側の目標が終局的に成文化された[20]。

「ドイツとオーストリア－ハンガリーが経済政策的に結合することは政治的な必要事である、……そのための交渉は、かけ引き上の理由で必要とされている控え目な態度とは無関係に、強固な意志をもって行ない、政治的目的を出来るだけ完全な形で実現するような統合体を形成しなければならない。」

ザルツブルクではじめられた交渉の内容では、相互に特恵関税——最低関税の四分の三——を承認し、中立国に対しては平常の関税、または最恵国関税、または競争関税さえ課すること、〔オーストリア側の〕あらゆる通商政策上の行動はドイツ側の了解を得た上で行なわるべきこと、などが予定されていた。上述の「主旨」では、バルカン諸国、トルコ、スカンディナヴィア諸国、ベルギー、オランダ、ポーランドさらにフランスを関税連合圏中に含める必要がとくに強調された。ドイツが支配している諸地方の関税の間で待望の特恵関税を貫徹できるかどうかは「純然たる権力の問題」である。

「もしもいま、中央ヨーロッパの経済政策的な結合の可能性を確保できなければ(と「主旨」は結論する)、そのためのチャンスは、一世代の後にまで遅延してしまうであろう。」

すでに一九一五年一一月には、ドイツ政府はオーストリアの首府に、帝国内務次官リヒターとドイツ大使フォン＝チルシュキの統率する代表団を送って[21]、口頭の協議によって経済的な接近についての一般的な基礎を解明しようとした。

一九一五年〔原文一九一六年〕末に内政上の争いがまたまた起こったので、ドイツ側は中央ヨーロッパに関して積極的な成果を何もあげなかった。その上にナウマンのアジテーションによって、協商国の側に非常に大きな反作用がひき起こされていた。パリの経済会議では、イギリス、フランス、ロシアは中央ヨーロッパ市場に参加しない、という回答が出された。もしも中欧列強側が、その経済的結合を、他の諸国家の通商上の利益を犠牲にしても達成しようというのならば、協商諸国は、関税戦争および経済戦争という形の敵対行動を、平和が結ばれた後になっても続行する、というのが回答の主旨である。こうしてドイツ人は、全世界におよぶ反対に直面して、中央ヨーロッパ計画を断念するが、またはひたすら強制によって、その実現をはかるかの岐路に立たされたのである。ベートマン＝ホルヴェークとその後継者は、後の道を選んだ。内部の協議に際しては、ドイツの世界貿易に対する〔中央ヨーロッパ計画の〕危険性がつねに意識されていた。そこでドイツ側では中央ヨーロッパ経済連合の形式に若干の柔軟性を与えることによってこの構想に反対する動きを抑制する構えを示した。

「中央ヨーロッパ」は、純経済的協定という形式をとっており、それは、関税同盟としての効果を、関税連合という、国家としての上部構造をもたない、目立たない組織を通じて達成しようとする経済協定であったが、このプランが、ドイツの戦争目的となった。協定参加国間の関税の引下げを基礎として、その上に〔共通の〕経済圏を建設し、経済圏の外部に対しては「最恵国待遇」という形で隔ての壁をつくれば、ドイツの経済的能力が強大であるかぎり、はっきりと各参加国相互間の権力関係を制定しなくても、ヨーロッパ圏を自己の支配下におくことに成功することであろう。この目的をベートマン＝ホルヴェーク、ヘルフェリヒそして外務省だけでなく、だんだんと、旧式プロイセン派官僚までが、非常に熱心に追求するようになった。彼らは関税同盟を連合体に組織し直すことによって、プロイセンの勢力を確保しようとしたのである。ゆえにプロイセン蔵相レンツェは――自分の元来の政策をレーデルン同様に修正して――関税連合体をドイツ帝国の重要な目標として承認した。(22)

「このような関税連合体が、偏狭な視野によってではなしに、政治的および人種論的民族主義〔フェルキッシュ〕の目的を追求するという広大な視野のもとに討議されるならば、そして、一時的な経済的損失などを恐れないならば、関税連合体は平和交渉のはじまる前に完成することであろう。関税連合体なるものがとにかく成立するということ、しかもそれが急速に成立するということが現在の要求であり、たぶん現在という決定的な時期における要求である。」

ロンウィーブリエ、ドイツ重工業の主要目標

すでにベートマン＝ホルヴェークの九月綱領の中で、彼は相当に多額な戦争償金と通商条約〔フランスをドイ

ツ商品の輸出地域に変え、イギリスの貿易をフランスから閉め出すような)と並んで、また事情によっては軍事的に必要となる国境修正と並んで、「いかなる場合にも」ロンウィとブリエの鉱山盆地の割譲を実現させようとしていた。

一九一四年八月にはフランスの製鉄工業の中心部がドイツに占領され、その地域に、メッツ要塞司令官が統轄する民政統治機関が設立された。金属鉱山自身は特別な「皇帝直属の保護管理」下におかれ、この管理機関が工業「顧問官」とともに採鉱の再開につとめた。(23) 一九一六年末には民政統治機関は軍事的統治機関に変更され、陸軍最高司令部に直属することとなった。すでに戦争の最中においても、多くの人びとが、この鉱坑を引き続いて利用したからこそ、ドイツは何年にもわたって戦争を遂行できたのだ、としばしば主張したのである。この主張は少しも誇張されてはいない。それ故に、そしてさらに一般的な意味で、ヨーロッパ大陸におけるもっとも豊富なこの鉱山地帯(スウェーデンを除いて)を所有するか否かが、鉄と鋼鉄とに関する勢力関係を決定し、その結果として、現在のような工業時代においては、ヨーロッパ大陸における政治的・軍事的権力関係をも決定する、とドイツ人は考えたのであった。

ドイツ帝国内務省でまず最初に仕上げられ、またドイツ重工業や鉱山学界からも、政府に提示されるかまたは彼らが政府の委託をうけてまとめた、おびただしい数にのぼる覚書、専門家の判定、統計、調査研究などを概観すれば、(24) つぎのような姿が明らかとなってくる。すなわち、ドイツの鉄鉱の獲得可能な全埋蔵量は一九一四年現在で二三億トン、そのうちドイツ領ロートリンゲン、とくにルクセンブルクの褐鉄鉱層地区が一七億七七〇〇万トン、その他の産地としてはジーガーラント、ラーン－ディル地区それにペヌ－ザルツギッター地区があげられる。(25) これに対してフランスの全埋蔵量は八二億トンに達しており、すなわちドイツの二三億トンの三倍あまりに達している！　この八二億トンのうち、ノルマンディに四七億二二〇〇万トンが埋蔵されているが、しかし無尽蔵な埋蔵量からみればきわめてわずかな部分が採掘されているにすぎない[26]。ドイツ側の覚書の見解によれば、ノルマンディの鉄鉱地区は「やすやすと」フランスの褐鉄鉱層地区と同じ生産高を供給できる筈である。ロンウィーブリエの埋蔵量は総計二七億七五〇〇万トンの含有量の多い金属鉱石であり、そのうちブリエの褐鉄鉱層盆地だけに二〇億トンが埋蔵されている、と評価された[27]。埋蔵量を数字だけでみれば、ノルマンディの金属採掘によってフランスの需要を満たすことが可能なように見えるが、一九一三年の〔実際の〕採掘量をみれば、ロンウィーブリエの占領と併合計画によって、フランス工業を数年間にわたって痲痺させてしまう結果となることが示されていた。フランスの全金属鉱石採掘額の八一％はロンウィーブリエから来ていた。この地の埋蔵量をもってすれば、ドイツは金属の埋蔵量を倍加することができよう。一九一三年には年産四〇〇〇万トンという、これまでの最高採掘量に達したが、これと同量の採掘が引き続いて行なわれても、なお四五年間は採掘可能とドイツ側では判断した。その際には〔一七億トンの埋蔵量をもつ〕ルクセンブルク・ドイツ・ロートリンゲン金属鉱山の存在が主として計算に加えられて、ドイツはいまや今後九〇年にわたって需要を満たせるものと予想されたのである[28]。

フランスにとってロンウィーブリエの喪失が何を意味し、ドイツがそれを獲得することが何を意味するかは、ドイツ帝国内務省専門担当官シェーネベクの基礎的覚書[29]にもっともよく示されている。

「フランス領ロートリンゲンの割譲は、フランス大製鉄工業の終焉にほとんど等しい。他方ドイツにとってはこの地域の獲得はいくら強調しても強調しすぎることにならないほどの価値をもつ。」

ゆえにこの地域を併合することなしに唯一つの「満足すべき解決策」を求めようとすれば「フランス領褐鉄鉱層を十分に取得できるような保障を得ること」が「ドイツの今後の発展にとって、さらにまたドイツ鉄工業の存続にとってすら、決定的な意義をもつ」と覚書ではのべている。

大戦勃発前の二〇年間、フランス側の立法措置によって困難が増大したにもかかわらず、ドイツ資本とドイツ企業とはロンウィーブリエおよびノルマンディに強固な地盤をきずきつつあった。(ルクセンブルクでも同様の、また株式持分においてはより少ないながらベルギーでも同様の事態が進行していた。) ドイツ資本はこの地方で自分で営業許可や試掘権を取得することによって、また他方ではフランスの会社[30]がフランスで鉄鉱山営業の免許を得る際にそれに参加することによって、鉱山や埋蔵鉱物の八分の一の処理権を獲得した。ベルギーでの営業免許と合計すればドイツはベルギー占領後に、〔これらの地方の〕鉱山地帯の六分の一を支配したのである。

戦争がはじまると、ドイツ重工業諸団体は、この地域を獲得しようとして、政府に対して全力をあげて迫った。何度も新しい請願書をドイツ帝国政府とプロイセン政府に提出して、彼らはロンウィーブリエの併合または経済的自由処理を要求した。ベートマン－ホルヴェーク[31]は、ゲルゼンキルヘン鉱山株式会社取締役キルドルフに宛てた個人的書簡の中で、フランスおよびロンウィーブリエに対する自分の政策は不変である、と断言した。ベートマンが倒されて、ミヒャエーリスとヘルトリングの時代になっても、以上の政策は変らなかった。そして一九一七年八月末にミヒャエーリスが一瞬間ではあったが動揺しそうになり、ロンウィーブリエとベルギーを犠牲にして、西方で、非常に漠然とした形で妥協しようとした時に、工業界の代表者は彼に向かって「自分らはロンウィーブリエのためならば、あと一〇年は戦争を続けてもいい」と保障した[32]！

この地域を領有することが、ドイツの(経済的な)世界強国としての地位と、密接に結合した形で考えられていたことは、アウグスト＝テュッセンの以前の言明によっても明らかである[33]。「ブリエ盆地の併合」によって、「大ドイツ国の金属採掘量は六一四〇〇万トンに増大する」であろう。そうすればアメリカの採掘量五六〇〇万トンを

「ほとんどしのぐ」ことになる。[34] ベルギーおよびフランスの金属生産を、ドイツの生産に加えれば、イギリス・アメリカに対するドイツの優位を高めることとなろう。

「それ故にドイツがアメリカに追いつき、追い越すのはごく近い将来のことであろう。そうなれば鉄市場におけるドイツの世界制覇が確立されるに違いない」と。

ベルギー、西方におけるドイツ帝国の従属国

一九一四年一〇月一八日にベートマン－ホルヴェーク[35]は、もっとも密接な二人の協働者であるツィンマーマンとデルブリュクに、自分の九月綱領の続きとして、次のような指示を与えた。すなわち、ベルギーにおいてドイツが「経済的に勢力を確立でき、軍事的には今後の戦争の際に、海岸、要塞、輸送手段を確保」できるが、しかし政治的執行権という「重荷」をドイツ帝国が負わないですむような「形式を発見せよ」という指示を彼は与えたのである。ドイツの世論が無数の請願書や意見の発表によって要求しているような、全ベルギーの粗野で直接的な併合に反対して、ベートマン－ホルヴェークは支配のもっと別な形式、すなわち「結合」という形式をもち出した。ベルギーは形式上では「従属国」という形をとって「再建」されねばならない。「実際上ではしかし……ドイツは軍事上でも経済上でも同国で自由に振舞えるようすべきである」と。

ベートマン－ホルヴェークの委託をうけたデルブリュクとツィンマーマン[36]は、ドイツの目的を達成するためには、技術的には、ベルギー海岸、要塞、輸送手段の支配という方法によるべきだ、と考えた。その際にベルギーは軍隊をもたないで「ただ地区警察」をもつべきである。しかし経済的な理由によって、プロイセンとベルギー

間の軍事協定を結んで、ドイツを手本とするベルギー軍を組織し「……ドイツの守備隊の内部で訓練」するべきである。デルブリュクとツィンマーマンはこの方法を通じて「ベルギー住民の漸次的なドイツ化」ができるだろうと期待した。かくのごとくドイツがベルギーを軍事的に自由にしようとすれば、――デルブリュクとツィンマーマンの判断によれば――「ベルギー主権の若干の制限が絶対に必要」という事態が生まれてくる。両人はそこで次のような要求を出した。ドイツ占領軍はドイツの司法権だけに服すること、ベルギー政府は「独自の外交政策を展開しては」ならない。それゆえにベルギーは外国に自国の大公使館や領事館を設けてはならないし、独自の植民政策を遂行してもいけない。国際法上の代表権はドイツ帝国政府に移譲しなければならない。コンゴ国家の保護は、はっきりとドイツに引き移さねばならない。ベルギー国内の統治については、ドイツ帝国が、統治政策と立法行為のすべてに対して普遍的拒否権を保持することが必要である。「結合」についての軍事的統治技術上の解決策と並んで経済的な解決策があげられる。ここでツィンマーマンとデルブリュクはベルギーのドイツ関税連盟への加入――ルクセンブルクとドイツとの関税合併を模範として――「ときにはドイツの法制と間接税」を受け継がせることが「豊んだ、発展能力のあるベルギーを、ドイツ工業の新しい販売地域として門戸を開けさせる」最良の方法である、とみた。以上の提案は、ドイツの経済勢力を確保するためのものであったが、それは、交通技術上の調整を加えてはじめて達成できるものであった。それ故にこの答申書では、最後かつ最重要な点として、交通手段の「できる限り完全な」ドイツへの「結合」を推薦している。交通および経済同盟に加えて、ベルギーは通貨同盟によってドイツと結合され、ラテン系の貨幣同盟から分離し、マルク通貨を引き受け、ドイツと銀行業務上の統一的な清算機関をつくらねばならない、といっている。――しかし帝国大臣たちは、かくも徹底した「ベルギー主権の制限」に対して警告を発して、ベルギー側はそんな条件には甘んじないだろうし、ドイツの占領軍が干渉せざるを得ないような叛乱がたくらまれるに違いない。そうなれば、諸外国が事件に干渉するだろうし、「ベルギーの法的地位の改訂」が必要となってくるだろう、と警戒した。

それにもかかわらずベートマン＝ホルヴェークは、ベルギーとドイツの軍事的・経済的結合という彼の基本的な構想から離れようとはしなかった。彼の政策の背後には、全ドイツ派や工業界が率いている非常に強力な世論の圧力があっただけでなく、参謀本部と海軍、帝国内務省と後には帝国経済省、プロイセン各大臣とくにブライテンバハ(公共相)、さらにとくにベルギー占領地総督府の要求があった。軍部と帝国政府の関係部局長と同じように、ベルギー占領地総督ビッシング、総督府民政局長フォン＝ザント、同政治局長フォン＝デア＝ランケン男爵、同商工局長フォン＝ヴェルザー男爵、同銀行局長フォン＝ルムたちがベルギーを戦争のためだけの利用に任せるのではなしに「従属国家」として将来もドイツの側に引きとめておきたいと、非常に熱心に努力していた。(37)

ビッシング(38)は一九一五年三月総督府のあらゆる地位の者にたいして宛てた長文の回章の中で、「できるだけ無遠慮に、不面目な譲歩などしないで……ただドイツの利益だけを貫徹するために……また来たるべき平和締結の際の基礎とするために」ベルギーの経済的な事情と、同国のドイツに対する関係とを調査しようと試みた。その際にもっとも重視されたことは、「ベルギーをドイツの権力拡張のために何等かの形で」利用しようという意志であった。

ベートマン＝ホルヴェークの企画した基本構想(ベルギーを少なくとも「従属国家」として認めるという)とは反対に、ビッシング(39)はデルブリュク・ツィンマーマンの専門家としての意見書ではなお維持されていたベルギーの主権を否認した。ベルギーは主権国家としての外形すら保つべきではない。ドイツは同地の行政権を担当することを重荷と考えるべきではなく、神聖な義務と考えるべきである。しかしながらビッシングもまた「結合」だけを望んだのであって、併合は欲しなかった。併合すれば長い年月のうちにはドイツ国内に社会的、政治的な問題が惹き起こされることになるかも知れないからである。ドイツはしかしながら、リエージュとナミュールの占領権のほかに、ベルギー全土にわたって要塞を建設する権利、いつでも戦略的な道路建設を遂行できる権利、きびしい出版・結社・集会法を全ベルギーに施行する権利を保持しなければならない、と彼は考えていた。

一九一五年という一年がたつうちに、併合の要求に対抗して間接支配政策が貫徹されていった。同年の半ば、ベートマン-ホルヴェーク、デルブリュク、ブライテンバハ、ジュード、ヘルフェリヒと次官ハインリクスの間の討議(40)で「ベルギー問題」と同時にロシアの国境確定問題(ヴィスワ河—サン河—ドニェストル河の線でリヴォフを含む)が新たに大綱を決定された。帝国政府大臣とプロイセン政府大臣とはベルギー問題について確定的な結論を出すことはなお不可能だ、という点で一致した。ベートマン-ホルヴェークはその会議の席上であらためて以下のように催促した。「関税の合同を実現させるためには……どういうことをしたらよいか？」ヘルフェリヒが帝国蔵相として答えた——通貨同盟と、鉄道についての主権で保護された関税同盟と。「わが国の経済的な稜堡〔要塞の突出部〕を」「仕上げる」ために「政治的権力なしにベルギー地方へのドイツ国民経済の膨脹を」行なおうとすれば、ただこのような解決方法があるだけだ(41)とヘルフェリヒは信じていた。

重要問題の一つとしてはアントワープ港とその出入通路とのバラバラになった組織であった。一九一四年一二月六日に、帝国宰相(42)はすでにプロイセン公共相フォン＝ブライテンバハと、ライン河からアントワープへと運河を連絡させるプランについて個人的に討議した。一二月一二日には計画案が関係部局の会議で、技術的、経済的、政治的観点から討議された。三つの設計図が示されたが、その一つは、オランダのリムビュルフ州北部を通るクレーフェルト運河案、第二は同州南部を通すメンヒェングラトバハ運河案、第三は〔さらに南方を通る〕アーヘン運河案である。アントワープと運河で連絡できれば、ドイツは大西洋への出口を、しかも海洋への最短ルートを、獲得したこととなり、しかもオランダの〔ライン河口にある〕ロテルダムにもはや頼らないでもすむようになるのである。アントワープ運河建設案が論議されると、ブレーメン、ハンブルク、ロテルダムなどが不利になるという問題も起こってきた。ライン－スヘルデ運河とアントワープへの連絡運河建設のための一連の討論のなかでは、一九一五年六月一五日の会議が頂点をなしていた。[43] 複雑な関係を解決するためにブライテンバハ――彼に続いてはヘルフェリヒとデルブリュク――が「ドイツ・ベルギー会社」という〔アルベルト＝〕バリーンの考えを採用した。アントワープ港の共同管理というバリーンの構想は、同時に将来のアントワープの地位という問題と結びついていたが、その共同管理問題がいまや一九一八年にいたるまでドイツのベルギー政策の基本的な要素となっていた。ブライテンバハはアントワープを「中央ヨーロッパに君臨する第一の港」につくりあげようとしていた。[44]

一九一五年半ばの関係部局間の協議の中心点になったのが関税同盟計画であった。調査研究上で特殊な問題となったのは、たとえばフリードリヒ＝ナウマンが代表していた考え、すなわちベルギーをフランドルとワロンの二地方に分割する提案と結びついた構想であった。ベルギーを分割する最初の構想によれば、ワロン地方はフランスと関税合同を行ない、フランドル地方はドイツと関税合同を行なうものと想定されていた。ワロン地方がフランスのものとなった際には、フランスが――ドイツ帝国内務省の要求するところによれば、[45]――ドイツと関税共同体を結び、さらにまたドイツの鉄工業界はフランス領〔ロレーヌ州〕褐鉄鉱山から必要とする鉱石を十二分に購入できることが保障されなければならない、というのであった。ドイツ・フランス関税共同体の思想は次の理由で再びとりあげられた。すなわち第一には、イギリスとアメリカに対抗するという、関税同盟の通商政策的な主眼点を強調するために。そして第二には、できる限り内部が分化している経済圏をつくるために。

ベルギーとの関税同盟についていえば、関係部局の判断するところでは、「ベルギーとの関税共同体から生ずる利益は、緊密な交通関係の結果として、ドイツの全工業にとって、均等に発生する。かかる緊密な関係は、関税および経済分野での統一化の結果として必然的に発生するに違いない」のである。一九一五年六月三〇日と七月一日に「経済委員会」[47]が政府の諸プランを鑑定したが、この委員会との協働を通じて目標の設定を妥協調整することができた。国家の側からも私企業家の側からも、ベルギー原料市場の支配――〔北ベルギーの〕カムピン地方の石炭という巨大な富のことがたえずくり返し指摘された――およびベルギー工業地帯の支配ということが、ドイツの経済的目標[48]の枢軸点とされていた。

ドイツ帝国大蔵省は、ライヒスバンクおよびプロイセン大蔵省とともに、外務省と帝国内務省の協力を得て、フォン＝ルムとゾマリーが完成した専門家の意見書[49]を基礎として、一九一五年夏の末に、ベルギーにマルク通貨を導入する予備工作を取りきめた。そこでは包括的な徹底した態度でベルギー資本市場の――私的なものも国家的なものも――ドイツへの吸収と編入が明示されている。ヘルフェリヒ[50]自身は通貨同盟を「基本的には望ましい、ドイツの利益を促進する」と考えて全力をあげて擁護した。というのは、彼のみるところでは、通貨同盟はドイツがベルギーへ経済的に侵入するための真の鍵であったからである。ライヒスバンクも、経済的侵入のために活動していた。すなわち紙幣発行銀行としてベルギーで仕事を行ない、ライヒスバンク支店をすでに戦争中に同地に設立し、この支店を手形交換機関としてベルギー資本市場の統制を行なっていこうとしたのである。ヘルフェリヒは一九一八年七月になってもなお西方に対する平和条件のまとめ役として、ドイツ・ベルギー間の関税・通貨同盟案[51]を強硬に主張していた。

一九一五年九月末に「ドイツ－ルクセンブルク関税共同体へのベルギーの合流に関する条約」の草案ができあ

がった。ドイツ重工業の代表者は一九一五年八月四日、帝国内務省代表、枢密顧問官フォン＝シェーネベクとデュッセルドルフのパルクホテルで協議して、[52] その草案に賛成していたのである。関係諸部局は、「ドイツ鉄・鋼工業連盟北西グループ」のスポークスマンの意見に対して、一九一五年八月二七日に同意していた。

「ドイツ鉄・鋼工業連盟北西グループ」の主張する対ベルギー強硬路線に対して、「ラインラントとヴェストファーレンにおける共通経済利益維持のための連盟」(ラングナム連盟)、「ドルトムント、エッセン＝ルール上級鉱山監督管区鉱山業利益連盟」ならびに下ライン－ヴェストファーレン工業地域商工会議所が賛成した。一つの覚書をつくって準備した後に、一一月二二日にふたたびデュッセルドルフで、ベルギーのドイツへの結合についての協議が行なわれ、[53] 一一月二五日には宰相に対して以下のごとき請願書が提出された。

「戦争に勝利を収めた後においては、わが国の国境の軍事的安全を保つためと、海上勢力を増大させる必要とにかんがみて、ベルギーを編入することは不可避な必要事である。[54]」

いかなる国家形態の下で編入されるべきかという問題は、今後に論議さるべき事項である、とされるが、しかし編入の前提となるべき条件としてはつぎのことが要求された。

「一、ドイツの生産者身分階層が負担している社会的な負担は、ベルギーの生産者身分階層も同じレベルで負担すべきこと。

二、すべての交通手段(鉄道、水路、郵便、電信、ケーブル)はドイツ帝国の所有に引き渡さるべきこと、またはドイツの直接的で効果的な影響力の下に立つべきこと。

三、ベルギー工業はドイツの勢力下に移されるか、またはドイツの所有とされるべきこと。

四、ドイツの貨幣制度と通貨単位をベルギーに導入すべきこと。

五、ベルギーの法律制度は、目下のところこの国の安全を保つために例外法規が維持されていることを十分に考慮して、ドイツの法律制度に順応さすべきこと。

六、ベルギーの編入とバランスをとるためと、ドイツの将来の安全のために、その他の諸外国地域(つぎの目的に役立つ地域)の併合を企図せねばならない。

(a) 工業原料の供給(鉄鉱石、植民地生産物)(ロンウィーブリエとコンゴ——著者)

(b) 食料品の相当程度の余剰生産。

(c) 工業製品の販売市場の拡張。

(d) 将来には必ず増大する労働力不足にそなえて、外国人労働者に対する需要の充足。

七、ベルギーのドイツ関税地域への併合。しかしながら関税関係については移行段階を設けることとし、その移行段階の期間と規模とは特定の商品リストによってそれぞれ異なるものとする。この商品リストは工業、商業、海運の関係企業サークルの協力を得て制定する。これらの関係企業の要求を実施するにあたっては、軍事的安全の保持と、ドイツ海上勢力の増大とが必要とされている点にかんがみて、ドイツ経済諸団体は、個々の企業が時と場合に応じてすすんで犠牲を払う必要があるという意識をもととして行動しなければならない。」

ベートマン－ホルヴェーク、ヤーゴ、ヘルフェリヒ、デルブリュクそしてプロイセン諸官庁の目的もまた以上の要求と大きく一致していた。要求の第七項のごときは、まさにニュアンスにいたるまで、帝国政府が実行しようと決心した政策を、含蓄のある簡潔さで示したものであった。帝国政府の目的は、公然たる併合主義と現状維持主義との中間に立っていたのである。

アルベルト王との単独平和交渉が失敗したので、併合主義分子はドイツの政策で以前よりも強力となってきた。一九一四年九月、一九一五年五月の宰相の構想と一致する提案を、キュールマン(55)が一九一六年四月に提出して、リエージュからナミュールにいたり、さらにディナンからフランス領ジヴェにいたる全ミューズ河右岸の併合を要求した。彼は一九一五年一一月いらい、駐オランダ公使として、オランダ人の意見と目的に関する報告書のなかで、自分の併合プランが好意的に採用されるように、そのための基礎を系統的に準備しておいたのである。彼によれば、ドイツが併合をミューズ河右岸だけに限定すれば、オランダは安心し、それどころか喜んで歓迎するだろう、というのである。他方ではキュールマンは、軍部はただリエージュだけを併合しようとしている、と指摘した。しかしファルケンハインは確固たる方針を決めたことは一度もなかった。彼は宰相と同じように、自分の最後的な態度を、戦争の結末状態の如何に依存させようとしていたのである。

さらに精密に、海軍が、皇帝に宛てた一九一五年一〇月二九日付ホルツェンドルフ提督の膨大な覚書、「わが国の海上勢力にとってのベルギー諸港の意義」のうちで、ベルギーにおける大規模な併合を支持する立場を主張した(56)。彼が何よりも大切だと考えたことは、将来の戦争においてイギリスへの侵入の基地となるべきオストエンデ―ゼーブリュへ―アントワープ三港の形成する三角形地帯であり、その三角形地帯は大西洋への通路をつねに抑えておくための潜水艦の根拠地としても、重要であると考えていた。ドイツ皇帝は一一月一日に海軍司令部の考え方に同意し、海軍司令部はベルギーに対する要求を戦争中変えなかった。彼らは一九一八年八月三一日になってやっとフランドル海岸の放棄に同意したのである。

一九一六年末のドイツの平和提案と関連して、――ウィルソンに対するドイツの通告では、ベルギーに対するドイツの要求条件がはっきりと語られており、その条件はアルベルト王との単独和平交渉で十分に討議されることになっていた——一九一七年一月末にドイツがウィルソンに伝えたように、リエージュの併合と並んで「ベルギーにおける軍事的・政治的および経済的な安全」が要求されていた。このような形式で実際に要求した内容については、フォン＝デア＝ランケンの長大な専門的意見書[57]によってうかがうことができる。一九一六年一二月一〇日付の「ベルギーに対して要求すべき平和条件のスケッチ」のなかで、彼は最小限綱領と最大限綱領とを区別しており、そのどちらを実現すべきかは戦争の終り方によるとしていた。

経済的な浸透による間接支配は「世界に対しては併合よりも」弁護し「易い」。「ベルギーを経済的に征服」するためにはドイツにとって有利な前提条件がある、とランケンは論じた。なぜならば、ベルギーはドイツ工業製品の販売地域、ドイツの資本投資の対象として、急激に繁栄したのだし、現在でもすでにドイツと緊密に結合しているのだから、と彼は主張した。ドイツ帝国大蔵省のプランと同様に、ランケンも、ベルギー企業に対する英仏の資本参加を清算して、ベルギーにおける協商国側諸国の勢力を排除すること、それと並んで、ドイツの営利会社をつくって、ベルギー企業におけるベルギーと諸外国の持ち株をドイツ金融市場の持ち株に移行させること、を主張している。

ドイツ・ベルギーの共同金融機関を創設して、ベルギーの取引市場を左右し、ベルギーの海外貿易に参加して利益をひき出そうと、ランケンは希望した。彼が最後に推薦したことは、工業カルテルの形成(または助長)によって、ベルギー工業が、将来世界市場でドイツの競争相手と手を結ぶようなことが起こらないように、予防することであった。以上すべてのことは、ドイツとベルギーが国際法上で結ばれていなければ不可能である。それゆえに全ベルギー経済地域のドイツ関税同盟への編入、マルク貨幣の導入、交通機関の結合「アントワープ港ですでに始まっているドイツの優位」の完成を彼は要求した。「不動の窮極目的」として彼は「〔北海〕海岸にいたるまでのベルギー国土に対するドイツの支配権の樹立」を主張し、「ベルギーの地理的に有利な地位と天然資源と同国住民が生活能力にとんでいることとを、ドイツの世界強国としての地位を完成するために利用しつくすこと」を要求した。ランケンの提案の一部は、ビッシングのすすめによって実施された。すなわち、ベルギーの工業企業の仕事を引き受けるために、ライン－ヴェストファーレン工業によって私企業の会社が——とくに鉱山（カムピン）と電気工業に——つくられたのである。(58)

ドイツの勢力をベルギーで確保するためのもう一つの手段は、ベートマン－ホルヴェーク自身が九月綱領で採用したところの、ドイツの対フラマン民族政策であった。(59)その目標とするところは、ベルギーを行政上・政治上・文化上でワロン地方とフランドル地方とに分割して、一方ではフラマン人居住地域の高級僧侶、学校、官僚にたいするフランスの支配的な影響力を排除し、他方では〔ベルギーとの〕単独講和を目的とした意志疎通をはかるために、フラマン人を利用して、アルベルト王に対しても、ル＝アーヴルにあるベルギー政府に対しても、圧力をかけることにあった。

ドイツ政府はその対フラマン人政策をすすめるにあたって、フラマン人の分離運動の相当に大きな部分を、ドイツの利益を推進するための手段に利用することができた。フラマン人分離運動は、一八三〇年に成立したベルギー統一国家が非常に親フランス的なことに反対する運動としてはじまったもので、一九世紀の四〇年代にまでさかのぼることができる。それいらいフラマン人は、一八九〇年代に普通選挙権が導入された後に、言語令を克ちとったが、それはフラマン語とワロン－フランス語との同権を規定するものであった。言語上の同権は、しかしながら紙の上に存在するだけであったから、摩擦と緊張がたえず起こった。ところがフラマン人は、全ドイツ派の運動が擡頭して、すべての低地ドイツ－ゲルマン語族の国土の統合というプログラムがすすんだ時に、そのプログラムからはっきりと遠ざかった。そして一九一四年にドイツがベルギーを通過進軍するや、フラマン人とドイツとの間には強い憎悪の空気が発生した。フラマン人はベルギー国家全体に対して、強い忠誠心を示したのである。

ベートマン＝ホルヴェークはしかしながら、一九一四年九月二日にはすでに、ベルギー占領地のドイツ民政長官フォン＝ザントに、フラマン人の分離運動を、ベルギーにおけるドイツの政治的勢力を効果的に増大させる手始めとして利用し、かつ「できるだけはっきりと」それを支持することをすすめた。(60) ドイツがそのように行動すれば「たぶんオランダと今後了解をつけるために」役立つであろう、というわけである。オランダをドイツに依存する国家たらしめるという目的が、ベートマン＝ホルヴェークの対西欧・対中欧政策の基本的部分をなしていた。一九一四年一二月中旬、(61) 宰相はベルギー総督に任命されたばかりのフォン＝ビッシング男爵に対して、彼の目標とするところをつぎのように伝えた。「ベルギー住民の大きな部分の間に〔ドイツに対する〕自然の支持者・友人としての態度をつくりあげ、かつそれを確保すること」と。同時にベートマン＝ホルヴェークは、この政策を実施するための立ち入った提案をしている。すなわち、フラマン人分離運動の精神的・宗教的指導者との接触、フラマン語の奨励とそのゲルマン化への努力の放棄、ヘント(ガン)大学の純フラマン的大学への改造と、オランダ・フランドル両地域に共通する新聞の創刊、などである。ビッシングはこの構想を受け入れて、相互に仲の悪いフラマン人の諸グループ――アントワープの積極的活動派(フランドル、ワロンの二自治国家による連邦を要求する)、アムステルダムの消極的活動派(同じ目的をドイツの協力なしに追求する)、ヘントの青年フラマン派(フランドル自治王国を要求する)――を、ドイツの利益のために、中間路線によってまとめあげようと努力した。(62)

それにつづく数カ月のあいだに、ドイツ占領当局は、戦争以前から存在していた(が実施されていなかった)べルギー言語令の一連の法規を実行に移した。とくにフランドルの小学校にフラマン語を導入した。ヘント大学をフラマン語の大学として完成するというベートマン－ホルヴェークの目的は、すぐれた歴史家ピレンヌ（教授団の抵抗の中心人物）を逮捕、追放したのちに、そしてミュンヒェン工科大学教授フォン＝ダイクスの周到な準備ののちに、やっと実行に移された。一九一六年一〇月二一日に――「ヘント大学ではフラマン語の講義もまた行なわるべし」という命令[63]が出されてから一〇カ月の後に――同市のフラマン大学が開設された。

さらにドイツのフラマン政策の第二段階を、宰相は一九一五―一六年の単独講和交渉の最中だというのに開始した。「フラマン委員会《フラメン・コミッテー》」の設立を提案することによって、彼はドイツの努力を積極化しようとした[64]。宰相のプランは「フランドルに関する評議会《ラート・フォン・フランデルン》」という形で一九一七年春に政治的に実現した。彼のフラマン政策の最初の命令におけると同様に、ベートマン－ホルヴェークは一九一六年一月一日に、ドイツが新たに開始した行動をつぎのように理由づけた。

　「情勢がこのようになっている以上、ベルギーと平和条約を結ぶにあたって、われわれは思うままに勝手な振舞いをすることができない。最悪の場合でも同国との間に〔ドイツの〕政治的・軍事的・経済的安全を保障する防禦同盟を結ぶべきであろう。その際に、わが国がリエージュを併合するか否かは、未決定のままにすべきである。われわれがフラマン民族運動を精力的に促進する結果が、以上のような防禦同盟に基づくわが国の地位を、ベルギーにおいて強めることになるか否かは問題であろう。私ははっきりと、強めると主張したい[65]。」

ドイツ政府と今後創設されるべきフラマン委員会との結びつきは「いまのところ表面的」に、すなわち主として文化的なものとすべきであろう。しかし徐々にフラマン委員会は「政治的なファクターに成長して」ル＝アーヴル駐在の〔ベルギー〕政府に対抗して、拡声器の役割を果たすべきである。〔以上がベートマンの通達で〕ビッシングはこれに対する彼の返信のなかで、(66)性急な行動はただフラマン人のなかの少数派を獲得するだけに終ろう、と警告し、さらにつぎのように指摘した。すなわち彼〔ビッシング〕はこれまでとくに意識して、すでに存在しているベルギーの法律をフラマン主義に有利な形で実施することにとどめたが、それはドイツの行動の正当性と合法性とを誇示するためであった、と。ビッシングはフラマン委員会なるものは誤った運動方針だと考えた。なぜならば、フラマン人の広汎な層はどうみたところでためらいながらドイツの意を迎えているにすぎないのであるから、フラマン委員会は彼らによって変革的な行動として受けとられ、せっかく苦心して取り除いてきた不信の念を新たに復活させる結果となろう、と彼は言っている。この政策の代りに、総督ビッシングは宰相につぎのような報告を送ることができた。すなわちドイツ行政当局はベルギーのすべての重要都市において、すでに早くから「フラマン民族主義行動グループ《ナツイオナール・フレミッシェ・アクツイオーンスグルッペ》」を組織するための「幹部」を、「積極的活動派《アクティヴィステン》」の協力をえて、ひそかに養成した。今のところまだ地下活動の段階ではあるが、この組織の影響力は、青年フラマン派のヘントにおける小さな過激グループや、アムステルダムの消極的活動派のグループよりもはるかに大きい、と。

宰相とベルギー占領地における皇帝の最高代表者との間には、ドイツのフラマン政策の連続性と基本的な一致とがあったことは、最後に分析した文書からも明瞭にうかがわれる。(67)四月五日、帝国議会におけるフラマン政策の公式の宣言はこの政策をさらに前進させ、ベートマン－ホルヴェークは「長い年月にわたって抑圧されてきたフラマン民族を二度とふたたび誤った政策の犠牲にしない」ことがドイツの目的であると公言し、またフラマン人に対しては、ベルギーにおいて「真実の保障」を与えることによって、その文化的自治を確保する意志であることを表明した。一九一六年一〇月は、ヘント大学の開かれた月であるが、この月には性急で苛酷な政策が実行されはじめた。ヒンデンブルク綱領の一部分として、ドイツの軍事工業生産を増大させるために、新しい陸軍最高司令部のヒンデンブルク・ルーデンドルフと陸軍省とは、ドイツ工業界指導者の考え方に譲歩して、短日月のうちに四〇万人の労働者を、ベルギー占領地からドイツ工業へと強制輸送することを決定した。(68) ビッシングは長いことこのプランに反抗したが「ベルギーの労働者なしには戦争に負けてしまう」という主張、すなわち工業・軍事・政治グループの強大な同盟勢力の主張に対して、ついには彼も屈服せざるを得なかった。(69)

ウィルソンの平和仲介を全世界が期待している最中における、ベルギー労働者の強制輸送は、ベルギーの世論に対しても、また中立国や敵国の世論に対しても、破壊的な反作用を及ぼした。とくにウィルソン(70)は、ドイツの行動によって自分の平和への努力が、アメリカにおける反ドイツ的な憤慨という圧力のもとに、長い期間にわたってだめになったことを知った。しかしアメリカはベルギーに対して、生活物資を規則的に供給して、同地の一般住民の食糧をなんとか確保したのである。

ヨーロッパ大戦に対するアメリカの参戦とロシア革命とは、勢力拡大というドイツの戦争目的を、純然たる併合政策という形で追求することを、これまでにもまして不可能にした。間接的な形をとった勢力拡大への移行が、一九一七年春いらい、不可避となったのである。

国境帯状地帯および「保護国」としてのポーランド

「ポーランドをロシアという軛《くびき》から解放する」という思想は、ポーランドという民族の体軀から国境帯状地帯を切り取ってドイツに併合するという思想と大きく矛盾しており、その矛盾をドイツの政策は全戦争期間を通じて解決することができなかった。

国境帯状地帯〔を獲得する〕政策[71]は完全に併合主義的な着想であった。しかし獲得すべき地帯はぎりぎり必要の最少限度にとどめておき、もしもロシアとの間に単独講和交渉がはじまった時には、妥協できる余地を残しておくことになっていた。国境帯状地帯なるものを設ける動機は、一方においては軍事的・戦略的なものであり、他方では農業植民・民族国家的《ナツィオナールシュタートリッヒ》な性格をもつもので、当時これを「人種論に立脚する民族主義的な《フェルキッシュ》」性格という言葉で表現しはじめていた。東プロイセンまたは西プロイセンとシュレージエンとの間にくびれ込んでいる国境線は、トルン前面の土地を獲得することによってまず埋めなければならない。同様にしてブブル(ボブル)河の渡河点、ロシアの要塞オソヴィイェツとオストロウェンカをドイツ領にすることが企てられた。スワウキ地方は東プロイセンの軍事的・戦略的な前面地帯となることとなった。農業植民政策はプロイセン-ドイツの東部辺境地政策の全くの継続で、その政策はプロイセン内閣、東部辺境地協会、内地植民協会の側のもっとも強力な支持を得ていた。ポーランド人とユダヤ人を国境帯状地帯から追い出すことによって、プロイセン領に住むポーランド人を孤立させ、彼らをコングレス＝ポーランドに住むポーランド人から隔離しようと、帝国政府当局とプロイセン政府とは望んでいた。同時に全東ヨーロッパからドイツ植民者をこの地帯に移植させて、スラヴ民族に対するゲルマン民族の障壁をつくりあげることになっていたのである。

この概念を一九一四年の末に早くも政治的に具体化したのはベートマン-ホルヴェーク自身であり、しかもその際には、住民の追放と新たな〔ドイツ人〕移植という着想を含めて考えていた。宰相官房長で国務次官のヴァーンシャフェ(マルクにおける大土地所有者であり、宰相の最も密接な協力者)と緊密に協働して、宰相は、フランクフルト＝アン＝デア＝オーデル県知事シュヴェリーンと植民委員会総裁ガンゼに対して、東部国境帯状地帯問題の解決に関する詳しい提案を作りあげるように委託した。(72) すでに一九一五年七月一三日の宰相官房における帝国政府とプロイセン政府の関係諸部局の大会議が、(73) この政策を広汎な基礎の上にすえて最初に具体化した。プロイセン農林省は、デルブリュクの提議によって、提案を書きあげる機関に指定された。ドイツ民族の入植とポーランド民族の追出しの事業が、併合とならんで、国境帯状地帯に関する全プランの中心となっていたからであり、他方プロイセン内務省はポーランド政策全般についての発言権を認められていた。一九一六年二月一日、プロイセン内務大臣フォン＝レーベル(74)は、ベートマン＝ホルヴェークに対して、戦争中であってもなお一九一五年七月一三日の決議を遂行することを要請し、自分の方からも、国境帯状地帯を目立たないようにゲルマン化するための詳細な提案を提出した。レーベルはその後一九一六年六月に、国境帯状地帯を、モドリンを編入することによってブブル―ナレフ―ブク河の線を越えて拡大することを要望したが、彼の目標はベートマン＝ホルヴェークが同じ時期に考えていた目標と同じであった。ポーランドから割譲させるべき地域についての最終的な範囲は、将来のポーランド国家が、プロイセン＝ドイツに従属する程度如何によって変動させるべきだとレーベルは考えていた。

〔ワルシァワ管区〕ポーランド占領地総督・上級大将フォン＝ベーゼラー(75)はドイツ軍部・政治家の有力者中では最も熱心にポーランド民族国家の設立に賛成していたが、その彼ですら、新生ポーランドを「中央ヨーロッパ」機構に編入することと並んで、ヴァルター―ナレフ河の線にいたる国境帯状地帯の併合を正当と考えていた。一九一六年四月に彼は帝国宰相に対してプランを提出したが、(76) その中で彼は、ドイツがポーランド国家を再建したことに感謝して、ポーランドは国境帯状地帯の割譲を受諾すべきだし、またこの地帯の永久放棄を明言すべきだとのべた。一九一六年七月二三日付の皇帝に対する別の秘密報告の中で、(77) 彼はブブル―ナレフ―ヴァルタ河の線にいたる地域の併合を要求して、つぎのように理由づけている。すなわち、このような方法によってのみ、ドイツは残存ポーランドを軍事的に十分に支配することができる、と。その後一九一六年一一月にポーランド王国の設立が宣言されたが、その時になってもまだ、同国の国境の確定は留保されたままになっていた。しかもロシアと新生リトアニアに対するポーランド国境のみならず、プロイセン－ドイツとの国境までが、である。

軍事的・農業植民政策的な観点と並んで、東部国境帯状地帯を形成するためのプランの中では――ドイツの戦争目的政策すべての場合と同様に――重工業界の目的と要求とが重要性を増してきた。多数の調査、アンケート、旅行、会談において、(78)ポーランド領上シュレージエンに属すべき鉱山・工業地域の範囲と経済的意義とが、関心の的となってきた。ロンウィーブリエと並んで、純経済的観点が、ドイツ原料基地と基幹工業の拡大という意味で、政治的・現実的な意義をもちはじめた。(79)

リトアニアークーアラント、北東ヨーロッパにおける「新しいドイツ」

ベートマン－ホルヴェークの九月綱領は、ロシアの〔東方への〕押し戻しという東ヨーロッパに関する一般原則を示しており、リトアニアとクーアラントの〔ロシアの支配からの〕離脱という問題もその内に含まれていた。実際には非常に早くからベルリン政府関係の高官が、はじめの間は全く伝統的な併合主義精神にもとづいて、以上のような結論を出していた。たとえば内務大臣フォン＝レーベル(80)は一九一四年一〇月二八日の有名な覚書の中で、東プロイセンの国境をカウナスとグロドノの間でニイェメン河の線まで〔東方に〕前進させ、ナレフ河の線の新国境と連続させるためにスワウキ郡の併合を提案した。すでに一九一四年一二月にはオットー＝ヘッチュの覚書[81]によって併合の要求が拡大された。ヴァルターナレフ河線に沿うポーランド国境帯状地帯の継続として、彼はスワウキと並んでグロドノ郡とカウナス郡の一部を、新領土を結びつける地域として必要であるとして要求し、ついにはほとんど全クーアラントを要求した。レーベルとヘッチュの両人は旧プロイセン－保守派路線の代表者として登場し、したがってロシアから割譲させる地域をできるだけ減らそうと考えていたのであり、当時もその後も、全ドイツ派や自由派に属する広域圏の形成を主張する政治家とは鋭く対立していたのである。

宰相の希望に応じて、一九一五年春に提出されたシュヴェリーンの覚書[82]ではレーベルやヘッチュに比べて要求が増大していた。ポーランド国境帯状地帯と並んで、彼はカウナス全郡、全クーアラント、そしてドイツ軍が前進した後には、さらにまたヴィルニウス郡の併合とゲルマン化を要求した。将来のプランとしては、彼はすでにリーフラントまたは最少限度のところラトヴィア人が住んでいる同郡南部を、ドイツの戦争目的とする地域の中に含めた。以上の全地域――スワウキ、リトアニア、クーアラント、リーフラントの一部――を彼は「東北農業植民地域[83]」という概念のもとにまとめあげた。

ドイツ帝国政府の第一の代表者として、外務大臣フォン＝ヤーゴは一九一五年九月と一〇月に、リトアニアとクーアラントを獲得すべきだという要求[84]を提出した。彼は枢密顧問官マクス＝フォン＝ゼーリングにすすめて、一九一五年九月にドイツ軍占領下の北東地方を視察させた。そしてゼーリングの研究と視察の結果が膨大な報告書にまとめられ、それが、北東地方におけるドイツの今後の政策の基礎となったのである。

ゼーリングは――もしもドイツの軍事的成功によって可能となるならば――ロシアの西部国境をペイプシ（チュツコエ）湖－ドリナー－ロヴノ－ズブルチュ河の線に後退させ、ちょうど一九一九年と一九二〇年に新しく成立したロシア辺境国家によって確定したロシアの西部国境と同じ国境線とすることを要求した。ゼーリングは強調した。「ロシアはこの地域を割譲することによって、四二万平方キロ(ドイツの国土の五分の四)の国土とロシア人口の六分の一にあたる二四〇〇万人を失うことになろう。フィンランドを分離すればロシアの失う人口は二八〇〇万人に高まろう」と。

ゼーリングにとっても手はじめに入手すべき目標はリトアニアとクーアラントであった。シュヴェリーンの要求を凌駕して、ゼーリングはスワウキとカウナスを直ちに併合するだけでなしに、ヴィルニウスをも併合することを要求した。そうすればゼーリングの計算によると、リトアニアは、「ロシア領のドイツ系バルト海沿岸三州」(クーアラント、リーフラント、エストニア)と同じ大きさとなることであろう。たとえクーアラント住民のうちでドイツ人――大農場所有者と都市に古くから居住している市民たち[85]――は一〇%以下を占めるにすぎなかったとしてもゼーリングはラトヴィア人たちはドイツ人の支配に従うに違いないと信じていた。文化的諸政策(ドイツ人の上級中等学校)と経済的諸政策とを実施すれば、ラトヴィア人をドイツ人気質に同化させることができよう、と彼は希望していた。同時に彼は同地方のドイツ民族系農民を、大規模な植民事業をすすめて補強することによって強化し、同地方のゲルマン化を行ないたいと考えていた。シュヴェリーンがポーランドとドイツの国境帯状地帯で計画したように、入植者としてはロシア内陸にいる二〇〇万人のドイツ系植民者を第一の候補者としたが、彼らはヨーロッパで最も高い出生率をもっていたのである。

「こうして二〇年から三〇年間も断乎とした政策をとれば、クーアラントをドイツ本国と完全に同質の所有関係をもった国土にすることができよう。」

リトアニアをゲルマン化する可能性ははるかに少ない、とゼーリングは判断した。なぜならば、ここでは支配者層がドイツ系ではなくて、ポーランド系かロシア系だからである。リトアニアの人口密度も稠密なので「多産系なドイツ系植民者」によってリトアニア人を追い出すことも困難であろう。そのうえに、はっきりとポーランド系である教会と、リトアニア民族運動とがもっている勢力を考慮に入れなければならない。後者はアメリカ合衆国におけるリトアニア系移民グループをバックとしており、彼らはいまのところポーランド人の精神的な支配権に対してもまた反対している。ところで比較的知的レベルの高いリトアニア農民たちは、関税がドイツとの間で統合されれば、利益をあげることができるので、経済的利害関係から、ドイツにとっては彼らが、一番期待できるとゼーリングは説いた。

この覚書については——ブレスラウ大学教授が起草して[86]、ゼーリングやシュヴェリーンと同様の目的を表明したところの別の覚書とともに——一九一五年いらいロシア領バルト沿岸諸州とリトアニアの併合をあからさまに要求していたところの、当時のジャーナリズムをバックとして考えなければならない。かかるジャーナリズムの先頭に立ったのがバルト＝ドイツ人〔バルト沿岸諸州出身〕のグループであって、彼らはバルト沿岸諸州においてロシア化政策が開始された一八八〇年代と九〇年代とに、そしてとくに一九〇五年から一九〇六年にかけての革命いらい、ドイツ本国に住むようになり、いまやドイツの政策の関心を、バルト沿岸諸州とリトアニアの併合へと確定させることが出来るようになった、と考えたのである。

彼らの間でもっとも有力でかつ影響力の強い人物はテーオドール＝シーマンであった。彼のバルト沿岸諸州に対する情熱的な関心は、とくに彼の特異なロシア像(観)に由来した。

彼は、彼の名前で呼ばれている一つのよくまとまった学派の代表者として、ヘッチュ[87]の見解とは正反対の、つぎのような見解をとっていた。すなわち、ヘッチュが、ロシアを、有機的に形成された統一的国家組織と考えたのに反対して、シーマンは、ロシア帝国は自然に成長した国家ではなくて、諸民族の集団にすぎず、圧制の体制へと退化した君主制という鉄のカスガイによって人工的にまとめられた集団にすぎない、と主張した。かかる見解をもととしてシーマンは、各民族がロシアから離脱する権利をもつ、と主張した。ドイツ世論と軍部関係者が彼の説に強く共鳴したほかに、彼はヴィルヘルム二世との関係を利用して、ドイツの政策に直接の影響を及ぼすことができたのである。

シーマンを支持したのは、とくにヨハネス＝ハラー、パウル＝ロールバハ、全ドイツ派の指導者クラース、ケーニヒスベルクの神学者レツィウスとベルリンの高名な国法学者ギールケなどであった。とくにレツィウスとギールケとは以下のような極端な要求を提出した。すなわち、「ローマ帝国を手本とする」占領地支配、平和が結ばれた後になっても「ドイツ総督の独裁」など。上述の諸氏とともに東ヨーロッパ問題「専門家」ゼーラフィーム教授、プロイセン内務省のシュトゥンプフ、それから――もっと穏和な見解に立ってはいたが――神学者ラインホルト＝ゼーベルクとアドルフ＝フォン＝ハルナク、歴史家ディートリヒ＝シェーファー、ハンス＝デルブリュクそしてフリードリヒ＝マイネッケが、ゼーリングやシュヴェリーンと同じように、ドイツ民族を東ヨーロッパ諸地域に積極的に植民させてその地方のドイツ化をすすめるべきだ、と考えていた。これらのグループが、戦争がすすむにつれてヘッチュ学派の支持者を圧倒したが、ヘッチュ派の見解は次の如くだったのである。「ロシアを全体としてはそのままにしておく。東方では平和を結び、西方に対して決戦をいどむ」と。(88)

ドイツ軍の東方への進撃にともなって、一九一五年秋にはリトアニアとクーアラントのほとんど全部がドイツの支配権の下に置かれた。ベルギーやポーランドの場合とは異なって、ここでは民政機関を備えた総督府は置かれず、リトアニア－クーアラント軍政機関がおかれ、本来はポーランドに属するスワウキが同機関の所管下に編入された。一九一五年一一月はじめに、この統治機関は「北部東方《オーバーオスト》」と名付けられ、ヒンデンブルクとルーデンドルフを長とし、クーアラント(長官所在地ミタウ〔エルガヴァ〕)統治長官はフォン＝ゴスラー、リトアニア(長官所在地ヴィルニウス)統治長官はフォン＝イーゼンブルク公となった。ルーデンドルフは一九一五年八月にはすでに、新たに設立されたポーランド総督府を「北部東方」の管轄下におこうと試みて、ファルケンハインの決定的な反対をうけて失敗したことがあった。ルーデンドルフは「北部東方」がこのように軽視されたことを、彼に対する個人的な侮辱と考えて、ツィンマーマンにつぎのように書いたものである。「ポーランドが私から奪われたのですから、私はリトアニアとクーアラントに別の王国を建設せねばなりません。」(89)

「北部東方」は絶え間なく活動的な、かつ徹底的なイニシャティブとエネルギーと冷酷さとで「統治」された。国土の再編成と並んで、当初からゲルマン化という政治的目標が立てられていた。官庁と学校用語はドイツ語とされ、学校制度はドイツを手本としてつくられた。(90)

それよりも重要なことは、大規模に計画された植民活動である。一九一五年九月に外務省の委任をうけて活動していたゼーリングが、自分の理念をルーデンドルフ―ヒンデンブルクに説明したが、この両人は、ポーランド国境帯状地帯というベートマン―ホルヴェーク・シュヴェリーンの計画をすでに前もって知っていたのである。ルーデンドルフはゼーリングの発議を採用し、一九一六年四月二七日付の彼の行政命令によって「北部東方」における植民政策の基礎をつくりあげた。(91) 一九一六年夏いらい、植民計画には帝国内務省とプロイセン内務省が参加したが、この両省はすでに一九一五年春いらいポーランド国境帯状地帯の獲得のために努力していたのである。(92)

この努力は、バルト＝ドイツ人貴族が戦争前からドイツ民族をこの地方に植民させようとしてきた努力と結合するものであったが、バルト＝ドイツ人貴族たちは、ドイツ民族の植民者をロシア内陸から組織的にこの地方に移植させて、バルト沿岸諸州の住民の中に、ラトヴィア人やエストニア人と釣合いのとれるほどのドイツ農民の下層階級をつくり上げようとしたのである。この努力の主な担当者は、大土地所有者シルヴィオ＝ブレードリヒークルマーレンとカール＝マントイフェル－ツェーゲ－カツダンゲン男爵で、この両人は戦争中はバルト＝ドイツ人代表者としてベルリンで活動していた。(93) フォン＝ガイル男爵の覚書(94)はロシア人地主とラトヴィア人とユダヤ人の土地財産没収と追放、ならびに約五万人の農民の農場に相当する地域へのドイツ人の移植を提案している。

「北部東方」への移植政策は一九一七年春に帝国政府指導部の政策と最終的に調整された。一九一七年の二月と三月にベルリンで、東ヨーロッパにおけるドイツ人移植問題に関する、ドイツ帝国とプロイセンの最高官庁による基本的な会議(95)が、二つ開かれた。二月六日に国務次官ヴァーンシャフェは、宰相官房において、プロイセン－ドイツの各部局高級官僚を集めて東方におけるドイツ人移植問題に関する予備会議を開き、その席上で外務省を草案起草役とする委員会が誕生した。同委員会は一九一七年二月一三日に、その会議の席上に、ドイツ軍占領地域へのドイツ植民者の呼び戻しと移植の問題について、詳細な行動プログラムを提出している。この委員会の審議がもつ〔これまでの諸討議との〕継続性と重要性は、この委員会が帝国宰相から明確な委任をうけており、さらに作業の基礎として、とくにシュヴェリーンの提案が利用されていたことからも明らかである。この際の議論はロシアとの間に単独講和が結ばれそうだ、という期待の下に行なわれていた。

ドイツ系農民を移植させる事業の意義づけとしては、ドイツの戦争目的政策が、人種論的民族主義《フェルキッシュ》としての性格をもっている点が、とくに鋭く主張された。ポーランド国境帯状地帯へのロシア帝国内ドイツ民族の呼び戻しという考え方は、一九一四年一二月末いらい、すでに宰相官房のプランの中に現われていた。今度のプランのうちの新しいところといえば、ドイツ民族の「失われた外哨」であるところのドーナウ王国内の非ドイツ民族居住地域——ガリツィヤ、ブコヴィーナ、ボスニア、ヘルツェゴヴィナとウクライナ——に住むドイツ系少数民族をも新設のドイツ東方領地に移植させようとする点であった。

東方にたいする将来の移植プログラムの基礎が作りあげられた後にはじめて、帝国各省とプロイセン各省による上述の委員会は、軍部代表者を、一九一七年三月三一日の拡大会議に参加させた。「北部東方」の代表者フォン゠ガイル男爵は次のように強調した。「この移植事業自身が自己目的なのではなくて、『新しい領地をできるだけ早くかつ確実に、またできるだけ紛争を起こさない形でつくりあげて、ドイツ帝国の経済的・政治的勢力を拡張する』という目的にこの事業を全面的に従属させるべきだ」と。

一九一七年三月三一日の〔プロイセン政府とドイツ中央政府を連ねる〕大国家会議の席上では、さらに規模を拡大した構想が現われた。すなわち、第二の安全地帯(ポーランド国境帯状地帯の補充)プランで、狭義のリトアニアと狭義のポーランドの間であるウオムジャ(ロムシャ)―グロドノ線を通り、南方ブレストーリトフスクに至る地帯をつくり、そこもまたゲルマン化することとされた。この構想もまた反対なしで採択されたが、かかる考え方はドイツ支配層の内部ですでにながいこと強力に存在していたのである。まず最初には一九一四年九月にクラースが、覚書の中で東プロイセンを南方に延長して、新たに創造さるべきウクライナ国家と結合させる案を描き出したが、ベートマンに拒否された。ベルンハルトは覚書(96)の中で同様の提案を行ない、その覚書は一九一五年五月にフォン゠ガイルからミュンスター軍団司令部を経て宰相に提出された。一九一五年の一一月から一二月にかけて、同じ構想が再び現われたが、それはドイツ系リトアニア人騎兵大尉シュテプタート(97)が「北部東方」当局の委託者として起草したもので、彼は外務省の委任をうけて、スイスに行って亡命リトアニア人と協議していたが、覚書を外務省に提出した。その中で彼はドイツ人の移植によってゲルマン化されたプロイセンの州としてのヤドヴィンギアー白ロシアというヴィジョンを示した。ドイツ人がこの地域に入り込む方法としては、すでに存在しているポーランド人とリトアニア人の対立を強めて、それをドイツの利益になるように利用しつくすことが考えられた。同じような考察を一九一六年四月の末にヒンデンブルクも、プロイセン内相フォン＝レーベルに提出して、ドイツの勢力関係を東方においてさらに強化するために「西スラヴ族と東スラヴ族の間を隔離」すべきだとのべたが、レーベルはこの意見の基本に対しては心底から賛成した。そしてそれ故に、レーベル[98]は、ヴィルニウス、グロドノ、ミンスクの諸郡は、ロシアからの離脱を達成できた際には、ポーランド未来国家には編入せずに、とにかくドイツの強い影響下に立つ「バルト－リトアニア地方」に編入すべきだと希望した。一九一六年一二月になってついに、陸軍最高司令部[99]は、宰相に対して、ドイツの戦争目的を公式に作成する際の参考にしてもらうために、専門家としての立場を明らかにした文書を提出した。その中で軍部は、ブレスト－リトフスクにいたる第二の国境帯状地帯を設けて、ポーランド民族をロシア民族から隔離する、またブレスト－リトフスクは「プロイセンの州都」とする、という案を公式に提示した。かくして一九一七年三月三一日の大国家会議の決議は、一九一七年四月二三日の大本営クロイツナハの戦争目的プログラムへと引きつがれたが、後者の重要な部分――すなわち東ヨーロッパ問題――は細部にいたるまですでに完成されていたのである。かかる従来の事情を考慮してのみ、クロイツナハ＝プログラムにみえる以下のような地味な文句の深い意味が明らかとなってくる。「クーアラントとリトアニアでは陸軍最高司令部が指示した線までをドイツ帝国が獲得するものとする。」

(1)　ドイツをフランス、ベルギー、オーストリアーハンガリーなどと経済的に結合しようという中欧思想《ミッテルオイローパ・イデー》の理念は(ドイツ帝国が指導的な地位を保つという形の下においてではあったか)今日のEECの組織問題を先取りするものでもあった。今日の超国家組織という観念に照応するのが関税同盟であり、一方ヨーロッパの経済共同体を意図して超国家組織を断念するのが関税連合である。第一次大戦当時と現在の理念に共通な点といえば、ヨーロッパ以外の経済ブロックに対して競争できるだけの実力をもちたいと考えるヨーロッパ諸国家の自主的商業政策の課題である。

（2） DZA Potsdam, RK, Gr. Hq. 21, Nr. 2476. ベートマン－ホルヴェークからデルブリュクへ、一九一四年九月九日。デルブリュクからベートマン－ホルヴェークへ、一九一四年九月一三日。

（3） DZA Potsdam, AA, HA, Österreich 580, Gen., Gestaltung der deutschen Handels- und Wirtschaftsbeziehungen mit Österreich nach dem Kriege 1914/15, Bd. 1, Nr. 3986. 外務省通商政策局長ヨハネスからヴァーンシャフェへ、一九一四年一〇月一七日、一九一四年九月の覚書が同封されている。

（4） ヨハネスおよび他の多くの報告者の議論の出発点は、イギリス帝国は戦争後には保護関税に移行するだろうという予想である。

（5） 一九一五年四月一二日付デルブリュクの宰相宛書簡に付加された多数の会議内容の要約を参照せよ。DAZ Potsdam, RK, Mitteleuropäischer Wirtschaftsbund, Bd. 2, Nr. 404. ここには一九一四年一一月から一九一五年一月にいたる会議内容のレジュメが収録されている。なお以下のものを参照。DZA Potsdam, AA, HA, Österreich 580, Bd. 1, Nr. 3986. ミュラーによる専門的鑑定、一九一四年一〇月二五日。その他の覚書としては ebenda. 一九一四年一〇月二九日、帝国内務省より提出したもの。ebenda. ハーフェンシュタインの代理人の一人による覚書、一九一五年一一月一三日を参照せよ。ebenda, Bd. 2, Nr. 3987. には、一九一四年一一月一四日のプロトコールの本文とそれにそえられた付録が整理されている。これらの会議の参加者は、帝国内務省からデルブリュクとミュラーとシェーネベク、外務省からヨハネスとシュトクハンメルン、帝国大蔵省からヘルフェリヒとモイシェル、プロイセン大蔵省からレンツェ、プロイセン通産省からジュードとルゼンスキとノイハウス、公共事業省からブライテンバハとゴルトクーレ、ライヒスバンクからハーフェンシュタイン、プロイセン内務省からフォン＝レーベル、プロイセン農業省からフォン＝ファルケンハウゼン、帝国特許庁からロヴォウスキが参加した。すべての関係部局からは専門的鑑定の覚書が提出されていた。

（6） DZA Potsdam, AA, HA, Österreich 580, Bd. 2, Nr. 3987, Schoenebeks Bemerkungen zu Falkenhausens Äu-

Berungen, Bl. 148 ff.

(7) Ebenda, Denkschrift Lusenskys, Bl. 50 ff.

(8) DZA Potsdam, RK, Mitteleurop. Wirtschaftsbund, Bd. 2, Nr. 404, Denkschrift des Regierungspräsidenten v. Falkenhausen, Bl. 436 ff. また以下を参照せよ。Denkschrift von Falkenhausen zur Zollunion, in: DZA Potsdam, AA, HA, Österreich 580, Bd. 2, Nr. 3987.

(9) DZA Potsdam, RK, Mitteleurop. Wirtschaftsbund, Bd. 2, Nr. 404. 引用文は原本においてシェーネベクがアンダーラインを引いて強調している。Bl. 355 ff. ベートマン－ホルヴェークにとっては、すでに九月にあらゆる統合の前提条件として主張した通り、次のこと、すなわち、中央ヨーロッパなるものは、「政治的優勢という圧力の下にドイツが強制的に結ばせる平和によって」のみ達成される、ということは全く明白なことであった。DZA Potsdam, RK, Gr. Hq. 21, Nr. 2476. ベートマン－ホルヴェークからデルブリュクへ、一九一四年九月一六日。

(10) Ebenda. 一九一四年一一月一四日の会議のプロトコールの本文の整理されたもの。Bl. 333 ff. オーストリアの工場をドイツのシンジケートに吸収する問題。

(11) DZA Potsdam, RK, Mitteleuropäischer Wirtschaftsbund, Bd. 1, Nr. 403, Rk an Delbrück u. Jagow.

(12) Ebenda, Bd. 3, Nr. 405. デルブリュクから帝国宰相へ、一九一五年四月二八日。それに対するヴァーンシャフェの欄外書き込み。

(13) DZA Potsdam, AA, HA, Österreich 580, Bd. 3, Nr. 3988. デルブリュクからヤーゴへ、一九一五年六月二六日。(一九一五年六月五日の会議のプロトコールが同封してある。)

(14) DZA Potsdam, RK, Mitteleurop. Wirtschaftsbund, Bd. 3, Nr. 405. ムーティウスからデルブリュクへ、一九一五年五月二日、極秘。これについては、DZA Potsdam, RK, Gr. Hq. 21, Nr. 2476. ラーテナウからムーティウスへ、一九一四年一〇月一〇日を参照せよ。

(15) Vgl. DZA Potsdam, AA, HA, gen. Oest. 580, Nr. 3988.

(16) DZA Potsdam, RK, Mitteleurop. Wirtschaftsbund, Bd. 3, Nr. 405. ヴァーンシャフェの手になる一九一五年一一月

二日のプロトコール。

（17） DZA Potsdam, AA, HA, Österreich 580, Bd. 3, Nr. 3988. ヘルフェリヒからレーデルンへ，一九一五年一一月六日。

（18） DZA Potsdam, RK, Mitteleurop. Wirtschaftsbund, Bd. 2, Nr. 404. 一九一四年一二月一五日の会議については，Bl. 381 ff. 同様にすでに一九一四年一〇月に，デルブリュクから帝国宰相へ。DZA Potsdam, Rk, Krieg 1, Allgemeines, Bd. 1, Nr. 2398.

（19） Ebenda, Bd. 3, Nr. 405. ヴァーンシャフェの手になるプロトコール，一九一五年一一月一二日。

（20） Ebenda, Bl. 214 ff.; Ebenda, Bl. 80 ff., Abschluß eines Zollbündnisses mit Österreich-Ungarn.

（21） Ebenda. ヴィーンにおける会談の結果。一九一五年一一月二四日。

（22） Ebenda, Bd. 4, Nr. 406. プロイセン蔵相レンツェの一九一六年四月二三日付覚書。（傍点は著者による。）

（23） シェーネベク（ドイツ帝国代表）とシューベルト（陸軍最高司令部代表）と並んで，顧問にはドイツ重工業界のトップ全部が代表されていた。すなわち，商業顧問官 Röchling, Klöckner, Springorum, 枢密商業顧問官 von Oswald, Kirdorf, さらに，die Phönix AG. für Bergbau und Hüttenbetriebe Hörde; die Deutsch-Luxemburgische Bergwerks- und Hütten-AG.; die Rheinischen Stahlwerke Duisburg-Meiderich; die Gewerkschaft Deutscher Kaiser, Hamborn-Bruckhausen (A. Thyssen), die Gute-Hoffnungs-Hütte-AG., Oberhausen; Friedrich Krupp AG., Essen; de Wendel & Co. Hayingen, die Vereinigten Hüttenwerke Burbach-Eich-Dücklingen. 参照，DZA Potsdam, RWA, Besetzte Gebiete, 2, Frankreich, Erze, Nr. 877.

（24） 以下の諸系列の文書参照。DZA Potsdam, RdI 5, Erzgebiet von Longwy-Briey, Bd. 1, Nr. 19305; RWA Wirtschaftl. Verh. i. d. besetzt. Gebieten, 2, Frankreich, Nr. 876/1. RWA, Friedensverhandl. m. Frankr., März 1915–Nov. 1918, Nr. 1883. および Brieybecken, Nr. 1884; RK, Krieg 15, Bd. 1 ff., Nr. 2442/10 ff., AA, Wk. 20 b, Bd. 1, Zukunft d. besetzt. Gebiete: Frankr.

（25） 最高年間採掘量四〇〇〇万トンとしてドイツ－ロートリンゲンまたはルクセンブルク地区は四五年間の採掘が可能であり，ジーガーラントは年間採掘量二七〇万トンとして四二年間，ラーン－デイルとペヌとは言うまでもなく採掘量がさらに少ないので六六年から一三五年間の寿命があった。

(26) すなわち、一九〇二年には一六二、〇〇〇トン、一九一〇年には四九九、〇〇〇トン、一九一一年には六一九、〇〇〇トン。フランス人バレースはフランスが全世界の埋蔵量の三分の一、すなわち二二〇億トンのうち七〇億トンを所有している、と評価した。

(27) 以下の叙述については、一九一七年一二月 Verein Deutscher Eisen- und Stahlindustrieller と Verein Deutscher Eisenhüttenleute の委託をうけて、バイシュラークとクルッシュ両教授が作成した詳細な覚書(一五四頁)を参照。DZA Potsdam, RWA, Besetzte Gebiete 2, Frankr. Erze, Nr.877. 写本として印刷されたもの。二七億七五〇〇万トンという見積りはドイツの地質学者によって一九一〇年に採算可能と見積られた限界からすれば、あまりに低い見積りであった。一九一七年一二月に行われた見積りは次のように認めている。すなわち、以上の埋蔵量のうち一九一三年までに約六六〇〇万トン、一九一六年末までに最大限に見積って八〇〇〇万トンが採掘された。したがって一九一七年はじめには、なお二六億四五〇〇万トンの埋蔵量がある。全フランスでの採掘額は一八八五年に二三二万トン、一九〇五年には七四〇万トン、一九一〇年には一四六一万トン、一九一一年に一六〇〇万トン、一九一二年に一八八四万トン、一九一三年に二一七一万トンに向上した。ロンウィーブリエの褐鉄鉱山地区における採掘量を以上の数値と比較すれば、一八八五年一〇一万トン、一九〇五年四六八万トン、一九一〇年一一一〇万トン、一九一一年一二七七万トン、一九一二年一五〇一万トン、一九一三年一七五八万トンであった。

(28) この鉱山地帯がフランス国民経済に対してもつ意義をドイツ側がいかに高く評価していたかは帝国内務省の別の覚書によく現われている。「現時点におけるフランス金属採掘額のうち、少なくとも一〇分の九はフランス国内で必要とされているはずである。たとえノルマンディーとブルターニュにまだ金属の埋蔵が……存在していたとしても、そのことはまだ……非常に不完全にしか知られていないし、開拓されてもいない」〔ところで実際には〕フランスの全生産高二一七〇万トンのうち、国内で必要とされていたのは、わずかに一三二〇万トンであった。これに対してドイツでは海外からの輸入だけで一一〇〇万トンの金属を必要としていたのである(七五〇万トン、すなわち輸入の六〇%をスウェーデンから、三〇〇万トン、すなわち二八%をフランスから)。

(29) DZA Potsdam, RWA 3, Frieden Frankreich, Gen. Bd. 1, Nr. 1883. 一九一五年三月一〇日の覚書「フランス領ロートリンゲンの鉱床地帯の獲得問題について」。

(30) 個人として営業免許を得た者はレヒリング兄弟、ゲルゼンキルヘン鉱山会社、アウグスト゠テュッセン、などで総計三三二七ヘクタールに及んだ。フランスの会社によるフランス鉄鉱山生産への参加は、レヒリング兄弟がヴァルロワ、フェニックス―ハスペとヘッシュがジャルニ、アウメッツ―フリーデがミュルヴィル、ドイツ―ルクセンブルク鉱山―冶金会社がモンティエ、ディリンガー冶金がコンフラン、リュメリンガー゠ウント゠ザンクト゠イングベルト溶鉱炉・製鋼会社がドイツ―ルクセンブルク会社とカルテルをつくってスロンヴィル、ブールバハ冶金会社がスロンヴィルとベルヴューに参加しており、すなわち総計五〇一九ヘクタールにおよんだ。その結果、当時知られていたフランス領褐鉄鉱山地域のうち、二〇分の一がドイツの所有下に立ち、一二分の一がドイツの株式持分となった。

(31) DZA Potsdam, RK, Krieg 1, Allgemeines, Bd. 10, Nr. 2398/9. ベートマン―ホルヴェークからグリューナウへ、一九一六年一一月二五日。

(32) DZA Potsdam, RK, Krieg 15, Vorschläge zu Friedensverhandlungen, Nr. 2447. ライン―ヴェストファーレン工業界の代表者を一九一七年八月二九日にケルン―アーヘン間の列車内で迎えた際の言葉。当日の出席者は、デュイスベルク、キルドルフ、フェーグラー、フォン゠グローテ、マルクス、プロイセン下院代議士ボイマーおよびボイケンベルク。なおフーゲンベルクとレヒリングとは招待されたが参加できなかった。フェーグラーは言った、「ドイツはわれらの金属にたいする需要を今後たかだか六〇年賄えるにすぎない。ブリエを手に入れれば四〇年だけ余計に賄える。フランスは六〇〇年間賄える金属をもっている。ブリエを手に入れるためにならば、一〇年間余計に戦争してもよい。」

(33) DZA Potsdam, RK, Gr. Hq. 21, Nr. 2476. テュッセンの覚書(エルツベルガーからベートマン―ホルヴェークに宛てた一九一四年九月九日付の書簡をそえてある)。

(34) (テュッセンの)覚書によれば、ドイツ採鉱量(一九一二年)　三三七〇万トン
ブリエ地区採鉱量(一九一三年)一五〇〇万トン、そのう
ちすでにドイツに送りずみ二〇〇万トン、残額　一三〇〇万トン

外国からの輸入量	一四七〇万トン
計	六一四〇万トン

一九一三年にドイツで生産された銑鉄一九七〇万トンに加えて、フランス占領地帯から四五〇万トン、ベルギー(「この国がドイツに併合される際には」)二五〇万トンが加算されるので総計約二七〇〇万トンとなる。これに対してアメリカは約三〇〇〇万トン、イギリス本国は約九〇〇—一〇〇〇万トン。

(35) DZA Potsdam, RdI, Belgien, Spez. 11, Bd. 1, Nr. 19523.

(36) Volkmann, Annexionsfragen, S. 197 ff. 一九一四年一二月三一日。

(37) 以下の諸系列の文書参照、DZA Potsdam, Nachläße, Lu 1, Nr.74. 同様に DZA Potsdam, RdI, Belgien 11, Spez., Bd. 1 und 2, Nr. 19523 und 19524.

(38) DZA Potsdam, RdI, Bd. 1, Nr. 19523.「将来形成されるべきベルギーとドイツとの関係の準備のために企図されるべき諸方針についての覚書」一九一五年三月一六日。

(39) Ebenda, Bd. 2, Nr. 19524. ビッシングから帝国宰相へ、一九一六年一月三日。一九一四年一二月のデルブリュク・ツィンマーマンのプランにたいする専門的な鑑定。これにたいするデルブリュクの意見の表明(一九一六年三月二日付のベートマン-ホルヴェーク宛の書簡における)。

(40) BA Koblenz, Nachlaß Heinrichs, Nr. 30. ハインリクスの手になる会議のプロトコール、一九一五年六月一九日。

(41) 経済的な稜堡という術語はさらに、ベートマン-ホルヴェーク、デルブリュクとヘルフェリヒによって、オーストリア-ハンガリー、ポーランド、および東南ヨーロッパ諸国を〔関税同盟に〕加入させる問題についても使用された。

(42) DZA Potsdam, RdI, Rhein-Maas-Schelde-Kanal, Bd. 1, Nr. 19337. ヴァーンシャフェからデルブリュクへ、一九一四年一一月二八日。ebenda.「ライン—ミューズ—スヘルデ河を結ぶ運河に関する協議についての記録、一九一四年一二月一二日。」

(43) 参照、DZA Potsdam, RdI, Bd. 1, Nr. 19337. ブライテンバハからベートマン-ホルヴェークへ、一九一五年一二月。ebenda. ヤーゴからデルブリュクへ、一九一五年一月三一日。

(44) DZA Potsdam, RdI, Bd. 1, Nr. 19523, Bl. 27 ff. 目的は「鉄道主権の放棄によってベルギーの独立性を経済的になくしてしまうこと」にあった。郵便、関税、銀行もまたドイツの支配下に立つものとされた。

(45) DZA Potsdam, RdI, Friedensverhandlungen Belgien, Bd. 1, Nr. 19242/1. 一九一五年三月三一日付、シェーネベクの覚書を参照せよ。S. 16/17. そのほかに、一九一五年四月六日のシェーネベクの覚書「ベルギーの領域をフランスに割譲する提案と、その経済的意義」(ebenda)。

(46) 帝国の諸機関のうちでは、以前と同様につぎのものが関係した。外務省、内務省、ライヒスバンク取締役会、大蔵省、のちに経済省。プロイセンでは、内務省、商工省、公共省、農林省、大蔵省。

(47) Ebenda. デルブリュクからジュードとショルレマーへ、一九一五年七月一五日。および付録 Bl. 195.

(48) ベルギーとの関税同盟問題について、機械工業および鋼・銑鉄工業の分野での専門家として、次の人物が推薦された。――フォン＝リーペル(ニュールンベルク)、経済委員会のメンバーであるボイケンベルク、レヒリングとボルジヒ。

(49) DZA Potsdam, A VI, 1, Lu 1, 74, Denkschrift Lumm, Bl. 47–53; ebenda, A VII, 1, Lu 1, 71, Denkschrift Somary, Bl. 47–60.

(50) DZA Potsdam, RdI, Bd. 1, Nr. 19523. ヘルフェリヒからデルブリュクへ、一九一五年七月七日。

(51) DZA Potsdam, RdI. Gen. 11, Bd. 2, Nr. 19241. とくに AA, WK 20 a, Bd. 5/6.

(52) DZA Potsdam, RdI, Bd. 2, Nr. 19242/2. シェーネベクによる条約草案、一九一五年九月二六日。ebenda. 西北グループから……帝国内務省へ、一九一五年八月五日。なお「ラインラントとヴェストファーレンにおける共通経済利益維持のための連盟」と「西北グループ……」とによる覚書「ベルギー併合の経済問題についてのスケッチ」もここにそえてある。なお総督府においては、ドイツ・ベルギー関税共同体問題についてのこれ以外の会合も開かれている。それについて重要なものは、ebenda. シェーネベクと枢密商業顧問官フォン＝ボルジヒの出席下に開かれた商業局と工業局の会議のプロトコール(一九一五年一〇月一五日)である。

(53) Ebenda.「……利益維持のための連盟」と「西北グループ……」とのベートマン－ホルヴェーク宛書簡、一九一五年一一月二五日。なおここには上述の覚書についての陳述がある。

(54) Ebenda.

(55) AA, Wk 20 a, Zukunft Belgiens, Bd. 2. キュールマンからベートマン-ホルヴェークへ，一九一六年四月一一日。なお，一九一六年四月一三日の書簡も参照せよ。その前月のキュールマンのノートもまた同じ分類中のBd. 1 u. 2.

(56) Ebenda, Denkschrift Holtzendorff. タイプ印刷で二一頁。(一一月一日付皇帝の手書きの記入「了解」「非常によし」「Wilhelm I. R.」また同上個所中に，その少し前(一〇月一九日)にティルピッツから外務省に提出した印刷して一〇頁の覚書 ,,Die Bedeutung Belgiens und seiner Häfen für unsere Seegeltung.''

(57) AA. Wk 20 a, geh., Bd. 1, Denkschrift v. d. Lancken. タイプ印刷で一三頁。

(58) Ebenda. なお次の文書も参照せよ。AA, Wk 20 a, Bd. 2. トロイトラーから外務省へ，一九一六年四月一日(ベートマン-ホルヴェークによる欄外書き込みあり)。

(59) 以下の諸系列の文書参照。DZA Potsdam, RdI, Bericht über die Tätigkeit der politischen Abteilung, Flamenpolitik, Teil I-IV, Nr. 19494 und 19495.

(60) DZA Potsdam, RK, Gr. Hq., Nr. 2463.

(61) DZA Potsdam, RdI, Flamenpolitik, Nr. 19494, 1, 2. 一九一四年一二月一六日の文書。

(62) DZA Potsdam, RdI, Belgien 6, Spez., Die flämische Sprache, Bd. 1(29. 8. 1914-21. 2. 1915), Nr. 19478. ビッシングから帝国宰相へ，一九一五年一月一〇日。一九一五年一月一六日付の宰相の文書への返答「フラマン民族問題についての総督の従来の諸政策に関する報告」の中にあり。〔一月一〇日付の宰相の文書への一月一六日付返答か。〕

(63) 大学問題については参照，DZA Potsdam, RdI, Universitäten in Belgien, Nr. 19567 bis 19569. 一九一五年一二月以降。

(64) 参照，DZA Potsdam, RdI, Flamenpolitik 2. Teil, Nr. 19494.

(65) AA, Wk 20 a, geh., Bd. 1. ベートマン-ホルヴェークからビッシングへ，一九一六年一月一日。また ebenda. ベートマン-ホルヴェークからビッシングへ，一九一六年一月六日，をも参照のこと。

(66) Ebenda. ビッシングの返事，一九一六年一月一一日。タイプ印刷で一二頁。

(67) Thimme, Kriegsreden, S. 97 f.

(68) DZA Potsdam, RK, Krieg. 1, Nr. 2398/9.「労働をきらうベルギー人を徴収する」基本原則、一九一六年一一月一五日。

(69) Ebenda, Nr. 2898/10. 参謀総長は工業界の要求に対して、労働者の輸送数を毎週二万人に、のちには八、〇〇〇人に引き下げた。

(70) AA, Wk 20 a, geh., Bd. 1. マクス＝ヴァールブルクからツィンマーマンへ、一九一七年一月二〇日。それによればアメリカ人は労働者の強制輸送を「非常に冷酷」だと観察した。「多かれ少なかれ彼らにとっては感情的な側面が問題となるだけでなく、政治的な側面が、すなわちベルギーをめぐるヨーロッパの闘争が問題となっている」とヴァールブルクは報告した。

(71) 国境帯状地帯の諸問題すべてについては、イマーヌエル＝ガイスの立ち入った叙述と正確な史料指示を含む次の研究を参照せよ。Imanuel Geiß, Der polnische Grenzstreifen, 1914–1918, Ein Beitrag zur deutschen Kriegszielpolitik im Ersten Weltkrieg, in: Historische Studien, H. 378.

(72) Ebenda, S.70 ff. und 78 ff. 一九一五年三月の覚書、「戦争の目的としてドイツ国境に接続して新しい移植地を創設することの必要性と可能性」。DZA Potsdam, RK, Krieg 15, Bd. 2, Nr. 2442/11. なお DZA Merseburg, Rep. 77, Titel 875, Nr. 10, Adh. V, Bd. 2. および ebenda, Rep. 89 H. VI, Europa 24: Die baltischen Herzogtümer und Litauen には時折、タイプライターによる複写あり。この政策の今後の発展については、次をみよ。DZA Potsdam, RdI, Okkupationsangelegenheiten: Sonderabkommen über die Rückführung der deutsch-russischen Bevölkerung, Nr. 19239/7; ebd. Die Deutschen in Polen, Besiedlung eines Grenzstreifens an der deutsch-polnischen Grenze, Nr. 19823–19825; DZA Merseburg, Rep. 77, TA. 1884, O–W Nr. 3: Die Sicherung eines Grenzstreifens gegen Polen.

(73) Ebenda, S. 93 ff. 史料については同書 S. 94, Anm. 295. を参照。

(74) DZA Potsdam, RdI, Zukunft Russisch-Polens, Bd. 1, Nr. 19670. また以下を参照、DZA Merseburg, Rep. 77. Tit. 1884, Nr. 1. レーベルと並んでプロイセン蔵相レンツェが国境帯状地帯の併合を強く要求していた。同時にプロイセン国

防相ヴィルト＝フォン＝ホーエンボルン将軍も一九一六年一月二三日付のレーベルのレンツェ宛書簡について一九一六年四月に支持を表明した。最後に一九一五年一〇月一八日にプロイセン内閣全員がベートマン－ホルヴェークの諸プランに賛成した。すなわちドイツは「自明なことであるが、国境線の改善に着手しなければならない」というのである。Rep. 90a, Abt. B, III, Mo 2b. 同様に一九一六年六月二二日付でヒンデンブルクにあてたレーベルの書簡を参照せよ。その中で、彼ははっきりと一九一五年当時のシュヴェリーンの二つの覚書と、一九一五年七月一三日の会議とを引合いに出している。

(75) ベーゼラーの人物については次の書をみよ。Conze, Polnische Nation, besonders S. 87 f. und 106 ff.

(76) AA, Wk 20 c, geh., Zukunft Polens, Bd. 1a. ベーゼラーから帝国宰相へ、一九一六年四月二三日。

(77) AA, Wk 20 c, geh., Bd. 2.

(78) 一九一五年五月一二日付でフーゲンベルク、シュティンネス、キルドルフがミュンスターの軍団長フォン＝ガイル男爵に提出した請願書がメルゼブルクのドイツ中央文書館にあり、さらにルートヴィヒ＝ベルンハルト教授とヴェーゲナー（ポーゼンの）博士の共同の覚書もある。この二つの請願書は DZA Merseburg, Rep. 89 H, XXVI, Militaria, Nr. 11 c. また DZA Potsdam, RK, Krieg 15, Bd. 3, Nr. 2442/12 にある。ポーランド国境帯状地帯のゲルマン化は、また、クルップ（一九一五年七月三一日）とグヴィンナー（一九一五年夏）も要求している。参照、Boelcke, Krupp, S. 151 および DZA Potsdam, RK, Krieg 15, Bd. 4, Nr. 2443, Denkschrift Gwinner. 同様に上シュレージエン工業界も要求している（上シュレージエン鉱山および冶金工場主連盟、ブレスラウとオッペルンの商業会議所）、DZA Merseburg, Rep. 77, Tit. 1884, Nr. 3, Beiheft.

(79) これについては以下の系列文書を参照。DZA Potsdam, RdI: Die deutschen wirtschaftlichen Interessen in Polen, Nr. 19707. 経済団体の請願書多数あり。

(80) Volkmann, Annexionsfragen, S. 187. 覚書本文の要約。

(81) AA, Wk 20 c, Zukunft Polens, Bd. 1.「ポーランド問題についての暫定的な考察」。

(82) Vgl. Anm. 72.

(83)

	面積(平方キロ)	人口(一八九七年)	内ドイツ民族
クーアラント	二七、二八六	六七四、〇〇〇	五一、〇〇〇
カウナス	四〇、六四一	一、五四五、〇〇〇	七、五〇〇
スワウキ	一二、五五一	五八三、〇〇〇	三〇、〇〇〇
計	八〇、四七八	二、八〇二、〇〇〇	八八、五〇〇

以上のほか一九一五年一〇月クーアラント担当のドイツ行政当局の第一回行政報告による統計報告を参照のこと。同様に一九一五年一〇月八日プロイセン農林大臣フォン＝ショルレマーの前で行なわれたゴスラーの、後日印刷された講演を参照せよ。DZA Merseburg, geh. Zivilkabinett, Rep. 89 H, VI, Europa 24: Die baltischen Herzogtümer und Litauen.

(84) H. J. v. Brockhusen, Der Weltkrieg und ein schlichtes Menschenleben, Greifswald 1928, S. 154 f. ゴスラーの代理者としてまとめたブロックフーゼンの覚書。ebenda, S. 141 f.

(85) 一八九七年の人口調査ではドイツ民族は五二、〇〇〇人を数えた。しかし後年よびよせられた植民者はこの数の中に入れられていない。

(86) Vgl. Klaus Meyer, Theodor Schiemann als politischer Publizist, Frankfurt/Hamburg 1956, Welt- und Geschichtsbild, S. 73 ff. また〔シーマンが〕皇帝と政府大臣たちにあてた多数の手紙と、とくに彼が刊行した以下の覚書を参照せよ。,,Die deutschen Ostseeprovinzen Rußlands"(一九一六年一月連邦参議院に提出)GStA München, Deutsches Reich 1, A 1936/101.

(87) Fritz T. Epstein, Otto Hoetzsch als außenpolitischer Kommentator während des Ersten Weltkrieges, in: Rußlandstudien, Denkschrift für O. H., Schriftenreihe Osteuropa, Nr. 3, Stuttgart 1957.

(88) いろいろなグループの重要な代表者についてはつぎの書を参照せよ。Lilli Lewerenz, Die deutsche Politik in Baltikum, 1914–1918, Diss. Hamburg 1958, masch. Seit 49 ff.

(89) Conze, Polnische Nation, S. 87 f.

(90) Robert Stupperrich, Siedlungspläne im Gebiet des Oberbefehlshabers Ost (Militärverwaltung Litauen und Kurland) während des Weltkriegs, in: Jomsburg, 5, 1941, S. 348 ff. を参照せよ。

(91) Ebenda, S. 252 ff., aus dem Heeresarchiv Potsdam.

(92) 積極的活動家の中には内相フォン・レーベルと東方問題の専門担当官である枢密行政参事官コンツェがいた。

(93) Lewerenz, a. a. O., „Die baltendeutschen Siedlungsaktionen vor 1914“, S. 27 ff. und „Die baltendeutsche Anschlußpolitik im Krieg“, S. 165 ff.

(94) Stupperich, a. a. O., S. 362; DZA Merseburg, Rep. 89 H, Gen. XXV, Militaria, Nr. 11 c.

(95) AA, Wk 20 c, Zukunft Polens, Bd. 21. 一九一七年二月一三日および三月三一日の会議のプロトコール。そのほかには DZA Potsdam, RK, Krieg 15/2, Nr. 2447/4. なお次の書を参照せよ。Stupperich, a. a. O., S. 363 f. そのほかに DZA Merseburg, Rep. 77, Tit. 1884, Nr. 3, Beiheft.

(96) DZA Merseburg, Rep. 89 H, XXVI, Militaria, Nr. 11 c. 一九一五年五月一二日。また DZA Potsdam, RK, Krieg 15, Bd. 3, Nr. 2442/12, Anlage 16 bzw. 15.

(97) AA, Wk 20 d, geh. シュテプタートからベルゲンへ, 一九一五年一二月八日。

(98) DZA Merseburg, Rep. 77, Tit. 1884, Nr. 1, Bd. 1. レーベルからヒンデンブルクへ, 一九一六年六月二二日。これはヒンデンブルクの四月三〇日付書簡に答えたもの。Geiß, Grenzstreifen, S. 163 ff. に印刷されている。

(99) AA, Wk 15, geh., Bd. 2. ヒンデンブルクから帝国宰相へ, 一九一六年一二月二三日。ベートマン－ホルヴェークからヴァレンティーニへの書簡によって補充されている(一九一六年一二月三一日)。B. Schwertfeger, Kaiser und Kabinettchef. S. 241 bis 245.

第九章　ドイツと北アメリカ

――潜水艦戦、全面講和、ベルギー問題――

単独講和という場合、ドイツとしては東方に対してはロシアと、西方に対してはフランスまたはベルギーとの講和以外あり得ないように思われた。イギリスとの単独講和は、ドイツ帝国政府指導部の考えによれば、全面講和の開始と同意義であり、何としても守りぬきたい戦争目的であるベルギーを断念することが前提になる。こうしてベルギーは全面講和への途上で決定的に重要な地位を得るに至った。ベルギーを直接にであれ、間接にであれあくまで支配しようとするものは、何としてでもイギリスを「屈服させる」ことを決意せねばならなかったのである。

イギリスに対する空襲および潜水艦戦

一九一四年八月初旬来、ドイツ軍事指導部は、海と空とからする攻撃を組み合せてイギリス本国を傷めつけ、屈服させる計画を練っていた。こうした処置の方法と意図とについて、外交関係者にいたるまでが、どのような考えを抱いていたかは、ストックホルム駐在ドイツ公使フォン＝ライヒェナウの、一九一四年八月二五日付ツィンマーマン宛書簡からも読みとれる。(1)

「イギリスはこっぴどい目にあわないように、こっそりと旗をまいてひきさがろうとするのではあるまいかと思われるのである。私見によれば、どんなことがあっても、絶対にこれを許してはならない。この情けない卑劣漢どもは、思い切り勇気を奮い起こしたところで、殺し屋をやとい入れて自分では手出しのできないことをやらせるのがやっとという連中なのであり、この卑怯な人殺しどもが満身創痍となって、下賤な小商人根性をもつ彼らが銭勘定の仕方を忘れてしまうくらいに傷めつけてやる必要がある。あらゆる手段を講じて彼らの本国に戦争をもちこみ、市民がたえず不安におののくようにしむけなければならない。この故に私としては、わが方がシェルブールからオストエンデに至るフランス、ベルギーの北岸全域を占領し、その占領をつづけて、この地域の、海上攻撃からは安全な程度の奥地に飛行船の格納庫を建て、飛行船と飛行機との爆撃によってたえずイギリス上空を脅やかし、さらに潜水艦と水雷艇でもってイギリス海岸を不断に攻撃するよう、切に願ってやまないのである。

フランス降伏のあかつきには、フランスにその艦隊を提供させて、わが国はこれをわが艦隊に併合し、さらにロシア艦隊をも加えて、しかるのちにイギリス艦隊にとどめを刺すべきである。イギリスを屈服させること、これこそわが国自身がやらなければならないことである。ベルギー、フランスと同様に、イギリスはその中部、南部アフリカの植民地をわが国に割譲せねばならない。イギリスの領土をけずりとって、わが国は過剰人口を吸収するための土地を拓かなければならない。フランスにたいしては、連中がこれからずっとおとなしくなるように、その全要塞を破壊させる必要がある。」

ドイツがツェペリーン飛行船を独占しており、これを最初に使用したために、ドイツの世論は――潜水艦の場合と同様――これにとんでもない期待をかけるようになった。イギリスおよび西ヨーロッパ諸国に対するドイツ右翼陣営の戦争目的が極端になればなるほど、それと平行してかれら右翼派は、首都ロンドンを空襲によって破壊して、イギリスを屈服させようという計画をますます野放図に宣伝するようになった。(2)

ツェペリーン飛行船の投入とタイアップして、イギリスをドイツ海軍の手で、あわよくんばベルギー＝フランス沿岸から封鎖しようという計画もあるにはあったが、これは機雷戦や、ドイツ遠洋艦隊の一部が出撃してイギリス海岸を艦砲射撃するくらいのことでは実際に実現できるはずもなかった。そのため、海軍軍令部長官フォン＝ポールは、交替して新しく遠洋艦隊司令長官となるに先立って、宰相を説いて、潜水艦を思い切った形で、とくに商船隊に対して投入して、これによって輸入に依存するところの大きいイギリスを封鎖することをはかった。

こうしてドイツは、一九一五年二月四日、イギリスおよびアイルランド周辺に立入り禁止水域を設置すると宣言し、この水域内ではドイツ潜水艦が——当時ドイツは北海に二一隻の潜水艦を保有していたが、その一部は未だに石油によるものであり、事実上全艦の約三分の一しか出動可能でなかった——敵側の貨物船、旅客船を無警告で撃沈することになった。この目標はどの点からみても、達成されることなく終ったが、ベートマン＝ホルヴェークの危惧どおり、このドイツの出方は中立諸国を大いに刺激し、とくにアメリカ合衆国内にこの上なく激しい反応をよび起こす結果となった。

ベルギー、全面講和への鍵

一九一五年春ウィルソンがその特使ハウスをヨーロッパに派遣した際に、ドイツ外務省はベルギー撤退と全面軍縮を断乎として拒否した。

無制限潜水艦作戦開始の数週間後、一九一五年五月七日に「ルージテイニア」号が撃沈され、アメリカ市民が死んだ(一一九八人の犠牲者中アメリカ人一一八人)ために、アメリカ合衆国内の世論が大いにわき、その圧力をうけて、国交断絶、さらに一時は合衆国の参戦までも起ころうとする事態になった。(3) これにたいしてドイツでは、ウィルソンの要求をめぐって政府指導部内で、このアメリカの覚書〔要求〕にどう答えるかに関して激しい論争が起こり、(4) ついにドイツは無制限潜水艦作戦を停止して一歩しりぞき、アメリカ合衆国の参戦を避けることとなった。

ルージテイニア号の危機が最高潮に達した頃、ベルンシュトルフは一九一五年五月二九日、ドイツが大幅に譲歩してドイツ・アメリカ間の協力関係をつくるように提案した。ベルンシュトルフの考えでは、このようなドイツ・アメリカ協調は、合衆国が、中立諸国の先頭に立って国際平和会議を招集するという形で、平和工作を行なう際の出発点になるかも知れない、というのであった。全面講和の基礎としてベルンシュトルフが挙げた条件は、ヨーロッパにおける領土保全、海洋の自由および植民地問題についてのヨーロッパ列強の協定であった。(5)

ベルンシュトルフが輪郭を示した全面講和の基礎は、ヤーゴによって頭からはねつけられた。現状維持を土台とする全面講和が拒否されたのは、ドイツがなおロシアとの単独講和に望みをかけていた、ちょうどその頃だったのである。

参謀本部、海軍軍令部は世論と相たずさえて、宰相に新しい圧力を加え、無制限潜水艦作戦の再開を迫ったが、その際には、陸上の戦闘だけによっては勝利を保障することがもはやできない、というファルケンハインの主張(6)——これは一九一六年一二月セルビア戦の終結後に述べられた——が決定的な意味をもっていた。ティルピッツおよびホルツェンドルフは、一九一六年一月一日から二月一二日までの間に、最初は二カ月、ついで四カ月、ととうとう最後には六カ月で、イギリスを屈服させることができると述べたてた。(7) だが帝国宰相は、潜水艦の数がな(8)

お限られている状態の下では提督たちのこのような楽観的な見方には組しなかったし、また無制限潜水艦作戦の再開がアメリカ合衆国およびヨーロッパの中小中立国(オランダ、デンマルク、スペイン)の参戦を招く——これは戦争の結末に破壊的な結果をもたらす——ことを危惧した。

一九一六年二月二九日、ファルケンハインがヴェルダン攻勢戦のことを考慮に入れてせきたてた結果、ドイツ潜水艦作戦が従来の作戦よりもさらに強化された形式で再開されたが(武装商船隊にたいする攻撃)、そのために、アメリカ合衆国との間に新たな緊張関係が生まれた。このことがまたドイツ最高指導部の内部における激しい論議をよび起こし、その間にヴィルヘルム二世は一九一六年三月六日、ファルケンハイン、ティルピッツの要求に対立した形で、無制限潜水艦作戦(中立国の船にたいして無警告で攻撃する)を拒否し、三月一七日にはティルピッツの辞表を受理した。これをもって国内の権力闘争はもう一度ベートマン゠ホルヴェークに有利な結着をしたわけである。だが宰相が彼の地歩を確保できたのは、彼があくまでも無制限潜水艦作戦に反対するという態度はとらずに、——一九一六年五月四日付アメリカ合衆国宛覚書ではっきりするように——外交手段を用いて無制限潜水艦作戦の下準備をすることを承諾したためにほかならなかった。

ハウスは一九一六年一月、その二回目のヨーロッパ派遣後の報告に際して、グレイおよびロイド゠ジョージは平和についてそれほど拒否的な態度は示していないと述べた。イギリスの平和条件としてハウスの挙げたところは、ベルギー、北フランス、ポーランドからのドイツ軍の撤退であり、償金は要求しないということであった。ハウスによれば、ロイド゠ジョージはドイツにたいして、もっとも大規模な植民地領有と、ロシアにたいするフリーハンドとを、はっきりと約束したということである。(9) 彼の考えはすなわち、西ヨーロッパにおける現状維持の承認、つまりドイツがベルギーを放棄することであった。これはしかしドイツ帝国政府指導部としてのめないところである。宰相はアメリカの斡旋者ハウス大佐にたいして、ベルギー、ポーランドの返還は以前ならば可能であったかもしれないが、今となってはドイツにとっては問題にならないと答えた。

アメリカ参戦を伴わない無制限潜水艦作戦

一九一六年一月、ベートマン＝ホルヴェークは潜水艦作戦の実施を外交的に準備しようと考えたが、その際に彼は、無制限潜水艦作戦をイギリスにたいしては実行しつつ、これを外交上で巧みにカバーして、アメリカ合衆国の参戦を防ぐことになんとか成功したい、というふうに考えていたのである。(10) しかしながら一九一六年春には、このための準備はなお非常に不十分であったので、ドイツの意図はさしあたり失敗して、二月二九日には、一たん開始されていた無制限潜水艦作戦を、「サセックス」号撃沈のあとであわてて中断することによって、合衆国の参戦をかろうじて食い止めるというはめになった。

同じように潜水艦作戦の外交上の準備という方向を示しているのが、一九一六年五月四日付ドイツの退却覚書中の保留条項であった。この退却覚書というのは、帝国政府指導部が「サセックス」号撃沈による危機ののち、アメリカ合衆国にたいして、あらためて譲歩することを正式に決意した覚書のことであるが、ただしウィルソンの方からイギリスにたいして外交上の圧力を加えて、ドイツにたいするイギリス側の封鎖を解除するようにさせることができない場合には、「その時には決定の自由を保留する」とのべていた。(11) ドイツ帝国政府指導部としては、ウィルソンがドイツと断交することのできないようにし、イギリスに正面から対立するように強要したいと希望していた。(12) だがウィルソンが平和を斡旋することは、いまのところドイツ国民が望んでいない、と宰相はみていた(外務省宛のメモにおいて)わけなのである。

五月二四日から二六日にかけて、戦争目的討議の解禁をめぐって、帝国議会で情熱的な議論が行なわれたが、(13)右派はもっとも激しい攻撃を宰相に加えたので、宰相はついに、六月五日および六日、つまりスカーゲラク海戦の一週間後の帝国議会での答弁で「世論の中に逃げ込む」ことを余儀なくされた。この答弁で彼は、潜水艦問題についての彼の態度が弱腰で頼りないと主張する強硬意見にたいして自分の立場を明らかにし、強硬な態度をとると約束することによって、国民の過熱した気分を静めようとはかった。

かくしてベートマン-ホルヴェークは、一九一六年五月二七日ウィルソンがアメリカ平和連盟で行なった平和大演説に歓迎の意を表明することを避けた。この演説は早急に平和斡旋に乗り出してもよいというアメリカ大統領の気持をはっきり示したものであったのだが、(14)アメリカでのこのような事態の進展とは対照的に、ドイツの世論は、シュトレーゼマンやヴェスタルプの帝国議会演説が明らかにしているように、ウィルソンを平和斡旋者として認めないことが、(15)同じ頃ますますはっきりしてきた。

ベルンシュトルフの五月二八日付報告によれば、ウィルソンは、中立諸国の参加する会議をハーグに招集して、海洋の自由の問題に関してだけ論議する考えを抱いていた。この知らせはドイツ帝国政府指導部の警戒心を呼び起こした。全面的な平和会議が開かれればドイツにとって非常に好ましくない事態が起こるので、そのような会議を回避するために、ヤーゴの署名した訓令が一九一六年六月七日ベルンシュトルフに送りとどけられたが、それはウィルソンの平和斡旋を出来る限り事前につぶすようにと、はっきり指示したものであった。

「ウィルソン氏の斡旋意図が具体的な形をとり始めるおそれがあり、またイギリス側でこれに応じようとする意向が見られる場合には、貴下の任務は、ウィルソン大統領が積極的な斡旋提案をわが方に提示することがないようにとりはからうことである。(16)」

この誤解の余地のない指示のもっとも重要な動機は、アメリカの平和斡旋が成功した場合に、西方におけるドイツの戦争目的が危うくなることをドイツ帝国政府指導部が恐れたことにあった。

「ウィルソン氏の平和斡旋意図については、イギリス側がいまのところ、これにはげしく反対している。もしも、イギリスがこれを拒否することになれば願ってもないところなのだが。ウィルソン大統領は、その見解全体がイギリスの立場に非常に傾いており、しかも非常に単純な政治家なので、われわれが彼の仲介にたいして懐疑的なのは、当然のことであろう。ウィルソンが主として旧状維持、特にベルギーに関する旧状維持を基礎として平和をはかろうとするであろうことを考えてみただけでも、われわれの懐疑は当然のことであろう。わが国としては、戦争によってにわかに切実となったベルギー問題を、どこまでわが国の利益に沿った形で解決し得ることになろうかは、今日なおほとんど見通し得ないにせよ、戦局が今後さらにわが方に有利に展開する場合、絶対的な旧状維持を基礎とする平和をわが国が受諾し得ないことだけは、今日すでに明言できるのである。」

ベルンシュトルフは、アメリカの平和斡旋がドイツの反対で失敗し、ドイツが無制限潜水艦作戦を再開した場合、アメリカ合衆国との戦争は確実であることをはっきり断言した。平和への動きが協商国側の反対にあって失敗し、その上でドイツが潜水艦作戦をまた始める場合についても、やはり彼はアメリカ合衆国との戦争が「あり得る」と考えていた。これはドイツ政府指導部にとってはっきりとした警告であった。

この間にドイツの戦局は東部戦線、西部戦線の両方面で悪化し、そのためヤーゴは六月七日付訓令を八月一五日には次のように訂正した。

「全面講和への動きはむしろこれをすすめるべきであるが、彼(ウィルソン)が特定の提案を行なうことは、わが方にとってはただ不利になるばかりであるから、可能な限りこれを思い止まらせること。」(17)

ベートマン-ホルヴェークもまた、大統領のイニシァティヴを交戦国を会談の席に連れ出すことにだけ限って考慮しようとし、ドイツが「このような斡旋を受け容れた場合、何らかの具体的な平和条件をのまざるを得ない」などという要求にたいしては頭からこれをはねつけた。(18)

ルーマニア参戦後、プレスで行なわれた数日にわたる国家会議の席上、ヤーゴとヘルフェリヒは無制限潜水艦作戦を再開せよという海軍の要求に抵抗したが、これは彼らが次の二つの理由からアメリカとの断交を恐れたためであった。すなわちアメリカの協商諸国にたいする現在の援助は、まだ到底経済的な潜在能力の傾注というところまでには至っていないこと、またヨーロッパ中立諸国の態度へのはねかえりが極めて不確定であること、であった。ベートマン-ホルヴェークは無制限潜水艦作戦開始の延期を押し通した。この最後の挙に出ることを回避するために、あるいはこの作戦が不可避であるならば、その下準備をするために、ベートマン-ホルヴェークはアメリカの平和斡旋の可能性に立ち戻った。

宰相は九月二日、ドイツがベルギーの条件づき復活を保障する場合に、ウィルソンの平和斡旋が成功することになるかどうかについて、ベルンシュトルフの意見を求め、斡旋が成功しない場合には、無制限潜水艦作戦の再開を真剣に考慮しなければならなくなろうとのべた。(19)

ベルンシュトルフの一九一六年九月八日付回答(20)は、イギリスとの和解がどんなものであれ、いずれにせよそれはベルギーの復活を前提としていて、アメリカの関心の中心はここにあることに、ドイツ帝国政府指導部の注意を向けさせていた。同時にベルンシュトルフは、年内にウィルソンは再選されるが、その後も平和斡旋が続けられることに希望をよせ、無制限潜水艦作戦のもたらす結果に警告を発している。

「当地から観察すれば、無差別潜水艦作戦によって平和を達成することは絶望的であると思われるが、それはこの作戦のために合衆国が戦争に引き込まれることが絶対確実となり――選挙の結果がどうなろうとも――その結果戦争は長期化するばかりとなるであろうが故である。」

ベルンシュトルフの見解によって、ベートマンの政策――対イギリス無制限潜水艦作戦を合衆国の対ドイツ参戦なしに遂行する――が危険な幻想であることがはっきりした。

その間にウィルソンは、ベルンシュトルフが九月六日に知らせてきた通り、アメリカ大統領選挙を考慮して当分の間平和斡旋を延期することにしていた。

九月いっぱい、海軍はあるいは文書で、あるいは直接交渉によって、ルーデンドルフに働きかけ続け[21]、遂に一〇月一日に至って、無制限潜水艦作戦の再開を陸軍最高司令部としては一〇月一五日ないし一八日頃に「予定する」こととなった。この結果、ベートマン－ホルヴェーク、ヒンデンブルク、ルーデンドルフの間に重大な論争が起こった。だがそれでもなお宰相は潜水艦作戦を再度延期することに成功したのであったが、その際彼は、ウィルソンに平和の仲介を求める彼の政治的な意図を次のような形で打ち明けている。

「ベルンシュトルフ伯は、ウィルソン大統領に働きかけて、大統領が平和の訴えを発するように取りはからえ、という陛下ご自身のご命令を受けている。ウィルソンをそこまで動かし得た場合、わが方は大統領の訴えを受諾するが、これにたいしてイギリスとその同盟諸国は恐らくこれを拒否することになろうから、これによってわが方は、わが方がアメリカに与えた承諾の撤回を、世界にたいして特にまたヨーロッパ中立諸国にたいして、道義的に正当化することができる。さらにこれによって、中立諸国の予想される今後の態度に影響を及ぼし得る足がかりが得られるわけなのである。[22]」

ウィルソンにたいして平和の仲介を希望したのは、ベートマン－ホルヴェークとしては、それによって対イギリス無制限潜水艦作戦を再開する道義的、政治的基礎を得るためであったのである。

一〇月中旬ドイツ帝国政府指導部は、大統領の平和斡旋を繰り返し強く求め、さもなければドイツは、一九一六年五月四日の約束にもはやしばられないものとみなす、という指摘を再び行なった。

この頃、潜水艦作戦をめぐる争いにおける帝国宰相の行動の自由は二つの面からせばめられた。ひとつは大きな経済グループの代表が、皇帝、およびドイツ帝国の文武の指導部に宛てた請願書によって無制限潜水艦作戦を出来る限り早く開始するように迫ったことである。他方では、中央党が帝国議会最高委員会で、「帝国宰相は無差別潜水艦作戦実施をめぐる決断において……主として陸軍最高司令部の決意に準拠すべきである」という立場をとるに至ったため、[23]宰相は陸軍最高司令部にたいしてさらに歩が悪くなったのである。

ヴィーンとワシントンの間

一九一六年一一月七日ウィルソンはわずかな差で再選された。ドイツ政府指導部は公式にウィルソンの平和斡旋計画を是認し、帝国宰相はベルンシュトルフに改めて命じて、この再選された大統領にその平和の試みをさらに強化してもらうように働きかけることとした。[24]しかしながら同じ頃、全面講和の考えは新たな局面を迎えた。

一九一六年一〇月一八日オーストリア－ハンガリー外相ブリアン男爵はプレスにおいて、ポーランド問題に関する会議に引き続いて、ドイツ帝国宰相に対して共同平和提案の話をもちかけたが、[25]これは経済情勢の窮迫を顧慮してのことであった。ブリアン提案の受諾によってこの時から、二つの平和工作が並行して進むことになるわけであるが、この両者は交渉の今後の経過のなかで何度か互いに交錯もするのである。

オーストリアは、敵側にたいする平和覚書と同時に、中欧列強四カ国に共通でかつ相互に拘束力をもつ平和条件のプランをも発表しようとした。しかしながらドイツは平和への歩みと一緒にその平和条件を公表することを拒否した。これは西方、とくにベルギーについては、その条件があまりにもきびしいため、こういう条件のもとでは、敵国は中欧列強との会談の席におよそつこうともしないであろうが、他方ではドイツの世論は、この条件をあまりに遠慮し過ぎていると考えるであろうから、政府の立場が危うくなるに違いないためであった。長々と覚書が交換され、また一一月一五、一六日ベルリンで会議が行なわれたのちに、ドイツ側は、平和交渉が開かれることになった場合、その席にドイツの平和条件を提示することをやっと約束した。さらに中欧列強四カ国に共通で、かつ相互に拘束力をもつ戦争目的プランの問題についても、ドイツ側はためらいながらブリアンの要求に同意し、こうして戦争目的問題についてフリーハンドを確保しようとするその政策を、原則的に断念することを表明したかにみえた。

ここで三週間にわたってドイツ外務省は二枚舌外交をすすめたわけであるが、戦後ベートマン－ホルヴェークはドイツ共和国の国民議会調査委員会〔大戦中のドイツの国際法違反、平和を早期に結ばなかった事情、敗戦の原因を調査する〕の席上――かれとしては当然の理由で――これを大いに憤慨して否定したのである。(26)

一一月一六日晩、オーストリア－ハンガリー代表団がドイツ側代表の許を辞したのち、外相ヤーゴはワシントン駐在大使ベルンシュトルフ宛の訓令を起草し、ウィルソンの早期斡旋の見通しについてたずねている。(27)早くも一一月二〇日と二一日の二通の電報のなかで、ベルンシュトルフはこれにたいして肯定的な返事を寄せた。(28)大使が特に強調したのは、ウィルソンの平和斡旋が孤立した試みではなく、ワシントンの主要部局、合衆国の全世論がこぞってこれを支持する側にまわっている点であった。

一二月四日ベルンシュトルフは、繰り返して、ワシントンでは「平和工作が準備万端ととのっている」と伝え、これに付言して、とりわけドイツ側がベルギー問題で折れて出る場合には、ウィルソンの平和斡旋が「一夜のうちに進む」こともあろうと、はっきり述べた。(29)

アメリカ代理公使グリューは、一九一六年一二月五日帝国宰相と会談して、平和の仲介がすぐ目前に迫っていると予告した席で、ドイツの態度は「事実上の協調《プラクティカル・コーポレーション》」であるとのべた。(30) しかしながらドイツ政府はこの勧告の言葉に従わず、同じ一二月五日、三週間前にはアメリカの斡旋を優先させるためにただ形の上でだけ続けていた、例のオーストリア－ハンガリー、ドイツ間の平和についての相談を、重点的に再開することにした。

ワシントンがベルギーに関するドイツの態度表明を希望してきたので、ドイツ側は、ウィルソンがたんに交戦国を会議の席につかせるだけにとどまらず、特にベルギーに関する限り、平和条件そのものにたいしても影響力を及ぼそうとするのではあるまいか、という疑惑をもつに至った。こうしたことが予測されるのでは、ドイツ帝国指導部としては、ドイツ独自の平和行動に望みを託すほかないわけであって、特に戦局がルーマニアでの勝利でドイツにとって安定した以上、なおのことであった。この決定には外務省内の人事異動もからんでいた。ヤーゴは、この戦争をスラヴ民族とゲルマン民族との間の対決という人種論的民族主義・人種主義の観点からとらえ、イギリス打倒の面はあまり考えず、したがってとりわけ東方にたいする戦争目的を主張していたのであったが、そのかれが、第三次陸軍最高司令部の圧力をうけて、ドイツの安全を東西両方面にわたって確保しようとするツィンマーマンにポストを譲ったのである。ここにツィンマーマン、ルーデンドルフおよびホルツェンドルフは、ドイツの世界制覇の裏づけを確保することを目標とする、ドイツ政策の「強硬」路線をおし進めることになる。こうして帝国政府指導部がすでに一〇月中旬いらい心掛け、一二月四、五日に決定した平和行動、すなわちウィルソンの平和工作のさき廻りをした平和行動の特徴がはっきりとあらわれてきた。[31]

中欧列強側の平和提議（一九一六年一二月一二日）

ドイツ外務省は、ごく近い内に平和提議を公けにすることを決定した。[32] オーストリアも、ウィルソンに平和斡旋の意図があると知ってから、自分らが提起していた平和への行動を促進するようにドイツにせきたてたが、[33] これはオーストリアもやはり、平和交渉がはじまった場合、アメリカがドイツ側諸国に不利な影響を及ぼすことを恐れたためであった。一九一六年一二月六日ブクレシュティが陥落したことで、平和の提議を行なってもドイツ側の弱さの現われととられる心配もなくなった。[34] ツィンマーマンはもっと鋭い計算も考えていた。すなわち、「わが方の軍事上の勝利が大きければ大きいほど……、この提議は必ずやわが敵国にそれだけ深い感銘を与え、場合によっては、わが方の条件を検討する上で、彼らの態度を柔軟にさせることにもなろう。[35]」と。

こうして中欧列強の平和提議は、その最終決定があって一週間後にはもう「公表される」ことになったのである。ドイツ帝国内の各王侯邦国も帝国議会も、これに参画することがなかった。一二月一一日になってはじめて、連邦参議院はこの目前に迫った措置について報告をうけた。[36] 同じ日の晩、帝国宰相は一二月一二日に政党首領全体の会議を開く準備のために、市民的諸党派の党首を集めた。そして一二日帝国議会がベルリンに召集されて、交戦諸国にたいするドイツ側覚書が提示され、またこれに関する帝国宰相の説明が行なわれた。会議は開会から閉会まで二〇分しかかからず、平和提議の内容と意義についての質疑は、帝国宰相と中央党、進歩党および多数派社会民主党——つまり後に形成された平和決議のための議会多数派——とのなれ合いのために全く行なわれず、その結果、極左派の弊告の声——ハーゼおよびレーデブーア——も、戦争目的貫徹のための多数派の意見——バッサーマンおよびヴェスタルプ——も、遂に聞かれることなく終った。中間諸党派の議会での支持を得て、ベートマン＝ホルヴェークはドイツの戦争目的については意味深長な沈黙を守るというかれの従来の政策を続行することができた。ドイツの平和提議の特徴は、勝利を確信する強硬な態度と、具体的な平和条件が示されていない点とであった。すなわち、中欧列強側は、「その諸民族の存立、名誉および発展の自由を確保することを主眼とする」条件のもとでなら、直ちに敵側諸国と平和交渉に入る用意があると声明したのである。

平和提議が受諾されようとまじめに考えているものは殆んどいなかった。ドイツ帝国政府指導部は協商国側がこれを拒絶するものと頭からきめてかかっていた。ドイツ国民については、帝国宰相は、政府指導部が平和到来のために「真剣に」努力しているのだと国民が思い込んでくれれば、それが重要な心理的作用をもたらすことだろうと期待していた。すなわち、こう思い込ませておけば、この提議が拒絶された場合には、「最後まで頑張る決意」が、国民の間でさらに一層強まるに違いない、と期待したのであった。対外的には、宰相の計算では、二つの面でドイツに有利な宣伝的効果が生まれるはずであった。ひとつには、この平和工作が敵側陣営諸国民の平和を求める気持をかきたてるから、それを各敵国政府にたいする圧力として利用できるという効果がある。今ひとつには、この平和への行動によって、ドイツは、世界の各国国民と歴史とにたいして、あらゆる手段をもってする戦争の続行を合理化する口実をつくることができるとドイツ政府は考えた。(37) このことは平和提議の最後の文章からも推測できる。

「平和へのこのような提案にもかかわらず……戦争が継続される場合には、ドイツ側同盟四カ国はこの戦いを最後の勝利を得る日まで戦いぬく決意である。しかし同盟諸国は人類と歴史にたいして、戦争継続の一切の責任を厳粛に拒否するものである。」

一九一六年一月一〇日の宰相の計算、すなわち、ドイツとしてはまず平和の探りを入れて、しかる後にはじめて無制限潜水艦作戦という「最後の手段」に訴えるべきだという計算が、明らかにかれの行動の基礎になっていた。もしも平和が結ばれれば、ドイツは潜水艦作戦をせずにすむわけであるし、またもしドイツの平和への政策を土台にして平和交渉を始めることができない場合には、この提議は無制限潜水艦作戦の「外交上の下工作」の中心となるものであった。

ドイツ外務省内でのこの政策の最重要の担い手であった外相ツィンマーマンは、半年後帝国議会最高委員会の秘密報告において、殆んど皮肉とも取れるようなあからさまな態度で、どのような動機にかられてドイツ帝国政府指導部が平和提議を行なうに至ったかを証言している。ドイツの「平和提議」とウィルソンの斡旋工作をめぐるいきさつをふりかえって、一九一七年七月四日かれは次のように述べた。

「わが方としては、ウィルソン大統領にむざむざこの問題(すなわち全面講和)の主導権をにぎられるいわれはなかったのである。しかしながらかれがこのような行動に出る恐れがあり、アメリカがそのような形で平和交渉の一切を手中に収めるならば、その場合は必ずドイツが不利になるわけである。われわれは、そうなることを望まなかったので、当時、昨年一二月一二日の平和提議を行なうに至ったのである。わが方が当時あれほど事を急いだのは、まさにアメリカの干渉の先を越すためでもあったわけである。」(38)

ウィルソンの平和斡旋提議(一九一六年一二月一八日)

ドイツの平和提議はウィルソンにたいする個人的な打撃であり、かれが考えていた斡旋役にたいする重大な障碍とならざるをえなかったにもかかわらず、かれはドイツのこの出方によって勇気をくじかれることがなかった。一九一六年一二月一八日のかれの覚書の核心は、(39)すべての交戦諸国が各自の好む形式に従って、平和を結んでもよいと考えているそれぞれの条件を呈示し合う、という点であった。

このような観点を示すことで、アメリカ大統領は紛争当事国を超越する立場をとった。かれは協商国側が、同盟諸国をせん滅し粉砕しなければならないと言いたてているその言い廻しを、額面どおりにはとっていないことをみせつけた。同様にかれは、ベートマン-ホルヴェークのいう「安全」、「保障」の要求の中に、ヨーロッパの領土併合によって全面講和の締結を不可能にするような戦争目的は、含まれていないものとみなしていた。見たところとても問題にはならないようなかれの提案のかげには、現実主義的な構想が秘められていた。すなわちアメリカ合衆国大統領としては、ヨーロッパでどちらかの側が決定的な、そして完全な勝利を得ることは望ましくないのであって、かれの目的は、五週間のちに、一九一七年一月二二日に、アメリカ上院で行なった有名な演説の中ではっきりと述べたように、「勝利者もなく、敗北者もない」平和であり、その結果として「領土併合もなく、償金もない」講和の成立することであった。ウィルソンはそれまで数カ月にわたってイギリスの封鎖実施を大目に見てきたのであったが、一九一六年秋に至って、次第にイギリスにたいしても批判的となり、その結果、中立的な態度に最も近くなった。ロイド=ジョージが九月に宣言した「ノックアウト」計画はウィルソンの意図に全く相反するところであった。その同じロイド＝ジョージが――彼はウィルソンの斡旋申し出の二週間前に首相に任じられていた――今度は国内の排外主義的な世論に抗して、歩み寄りの回答を出すように政府部内を説得し、その回答の中ではウィルソンの期待に沿って具体的な条件を呈示することによって、アメリカ合衆国との断絶を一切避けようとはかり、かつアメリカの道義的な重みが、そして恐らくはその物理的な重みが、協商国の側にのしかかってこないようにはかったのである。ウィルソンは自分の斡旋申し出の原案を、ハウスの助言によって結局は思い切って柔かい調子に修正したが、それでもドイツとしては、歩み寄りの態度を示すことでウィルソンに貸しをつくる現実的なチャンスはなおあったのである。[40]

一九一六年一二月末、アメリカの介入の結果、ウィルソンの斡旋提案を受諾することによって自国の立場を決定的に改善できる機会が、ドイツにめぐってきた。すなわち、もし実際に平和交渉がはじまれば、合衆国が調停役になって利害の調整をはかったことであろうし、またもし協商国側で拒否すれば、そのことだけで、平和交渉はだめになったことであろう。この場合には、道義上、外交上、経済上、軍事上で重きをなしているアメリカが、恐らく中立を続けることになったであろう。

ウィルソンの平和覚書にたいするドイツ側回答（一二月二六日）は、事実上これを拒否するものであった。つまりドイツ政府は、アメリカ大統領が本式の平和交渉に参加することをはっきりと拒絶し、その際、一二月一二日のドイツの「平和提議」を引き合いに出した。なるほどドイツ帝国政府指導部は、形の上ではウィルソンの働きかけに応じはしたわけであるが、かれの覚書の核心、つまりドイツ側の平和条件の呈示という要請は無視したのである。一二月二一日、ベルンシュトルフは電報を寄せて、ウィルソンの意図は今後平和のための処置を進めていくための「手形交換所《クリアリング・ハウス》」として役立ちたいばかりなのだ、と解説を加えた。[41] ツィンマーマンがベルリン駐在アメリカ大使ジェラードにたいして、ウィルソンの覚書にたいするドイツ側の正式回答を伝えたのは一二月二六日であったが、その同じ日に外相である彼は、ベルンシュトルフ宛秘密訓令のなかで、ドイツがこれを拒否する内部事情をえがいてみせた。

「大統領が、たとえ『手形交換所』という形であれ、介入することはわが国の利益を損うところであり、故にこれは阻止すべきこと。今後の平和妥結の基礎は、わが国がわが敵国との直接交渉を通じてきずきあげる必要がある。さもなければ、中立国の圧力によって、(戦争を通じて)希望の戦利品を得ることを妨げられる恐れがある。わが国は故に平和会議の構想も拒否するものである。」(42)

政府の部内で恐れていたのは、ウィルソンが平和の条件決定に参加すると、ドイツが自国の戦争目的をせめておおよそなりとも達成することが、できなくなるような平和に行きつくことであった。

一二月二六日ドイツがアメリカの斡旋処置を拒否し、一九一六年一二月三〇日に協商国側がドイツの「平和提議」を拒絶したのに続いて、一九一七年一月九日プレスの大本営で、一九一七年二月一日を期して、無制限潜水艦作戦を開始することが決定された。

ウィルソン最後の斡旋工作、無制限潜水艦作戦の開始

ウィルソン大統領は一九一七年一月いっぱい、平和交渉の糸をたぐろうとするその努力をうまずたゆまず続けた。これとの関連でかれは年末から年始にかけて、かれの平和への動きにたいする協商国側の回答に先立って、だがそれが否定的な性格をもったものであることを予期しつつ、ドイツ政府にたいして、その戦争目的をウィル

ソン自身に内密に伝えてほしい旨を、ただし、その返答が否定的な性格をもっていることを予期しつつ、緊急に要請した[43]。これにたいしてベートマン－ホルヴェークは、ウィルソンに伝えるために一応はドイツの戦争目的プログラムをまとめあげたのだが、用心した言い方ではあってもやはりどうもドイツの要求が過大にすぎると考えたのであろう、これは手許においたままにした[44]。そしてその代りに、ドイツ外務省は一九一七年一月七日付でツィンマーマンからベルンシュトルフに宛てた訓令で、ドイツの戦争目的は「全くもって道理にかなった範囲[45]」を出ない、という一般的な表現を指示するに止まった。ベルギー問題についてはツィンマーマンは、ドイツとしてはベルギーを併合するつもりはないという否定的な態度表明だけを行なった。完全に明白な態度をとったのはエルザス－ロートリンゲンについてだけであり、この問題はドイツにとっては議論の余地などないと主張した。

これに加えて、ツィンマーマンはベルンシュトルフに通告して、ウィルソンがたとえば武器、食料のイギリスへの輸出禁止などによって、協商国側にたいして強い圧力を加えることをしないならば、ドイツとしては無制限潜水艦作戦に移らざるをえないということになろう、と述べた。そしてかれは大使に、「どのようにして、アメリカとの断交なしに無制限潜水艦作戦を実施し得るか[46]」について腹案を示すように重ねて依頼した。

ドイツがウィルソンにたいして平和条件を内密に伝えることさえも拒み、こうして平和問題についての自国の立場を協商諸国よりも悪くしてしまったのちも、ウィルソンはその努力を続けた。一月二二日の上院での演説で、ウィルソンは「恒久」平和の基礎を説いた[47]。アメリカ合衆国は平和条件の値切り合いには参加しない旨を、ウィルソンは確約したが、それでもウィルソン演説中のいくつかの言い方はドイツ人に猜疑心を抱かせずにはおかなかった。第一に、ポーランド独立の要求――というのは中欧列強側の手で新たに設立されたポーランド王国は、まさしくドイツあるいはオーストリア－ハンガリーに依存するように予定されていたのだから。第二には「領土もしくは人種的および民族的な帰属に関する係争問題の公正な解決」"just settlement of vexed questions of territory or of racial and national allegiance" というあいまいな表現。これはウィルソンがグレイ—ハウス覚書〔イギリス外相とウィルソンの特使との間に交された覚書〕に関連してすでに約束していたところの、エルザス−ロートリンゲンのフランスへの返還支持が、恐らくこの表現のなかにかくされていた。いずれにせよ、この言い方は、少数民族の解放に関する協商国側の要求が、そこに盛り込まれているという可能性を残していた。第三、平和会議によって実現されるべき平和が、国際連盟および軍縮によって「恒久平和」として確保されるに値いするものでなければならないという指摘、がそれであった。

ウィルソンがその演説ののちに改めて要請し、ベルンシュトルフが一九一七年一月二九日に、ウィルソンへの内密の伝達事項として本国政府から受理したところのドイツの(平和)条件は、非常に用心深くまとめられていたにもかかわらず、ウィルソン方式の平和の基礎を越えるものであった。(48) ドイツの戦争目的プログラムは依然として西方の現状維持を拒絶し、リエージュ、ロンウィーブリエの併合およびベルギーにおける保障に固執していた。(49)

ドイツの条件をウィルソンに伝えることで協力の姿勢を大いに示しはしたのだが、ドイツ外務省はその条件をワシントンで手交するにあたり、保留事項をはっきりとつけ加えたために、これもあまり説得力あるものとはならなかった。すなわち、ドイツの平和条件は、協商国側がドイツの平和提議を受け入れていた場合に限って、あてはまるはずであったのだから、現在ではもはやこれに拘束されない、とドイツは考えていたのである。ドイツ帝国政府指導部がその戦争目的プログラムをどう理解していたかは、外相ツィンマーマンが一月三一日連邦参議院で述べた次のような言葉がよく示している。すなわち、彼は、ドイツ側がウィルソンに伝えた平和条件は、その「非常にあいまいな表現」こそが特にすぐれた点なのであり、「これによってわが方はおよそしばられる」こ

とがないのだ、と強調したのである。(50)

平和工作と潜水艦作戦とが密接に結びついていたことは、ドイツ側の態度についてのウィルソンの最近の打診にたいするドイツ側の回答を、一月三一日にベルンシュトルフがワシントンで手交し、同時に無制限潜水艦作戦を、その翌日、つまり一九一七年二月一日を期して開始することを通告した際にも、改めて明白になった。皇帝、帝国宰相、ヒンデンブルク、ホルツェンドルフ、ルーデンドルフおよび三人の宮中官房長官の間で、一九一七年一月九日行なわれた協議において、無制限潜水艦作戦実施の最終決定が下されていたにもかかわらず、(51)帝国宰相は大統領にたいして次のように通告させた、「ドイツ政府は交戦諸国の直接会談招集に関する一月二六日付大統領提案に感謝するが、この提案は遺憾ながら二、三日の違いで時機を失ってしまった、潜水艦はすでに新たな命令を受けて出動してしまっており、無制限潜水艦作戦の準備はもはや中止不可能である」と。ドイツ政府が技術上の困難ということをいいたてたのは、実はただの口実でしかなかった。ベートマン＝ホルヴェーク自身、その回顧録のなかで一月二八日の軍令部の報告を確認している。その報告とは、そのつもりがありさえすれば大半の潜水艦を呼び戻すことは、当時まだ可能であったろうというものである。(52)しかしながらベートマン＝ホルヴェークとしては、かれの従来の路線をそのままゆずずに踏襲する限り、アメリカによる斡旋を受け入れるわけにはいかなかったのであり、それは大統領が平和条件そのものの確定に影響力を及ぼすことをベルリンが恐れたからであった。皇帝は、みずから命令して、一月二九日付ベルンシュトルフ宛訓令の中に、ウィルソンの平和斡旋をきっぱりはねつけるべしという文句をいれさせ、アメリカの参戦する危険についてのあらゆる警告にたいしては、「余の知ったことではない。」と言って、耳もかさなかった。(53)さすがに宰相は覚書のなかに、ヴィルヘルム二世の使った激しい表現をそのままとりいれはしなかったものの、覚書の内容はやはり皇帝の命令に沿ったものであった。一九一七年一月三一日のベルンシュトルフの通告に接して、アメリカ合衆国はドイツとの国交を断った。だがアメリカをしてドイツにたいする参戦に踏み切らせるためには、なお一連の出来事が必要であった。

(1) AA, Wk 11 c, geh., Bd. 1. ライヒェナウからツィンマーマンへ、一九一四年八月二五日。

(2) 右翼の過激派は、皇帝や宰相にまで疑いをかけ、彼らはイギリスに利権をもっているので、あるいは親英的なので、戦局の帰趨を一挙に決し得るツェペリーン飛行船の使用をじゃまだてするのだ、とまで主張した。AA, Wk 18, geh. Der Unterseebootkrieg gegen England pp. Bd. 3. エルツベルガーからベートマン－ホルヴェークへ、一九一五年八月一〇日付書簡をも参照せよ。エルツベルガーはたとえば次のように述べている。「ロンドンに対して、多少大がかりな攻撃を行なうならば、その政治的意義は強大なものがあろう。私の知るところでは、そのような攻撃に対して大本営がすでに同意を与えておりながら、これが私には不可解な理由でなお行なわれないでいるゆえに、早急な空襲の実現を吟味されるよう、閣下に具申する次第である」。エルツベルガーの考えでは、これが同時に、無制限潜水艦戦の停止で憤懣やるかたないティルピッツをなだめるてだてにもなろうというのであった。同様にラーテナウも一九一四年九月初旬、「圧倒的な空軍力によって(イギリスの)諸都市の神経に系統的な打撃を与える」ことに賛意を表した。Rathenau, Briefe, S. 121. ベートマン－ホルヴェーク宛一九一六年四月二日、七月六日付ツェペリーンの手紙二通をも参照せよ。DZA Merseburg, Rep. 92, Nachlaß Kapp, Briefwechsel Zeppelin. 六つの経済団体の代表も一九一六年九月一〇日やはり計画的に遂行される航空戦を要求した。DZA Potsdam, RK, Krieg 5, Bd. 7, Nr. 2407.

(3) カール＝B＝バーンボーム(Karl B. Birnbaum)の基本的な研究、Peace Moves and U-Boat-Warfare, A Study of Imperial Germany's Policy towards the United States, April 18, 1916–January 9, 1917, Uppsala 1958, S. 27 ff. 同じくAA, Wk 18 a中の無数の文書を参照せよ。

(4) Birnbaum, a. a. O., S. 31 f. を参照せよ。

(5) Graf Joh. Heinrich Bernstorff, Deutschland und Amerika, Erinnerungen aus dem fünfjährigen Kriege, Berlin 1920, S. 126 ff., Gesandtschaft Washington, 4A, 34, Heft 9 a.

(6) 一九一六年一月四日のベートマン－ホルヴェークの記録。Stenographische Berichte über die öffentlichen Verhandlungen des 15. Untersuchungsausschusses der verfassunggebenden Nationalversammlung nebst Beilage, Bd. 2, Beilagen, Teil IV, S. 137.

(7) 同上、ホルツェンドルフ出席の下に行なわれたファルケンハインの質問に対するティルピッツの陳述。

(8) 潜水艦作戦に関するベートマン－ホルヴェークの覚書、一九一六年二月二九日。ebenda, S. 149 ff. ベートマン－ホルヴェークの覚書、一九一六年一月一〇日。Birnbaum, a. a. O., S. 345 ff.

(9) Müller, Kriegstagebücher, S. 152; AA England 78 geh. Bd. 32. ハウスとの会談に関するベートマン－ホルヴェークの報告、一九一六年一月二八日。——ハウスは彼の使命を、できる限り早くヨーロッパに平和をもたらすための試みというよりも、むしろウィルソンの平和斡旋の努力がふたつのアングロサクソン国間の不和を招くような結果になるのを防ぐことにある、というように考えていたようだ。これはグレイ・ハウス覚書(一九一六年二月二二日)にも見られるところである。その中には、平和の基礎条件の書き直しとならんで、アメリカが——これを土台とした斡旋をドイツが拒否した場合——協商国側に立って参戦する用意がある旨の約束も含まれている。この覚書中の平和の基礎条件はハウスがベルリンで伝えたところと同じものであるが、ただしエルザス－ロートリンゲンはフランスへ返還さるべきこと、という点はその例外で、ハウスはこの点はベートマン－ホルヴェークとの会談に際しては触れていない。このことはウィルソンが覚書を、したがってまたドイツに対するこの要求をも承認していただけに重大である。ただし武力による介入についての約束に関しては、「恐らく《プロバブリ》」の一語を覚書にさしそえて、本質的な保留を行なってはいる。

(10) Müller, a. a. O., S. 157.

(11) Bernstorff, a. a. O., S. 248 f.

(12) ブロクドルフ－ランツァウについてベルンシュトルフに報じた帝国宰相の手紙、一九一六年五月五日。AA, Wk 2, geh., Bd. 17. それにつづいて一九一六年五月五日付、帝国宰相の外務省宛の通達(コペンハーゲン、ストックホルム、ベルン、クリスティアニアおよびブクレシュティのドイツ公使館あて電報同状)あり。ebenda.

(13) Thimme, Kriegsreden, S. 112–129. „Hetzliteratur“ については、わけても DZA Potsdam, Rk, Krieg 5, Nr. 2407.

を参照せよ。

(14) Bernstorff, a. a. O., S. 271 ff. ベルンシュトルフの五月二八日付情勢報告は、この演説のドイツにとっての顕著な意義を強調している。ベルンシュトルフは、ウィルソンの平和提議にドイツがもしも応ずるならば、ドイツは、大統領の世界平和のための努力を完全に支持しているアメリカ国民の共鳴をかち得ることになろう、とまで述べている。

(15) AA, Wk 2, geh., Bd. 17. ベートマン－ホルヴェークからルーツィウスへ、一九一七年五月六日。

(16) Bernstorff, a. a. O., S. 273 ff., Birnbaum, a. a. O., S. 100 ff. をも参照せよ。彼は一九一六年六月の訓令に関して同書中の一節を割いている。

(17) Birnbaum, a. a. O., S. 124.

(18) Bernstorff, a. a. O., S. 279 f.

(19) Bernstorff, a. a. O., S. 284. また AA, Wk 18 a. 一九一六年九月二日付、ベートマン－ホルヴェークのベルンシュトルフ宛手書き文書を参照せよ。

(20) Ebenda, S. 284 f.

(21) AA, Wk 18 a, adh. 1 geh. 潜水艦作戦の無制限な実施に関する陸軍と海軍当局間の交渉。

(22) Untersuchungsausschuß, a. a. O., Bd. 2, S. 183 f. ベートマン－ホルヴェークからグリューナウへ、一九一六年九月二六日(皇帝宛書簡)。

(23) 中央党は三月以降一時保守党および国民自由党とたもとをわかっていたが、こうして、ここにこの問題について以前の帝国議会戦争目的多数派が復活したわけである。新しい副宰相ヘルフェリヒが巧妙かつ熱心に、無制限潜水艦作戦とそのもたらす結果について同作戦反対の立場から論議して――協商国側がアメリカの参戦によって得ることとなる人間、財政、物資の面でのプラスについての――警告し、またエルツベルガーも一〇月五日、無制限潜水艦作戦の当然の帰結としてアメリカとの断交に至ることについて警告したにもかかわらず、中央党内では保守派が優勢となって、グレーバーとシュパーンは社会民主党や進歩党と共に「ベートマン連合」内に止まることを拒否することとなった。Frieda Wacker, Die Haltung der Zentrumspartei zur Frage der Kriegsziele im Weltkrieg 1914–1918, Diss. Würzburg 1937, S. 21; Wil-

ly Bongard, Die Zentrumsresolution vom 7. Oktober 1916, Köln 1937; May, a. a. O., S. 299. を参照せよ。

(24) Untersuchungsausschuß, a. a. O., Bd. 2, Beilagen, S. 18 f. ベートマン－ホールヴェークからベルンシュトルフへ、一九一六年一〇月一四日。

(25) 一九一六年一二月の平和提議については、Wolfgang Steglich, Bündnissicherung oder Verständigungsfrieden, Untersuchungen zum Friedensangebot der Mittelmächte vom 12. Dezember 1916, Göttingen, Berlin, Frankfurt 1958. を参照せよ。Wien, PA, Karton rot 955, Krieg 25 p, Friedensverhandlungen. 一九一六年一〇月三〇日、ブリアンの記録をも参照せよ。

(26) Untersuchungsausschuß, a. a. O., Bd. 1, S. 188 ff.

(27) Untersuchungsausschuß, a. a. O., Bd. 2, Beilagen, S. 21. また Steglich, a. a. O., S. 93. をも参照せよ。

(28) Bernstorff, a. a. O., S. 301 ff.

(29) Ebenda, S. 306 f. また AA, Wk 18 a, adh. 4, geh. を参照せよ。

(30) Birnbaum, a. a. O., S. 231 f.

(31) Steglich, a. a. O., S. 106; Birnbaum, a. a. O., S. 233.

(32) Wien, PA, Karton rot 955, Krieg 25 p. 一九一六年一〇月三一日、ホーエンローエの電報。

(33) Steglich, a. a. O., S. 123 f.

(34) 一九一七年七月四日、ツィンマーマンが帝国議会最高委員会席上で行なったドイツの平和工作の特色づけ。Stuttgart, E 120–131 V, X a 30 I–IV: Protokolle des Haushaltsausschusses, 164. Sitzung.

(35) Wien, PA, Karton rot 955, Krieg 25 p, Friedensverhandlungen, Aufzeichnung Graf Larisch.

(36) Steglich, a. a. O., S. 139 f.; das Protokoll der Parteiführerbesprechung von der Hand Wahnschaffes in: DZA Potsdam, RK, Krieg 15, Bd. 11, Nr. 2444/6.

(37) GStA München, VII. Reihe, Nr. 58, Bundesratsausschuß für auswärtige Angelegenheiten, Sitzungsberichte. 一九一六年一〇月三〇、三一日の委員会の報告。Müller, a. a. O., S. 247. をも参照せよ。

(38) DZA Potsdam, Reichstag, XVI, Kommissionsakten Nr. 1288 ff. 一九一七年七月四日、ドイツ帝国予算の第一六四回委員会の会議。

(39) May, a. a. O., S. 365 ff. 覚書の成立およびハウスならびにランシングの役割については、Birnbaum, a. a. O., S. 251 ff. をも参照せよ。

(40) ベルンシュトルフの報告によれば、大統領はすでに一九一六年一二月初旬に、イギリスに対する第一回警告として金融政策上の措置をとり、平和促進のために圧力を加えようとした。Bernstorff, a. a. O., S. 305 f.

(41) Bernstorff, a. a. O., S. 318 f.

(42) Ebenda, S. 319 f., AA, Wk 18 a, adh. 4, geh., Handakten.

(43) Bernstorff, a. a. O., S. 321 ff. 一九一六年九月二九日付外務省への電報。

(44) AA, Wk 23, geh., Bd. 7. また Steglich, a. a. O., S. 171. を参照せよ。

(45) Untersuchungsausschuß, a. a. O., Bd. 2, Beilagen, S. 41.

(46) Ebenda, S. 42. 陸軍最高司令部が表現に対して口をはさんで成立したこの覚書については、Birnbaum, a. a. O., S. 309 ff. を参照せよ。

(47) May, a. a. O., S. 369 f.; Buehrig, a. a. O., S. 259 ff.

(48) Untersuchungsausschuß, a. a. O., Bd. 2, Beilagen, S. 74 ff. 帝国宰相からベルンシュトルフへ、一九一七年一月二九日。ebenda, S. 72 または 73 f. ベルンシュトルフから外務省へ、一九一七年一月二三日および二六日をもみよ。

(49) 「フランスに占領された上エルザスの返還――ドイツとポーランドとの安全をロシアに対して戦略上、経済上確保し得るような国境の取得――ドイツがその人口数と、その経済上の利害の重要さとにふさわしいだけの、植民地領有を確保し得るがごとき、敵味方相互了解の形による植民地復旧――戦略上ならびに経済上よりする国境修正および財政的補償を条件として、ドイツの占領しているフランス領の返還――ドイツの安全確保のための一定の保障を条件としてのベルギーの再建、その保障はベルギー政府との交渉によって確定するものとする――双方によって占領されており、平和妥結にあたって復旧さるべきところの領土の交換を基礎として、経済上、財政上の和解――戦争により損害を受けたドイツの企業ならびに個人の損害賠償、平和妥結後の平常な貿易、交通の障碍となるような一切の経済上の取決めならびに措置の撤廃、そしてそのことに相応するような通商条約の締結——海洋の自由の確保——わが同盟諸国の平和条件は、わが国の諸見解と一致して、同様に節度ある範囲内にとどまるものとする。——さらにわが国は、ウィルソン大統領の上院メッセージを基礎に、戦争終結後に大統領の志向している国際会議に加盟する用意がある」。(Untersuchungsausschuß, a. a. O., Bd. 2, S. 74 ff.)

(50) München, PA, VII. Reihe, Nr. 11, Politische Berichte der Gesandtschaft Berlin, 1. Vierteljahr 1917. レルヒェンフェルトからヘルトリングへ、一九一七年二月一日。

(51) Untersuchungsausschuß, a. a. O., Bd. 2, Beilagen, S. 318 ff. また Birnbaum, a. a. O., S. 315 ff. を参照せよ。宰相は八月末、一〇月さらに一二月末には無制限潜水艦作戦開始の延期を貫き通すことができたが、最後になると、外交面で潜水艦作戦実施の準備工作をするという約束によってこれを延期させることができた、といういきさつがあった。おそらく、遠洋艦隊司令長官フォン＝シェーア提督の介入があって、二月一日を期しての開始という断が一月四日に下されることになったのであろう。一〇月中旬いらい巡洋艦戦闘についての戦時国際法にのっとって潜水艦作戦を行なってきたホルツェンドルフは、かかる圧力のもとに、今ではやはり無制限潜水艦作戦の早急な開始を要求するに至っていたルーデンドルフと結託したのである。二人が皇帝の支持を獲得した結果、ベートマン＝ホルヴェークとしてはみずからの考えに反するところであったが、これに服した——そして宰相はやめなかったわけである。Birnbaum, a. a. O., S. 304 ff. を参照せよ。

(52) Bethmann Hollweg, Betrachtungen, Bd. 2, S. 161.「たしかに海軍軍令部から、すでに出動した潜水艦を全部呼び戻すことはもうできない、との説明を一月二八日にはっきりと受けはした。しかしながら、若干の偶発事故の危険はあったにせよ、取消しの命令が全く不可能であったわけではなかっただろう。」

(53) Müller, a. a. O., S. 251.

第十章　戦争目的綱領

――ドイツとその同盟諸国(一九一六年一一月―一九一七年三月)――

一九一六年秋の平和への希望と平和への動きの結果、一九一六年一〇月以降、ドイツ帝国政府指導部によって公式の戦争目的の本格的なカタログが作製されることとなった。

ドイツの綱領作製

中欧列強諸国による平和への行動を進めようというブリアン〔オーストリア-ハンガリー外相〕の提案(一〇月一八日)があってから八日の後、ベートマン-ホルヴェークは一〇月二六日このような平和行動に対する皇帝と陸軍最高司令部の同意をとりつけた。(1) ただしルーデンドルフは始めからイギリスが拒否することを計算に入れていた。翌一〇月二七日、宰相はプロイセン内閣の同意を求めて、これを得た――もっとも留保条件がついてはいたが。かれが脳裡にえがいていた平和条件を、かれとしては協商国側にたいする提議のなかで明らかにするつもりはなかったが、プロイセン内閣ではブライテンバハの質問に応じてその輪郭を説明した。かれの綱領は、かれがその一週間後に(一一月四日)陸軍最高司令部に呈示した戦争目的リストとほぼ同じものであった。宰相がプロイセン閣僚に大よそ明らかにしたのは次の諸点であった。

(1) 東部においては、ポーランドの独立(近く「中欧列強と連携して」その独立を宣言することがちょうど決議されたばかりのところであった)。

(2) リトアニアおよびクーアラント(クルゼメ)の一部併合。

(3) 西部においては、ベルギーの再建――これは閣僚の大半の期待を裏切る譲歩であった――ただしリエージュを割譲させ、またドイツと経済的協定を締結する。

(4) ロンウィーブリエ盆地の一部をロートリンゲンおよびエルザスの個々の町村と交換する。戦争償金、これは場合によっては経済的な利権および主要国との通商協定の形で行なわれるものとする。

(5) 「アフリカにおけるまとまりをもつ植民帝国の形成」、同時に、場合によっては膠州湾および南洋諸島を放棄することもある。

三日後ベートマン－ホルヴェークは連邦参議院外交委員会にたいして(一〇月三〇、三一日)、非常によく似た戦争目的綱領を提示しつつ、政府の計画について報告した。

ゲールハルト＝リッターに言わせると、ベートマン－ホルヴェークのこの「希望リスト」は「一九一四年の『九月綱領』の大幅な縮小」であり、「極めてつつましやかな綱領」であって、「殆んど」「全面的断念」にも等しいものであるという。「つつましやか」とか「断念」とかいう言葉を、もし道徳的な範疇として使うというのならば、この場合、およそ見当違いである。一九一四年のマルヌ会戦とフランドルの戦のあとの戦局、また一九一六年のヴェルダンおよびソンム会戦と東部戦線での敗退ののちの戦局は、(特に西部において)より柔軟な戦争目的政策をとらざるを得ない立場へとベートマン－ホルヴェークを追いこんだのである。「戦争はまことに残念ながら期待通りの経過をたどらなかった」(傍点は著者)のであって、ベルギーにたいする「保障ならびに安全確保」

についての一九一四―一五年当時の「大きくふくらんだ希望」はしたがって満たされることはないであろう、と宰相は連邦参議院の委員会で述べている。つまりベートマン＝ホルヴェークは、戦況が有利であったならば、たとえ(一九一四年もそうであったが)右翼や軍部のように、さらに広汎な目標は追求しなかったにせよ、自分の本来の目標は堅持していたことであろう。現在の状況にかんがみて、かれはプロイセン閣僚連およびドイツ諸王侯邦国の代表を前にして、戦争の目的を単なる自己主張ということにねじまげようとしたのである。

「わが国は征服などされないこと、わが国の発展能力を阻止することなどできはしないことを世界に示すことができ、一八七〇年に達成したことを、大成功の裡に守りぬいたならば、われわれは神に感謝しなければならないことであろう。」

ドイツの戦争目的を文書にして確定し、同盟諸国に通告することを、ベートマン＝ホルヴェークは、はじめの間、望んでいなかったが、オーストリア側の催促を受けて結局文章にまとめられた。一九一六年一一月四日から一四日までの間に、宰相は皇帝および陸軍最高司令部とともに、戦争目的ならびにヴィーン宛覚書の草案をめぐって協議した。[2] まず宰相は一一月四日に陸軍最高司令部にたいして戦争目的リストを提示して、軍部側に賛否の意見を求めた。

ベートマン＝ホルヴェークのカタログは五点を含むものであった。

(1) ポーランド王国の承認。

(2) クーアラントおよびリトアニア地方(スヴァウキ)の併合による国境線の調整、これによって「将来のポーランド王国を含み北から南へ走る戦略上有利な対ロシア境界線のできるよう」にする。

(3) 西部においてはベルギーにおける保障、これは「できる限りアルベルト国王との交渉によって確定する」

ものとする。十分な保障の得られない場合においては、リエージュを含む地帯を併合するものとする。

(4)　フランス領からはロンウィおよびブリエを残して軍隊を撤退し、その代償としてフランス側は、エルザスの占領地をドイツに返還するか、あるいは戦争償金ないし補償金を支払うものとする。場合によってはエルザス地方におけるフランスに有利な国境線の調整。

(5)　植民地に関しては、膠州湾、カロリン、マリアナ諸島を除くドイツ領植民地の返還、または「植民地に関する全般的な了解」。

すぐ翌日ヒンデンブルクの意見開陳があり、それには、全く新しく起草するにも等しいような若干の追加事項がついていた。[3] ベートマン-ホルヴェークはその案に同意し、ヒンデンブルク案を形の上ではいくらか手加減して、皇帝およびヴィーンに宛て通告せしめた。[4]

第一点について陸軍最高司令部の出した希望は、プロイセン・ポーランド間の国境線の改善、ポーランドをドイツに経済的に併合すること、「ポーランドの鉄道にたいする発言権」およびその他の経済上の利権であった。

二、クーアラントおよびリトアニアの広汎な地域を併合するという基本線については、帝国政府指導部と陸軍最高司令部との間には原則的に何ら意見の相違はなかった。とくに一九一六年春以降は宰相の要求のなかにはヴィルニウスおよびグロドノが含まれていた——ヒンデンブルクはいくらか欲ばってブレスト-リトフスクもこれに加えたいとしたのであった。

三、陸軍最高司令部はベルギーにおけるさまざまな保障を手に入れようとし、この保障を厳密に規定して、カムピン地方炭鉱の使用、ドイツへの経済的統合、ベルギー鉄道の管理権および同国守備権の取得などを列挙したが、これはそのまま帝国政府指導部が戦争の全期間を通じてベルギーにたいしてもっていたプログラムと合致するものであった。
四、ロンウィーブリエについては宰相と(ヒンデンブルク)元帥はともに同意見であり、ただヒンデンブルクはエルザスにおいて場合によっては多少の国境線変更をフランスに有利にではなく、ドイツに有利な形で行なえないものかと考えていたが、これはベートマン－ホルヴェークも二年間考え続けてきたところではあった。戦争目的リストの最終文案では、だがベートマン－ホルヴェークがヒンデンブルクに譲歩して、以上のほかにさらに戦争償金ないしは補償金をも求めることになった。
五、ドイツ植民地返還のほかに陸軍最高司令部はコンゴの取得を主張した。
六、さらに陸軍最高司令部は在外ドイツ人にたいする賠償金とルクセンブルクのドイツ帝国への編入を要求した。宰相は、ロンウィおよびブリエを取得する「場合には必要」となるという表現で、形は弱めながらもルクセンブルク併合の要求をとりあげた。
七、一一月九日の案にはこのほかにさらに「ロシアとの貿易協定」なるものがはいっている。これは元来ベートマン－ホルヴェークも陸軍最高司令部も要求してはいなかったのであるが、戦争目的論議では単独講和の打診との関連でいつも必ず重要な役割を果し、一九一六年春にはすでに立ち入った協定草案までつくられたのであった。
まさにここに明らかなように、政治指導部と軍事指導部との戦争目的政策は基本的には相異なるものではなかったのである。ただこれを同盟国、仲介の国あるいはさらには敵国に伝えるべきかどうか、またそのうちのどの程度を伝えるべきかという問題だけが重要だったのである。

中欧列強の予定された平和への行動の枠内で、戦術的にもっとも有利な出方をどう決定するかが、オーストリアーハンガリーとドイツとの間の一一月一五、一六日のベルリン会議で、あらためて議題となったのであった。(5)ブリアン〔オーストリアーハンガリー外相〕は、ドイツ側がなお依然として平和提議と一緒に平和条件を明らかにすることを拒否していることを遺憾としながらも、結局この点では妥協したが、しかし、平和交渉のために中欧列強側四国を拘束する戦争目的プログラムを作製することは主張して譲らなかった。結局ドイツ側もしぶしぶ「純理論的な」同意を与えることになった。だがその翌晩にはウィルソンの平和仲介斡旋の申し出に飛びついて共通プログラム作成をすっぽかしたことからも明らかなように、ドイツ側はそのような拘束を避けたかったのである。こういう不成功な結果に終ったについては、ブリアンが(平和行動への)出方をどうするかという点でその主張を曲げようとしなかっただけでなく、ドイツのプログラムを実質的に批判したこともまた、あずかって力があったことは確実である。すなわち、ブリアンはフランスおよびベルギーについてのドイツの要求が過大であり、「殆んど実現不可能」であるとみなしたのである。かれは平和の可能性は、西部にたいするドイツの要求如何によって決定されることは、疑問の余地がないと考えていた。ベートマン－ホルヴェークの方はまたオーストリアのバルカンにたいする過大な願望を批判した。かれはブリアンにたいして、ローフチェンと沿岸地方を除くモンテネグロをドーナウ王国に併合せず、これを新たに建国されるセルビア王国の一部とするようにすすめた。ヤーゴとツィンマーマンはさらに一歩進んで、アルバニアを犠牲にしてセルビア王国が海への出口を獲得することを考えた。ヤーゴは「アルバニアをギリシアとセルビアの間で分割することはできないであろうか」という問題を提起しさえした。このようにセルビアを拡大し、「経済的にできるだけ強化して」、その上でこれをオーストリアーハンガリー経済体制のなかに貿易政策を通じて組み込んでいこうという考えであった。

ドイツの政治家たち、特にヤーゴの意見のなかには、ヤーゴがすでにその一年前の一九一五年一一月に公言し、一九一七年五月にはバルカン問題に関するドイツ国内経済会議ではっきりした形をとるにいたった、バルカン構想の輪郭が、明瞭に現われている。それはセルビアを拡大し、経済的に強化して、オーストリア－ハンガリー、したがってまた中央ヨーロッパに結びつけ、友好国ブルガリアおよび(占領がほぼ完了し、すでにドイツの経済利権の対象としてねらわれていた従属的な)ルーマニアと並んで、新たな中位国家とするという構想であった。アルバニアを分割するとなれば、この国をオーストリアの保護国とするというブリアンのお気に入りの計画はもちろんご破算になる。これにたいしてドイツ側の考えていたところは、これによってギリシアをドイツの体制に引きつけようということであり、新生セルビアと、南アルバニアを獲得して拡大されたギリシアとの間にあって、アルバニア最重要の港でありドイツ海軍軍令部が基地として要求していたヴロナ(ヴァロナ)は、ドイツが獲得してアドリア海におけるドイツの勢力の外郭基地としようということであった。オーストリア－ハンガリー固有の勢力範囲にドイツがこのようにして侵入することとなれば、ドイツ側がドーナウ王国にたいして、将来どのような地位を与えようと考えていたかがはっきりするわけであった。

ドイツ側はオーストリアのバルカンについての願望に反対したのと同様に、彼らはまたオーストリアにとって最重要の問題である王国の版図保全の保障に関しても、オーストリアの意を迎えようとせず、中欧列強四カ国の共同作製になる平和プログラムの枠内でも、オーストリア－ハンガリーの希望したベルリン・ヴィーン間の連帯協定という形でも、これに応じようとしなかった。一二月一二日の平和提議布告のちょうどすぐあと、オーストリアはこの保障協定の締結を迫った。ベートマン－ホルヴェークはオーストリアの要求をかわしきれなかったが、かれが最後にオーストリア代表をなだめるために認めたことは単にゼスチュアでしかなかった。一二月二一日オーストリア－ハンガリー大使に手交したメモランダム《エド・メムワール》(6)〔口頭での取決めなどを確認するための文書〕において、かれは平和交渉を行なうような場合には、被占領地域という「抵当」を利用して、ドーナウ王国の旧領土の恢復を主張すると約束した。しかしながらこのような約束はブリアンが本来望んでいたところ、すなわち二重王国の版図の恢復を平和締結の前提条件にしようという要求を満たすものではなかった。

陸軍、海軍、植民省の戦争目的意見書

ドイツ国内の戦争目的討議のなかで、帝国宰相の要請による一九一六年一二月二三日の陸軍最高司令部の計画書は新段階を画するものであった(7)。

西部においては、エルザス－ロートリンゲン国境をヴォージュ山脈およびメッツにおいて有利に変更し、さらにロンウィ－ブリエ盆地を確保するために、その西側一帯を獲得する、というのである。そのすぐ北側ではベルギーのアルロン鉱山地帯の併合を予定していたが、これはドイツ帝国へ編入することになっているルクセンブルクを、ドイツ領土で完全にとり巻くということからだけでも必要なのであった。それに加えてミューズ河を越えて西側の「行進展開地域」を含めたリエージュの併合、さらにベルギーの残りの地域をドイツに「最も密接に従属」せしめることも計画されていた。

ちょうど建国宣言の行なわれたばかりの「ポーランド王国」にたいしてプロイセン－ドイツ国境を前方に押し出すという場合、ヒンデンブルクが考えていたのは明らかにポーランド国境帯状地帯の獲得、すなわち当時のヴァルタ－ブズラ－ヴィスワ－ブク－ナレフ－ブブル河の線の獲得であった。ポーランドにたいして不信の念を抱くヒンデンブルクは、新生ポーランドを出来る限りドイツ領で包囲して「ポーランド・ロシア間の境界線がな

るべく狭くなる」ことを要求した。そのためにはドイツに併合されることになっているリトアニアと新ポーランドの北東国境との間に、南西に向かってビヤウォヴィエジァを経てブレスト―リトフスクにいたるドイツ領のくさびを打ち込むことになっていた。ヒンデンブルクの考えではこのようにすればロシア・ポーランド国境はほんの一二〇ないし一五〇キロメーターほどになるのであった。ポーランドをスラヴの本土から切り離して、東ヨーロッパにおけるドイツ新秩序計画の根幹にしようとする目標は、これで達成されるわけであった。

一二月二六日植民相ゾルフは、外務省にたいして覚書を提出して、かれの管轄にわたる戦争目的計画を伝えた。そのなかでゾルフは、さしあたってかれ自身の意見をまとめるにとどめはするが、宰相ならびにヤーゴも数多い会談に際してこの見解に賛意を表した旨を述べている。ゾルフは全ドイツ植民地の返還を要求し、さらにアフリカのフランス、ベルギー、ポルトガル、場合によってはイギリス領植民地を獲得することによって、ドイツ植民地を「ドイツ中央アフリカ帝国として強化する」べきであるとしていた。一九一六年一二月のこのゾルフの計画は一九一四年九月のベートマン－ホルヴェークおよび同時期のゾルフ自身の中央アフリカ計画と原則的には一致していたが、それがここではさらに明細化されていた。将来のドイツ領中央アフリカは中部アフリカと同一ではなく、これを「熱帯アフリカ」と同一のものとすべきである、とゾルフは言っており、これによって彼は、重点を経済的に価値の高い地域に移したのであった。さらにかれの要求したことは、「コンゴおよびポルトガル領植民地はさしあたり何ら得るところがない故に」、「この中央アフリカ帝国を西方に向かって、すなわち有色人種のフランス人を徴募することのできる、経済的に発達した地域に向かって拡大すること」であった。

ドイツ戦争目的中の領土的な要求の第三の領域は、同じ頃海軍軍令部が一九一六年一一月二六日および一二月二四日の二つの覚書のなかで設定したが、そのうち最初のものは帝国宰相の直接の要請に応じて作製されたのであった。二つの覚書に盛られていたのは、ドイツの「海上勢力」の基礎に関するまとまった構想であり、ドイツ艦隊のための広範囲に及ぶ基地網がその内容であった。

ヨーロッパにおける海上勢力としてのドイツの地位の拡張は、東方ではリガ湾外のダーゲ、ヴォルムス、エーゼルおよびモーンの諸島(いうまでもなく、これらは当時はまだこれから占領しなければならなかった)を含み、リバウ(リエパヤ)とヴィンダウ(ヴェンツピルス)のあるクーアラント海岸の獲得と、さらにフランドル沿岸では「ブリュヘ―オストエンデ―ゼーブリュヘという重要な海運三角形」によって、確保されることになっていた。しかしながらたとえベルギー海岸からでもまだまだ大西洋への突破口を確保することにはならないし、それにベルリンでダンケルク、カレー、ブーローニュなどの英仏海峡沿岸の港はあきらめることになっていたため、海軍軍令部はその埋め合せにフェレーエル(ファロズ)諸島の取得を要求し、デンマルクからこの諸島を購入するかあるいは交換によって獲得すべきであるとした。

海軍軍令部の考えでは大西洋の基地は攻撃上と防禦上の二重の任務をもっていた。すなわち、今後取得することになっている中央アフリカをこれによって防衛し、またドイツ海外貿易を保護し、さらにイギリス、フランスの植民地を、戦争に際してはその本国から遮断し、その海外貿易に損害を与えることがその任務であった。そのために海軍軍令部が必要であると考えたのは、セネガル・ガンビアを背後地にもっているダカール、アゾレス諸島、場合によってはダカールの代りにカポヴェルデ(ヴェルデ岬)諸島であった。提督たちの要求の頂点をなしたところは、大西洋ののこりの群島、つまりカポヴェルデ諸島のほかにさらにカナリア諸島とマデイラ諸島がどんな場合にもほかの大海軍国の手に入るようなことがあってはならないという主張であった。

最後にドイツとしては、これまで領有していたニューギニア、ビスマルク諸島およびヤップ島のほかに、さらにタヒチ島をも獲得すべきであるとされたが、これはこの島からすればパナマ運河を経て東アジアに至る海上連絡を容易に攪乱することができるからであった。

インド洋上の基地としては、海軍軍令部の考えでは、将来のドイツ領「中央アフリカ」中の東アフリカにある大きな港とマダガスカルで十分であり、またインド洋の東側の部分についてはオランダ植民帝国の大きな島のうちどれかを「平和裡に取得すること」が適当であると考えていた。

最後に地中海については、覚書はドイツ自身の基地を要求し、アルバニア沿岸のヴロナが理想的であるとしていた。この町とその周辺をドイツ領とし、これをオーストリア－ハンガリー、あるいは余儀ない場合にはブルガリアないしギリシアの領土と接続させようというのであった。

以上三つの覚書で明らかにされた目的の総和は、ドイツの世界強国としての地位の理想図を描き出しており、これはまた軍部最高指導部や皇帝のみならず政界、経済界の実力者のもっとも広汎な層の賛同を得たものであった。個々の提案をいちいち採用はせぬまでも、宰相も原則的にはこれらの目標に同意していた。そのことは、数日後の一九一七年一月に、ウィルソンへ通告すべく作製されたかれのプログラムに示されていた。

ウィルソン宛の平和条件

一二月一二日付の中欧列強側の平和提議を、協商国側が拒否するに先立って、ウィルソンはドイツ政府にたいして通告を送って、(8) 今となっては内々の交渉によって平和会議を準備する以外に道は残っていないが、そのためにはドイツの平和条件を通告してもらいたいし、また将来における国際的な法秩序のために、かれが提案した保障(陸海軍の軍備制限、仲裁裁判制度ならびに平和連盟(国際連盟))にたいする原則的な同意を求めたい、と申し入れてきた。ベルンシュトルフの連絡(一二月二九日付)がベルリンに(一月三日に)入ったのは、すでに協商国側の拒否が行なわれた(一二月三〇日)あとであった。ベートマン－ホルヴェークはウィルソン宛回答として案文を起草したが、それは発送されることなく終った。ベートマン－ホルヴェークの提出した条件は次のようなものであった。(9)

「(1)　ドイツおよびその同盟諸国の領土保全。
(2)　リエージュの併合。
(3)　メッツ付近での国境線の戦略的な改善、ブリエ鉱床の取得——余儀ない場合にはエルザスにおいてフランスに有利な国境線変更とひきかえに。
(4)　ベルギーにおける政治上、経済上、軍事上の保障、これはアルベルト王との間で取り決めるものとする。
(5)　中欧同盟諸国の側に立つポーランド王国の承認。コングレス＝ポーランド国境線の東方への移動を北部国境においても実施して、リトアニアとクーアラントとをロシアから割譲すること。
(6)　まとまりのあるアフリカ植民地帝国という形で植民地を恢復し、これを海軍基地によって確保する。
(7)　オーストリア－ハンガリーについては特にセルビア、モンテネグロおよびルーマニアに対する国境線を改訂し、かつ領土を拡張する。
(8)　ブルガリアについてはセルビアおよびドブルジャ地方での領土拡張。
(9)　一切のボイコットなしの通商・交通関係の維持。
(10)　金銭および経済上の損害賠償。

(11)　ロシアにたいしてダーダネルス海峡の通過を認める。」

これら一一項目のうち二項目がオーストリアとブルガリアの利益を代表しており、これは打合せもしくは秘密協定に沿うものであったのだが、かなり一般的な形をとっていた。第一項は、オーストリアの要求した「同盟四カ国の領土保全」を、ブリアンの案の通り平和条件として採用したものであった。

ドイツに関する条件は一九一六年一一月九日にヴィーン宛に通告したそれと一致していた。第六項はさらにはっきりと具体化した点で、海軍軍令部および植民省の覚書の影響がうかがわれる。第九項はドイツ側が一九一六年のパリ経済会議の取決めの結果として恐れていた経済戦争にたいする防衛とみることができる。第一一項は、ドイツがロシアとの単独講和について協議する際には常に必要な条件とみなしていた譲歩を繰り返し明らかにしたもので、これについては、同盟国トルコとの間には、もちろん最終的な意見の一致が得られてはいなかった。

ドイツの戦争目的を判断するためには、一月初旬のベートマン-ホルヴェークのこのカタログの方が、ドイツの意図を弱めた表現で伝えている第二のもの——一月下旬ウィルソンに通告された——よりも有益である。[10]

ドイツ側がのちになって内容的にはこのプログラムに拘束されない旨を言明するにいたったことを度外視しても、ここにおける表現はごく一般的であり、それだけにここにおいてはドイツの戦争目的は形の上では柔軟かつ婉曲に、しかし内容の面では手びかえなしに明らかにされていた。ヴィーンはドイツの平和条件のウィルソン宛通告についてあらかじめ知らされておらず、そのことが両同盟国間の緊張を一層高める結果となった。そこでチェルニーンは単独行動をとり、二月五日ランシング宛に覚書を送って、そのなかで一月二二日のウィルソン演説中の「勝利者も敗北者もない平和」[11]という原則に公式の賛意を表明したが、オーストリア独自の条件はなにも挙げなかった。この措置は主として外交的・戦術的な性質のもので、いやいやながらとはいえともかく無制限潜水艦作戦に同意はしておきながら、[12] なおアメリカとの接触を保とうとするものであった。覚書の狙いは、オーストリアーハンガリーが平和問題ではドイツと違う態度をとっていることを、アメリカにたいして、とくに分らせようとするにあった。

ドイツは西部で断念したか

ポーランド人を兵役に徴集することに失敗して落胆し、そのためにポーランド国家の建設にも関心を失うにいたったルーデンドルフは、一九一六年末全ポーランドをドイツの支配下におくことを要求していた。ベートマンーホルヴェークはこの要求に屈し、そして一九一七年一月一日にはヴィーン駐在ドイツ大使ヴェーデルがこの要求を強く主張したが、これにたいして、チェルニーンは極めて驚いた様子を示した。[13] オーストリアがポーランドを断念し易くなるようにと、ドイツ大使はチェルニーンにたいしてある交換条件を提案した。それは、オーストリアはポーランドをドイツに任せ、その代りドイツはオーストリアの希望してきた同国の領土保全に対する保障に同意しよう、というのである。補償の意味でヴェーデルはさらにルーマニアをオーストリアーハンガリー、ロシア、ブルガリアで分割し、しかもオーストリアには「甘い汁」、つまりワラキアを与えようという提案も出した。オーストリアは、「わが国がポーランドをそうするのと同様に」これを「属国」にすればよい、[14] というわけであった。だがチェルニーンはこの申し出を拒否し、このようなことは「ハンガリーにたいする顧慮からしても、また王国の国法上の構成から考えても不可能である」とした。同様にかれは交換条件の提案にも憤然として反対し、そのような保障はドイツの他の同盟諸国から全く自明のこととして与えられているのであり、オーストリアーハンガリーがそのために代価を支払わなければならぬ道理など全くないと述べた。

だが当面、より決定的であったのは、オーストリア側が、ドイツの戦争目的政策の本式な政策転換があったと考えたことであり、これはティサが一九一七年一月一二日の(オーストリアーハンガリー)合同内閣会議で最も明白に発言している。(15) すなわち、ドイツは、「開戦当初抱いていた西部での領土拡大の望みが実現不可能であり、したがって東部でその代償を求めなければならぬ」ことを次第に認識して、その結果「資源豊富なポーランドをドイツ帝国に政治、軍事、経済上で編入」するという要求を掲げるにいたったのであると。ティサはポーランドにおけるドイツの野心が「ドイツの属国」の創出にあって、単に「緩衝国」の創出にとどまらないことを認識してはいたが、それでもかれは一九一六年夏いらい、現実にポーランドに存続していたドイツ・オーストリアの並行統治体制あるいは共同統治体制を放棄すべきであると説いた。だがこの会議の席上では、さしあたりポーランドにおける現状維持を堅持することが決定をみた。このことはカール皇帝の発議になる最大限ならびに最小限プログラムの作製に示された。

オーストリアの最大限プログラムとしてカール皇帝とチェルニーンがめざしたところは、コングレス＝ポーランド(これをドイツに委ねるか否かがまさに討議されたのであった)、モンテネグロ、マーチュヴァの取得、トランスシルヴァニア国境の若干の改訂、そして最後にセルビアにおいてカラジョルジェヴィチ王家を別の王家に変えることであった。最小限プログラムの方は、王国の領土保全、ローフチェンの取得およびセルビア王家の交代のみに限られていた。チェルニーンは戦争終結時の状況に応じて最大限および最小限プログラムのいずれかをとることに原則的には同意しはしたものの、どちらかといえば第二の解決策の方に傾いていた。

ドイツの西部戦線が脅威にさらされているとの観点から、オーストリアーハンガリー合同内閣会議は一九一七年一月二二日[16]ドイツの無制限潜水艦作戦に同意した。

（1）Gerhard Ritter, Staatskunst und Kriegshandwerk, Bd. III, S. 333 ff. を参照，プロイセン内閣については，DZA Merseburg, Rep. 90 a, B III, 2 b, Nr. 6, Bd. 165. 連邦参議院については，Generallandesarchiv Karlsruhe IV, Faszikel 37. による。
（2）AA, Wk 23, geh., Bd. 1. ベートマン－ホルヴェークからヒンデンブルクへ。Untersuchungsausschuß, Bd. 2, Beilagen, S. 84 f. に収録。さらに Steglich, a. a. O., S. 73 ff. をも参照。
（3）Untersuchungsausschuß, Bd. 2, Beilagen, Nr. 79, S. 85 ff.
（4）Steglich, a. a. O., S. 77 f. とは逆。
（5）Wien, PA, Karton rot 524, Friedensaktion, I.
（6）Steglich, a. a. O., S. 131 f.
（7）AA, Wk 15, geh., Bd. 2. 以下に引用する最高陸軍司令部，海軍および植民省の覚書については，Steglich, a. a. O., S. 155 ff. をも参照。
（8）Steglich, a. a. O., S. 170 ff.
（9）Steglich, a. a. O., S. 171. ベルンシュトルフ宛ベートマン－ホルヴェークの訓令草案による(Wk 23 g, Bd. 7)，また Steglich, a. a. O., Anm. 539. を参照せよ。
（10）Steglich, a. a. O., S. 175 f.
（11）Steglich, a. a. O., S. 178.
（12）ツィンマーマンおよびホルツェンドルフが出席した一九一七年一月二二日の，ヴィーンにおけるオーストリア－ハンガリー帝国，合同内閣会議の席上。
（13）Wien, PA, Karton rot 503, Nr. 5. また Conze, a. a. O., S. 258. を参照。
（14）AA, Wk 15, Bd. 2. ヴェーデルからチェルニーンへ。
（15）Wien, PA, XXXX 293. 閣僚会議議事録。また a. a. O., Karton rot 504, XLVII/3-17, Krieg, geh. 一九一七年一月

一三日のティサの皇帝に対する直接陳述をも参照。
(16) Wien, PA, XXXX 292. 一九一七年一月二二日閣僚会議議事録。

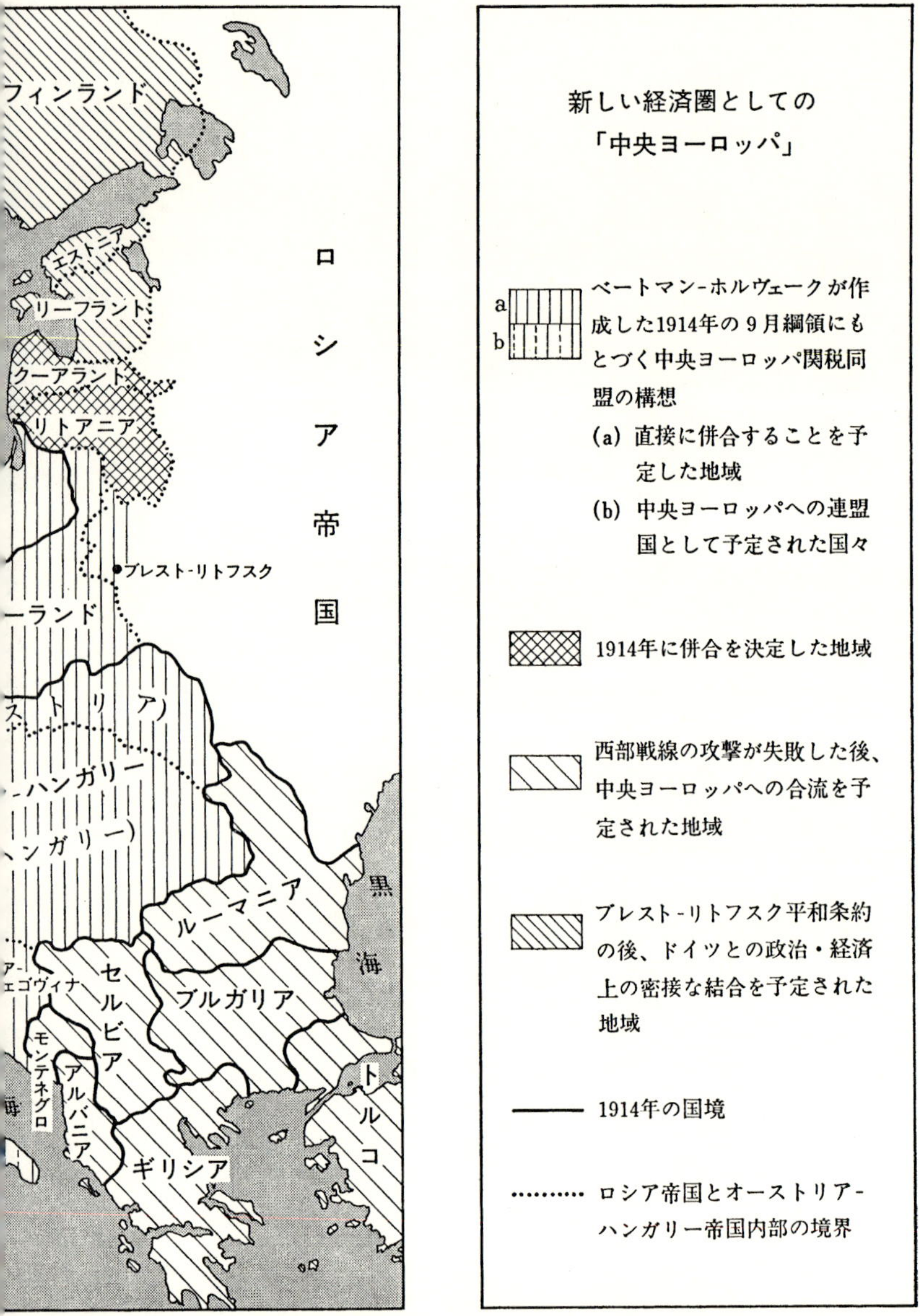
新しい経済圏としての
「中央ヨーロッパ」
a
b
ベートマン-ホルヴェークが作成した1914年の9月綱領にもとづく中央ヨーロッパ関税同盟の構想
(a) 直接に併合することを予定した地域
(b) 中央ヨーロッパへの連盟国として予定された国々
1914年に併合を決定した地域
西部戦線の攻撃が失敗した後、中央ヨーロッパへの合流を予定された地域
ブレスト-リトフスク平和条約の後、ドイツとの政治・経済上の密接な結合を予定された地域
1914年の国境
ロシア帝国とオーストリア-ハンガリー帝国内部の境界
フィンランド
エストニア
リーフラント
クーアラント
リトアニア
ロシア帝国
ブレスト-リトフスク
ーランド
スト リ ア)
-ハンガリー
ハンガリー)
ルーマニア
黒海
ア-
ェゴヴィナ
セルビア
ブルガリア
モンテネグロ
アルバニア
トルコ
ギリシア
海

0 100 200 300 400 500km
スウェーデン
ノルウェー
ルチック海
デンマルク
北海
イギリス
オランダ
ドイツ帝国
ベルギー
ルクセンブルク
フランス
スイス
オーストリ
イタリア
アドリア
ダルマティア
スペイン
ポルトガル
アンドラ
地中海

西部における勢力拡張（左図）

- ━━ 1914年の国境線
- ドイツの併合計画(a)　狭義の要求
- ドイツの併合計画(b)　より広汎な要求
- 従属国家(フラマン・ワロン)〔東ワロンは、ドイツの広汎な併合要求地域とダブル〕
- ○○○○○○○ フラマン語とワロン語の境界線〔同時にフラマンとワロン両予定国家の境界〕
- カレー　ドイツの要塞地に予定された都市

1 アルロン　2 ロンウィ

東部における勢力拡張（右図）

- ドイツの併合計画(a)〔北東軍管区下の地域〕
- ドイツの併合計画(b)〔クーアラント残部とブレスト-リトフスク地域〕
- 1916年 8 月12/13日付ドイツの併合提案〔ポーランド国境帯状地帯〕
- 1917年 9 月のバルチック沿岸諸州占領〔クーアラント残部とエーゼル、ダゴなどの諸島、うちクーアラント残部は「併合計画(b)」とダブル〕
- 従属国ポーランド
- ――― ドイツおよびオーストリアの軍管区境界
- ……… ドイツの北東軍管区内における行政地域境界線およびバルチック沿岸諸州境界
- ○○○○○○○ 最高軍司令部による「拡大された国境帯状地帯」の提案
- ━ ━ ━ 1918年 3 月23日にドイツが創設を認めたリトアニア王国の東部国境(ドイツ軍管区の東部国境と相違している地域のみ)
- ┣┿┿┫ 1917年 7 月16日に創設が宣言されたウクライナ人民共和国の国境
- ══ 1918/19年のウクライナ・コザック統領政府の境界

1ビヤウィストク　2ビイェルスク　3ビヤウォヴイェジァ

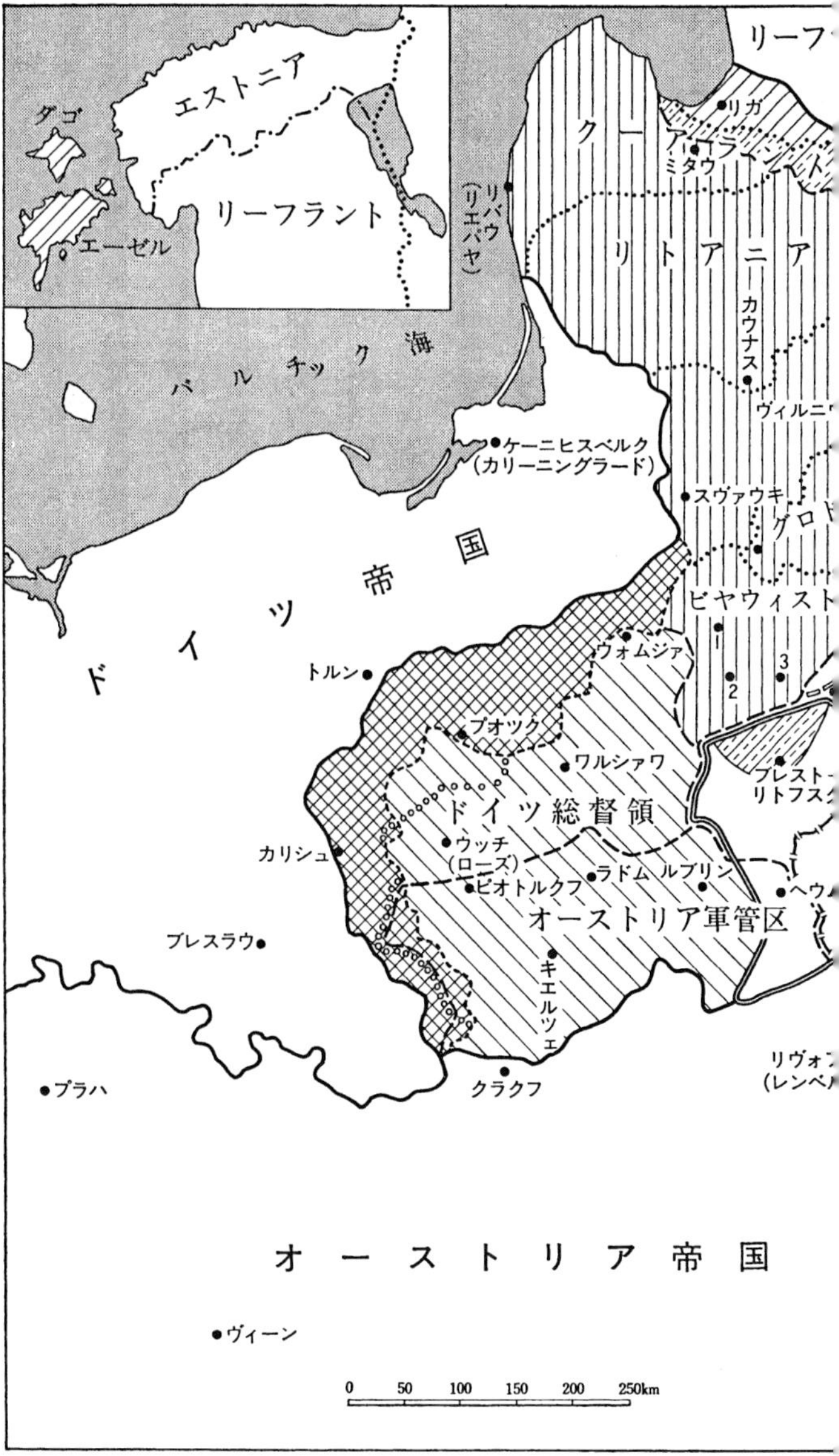

エストニア
ダゴ
エーゼル
リーフラント
リバウ
(リエパヤ)
リガ
ミタウ
リトアニア
カウナス
バルチック海
ケーニヒスベルク
(カリーニングラード)
スヴァウキ
ドイツ帝国
ウォムジア
トルン
1
2
3
プオツク
ワルシァワ
ドイツ総督領
カリシュ
ウッチ
(ローズ)
ラドム
ルブリン
ピオトルクフ
オーストリア軍管区
ブレスラウ
キエルツェ
クラクフ
プラハ
オーストリア帝国
ヴィーン
0 50 100 150 200 250km

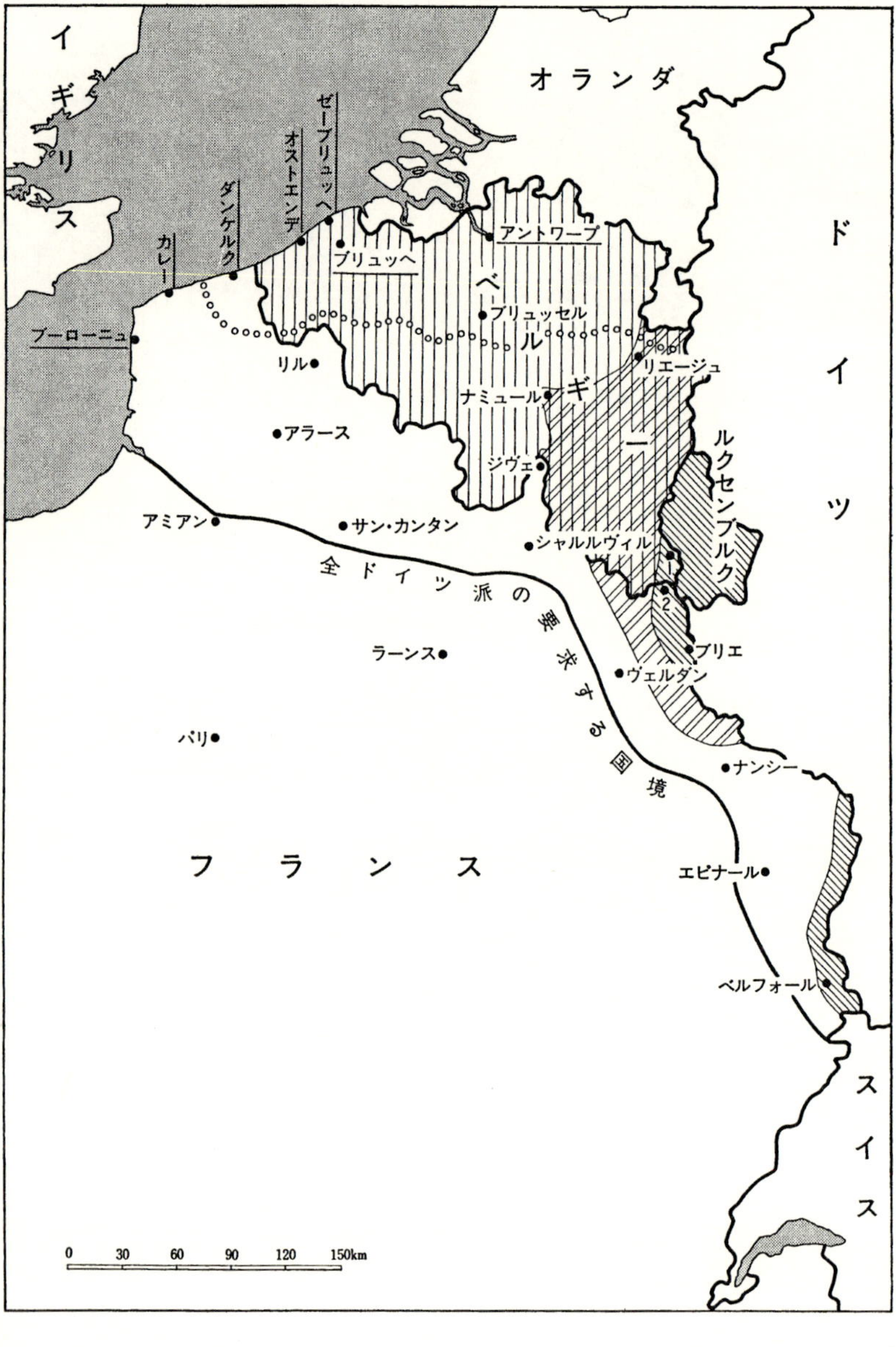

イギリス
オランダ
ドイツ
ベルギー
ルクセンブルク
フランス
スイス
ゼーブリュッヘ
オストエンデ
ダンケルク
カレー
ブーローニュ
ブリュッヘ
アントワープ
ブリュッセル
リル
リエージュ
ナミュール
アラース
ジヴェ
アミアン
サン・カンタン
シャルルヴィル
1
2
ブリエ
ヴェルダン
ラーンス
全ドイツ派の要求する国境
パリ
ナンシー
エピナール
ベルフォール
0
30
60
90
120
150km

本書の監訳者村瀬興雄先生の著作権継承者の方を探しております。ご存じの方は、誠に恐れ入りますが、岩波書店編集局編集総務までご連絡いただきますようお願い申し上げます。

■岩波オンデマンドブックス■

世界強国への道 I
——ドイツの挑戦, 1914-1918年　フリッツ・フィッシャー

1972年12月20日　第1刷発行
2014年12月10日　オンデマンド版発行

監訳者　村《むら》瀬《せ》興《おき》雄《お》

発行者　岡本　厚

発行所　株式会社 岩波書店
〒101-8002 東京都千代田区一ツ橋2-5-5
電話案内 03-5210-4000
http://www.iwanami.co.jp/

印刷／製本・法令印刷

ISBN 978-4-00-730158-2　Printed in Japan